2021年受験用 鹿児島県

高校入試問題集

私立編 Ⅰ

2021

市内5校の入試問題掲載

- 鹿児島高校
- 鹿児島純心女子高校
- 鹿児島実業高校
- 樟南高校
- 鹿児島情報高校

解答用紙集

2021年受験用

鹿児島県高校入試問題集　私立編 I

解答用紙集　目次

鹿児島高校

令和二年度 国語 解答用紙

1

1 ア イ ウ んで エ オ

2 A B

3

4

5

6 ア イ ウ エ

( )( )

2

1 ア イ き ウ る エ オ

2

3 気持ち

4 人生

5

6

7

( ) ( )

3

1 2 3

4 5 6

7 画

8

9

( )

4

1 ア イ

2

3 ① ⑤

4

5

6

7 Ⅰ Ⅱ

( )( )

○印	志望学科・コース
	普通科
	英数科特進コース
	英数科英数コース
	情報ビジネス科

受験番号 番

合計 点

鹿児島高校　　令和２年度　　**数　学**　　解答用紙

1

(1)	(2)	(3)	(4)	(5)
(6)	(7)	(8)	(9)	(10)
$x=$	$\begin{cases} x= \\ y= \end{cases}$	度	個	

2

(1) ①	(1) ②

(2) ①	(3) ①	(3) ②
cm^2	cm	cm

(2) ②	(4) ①	(4) ②
cm^2	度	cm^2

(5)

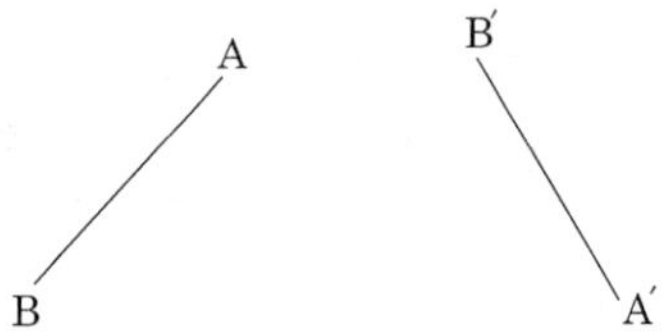

3

(1)	(2)	(3)	(4)
	分	人	

4

(1)	(2)	(3)	(4)
$a=$	$y=$		(,)

5

(1)	(2)	(3)	(4)
cm	cm^2	cm^3	cm^3

○印	志望学科・コース	受験番号
	普　通　科	番
	英数科特進コース	
	英数科英数コース	
	情報ビジネス科	

合計
点

鹿児島高校　令和２年度　**英　語**　解答用紙

1

1	2	3	4	5

2

1	2	3	4	5

3

	3番目	5番目		3番目	5番目		3番目	5番目
1			2			3		
4			5					

4

問1	It's your *job* to (d　　　　) what to (d　　　　)!
問2	(10)
問3	
問4 ア	(13)
問4 イ	(13)
問5	
問6 A	Ⓐ t　　Ⓑ c　　Ⓒ g
問6 B	～ think that ＿＿ ＿＿ ＿＿ ＿＿ ＿＿

5

問1	
問2	(A)　　(B)
問3	(10)
問4	Grace ＿＿ ＿＿ ＿＿ ＿＿ ＿＿ .
問5	
問6	
問7	

○印	志望学科・コース	受験番号
	普　通　科	番
	英数科特進コース	
	英数科英数コース	
	情報ビジネス科	

合　計
点

鹿児島高校　令和２年度

社　会　解答用紙

1

I	1	(1) ①	度	②	度	(2)		
	2	X		Y		3		
	4		5					
	6		7		8			
II	1							
	2		3		4		5	(1)
	(2)		(3)					

2

I	1		2		3		4		5	
	6	X		Y						
	7									
II	1		2		3		4			
	5									
	6									
	7		8	戦争						

3

I	1		2		3		4	
	5	性	6		7	第　条	権	
	8							
	9							
II	1		2		3			
	4	X		Y				

○印	志望学科・コース	受験番号
	英数科特進コース	番
	英数科英数コース	

合　計
点

鹿児島高校　令和２年度　**理　科**　解答用紙

1

1	①	②			2	
3		4				
5	(1)	(2) (i)	(ii) 通り	(iii) 通り		

2

Ⅰ

1		2		3	
4		5	①	②	

Ⅱ

1	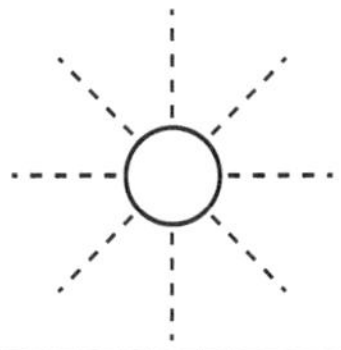	2		3	(1) ℃	(2) ℃	
		3	(3)	①	②	③	

3

Ⅰ

1		2		3	g	4		5	cm³

Ⅱ

1		2	食塩 g	水 g
3	a	b		

4

Ⅰ

1		2		3	cm	4	向きに N

Ⅱ

1	①	②	③		
2	倍	3	(1) J	(2) %	

○印	志望学科・コース	受験番号
	英数科特進コース	番
	英数科英数コース	

合計
点

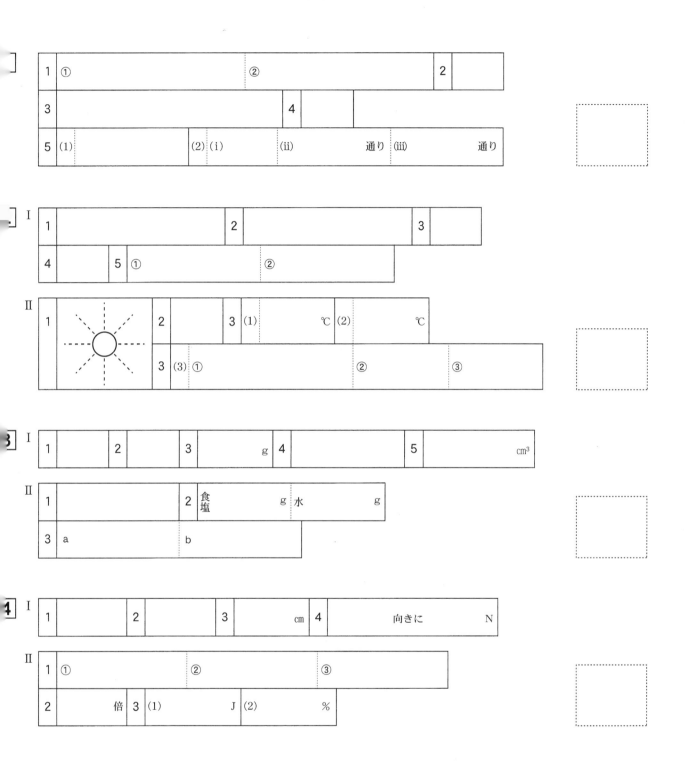

令和二年度 鹿児島純心女子高等学校入学学力検査問題 国語 解答用紙

1
1 (1) (2) (3) (4) (5) (6)
2 画

2
1
2 Ⅰ Ⅱ Ⅲ
3
4
5

3
1
2
3 ③ ④
4
5 Ⅰ Ⅱ Ⅲ

4
1
2
3 Ⅰ Ⅱ Ⅲ
4
5

5
1 2 3 4 5 6 7 8

受験番号	
得点	

令和２年度　鹿児島純心女子高等学校　入学学力検査問題
数学　解答用紙

1

(1)		(2)		(3)	
(4)		(5)			

2

(1)		(2)	$x=$	(3)		(4)	
(5)		(6)	度	(7)	①　②		

(8)	①　②　③　④　⑤
	今年の大人の来場者数　人，　こどもの来場者数　人

3

Ⅰ

①		②		③		④	

Ⅱ

(1)	通り	(2)	

4

(1)	$a=$	(2)		(3)	

5

(1)	①　②　③	
(3)	PQ	AQ＋QR＋RD
	cm	cm

(2)

<図 2>

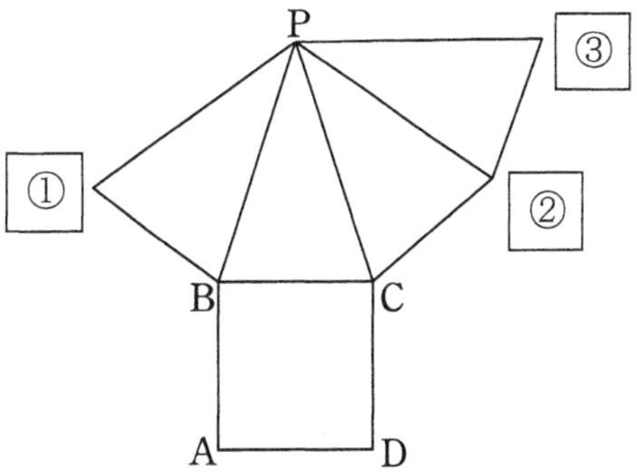

受験番号	得　点

令和２年度　鹿児島純心女子高等学校　入学学力検査問題

英 語 解 答 用 紙

1	1		
	2		
	3	①	② ③
	4	(1)	(2)
		(3)	They .
	5		

2	1	①	②
	2	①	② ③
		④	
	3		?
	4		

3	I	①		② ③
	II	1		
		2		
	III	1	(1)	
			(2)	
		2		

4	1	
	2	
	3	.
	4	10 20 30
	5	
	6	
	7	.

受験番号	得　　点

令和２年度　鹿児島純心女子高等学校　入学学力検査問題
社会科解答用紙

採点欄

1	Ⅰ	1	番号	気候名		
		2	(1)　⇒　⇒			
			(2)			
		3	ア	イ	4	(1)
		4	(2)	沿岸地域に比べ		
		5	(1)	(2)		
	Ⅱ	1	ア	イ		
		2	(1)			
			(2)			
		3	(1)	(2)　エネルギー		
		4	(1)	(2) 人物	国名	
	Ⅲ	1		理由		
		2	に働きたいから			

2	Ⅰ	1	①	②		
		2		3		4
		5	後醍醐天皇が			
		6	う	え		
		7	A　⇒　⇒　⇒　⇒			
	Ⅱ	1		2	(1)	
		2	(2)　日本はまだ			
		3		4	⇒　⇒	5
	Ⅲ	1	から			
		2				

3	Ⅰ	1		2	
		3			
		4			
		5			
	Ⅱ	1			
		2			
		3		4	

受験番号	得点

令和2年度　鹿児島純心女子高等学校　入学学力検査問題
理科　解答用紙

1

Ⅰ

1	2	3 ①
②		
4 ヨウ素反応		
ベネジクト反応		

Ⅱ

1	2 ①
②	③
3 ①	②

2

Ⅰ

1	
2 A	B
3 ①	②
③	
4　　g	

Ⅱ

1　　色	2
3	4　　g
5	

3

Ⅰ

1　　秒	2　　cm/s	
3 ①	②	③
4		
5		

Ⅱ

1	2 ①	②　　と
③　　→　　→　　→		
④　　g		

4

Ⅰ

1	2	3
4	5	

Ⅱ

1

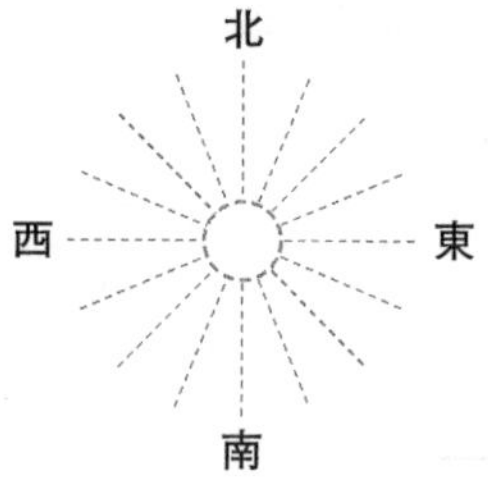

2	3
4　　%	5　　g

5

1 ①	
② コケ植物：シダ植物：裸子植物：被子植物＝　：　：　：	
2 ①　　W	②　　W
3	
4	5 記号
5 化学反応式	
6 ①	②
7	

受験番号	

合計得点	

鹿児島実業高等学校
令和2年度入学試験

国語解答用紙

受験番号　科　番

得点

1

1 a　b　c　d　e

2 A　B

3

4

5

6

7

2

1

2

3

4

5 Ⅰ　Ⅱ

6

7

8

3

1 a　b

2

3

4

5 Ⅰ　Ⅱ

4

1

2 画目

3

4

5

6

7

8

鹿児島実業高等学校
令和2年度入学試験

数学解答用紙

1	(1)	
	(2)	
	(3)	
	(4)	
	(5)	

2	(1)	$x=$
	(2)	$a=$, $b=$
	(3)	$a=$, $b=$
	(4)	$x=$
	(5)	$a=$
	(6)	
	(7)	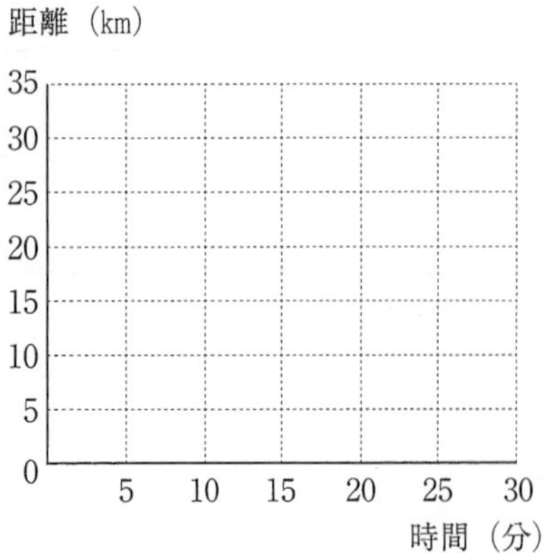

3	(1)	ア			
		イ		ウ	
		エ			
		オ			
	(2)				

4	(1)	$a=$
	(2)	
	(3)	

5	(1)	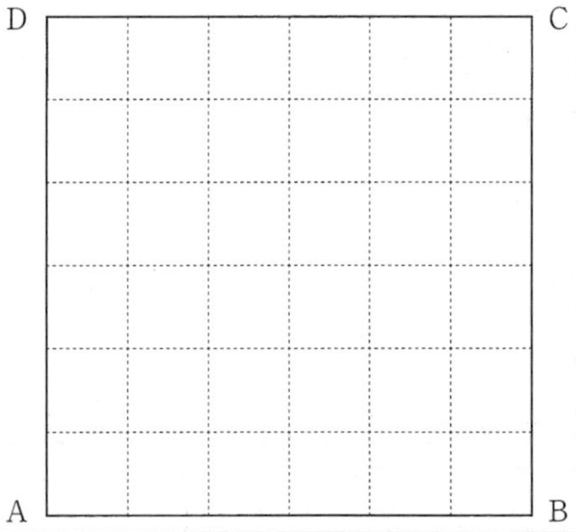
	(2)	cm
	(3)	cm^3

6	(1)	
	(2)	cm
	(3)	cm^2

受験番号	科	番	得点	

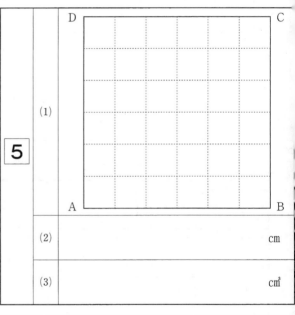

鹿児島実業高等学校
令和2年度入学試験

英語解答用紙

1

1		2			
3	①		②		
4	(1)		(2)		
5					

1

2

1		2		3		4		5	

2

3

1	3番目	7番目	2	3番目	7番目	3	3番目	7番目
4	3番目	7番目						

3

4

①		②	

4

5

1	①		②		③			
2	(1)	最初		最後		(2)	:	(3) :
(4)								

5

6

1	→ →
2	20
3	
4	.
5	
6	

6

受験番号	科	番	得点

鹿児島実業高等学校
令和２年度入学試験

社会解答用紙

1

問１ 問２ → → 問３ 問４

問５ 問６ 問７ 問８

問９

小計

2

問１ 問２ 問３ 問４

問５ a b 問６ 問７

小計

3

問１ ① ② ③ ④

問２ 問３ ⑤ ⑥

小計

問４ 問５ 問６ ⑦ ⑧

小計

4

問１ 問２ 問３ 問４

問５ 問６

小計

5

問１ 問２ 問３ 問４

問５ (1) (2) 問６ 問７

小計

問８ (E) (F) 問９ 問10 問11

問12 問13 問14

問15 問16 第 条

小計

受験番号	科						番	得点	

鹿児島実業高等学校
令和2年度入学試験

理科解答用紙

1

問1				
問2	ア			
問3	①		②	
問4	ふえ方			
	特徴			
問5	操作		違い	
問6	①		②	

1
点

2

問1	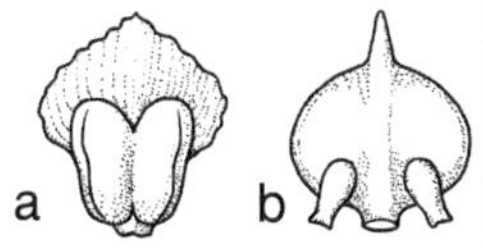
問2	
問3	
問4	
問5	小さな袋
	利点
問6	
問7	
問8	

2
点

3
I

問1	℃	
問2	天気	風向
問3		
問4		

3－I
点

3
II

問5	
問6	
問7	
問8	

3－II
点

4

問1	
問2	
問3	
問4	
問5	
問6	g
問7	
問8	

4
点

5

問1	秒後			
問2	秒後			
問3	秒			
問4	①		②	
問5	V			
問6	W			
問7	W			
問8				

5
点

受験番号	科		番	得点	

樟南高校

令和二年度

国語解答用紙

問	得点
一	
二	
三	
四	
合計	

受検番号	受検場

一

問一 a b c d

問二 Ⅰ Ⅱ Ⅲ Ⅳ

問三

問四

問五

問六

問七

二

問一 a って b きあがって c いところ

問二 A B C

問三

問四

問五

問六

問七

三

問一

問二

問三

問四

問五 A B

問六

四

問一

問二

問三 Ⅰ Ⅱ Ⅳ

問四

問五

問六 (1) (2) 画目

樟南高校　令和２年度　**数 学 解 答 用 紙**

1

(1)	
(2)	
(3)	
(4)	
(5)	
(6)	
(7)	
(8)	

2

(1)	$x=$
(2)	
(3)	$x=$ 　　　， $y=$
(4)	$x=$
(5)	cm
(6)	cm
(7)	
(8)	個
(9)	

受検場	受検番号

3

(1)	
(2)	
(3)	$a=$
(4)	

4

(1)	
(2)	cm
(3)	cm
(4)	$x=$

5

(1)	通り
(2)	通り
(3)	通り

問題	得点
1	
2	
3	
4	
5	

得点	

樟南高校　　令和2年度　**英 語 解 答 用 紙**

〔得　点

1

1	2	3	4	5

2

1	2	3	4	5

3

1	2	3	4	5

4

1		2		3	

4		5	

5

問 1　　問 2

6

1	2	3

4

7

問 1　　問 2

問 3　I ＿＿＿＿＿＿＿＿＿＿＿＿ the path.

問 4　　問 5　　問 6

問 7　　問 8

8

問 1　(1)

(2)

問 2　～ there was ＿＿＿＿＿＿＿＿＿＿＿＿ .

問 3

問 4　5　10

問 5

①	②	③

受　検　場	受　検　番　号

得　点　合　計

得点
1
2
3
4
5
6
7
8

樟南高校　　令和２年度　**社　会　解　答　用　紙**

1

問1	問2	問3	問4	問5	問6		問7
					Y	略地図	

2

問1		問2	問3	問4		問5	問6	問7
X	Y			記号	理　由			

3

問1			問2	問3	問4	問5
X	Y	Z				

問6			
(1)	(2) − A	(2) − B	(2) − C

4

問1		問2	問3	問4	問5
(1)	(2)				

5

問1		問2	問3	問4	問5	問6	問7
1	2						

6

問1		問2	問3	問4
1	2			

問5		問6
X	Y	

受検場	受検番号

得点	1	2	3	4	5	6	合　計

樟南高校　　令和2年度　**理 科 解 答 用 紙**

1

(1)		(2)	(3)	(4)	(5)	(6)
部位	名称					
					秒	

2

(1)		(2)	(3)	(4)	(5)
				実験	
(6)	(7)				

3

(1)	(2)	(3)	(4)	(5)		
				①	②	③
			度	時　分	時　分	時　分

4

(1)	(2)	(3)	(4)	(5)
				代

5

(1)		(2)		(3)	(4)	
①	②	③	④		密度	理由

(5)				(6)
①	②	③	④	

6

(1)		(2)
		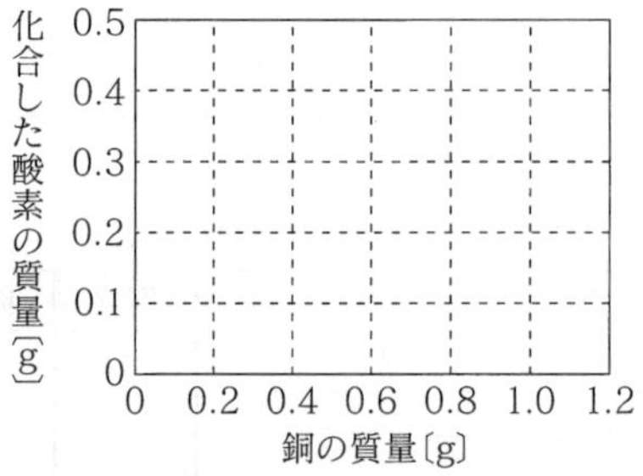
(3)	(4)	
銅：酸素＝　：	g	

7

(1)	(2)	(3)	(7)
度			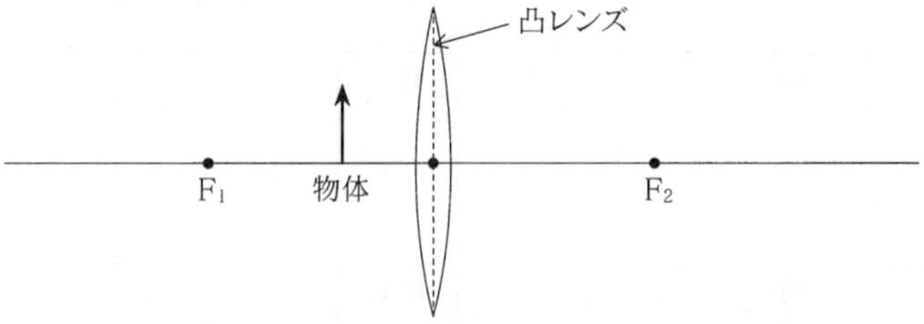
(4)		(5)	
(6)			

8

(1)	(2)	(3)	(4)	(5)	(6)
Ω	極				

受　検　場	受　検　番　号

得　　点

国語　令和二年度　入学者選抜学力試験　解答用紙

鹿児島情報高等学校

受験番号
科
No.

※ この欄は記入しないでください。

採点	
1	
2	
3	
4	
総点	

1

問1	ア	イ	ウ
問2	❶	❷	❸
問3		問4	
問5	A	B	C
問6			
問7			
問8			

2

問1	ア	イ	ウ
問2			
問3			
問4			
問5			
問6	ア	イ	
問7			

3

問1		問2	
問3		問4	① / ②
問5			
問6			

4

問1	問2	問3
問4	問5	
問6　1	2	問7

令和２年度　入学者選抜学力試験　解答用紙

数　　学　鹿児島情報高等学校

受験番号	科	No.	

※　この欄は記入しないでください。

得点	1		2	3	4	5	6	総点	
	1	2〜5							

解　　答

1 の 解 答 欄		
1	(1)	
	(2)	
	(3)	
	(4)	
	(5)	
	(6)	
2		
3	ア	イ
4		
5	：	

2 の 解 答 欄	
1	
2	以上 〜 未満
3	

3 の 解 答 欄		
1		g
2	(1)	
	(2)	
3	$x=$	$y=$

4 の 解 答 欄	
1	$a=$
2	
3	
4	

5 の 解 答 欄		
1		度
2		cm
3		cm^2
4	(1)	cm
	(2)	cm^2

6 の 解 答 欄		
1		
2		cm^3
3	(1)	cm^2
	(2)	cm^3

令和2年度入学者選抜学力試験　解答用紙

英　語　鹿児島情報高等学校

受験番号	科	No.							

※この欄には記入しないでください。

得点	1	2	3	4	5	合　計

解　答

採点小計欄

【聞き取りテスト】

(1)		(2)		2		3	(1)		(2)	
(1)		(2)								

1

2

(1)		(2)	

3

(1)		(2)		(3)		(4)		(5)	
(1)		(2)		(3)		(4)		(5)	
(1)		(2)		(3)		(4)		(5)	

4

It was the first time (　　　　　　　　　　) alone.

①		②	

	7		8	

5

①		(2)	②		③		(3)	④		⑤	

令和2年度 入学者選抜学力試験　解答用紙

社　会

鹿児島情報高等学校

受験番号	科	No.	

※ この欄は記入しないで下さい。

得点	1		2		3		総点
	I	II	I	II			

解　答

1 －Ⅰの解答欄

問1	
	東経　　度
問2	月　日　時
問3	
問4	
問5	
問6	

1 －Ⅱの解答欄

問1		
問2	A	
	B	
問3	a	
	b	
	c	
	d	
問4		
問5		
問6		

2 －Ⅰの解答欄

問1	
問2	
問3	
問4	
問5	
問6	
問7	
問8	

2 －Ⅱの解答欄

問1	
問2	
問3	
問4	
問5	
問6	
問7	
問8	

3 の解答欄

問1	①	
	②	
	③	
問2		
問3	①	
	②	
	③	
	④	
問4	①	
	②	
問5	①	
	②	
問6	①	
	②	
	③	
	④	□□□□予算

理　　科　　鹿児島情報高等学校

受験番号	科	No.							

※ この欄は記入しないでください。

得点	1	2	3	4	5	総点	

解　　答

1

(1)	(2)	(3)	(4)	(5)	(6)
	→ → →	倍			

(7)	(8)	(9)		
		①	② 性別	
			② 理由	

2

I	(1)		(2)	(3)		(4)	(5)
				管	名称		

II	(1)	(2)	(3)	(4)

II	(5)	
	名称	つくられるところ

3

I	(1)	(2)	(3)		(4)
		色	水溶液	気体	cm^3

I	(5)

II	(1)	(2)		(3)		(4)
		①	②	(1)	(2)	

4

I	(1)	(2)	(3)	(4)	(5)
			℃		

II	(1)	(2)	(3)		(4)	(5)
		N	仕事	仕事率		

5

I	(1)	(2)	(3)	(4)	(5)
	℃		%	℃	

II	(1)	(2)	(3)
	→ → → → → →		

II	(4)	(5)

KYOUSHIN

中学校　3年　　組　　番

氏名

高校入試問題集　私立編Ⅰ

はじめに

「本格的に受験勉強を始めたいけれど，何から手を付ければいいのかわからない」と思っていませんか？あなたは自分がこれから挑戦する「入試」をきちんとわかっていますか？自分の行きたい高校がどんな問題構成でどんな問題が出ているのか，それをしっかり知っておくことで，自分が何を勉強していくべきなのかもわかってくるはずです！さあ，高校入試問題集で私立の入試をマスターしましょう！

いろいろな疑問と本書の使い方

私立の「〇〇高校」ってどんな問題が出たの？

鹿児島市内５校の入試問題を収録！

私立高校の入試問題は，学校ごとに特徴があるんですよ！だからといって，自分が行きたい私立高校の入試だけ勉強するなんてもったいない！自分が受験を考えている高校はもちろん，その他の高校の入試問題にチャレンジしましょう。**様々な出題傾向にチャレンジして繰り返し練習することで，自分が受ける高校でどんな問題が出ても本番では落ち着いて試験に臨めます。**

高校の特色は？受験の日程は？授業料は？どんな制服？

このページでまるわかり！各学校の学校紹介ページ！

５校それぞれの学校紹介ページ。志望校の情報はいろいろ知りたいですよね。募集要項や，学校の特色，卒業後の進路など**気になる学校情報が満載**です。入試問題と合わせて，気になる高校の基本情報をチェックしましょう。

答え合わせも自分でできるの？

丁寧で見やすい解答解説で安心！

「あ～，解き終わった～！」で終わっていませんか？問題は解いた後が肝心。大切なのは復習です。**各学校，各教科の詳しく丁寧な解答解説はあなたの強い味方。**毎回の復習をサポートします。聞き取りテストの放送内容も解説の中に掲載していますよ。解答用紙は使いやすい別冊仕様で，答え合わせも簡単です。

過去問でしょ？過去問だから来年は出ないんでしょ？

実際の入試問題を解いてみることに意味があります！

単元別や分野別などの問題集だけでは入試に向けてバランスの良い勉強はできません。**実際の入試問題を解いてみて，自分はどこが苦手なのか，何を勉強する必要があるのかを確認することはとても大切なんです。**そこから入試の傾向に合わせた対策をとりましょう！

2021年受験用

鹿児島県高校入試問題集　私立編Ⅰ

目　次

※「鹿児島実業高校」，「鹿児島情報高校」の聞き取りテストは，英語のページにあるQRコードをスマートフォン等で読み取って再生することが可能です。

鹿児島高等学校

理　事　長　津　曲　貞　利
学　校　長　徳　丸　喜代志
所　在　地　〒890-0042　鹿児島市薬師一丁目21番9号
電　　　話　(099) 255-3211
F　A　X　(099) 258-0080
ホームページ　http://www.kagoshima-h.ed.jp
交　　　通　鹿児島中央駅より徒歩で13分
「鹿児島高校前」バス停より徒歩で1分
「城西公園前」バス停より徒歩で2分

1530色の青春　「1人1人の個性」と「1つ1つの可能性」 1日1日大切に育みたい

令和3年度　募　集　要　項

	学科・コース	定員	入試科目	出願期間	入試日	合格発表	受験料	入学金	授業料
一般入試	英数科　特進・英数コース	120	国数英社理 面　接	令和3年 1月4日(月) ～ 1月8日(金)	令和3年 1月29日(金)	令和3年 2月3日(水)	10,000円	100,000円	月額48,000円（就学支援金が33,000円の場合，納入金額は15,000円になります）
	普通科　選抜・一般コース	270	国数英 面　接						
	情報ビジネス科	120							
推薦入試	英数科　特進・英数コース	定員の20%程度	数学と英語の総合問題 面　接		令和3年 1月18日(月)	令和3年 1月20日(水)	10,000円	免除	
	普通科　選抜・一般コース 情報ビジネス科		作　文 面　接						

本校の特色

1　学科

英数科（特進コース）…東大・京大・九大や医学部系の国公立大，早稲田・慶應など難関私立大への進学を目標とするコースです。

英数科（英数コース）…鹿児島大を中心とする国公立大，難関私立大への進学が目標のコースです。2，3年進級時に特進コースへの転コースも可能。　※両コースとも部活動可能です。

普通科（選抜・一般コース）…9割を超す生徒が進学。鹿児島大をはじめとする国立大，県内，九州圏内を中心とした大学や短大に進学。看護系の専門学校などにも多数進学。自分にあった進路が実現できます。「未来探求」の授業では大学や専門学校の授業が受けられ，進路選択に役立っています。

情報ビジネス科…社会で活躍するスペシャリストになるための基礎を学び，就職にも進学にも対応できる学科。簿記・電卓・情報処理などの資格取得を目指します。また，同一学園の鹿児島国際大をはじめとして大学進学・専門学校などへの道も大きく開かれています。

2　誇れる進学実績

・一橋大，東北大，九州大，大阪大，名古屋大，筑波大，広島大，自治医科大，産業医科大，早稲田大，東京理科大，MARCH，関関同立など国公立，私立を問わず有名校に多くの卒業生を輩出してきました。
・鹿児島大，鹿児島県立短大には毎年多くの合格者を出しています。
・鹿児島国際大へは本校生だけの「同一学園枠」を利用すると，学科試験免除，入学金全額免除，授業料減免などの特典があります。
・全国170校以上の大学から指定校推薦をもらい，100%の合格率を誇っています。

3　就職率11年連続 100%達成

・君の夢実現，11年連続で就職内定率100%を達成しました。
・鹿児島銀行，南国殖産，健康家族，山形屋，JR九州，京セラ国分工場，イオン九州，宮崎銀行，明石屋菓子店，ホンダさつま，日本郵便，鹿児島県警など県内外の有名企業，公務員に実績を残しています。

4　過ごしやすい教育環境

・全教室，冷暖房完備なので快適に学習できます。
・放課後や休日は自習室や図書館で学習できます。
・安心して相談できるスクールカウンセラーがいます。
・広い食堂には，安くておいしい栄養満点のメニューがいっぱいです。
・鹿児島中央駅から歩いて13分の平地にあり，あらゆる交通手段で通学可能。5割の生徒が自転車通学，女子でも楽々自転車通学できます。
・施設設備も充実していて学習や部活動，進路研究に役立ちます。情報学習室，個室のピアノレッスン室，大型スクリーンを備えた視聴覚室，進路指導室，全面人工芝のグラウンド，学生ラウンジなど
・部活動，同好会が多数あります。自分の関心，興味から自由に選べます。

5　就学支援金のほかに，本校独自の奨学金制度があります。

学業・部活動等奨学金制度（返済不要）　　令和3年度予定

種類	入学金	奨学金支給額	
		月　額	年　額
SS	全額免除	48,000円	576,000円
S	全額免除	38,100円	457,200円
A	半額免除	26,100円	313,200円
B	半額免除	16,100円	193,200円
C	半額免除	6,100円	73,200円

その他，兄弟姉妹奨学金制度，トップランナー補助制度など本校独自の奨学金制度があります。（返済不要）
※奨学金支給金額は，授業料から就学支援金等を差し引いた金額が上限。

6　充実の本校入学試験データ

・英数科受験生の合格者（転科合格含）に入学試験の得点を開示します。
・公立高校志望別の度数分布表で，公立入試前の自分の力を知ることができます。

体験入学
8月22日(土)・23日(日)，10月24日(土)予定

鹿高祭　にこにこ市（体験販売）
9月26日(土)

体育祭
9月12日(土)

5 ——線部③「さはせずして」の現代語訳として最も適当なものを次から選び、記号で答えよ。

ア 陰の外で息をひそめていれば、影は当然ついてこないはずであるのにそうはしないで

イ 陰の中から外へ走っていけば、影は当然逃げていくはずであるのにそうはしないで

ウ 陰の外から中へ向かっていけば、影は当然ついてくるはずであるのにそうはしないで

エ 陰の中にいてゆっくりしていれば、影は当然離れていくはずであるのにそうはしないで

6 ——線部④「かくのごとくの無益の事」は二つある。一つは、「犬の屍の水に流れて下る。これを取らんと走る」であるが、もう一つは何か。本文中から十一字で抜き出して答えよ。

7 次は、本文について話し合っている先生と生徒の会話である。［Ⅰ］・［Ⅱ］を補うのに適当な言葉を本文中から抜き出し会話文を完成させよ。ただし、［Ⅰ］は十八字で、［Ⅱ］は九字で抜き出すこと。

生徒A 最後の場面では、孔子は翁の姿が見えなくなるまで拝んでいるけど、それはどうしてだろう。

生徒B 翁は、いくつかの例を挙げながら、［Ⅰ］ということを孔子へ伝え、その重要性を説いているから、孔子はその考えに感銘を受けたんじゃないかな。

生徒C なるほど。だから翁は、それをしないで孔子が様々な国で政治を行っていることを［Ⅱ］と言っているんだね。

先生 内容をしっかりと読み取れましたね。翁は、人生を全《まっと》うするためのあるべき姿を孔子へ伝えたかったのでしょう。

4 次の文章を読んで、あとの１～７の問いに答えなさい。

> 孔子が小高い丘で琴を弾いていた。そこに、翁が舟に乗ってやって来た。翁は孔子の弟子の一人から、孔子が様々な国を回り、賢人として政治を行っていることを聞くと、「おろかな者よ」とだけ言って去って行った。

御弟子不思議に思ひて、聞きしままに語る。孔子聞きて、「賢き人にこそあるなれ。とく《はやく》呼び奉《たてまつ》れ。」御弟子走りて、今舟漕ぎ出づるを呼び返す。①呼ばれて出で来たり。孔子のアたまはく、②「何わざし給ふ人ぞ。」翁の曰《いは》く、「させる《たいした》者にも侍《はべ》らず。ただ舟に乗りて、心をゆかさんがために、まかり歩《あり》くなり。君はまた何人《なにひと》ぞ。」「世の政《まつりごと》を直《ただ》さんために、まかり歩く人なり。」翁の曰く、「きはまりて《この上なく》はかなき《おろかな》人にこそ。世に影を厭《いと》ふ者あり。晴に出でて離れんと走る時、影離るる事なし。陰《かげ》にゐて心のどかにをらば、影離れぬべきに、③さはせずして、晴に出でて離れんとする時には、力こそ尽くれ《力が尽きても》、影離るる事なし。また犬の屍《しかばね》の水に流れて下る。これを取らんと走る者は、水に溺れて死ぬ。④かくのごとくの無益の事をせらるるなり。ただ然《しか》るべき居所占《し》めて一生を送られん、これ今生《こんじやう》《この世》の望みなり。この事をせずして、心を世に染めて騒がるる事は、きはめてはかなき事なり。」といひて、返答も聞かで帰り行く。舟に乗りて漕ぎ出でぬ。孔子その後ろを見て、二度拝みて、棹《さを》の音せぬまで拝み入りてイゐ給へり。音せずなりてなん⑤車に乗りて帰り給ひける由《よし》、人の語りしなり。

（「宇治拾遺物語」による）

1　‖線部ア「のたまはく」・イ「ゐ給へり」を現代仮名遣いに直し、すべてひらがなで書け。

2　〰〰線部に「こそ」があることで、文末の語の活用形が変化していることを何というか答えよ。

3　――線部①「呼ばれて出で来たり」・⑤「車に乗りて帰り給ひける」の主語を本文中からそれぞれ抜き出して答えよ。

4　――線部②「何わざし給ふ人ぞ」と尋ねた孔子の気持ちとして最も適当なものを次から選び、記号で答えよ。

ア　自分のことを馬鹿にされ、理由を問い詰めたい気持ち。
イ　どんな人か想像もできないため、確かめたい気持ち。
ウ　きっと優れた人に違いないため、知りたいという気持ち。
エ　同じ志を持っている仲間として、仲良くしたい気持ち。

1 ——線部①「未発達」と熟語の構成が同じものを次から一つ選び、記号で答えよ。

ア 日用品　イ 無理解　ウ 学生服　エ 新学期

2 ——線部②「必然」の対義語を漢字で答えよ。

3 ——線部③「ばかり」と用法が同じものを次から一つ選び、記号で答えよ。

ア 炊けたばかりのご飯を食べた。

イ 十分ばかりが過ぎた頃だった。

ウ 割れんばかりの拍手が起きた。

エ 聞こえるのは風の音ばかりだ。

4 ——線部④「本は、開きさえすれば、即座に読み手の手をとって別世界へと連れていってくれる」について、この表現に使われている技法を次から一つ選び、記号で答えよ。

ア 直喩　イ 隠喩　ウ 擬人法　エ 倒置法

5 ＝＝線部a「ない」と**違う**品詞を、＝＝線部b～eの中から二つ選び、記号で答えよ。

6 ——線部⑤「それに尽きると私は思っている」を単語に分けるといくつになるか。数字で答えよ。

7 ——線部⑥の漢字「興」の総画数を答えよ。

8 ——線部⑦の漢字「獲」の部首名を答えよ。

9 ——線部⑧「幽霊や妖怪が」の文節の関係として適切なものを次から一つ選び、記号で答えよ。

ア 主語・述語の関係

イ 修飾・被修飾の関係

ウ 並立の関係

エ 補助の関係

3 次の文章を読んで、あとの１～９の問いに答えなさい。

私と本のおつきあいはものすごく長い。小学校にあがる前に本との蜜月《みつげつ》（注）があった。その後も本を読み続けているけれど、本当の意味での蜜月というのは、あのころだけだったと思う。

保育園に通っていた私は、ほかの子どもよりずいぶんと①未発達で、うまく話せず、うまく遊べず、②必然的に、友達がひとりもいなかった。友達のいない子どもにとって、休み時間はたいへんに苦痛だった。

休み時間や、母親のお迎えを待つあいだ、苦痛から逃れるために本③ばかり読んでいた。たいがいが絵本。字だってろくに書けなかったから、文字より絵の多い本を開いていた。

そうして実際、本は苦痛をすっぱりと取り去ってくれた。④本は、開きさえすれば、即座に読み手の手を取って別世界へと連れていってくれる。たったひとりの時間、保育園にいながらにして、別世界へと連れていってもらうのは、本当にありがたいことだった。友達がいaないとか、みんなのできることがなぜかできbないとか、その別世界では忘れ去ることができる、いや、その世界ではそんなことはそもそもまったく関係がcないのである。

読むだけではもの足りず、モノクロ（注）の絵本にはクレヨンで色をつけ、カラーの本には自分の分身を描きこんだり、動物を描きこんだりした。そうすることで、本のなかの世界はどんどん近づいてきて、しまいには、本に書かれた世界が、そっくりそのまま自分のものになってしまう。私のためだけに書かれた本、私のためだけに存在する世界。

小学校にあがって、少しは発達もしたのか、ほかの子どものできることが、私にもようやくできるようになった。友達もできた。休み時間は、本を読むより、友達と土埃《つちぼこり》だらけになってグラウンドを走りまわっているほうが、ずっと楽しくなった。

けれど私は本を手放すことができなかった。学校から帰ると、即座に本を開くような毎日だった。

本の一番のおもしろさというのは、その作品世界に入る、⑤それに尽きると私は思っている。一回本の世界にひっぱりこまれる⑥興奮を感じてしまった人間は、一生本を読み続けると思う。そうして私は、もっとも原始的な喜びを、幼稚園ですでに⑦獲得していた。

服を買いに出かけたデパートで、服はいらdないから本を買ってほしいと母にせがんだことを覚えている。本さえ与えておけばおとなしいから、本であれば親はなんでも買ってくれた。本当に、本にかぎっては、これ以上eないほど贅沢《ぜいたく》な思いをして私は育った。外国の物語、日本の物語、昔の物語、⑧幽霊や妖怪《ようかい》が出てくる物語、実存した偉い人の物語、読むものがなければ、小鳥の飼いかた、蜘蛛《くも》の生態に至るまで、かたっぱしから手にとってページを開いた。

（角田光代「あとがきエッセイ　交際履歴」による）

（注）蜜月＝親密な関係にある時期。
モノクロ＝色のない白黒。

（注）　フェラーリ ＝ イタリアの自動車メーカー。男は走るのが速く、常にフェラーリのTシャツを着ていた。
サクラ ＝ 一家の飼い犬。
「がー～」 ＝ 父は運送会社でトラックに無線で指示を出す仕事をしている。
ゲンカン ＝ 「僕」と同じ中学にいた女子生徒のニックネーム。

1　══線部ア～オのカタカナを漢字に直せ。

2　──線部a～eの「ボール」を意味内容から分けた場合、同じ組み合わせはどれか。次から選び、記号で答えよ。

ア　aとb　イ　aとc　ウ　bとe　エ　cとd　オ　dとe

3　──線部①は「母さん」のどのような気持ちを表しているか。「気持ち」につながるように二十字以内で答えよ。

4　──線部②は「兄ちゃん」がどのような人生を送ってきたことをたとえているか。「人生」につながるように十字以内で答えよ。

5　──線部③と同じような内容で、比喩《ゆ》を使って表現している一文を、この部分より前から抜き出し、最初の十字で答えよ。

6　本文中の「　④　」・「　⑤　」には同じ文が入る。最も適当なものを次から選び、記号で答えよ。

ア　辛いことなんか起きないわよ。
イ　辛いことがあっても大丈夫よ。
ウ　辛いことなんか乗り越えてね。
エ　辛いことがあったら言ってね。

7　本文について述べた次の文のうち、最も適当なものを選び、記号で答えよ。

ア　兄は家族の中で孤立しており、特にサクラと戯《たわむ》れるミキは兄の苦しみに全く無関心である。
イ　兄が置かれた状況の残酷さをなんとか忘れさせようと、父と母は話をそらすよう努力している。
ウ　兄は人間は誰でも与えられる運命に左右されるととらえており、その運命をボールにたとえている。
エ　兄が置かれた状況の残酷さを際立たせているのは、サクラが人間の苦しみを理解していない点である。

2 次の文章を読んで、あとの1～7の問いに答えなさい。

「僕」の「兄ちゃん」は明るくなんでもできる人気者で、家族の中心だったが、今は交通事故で負ったけがの後遺症に苦しんでいる。

（西加奈子『さくら』小学館による）

いい、というつもりはありません。ただ、部屋の中に花の鉢が並べば、いかにも自然を愛する人になったかのように思うと、それは違っていると思うのです。やはり、昆虫とのかけ引き（?）をしながら生きている花を眺め、また、そういう動物や植物がつくりあげている生きものの世界を大事にする気持ちが必要です。

自然を巧みに利用しつつ、自然を大事にする。この両立をはかるのが、これからの暮らしの基本であり、技術もその考え方に立って育てていく必要があります。自然は長い時間をかけてつくりあげられた網の目の構造を持っているだけに、これはそれほどオヨウイなことではありませんが、③自然の一員である人間には可能なことであるはずです。

（中村桂子「生命科学から生命誌へ」による）

1　══線部ア～オのカタカナを漢字に直せ。なお、══線部アは漢字と送り仮名（ひらがな）で答えよ。

2　本文中の（　A　）・（　B　）に入る語句として、最も適当なものを次から選び、それぞれ記号で答えよ。

ア　そして　　イ　やはり　　ウ　もし　　エ　しかし
オ　また　　カ　そのため

3　――線部①「持ちつ持たれつの形」はどの語句を言い換えたものか。五字以内で抜き出せ。

4　――線部②「自然とは言えません」とはなぜか。その理由を本文中の語句を使って二十五字以内で答えよ。

5　――線部③「自然の一員である人間には可能なこと」とはどのようなことか。本文中から一文で抜き出し、最初の五字を答えよ。

6　次の説明を読んで、本文の内容に合うものに○、合わないものに×をせよ。

ア　植物は、虫や風によってのみ花粉を運ばれて子孫を増やそうとしている。
イ　細胞培養では、突然変異により新しい性質の花を作り出すことができる。
ウ　自然を愛するとは、動植物をかわいがったり眺めたりすることである。
エ　人間は、自然を改変することで、自然を愛する人になることができる。

激しました。あの黄色と白と紫の微妙な混じり合いが可愛らしく、好きな花のひとつですが、これまであまりパンジーの香りは気にとめませんでした。でも、さすが大量の花がいっせいに開いた温室の中はむせ返るような匂いがたちこめていました。（　B　）、その閉じた空間には、チョウもハチもいませんでした。

温室の隣にある研究室では、さらに人間の手が加わり、細胞培養で花づくりが行われていました。母の日のカーネーションなどもほとんどこの方法でつくられています。

まず、側芽のまわりのある葉をむくと、生長点と呼ばれる細胞分裂が活発に行なわれるところがあらわれます。そこを切り取って、ガラス容器に入った寒天の上にのせます。三日ほど暗い所に置くと芽と根が出てきます。二五度くらいの程よい温度にした部屋で一日十六時間光を当ててやると、二か月くらいでエリッパな苗に育ちます。寒天の中には、養分や生長に必要なホルモンが入れてあり、ここに何を使うかが上手に苗が育つかどうかの決め手になります。植物の種類により、また、どの部分をふやすかによって、どんな養分をどのくらい使うのがよいかを決めていきます。ガーベラやキクでは、葉の小切片《しょうせっぺん》から同じように苗がつくれます。

このような方法でふやすと、一本の良質な植物があれば、そこから何万本という苗がつくれますので、良い苗を早く、たくさん供給できることになります。

このような方法には、さらによい点があります。ガラスの容器の中で育てている間に突然変異を起こさせて、新しい性質の花をつくりだすことができるのです。最近も、アメリカの企業が、直径二センチくらいのミニバラを、この方法で生み出しました。小さな部屋の窓辺に飾るのに適した、可愛らしいバラです。

【中　略】

ただ、ここで考えておかなければならないことは、最初に見た、昆虫や鳥と関わり合って植物が生きていくために咲かせた花と、ガラスの中で育てた花では、少し意味が違うということではないでしょうか。

私たちは、金属でできた機械は、すぐに人工と見抜きます。コンピュータが生活の中へ入り込んでくれば、便利と思いながらも心のどこかに、これにふりまわされてはいけないぞという警戒心を持ちます。ところが、生きものですと、〝自然〟という字を心に浮かべてホッとするのです。けれども、今や、私たちの身のまわりに見られる動物や植物は、〝自然〟とは呼びにくい、かなり人工的なものです。

実は、自然という言葉はとても難しい。自然とは何かについては、自然科学からだけでなく考えてみなければなりませんが、ここでは、それほど深い意味ではなく、ごく日常的な言葉として使っています。いずれにしても、人間が他の生きものと違うところは、技術をもって自然を改変してきたところです。それが人間の証《あかし》だと言えるかもしれません。ですから、栽培した花を飾って豊かな気持ちになるのは、人間らしい生活なのですが、②自然とは言えません。

だから、ガラス容器の中で花を育てるなどという不自然なことはしないほうが

令和二年度　鹿児島高校入試問題　国　語

（解答…194P）

1 次の文章を読んで、あとの１～６の問いに答えなさい。

植物は、私たちを楽しませるために花をつけているのではありません。花は、子孫を残すための、大切な生殖器官です。では、なぜ生殖器官があのように、さまざまな形や色を持っているのでしょうか。

植物は動けないので何らかの形で花粉を運んでもらわなければなりません。風が運ぶ種類もあり、ススキはその典型例ですが、花らしい花はつけず、香りもあまりありません。しかし、花の多くは昆虫に花粉を運んでもらいます。都会では見かけることが少なくなったとはいえ、蜜を求めて花から花へとびまわるチョウやハチが、花粉を運んでいることはよく知られています。チョウたちを引きつけるのがきれいな花びらの役割です。

私たちの立場に立てば花が美しいのはありがたいことなのですが。植物にしてみれば、大きな花びらのために余分なエネルギーをツイヤス[ア]ことは、決して得策とは思えません。それなのになぜ、虫に花粉を運んでもらうようになったのか。

〝風まかせ〟では、花粉がどこにとばされるか分かりません。しかも、とび出した花粉は距離につれてどんどん薄まってしまい、せっかくとび出した花粉も思ったほど遠くへはとんで行けないのです。

それに対して、ハチやチョウの足にしっかり付着した花粉は、確実に他の株の花へ移れます。（　Ａ　）、他の植物の陰になり、風が弱いところに生えていても、花粉を移動させることができます。こうして、虫媒花《ちゅうばいか》をつける植物のほうが、生きる場所を広げていくことができたのです。

このような昆虫と花の関係は、長い長い歴史の中で、徐々につくりあげられてきた共生の姿です。花やムシを細かく観察すると、そこには、まあ、なんとうまく、とカンシン[イ]する相性が見られます。チョウやガはクルクルッと巻いた口吻《こうふん》と呼ばれる管を持っています。このような構造は、蜜を奥のほうに隠している花から蜜を吸いとることを可能にしています。たとえばツツジ。この花をツ[ウ]んで、チュウチュウと蜜を吸った記憶のある方も多いと思いますが、これはまさにチョウ向きの花といえます。それに比べてアブの場合は、花びらが平たく、蜜が表に出ている花でないと蜜を吸えません。

昆虫だけでなく、鳥も蜜を吸い、花粉を運ぶ役割を果たしていることが知られています。ウメ、サクラ、ツツジなどに来るメジロやヒヨドリがそうです。

このように、花は決して人間の眼を楽しませるために咲いているわけではなく、我が子孫を確実に増やすための工夫の結果が、さまざまな大きさや色や形を持った花をつくってきたのですし、その花と持ちつ持たれつの形[①]で昆虫や鳥が生きているのです。そして、それらが網の目のような関係をもって自然をつくりあげているわけです。

ところで、人間は、こうしてできてきた花の美しさを愛《め》でて、栽培を始めました。先日、花を栽培している温室を訪ね、何百鉢も並んだパンジーの見事さに感

令和２年度　鹿児島高校入試問題　数　学　　　（解答…195 P）

1　次の各問いに答えなさい。

(1)　$10 - 6 \times 4$ を計算せよ。

(2)　$-0.4 + \dfrac{3}{7}$ を計算せよ。

(3)　$\sqrt{27} - \dfrac{\sqrt{72}}{\sqrt{6}} + \sqrt{48}$ を計算せよ。

(4)　$(2x+3)(x-1)$ を展開せよ。

(5)　$x^2 - 7x - 30$ を因数分解せよ。

(6)　２次方程式 $2x^2 + 3x - 1 = 0$ を解け。

(7)　連立方程式 $\begin{cases} 2x - 3y = 18 \\ x + 2y = -5 \end{cases}$ を解け。

(8)　右の図において，２直線 l，m が平行であるとき，
$\angle x$ の大きさを求めよ。

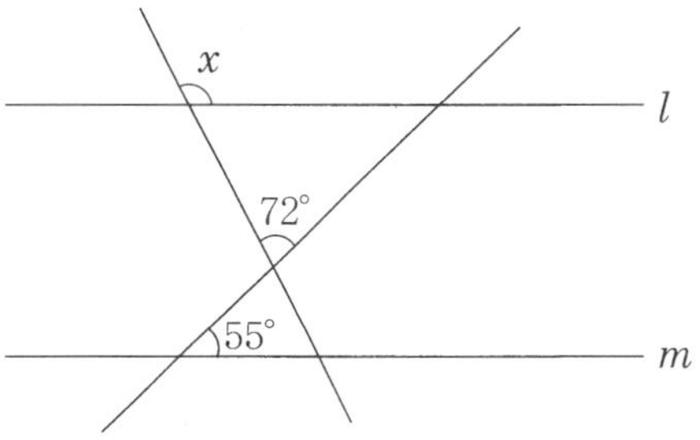

(9)　n を自然数とするとき，$\sqrt{3(100-n)}$ が自然数となるような n の個数を求めよ。

(10)　大小２個のサイコロを同時に投げて，大きいサイコロの目を a，小さいサイコロの目を b とするとき，
$2a + b$ が５の倍数となる確率を求めよ。

2 次の各問いに答えなさい。

(1) 4以上30以下の偶数は，2個の素数の和の形で表すことができる。
たとえば，4は2＋2，8は3＋5，10は3＋7，5＋5と表される。
このとき，次の各問いに答えなさい。

① 12を2個の素数の和の形で表せ。

② 22はどのような2個の素数の和の形で表されるか，すべて答えよ。

(2) 下の図のように，縦20㎝，横15㎝の長方形の紙を，頂点を対角線上に10㎝ずつずらしながら順に重ねて図形を作る。各図形の面積は太線(──)で囲まれた部分の面積とする。このとき，次の各問いに答えなさい。

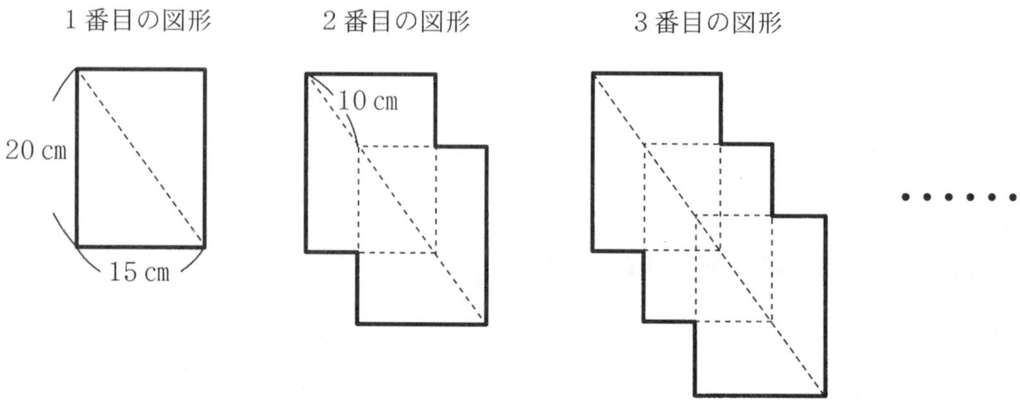

① 2番目の図形の面積を求めよ。

② 8番目の図形の面積を求めよ。

(3) 次の図のように，１辺の長さが５cmの正方形ABCDにおいて，辺BC上に点E，辺CD上に点Fを AE＝AFとなるようにとる。このとき，次の各問いに答えなさい。

① CE＝２cmのとき，線分AEの長さを求めよ。

② △AEFが正三角形になるとき，線分BEの長さを求めよ。

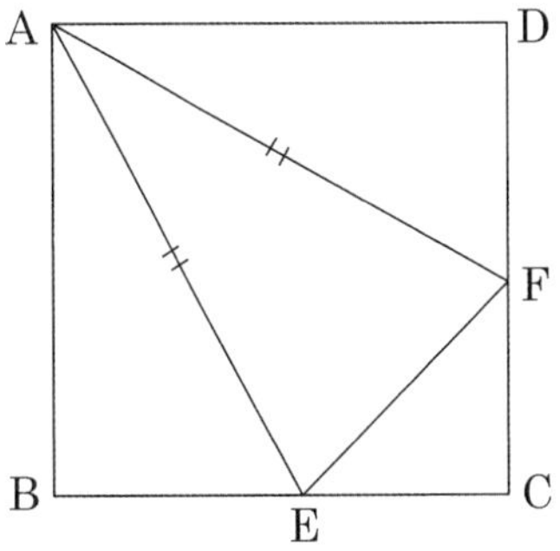

(4) 次の図は，正十二角形の頂点から４つの頂点を選び，結んでできた四角形ABCDである。このとき，次の各問いに答えなさい。

① ∠ABDの大きさを求めよ。

② AD＝４cmのとき，部分の面積を求めよ。

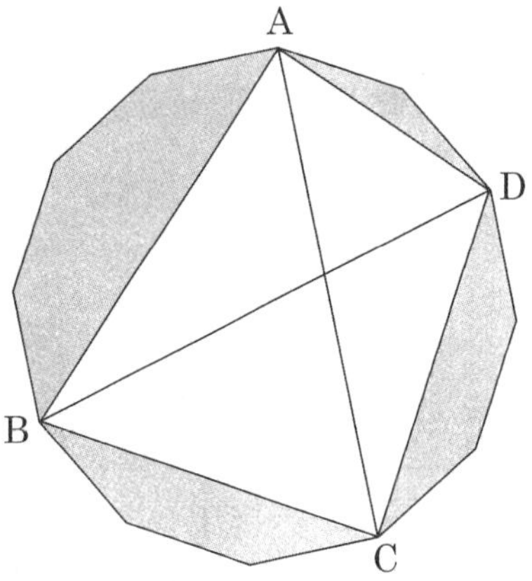

(5) 下の図で，線分A′B′ は，線分ABを点AをA′ に，点BをB′ に重なるように点Pを回転の中心として回転移動したものである。点Pを作図せよ。ただし，作図に用いた線は残しておくこと。

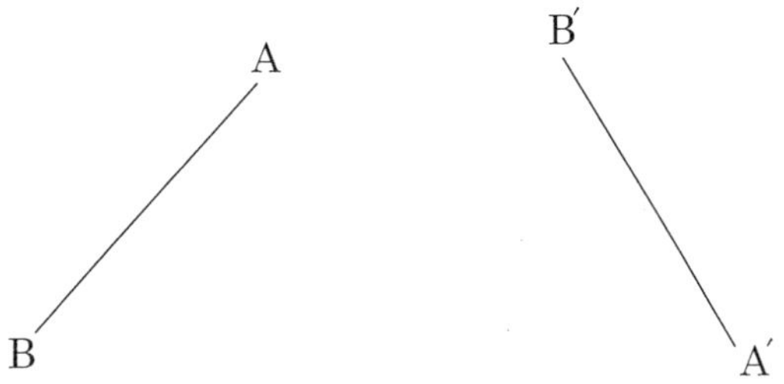

3 次の表は，田中さんが通うK高校の1年生20人のある日の通学時間を，ヒストグラムにまとめたものである。ヒストグラムにおける通学時間の平均値は28分であった。また，通学時間の最大値は65分であった。ただし，インクが落ちて見えなくなった部分がある。このとき，次の各問いに答えなさい。

(1) 度数が最も多い階級の相対度数を求めよ。

(2) 中央値（メジアン）が含まれる区間の階級値を求めよ。

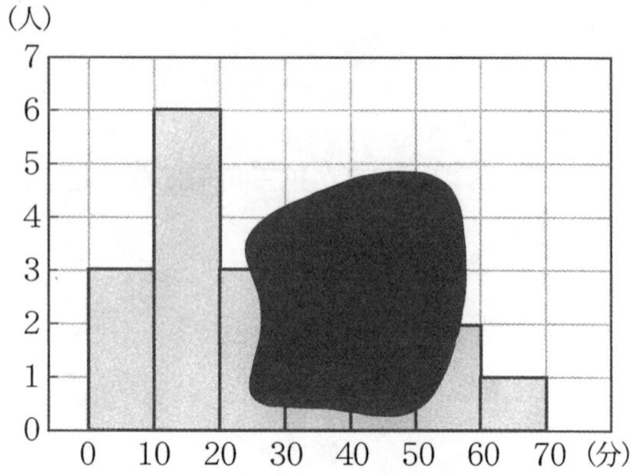

（注）例えば，10～20の区間は，
10分以上20分未満の階級を表す。

(3) 通学時間が30分以上40分未満の度数を求めよ。

(4) ヒストグラムにおいて，次の①～⑤の中から正しいものをすべて選び，番号で答えよ。

① 中央値（メジアン）は20分より短い。

② 通学時間が30分未満の生徒は12人である。

③ 通学時間が40分以上の生徒は5人である。

④ 通学時間の範囲（レンジ）は70分である。

⑤ 通学時間が長い方から8人の平均値は41分より長い。

4 次の図のように，２つの放物線 $y = ax^2 \cdots$ ①，$y = -x^2 \cdots$ ② があり，放物線①上に，２点 P$(-1,\ 2)$，Q$(2,\ 4a)$ がある。点 Q を通り，y 軸に平行な直線と放物線②が交わる点を R とする。さらに，点 R を通り，直線 PQ に平行な直線と放物線②の交点のうち，R でないほうの点を S とする。このとき，次の各問いに答えなさい。

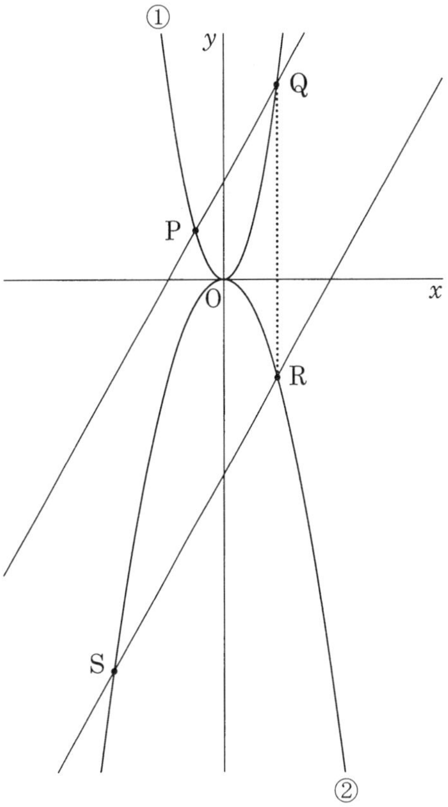

(1)　a の値を求めよ。

(2)　２点 R，S を通る直線の式を求めよ。

(3)　△PSR の面積を求めよ。

(4)　線分 PS 上に点 T をとったとき，直線 RT が四角形 PSRQ の面積を２等分した。このとき，点 T の座標を求めよ。

5 次の図において，△DEC，△AFG，△IBH は合同な正三角形である。BE = 2 cm，AB = 6 cmである。このとき，次の各問いに答えなさい。

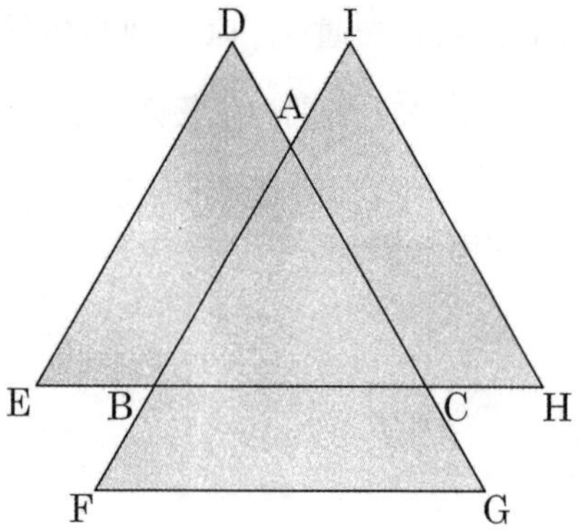

(1) 線分 DE の長さを求めよ。

(2) △ABC の面積を求めよ。

(3) 線分 AB，BC，CA を折り目として，頂点 E と F，頂点 G と H，頂点 I と D をそれぞれ重ねてふたのない箱を作る。このとき，箱の容積を求めよ。

(4) (3)で作った箱を水平な台にのせ，この箱にいっぱいになるまで水を入れる。次に箱を，辺 AB を台につけたまま頂点 C を持ち上げ，頂点 C がちょうど水面にくるまで静かに傾けて水をこぼす。このとき，箱に残った水の体積を求めよ。

令和２年度　鹿児島高校入試問題　英　語

（解答…197Ｐ）

1　次の各組の対話で，（　　　）に入る最も適当なものを，それぞれ**ア**～**エ**の中から１つ選び，その記号を書きなさい。

1　A：I love your dress!　Where did you buy it?

B：(　　　)

ア　It was only 3,000 yen.　　**イ**　I wanted a new dress for work.

ウ　Thank you.　I bought it in England.　　**エ**　No, thanks.　I don't want it.

2　A：Did you go to the new restaurant?

B：(　　　)

ア　Yes, the food was really delicious.　　**イ**　No, I don't like clothes shopping.

ウ　Shall we meet at 4 p.m.?　　**エ**　I usually eat dinner with my mother.

3　A：What do you do after school?

B：(　　　)

ア　I usually finish school at 4 p.m.　　**イ**　I like my English teacher the best.

ウ　I go to school by bus.　　**エ**　I usually meet my friend in the park.

4　A：Can you tell me how to get to the supermarket?

B：(　　　)

ア　I went to the supermarket last night.

イ　O.K.　I'll meet you at 2 p.m.

ウ　No, thank you.　I already ate lunch.

エ　Sure.　Walk straight, turn right and you will see it on the left.

5　A：Show me your passport, please.

B：(　　　)

ア　Yes, I am.　I'm a tourist.　　**イ**　No problem, here it is.

ウ　Do you know the way to the city?　　**エ**　I'm traveling with my friend.

鹿児島高校

2 次の各文の（　　）に入る最も適当なものを，それぞれア～エの中から１つ選び，その記号を書きなさい。

1　Tom and Mary (　　) watching TV together at ten last night.

ア is　イ are　ウ was　エ were

2　I know him well because he (　　) live near my house.

ア used　イ is used　ウ used to　エ was used to

3　The roof was made to protect the flowers (　　) the rain.

ア from　イ off　ウ to　エ at

4　I'll attend the meeting in (　　) of my friend.

ア mouth　イ place　ウ hand　エ rope

5　She studies every day as hard as (　　) to pass the test.

ア it will be　イ it can　ウ she could be　エ she can

3 次の各組の対話で，（　　）内の語（句）を意味が通るように並べかえたとき，３番目と５番目にくる語（句）の記号をそれぞれ書きなさい。ただし，文頭にくる語も小文字にしてあります。

1　A：(ア played　イ you　ウ long　エ how　オ have　カ soccer)?

B：I have played it for two years.

2　A：What did you buy at the bookstore yesterday?

B：I bought (ア written　イ famous　ウ by　エ a book　オ writer　カ a).

3　A：The box is (ア carry　イ for　ウ too　エ to　オ heavy　カ me).

B：Well, I'll help you.

4　A：Is your school far from here?

B：Yes. (ア takes　イ hour　ウ foot　エ it　オ on　カ an).

5　A：Oh, this little baby in the picture is so cute!　Is this you?

B：No.　The baby (ア brother　イ looking　ウ you're　エ at　オ is　カ my).

4 次は，少年 Bradley とスクールカウンセラーの女性 Carla が，面談を重ねたのちに再度カウンセリング室で話をしている場面です。対話を読み，問いに答えなさい。

Carla : Hello, Bradley, I'm glad to see you today. Thank you for coming to see me.

Bradley walked past Carla and sat down at the round table. Carla then sat across from him.

Carla : Did you make a list of topics to discuss?
Bradley : No, you're the teacher.
Carla : So?
Bradley : So you're the one who has to say what we talk about, not me. ①That's your *job*!
Carla : I thought you would have come up with a lot of interesting topics. Well, in that case, we'll have to talk about school. Shall we start with homework?
Bradley : Monsters from *outer space.
Carla : Hmm?
Bradley : Monsters from outer space. You said I could pick the topic. I want to talk about monsters from outer space!
Carla : What a wonderful topic!
Bradley : Do you believe that there are any monsters from outer space?
Carla : No. But I really believe there are other types of *creatures living in outer space. I just don't think that they are monsters. I believe that Earth is just one small *planet in a large universe. I think there are millions of other planets with billions of other kinds of creatures living on them. Some are bigger than dinosaurs; others, smaller than *ants. ②But I don't think there is even one monster.
Bradley : Not even one?
Carla : (③) I think everyone has "good" *inside him. Everyone can feel happiness, sadness and loneliness. But sometimes people think someone is a monster because they can't see the "good" that's there inside him. And then ④a terrible thing happens.
Bradley : They kill him?
Carla : No, even worse. They call him a monster, and so other people start calling him and treating him like a monster too, and then after a while, he starts believing it himself. He thinks he's a monster too. So he acts like one. But he still isn't a monster. He still has lots of good buried deep inside him.

*Then Bradley started to draw pictures. He took a green *crayon from Carla's large box of crayons and tried to draw the creature from outer space. He looked up.*

Bradley : Carla? Can you see inside monsters? Can you see the "good"?
Carla : That's all I see.

*He returned to his picture. He drew a red heart inside the creature's *chest to show all the "good" that was there.*

Bradley : Well, how does a monster stop being a monster? I mean, if everyone sees only a monster, and they keep treating him like a monster, how does he stop being a monster?
Carla : It isn't easy. I think, first, he has to realize for himself that he isn't a monster. That, I think, is the first step. Until he knows he isn't a monster, how can anybody else know?

Bradley finished drawing and showed his picture to Carla.

Bradley : You want it? I mean, I don't want it anyway, so you can have it.
Carla : I'd love it! Thank you. In fact, I'm going to put it on the wall right now.

It was time for him to go back to class.

Carla　: I'm looking forward to seeing you next week.　I hope you have another wonderful topic for us to talk about.

He started to go, ⑤then stopped and turned around.　He put his hands on his hips and kept watching her.

Carla　: Yes?
Bradley : Did you forget something?

He stood and waited.　Her eyes suddenly became shiny.

Carla　: I enjoyed your visit very much.　Thank you for sharing so much with me.

He smiled happily when he heard her words.　She always said the same thing to him when he left her office.

（注）outer space：宇宙空間　creature(s)：未知の生物　planet：惑星　ant(s)：アリ
inside：～の中（に）　crayon：クレヨン　chest：胸

問 1　下線部①とほぼ同じ内容になるように，（　　）に入る最も適当な英語をそれぞれ 1 語で書け。ただし，与えられた文字に続けて書くこと。

It's your *job* to (d　　　) what to (d　　　)!

問 2　下線部②の理由を表すように，（　　）に入る最も適当な日本語を 10 字以内で書け。

地球外の生物をモンスターと考えるのではなく（　　）ととらえているから。

問 3　本文中の（ ③ ）に入る最も適当なものを，次の**ア**～**エ**の中から 1 つ選び，その記号を書け。

ア　Yes.　**イ**　No.　**ウ**　It depends.　**エ**　I'm not sure.

問 4　下線部④の a terrible thing とは何か。次の（ **ア** ），（ **イ** ）に入る最も適当な日本語をそれぞれ 13 字以内で書け。

周囲からモンスターと呼ばれ，自分のことを（ **ア** ），そして（ **イ** ）こと。

問 5　下線部⑤の理由を表すように，（　　）に入る最も適当なものを，次の**ア**～**エ**の中から 1 つ選び，その記号を書け。

Bradley wanted (　　　　　　　　　　　　).

ア　to stay in the room　　**イ**　to make her excited
ウ　her to say something for him　　**エ**　her to forget something

問 6　次の英文は，Bradley が帰宅後に Carla へ書いた手紙である。英文を読み，A，B の問いに答えよ。

> Dear Carla,
> Thank you for Ⓐ(t　　　) with me today.　Actually, before I visited your room, I had a *fight with my best friend and said something bad to him.　Then, though my friend didn't Ⓑ(c　　　) me a monster, I started to think to myself that I am a monster.　But you taught me an important thing.　I will try to think that (　　　　　　　　　　　　　　　　　　) because I know there is a lot of Ⓒ(g　　　) inside me.　I will say sorry to my friend tomorrow.
> Bradley

（注）fight：口げんか

A　文中のⒶ～Ⓒに入る最も適当な英語を書け。ただし，与えられた文字に続けて書くこと。

B　下線部に入る英文を 5 語以内で書け。

5 次の英文を読み，問いに答えなさい。

Grace always loved sweet food. When she was an elementary school student, she remembered visiting her grandmother's house and making cakes and cookies together for her family. Her grandmother made the greatest cakes, so everyone was so (①) them. Grace's grandmother taught her how to cook well, and Grace loved learning about it.

②<u>Grace's favorite cake was carrot cake.</u> As a child, Grace didn't like vegetables. Her grandmother wanted her to eat healthy food, so she made this cake to teach Grace how delicious carrots were. Grace was surprised that a cake made from carrot was simple but so sweet, and she loved it.

When Grace entered junior high school, she stopped visiting her grandmother's house. She became busy with homework and friends, so she didn't have time to visit. She also stopped cooking. When her mother asked her why she stopped, Grace always replied, "We can buy a cake in the shop."

Because of this, ③<u>her mother was sad.</u> "You always loved making food for your family and friends. I think your grandmother is sad because she cannot share time with you now. You should visit her more."

But Grace didn't change her mind. She loved her grandmother, but there were more important things to do than making cakes.

Then one day, her family got an important call. When her mother picked up the phone, she looked very scared. When she finished, she got her car keys and told Grace to put on her shoes and coat. "Your grandmother fell down because of the snow and she is in hospital. The doctor says she has broken her leg. We have to go there and see her now."

They quickly went to the hospital and found her grandmother's room. Grace saw her grandmother's leg was wrapped in big *bandages and thought that it must be so bad. However, when she looked at her grandmother's face, she did not look sad. Grace was surprised to see a big smile on her face.

"Grace! How beautiful and tall you are! I haven't seen you for a long time, you have grown so much," her grandmother said happily.

"Are you OK? Your leg looks so bad." Grace replied.

"I'm OK now, because I can see my beautiful granddaughter. Tell me about school."

Grace stayed in the hospital with her grandmother until the evening. Her grandmother stayed in the hospital for the night, so Grace and her mother said "good night," and returned home together.

Grace was thinking about how happy her grandmother was. Her grandmother felt so bad, but she could forget it because Grace was there. Grace felt so *regretful and sorry because Grace (④).

"Can we visit grandmother again tomorrow? I want to give her a present," Grace told her mother.

That night, Grace went in the kitchen and cooked again. She tried to remember everything her grandmother taught her, and she cooked for many hours to make something beautiful.

The next day, Grace brought a big box to her grandmother's hospital room.

"I have ⑤<u>a present</u> for you," Grace said with a smile.

When she opened the box, her grandmother saw a large white cake covered with small carrot-shaped chocolates. She gave Grace the biggest smile.

"You made a cake!"

"I made it for you. I added those chocolates to the cake you taught me how to make. I'm sorry my cake is not as beautiful as yours, but I hope it tastes nice."

"(⑥) It is the most beautiful cake I have seen in the world."

After that day, Grace visited her grandmother every week. She started cooking again, and she ate a lot of cake!

(注) bandage(s)：包帯　　regretful：後悔している

問１　本文中の（ ① ）に入る最も適当な語句を，次のア～エの中から１つ選び，その記号を書け。

ア　scared to see　　イ　happy to eat　　ウ　bored to cook　　エ　glad to surprise

問２　下線部②の理由となるように，次の（ A ），（ B ）に入る最も適当な日本語を，次のア～エからそれぞれ１つ選び，その記号を書け。

理由）ニンジンで作られたケーキが（ A ）だが（ B ）ことに驚いたから。

（ A ）の選択肢　ア　健康的　　イ　最高　　ウ　個性的　　エ　素朴

（ B ）の選択肢　ア　からい　　イ　甘い　　ウ　苦い　　エ　しょっぱい

問３　下線部③の理由を表すように，（　　）に入る適当な日本語を具体的に 10 字以内で書け。

お母さんが，なぜ趣味のお菓子作りをやめたのかとグレースに聞いたときに，（　　）と答えたから。

問４　本文中の（ ④ ）に，文脈に合うように５語以内の英語を本文より抜き出せ。

問５　下線部⑤が表すものとして最も適当なものを，次のア～エの中から１つ選び，その記号を書け。

ア　　イ　　ウ　　エ

問６　本文中の（ ⑥ ）に入る最も適当なものを，次のア～エの中から１つ選び，その記号を書け。

ア　No, you're wrong.　　イ　No, nothing special.

ウ　Yes, you're beautiful.　　エ　Yes, I'm so sad.

問７　次のア～カの中から本文の内容に合うものを２つ選び，その記号を書け。

ア　Grace's mother told Grace to study hard instead of making cakes.

イ　Grace's grandmother got hurt when it was snowy.

ウ　Grace's mother stayed in the hospital until the next morning.

エ　Grace realized that her grandmother looked unhappy in the hospital.

オ　Grace was asked to tell her grandmother about her school life in the hospital.

カ　Grace didn't like cooking with her grandmother.

令和２年度　鹿児島高校入試問題　社　会

（解答…200Ｐ）

1 次のⅠ・Ⅱの問いに答えなさい。

Ⅰ　次の略地図を見て，１～８の問いに答えよ。

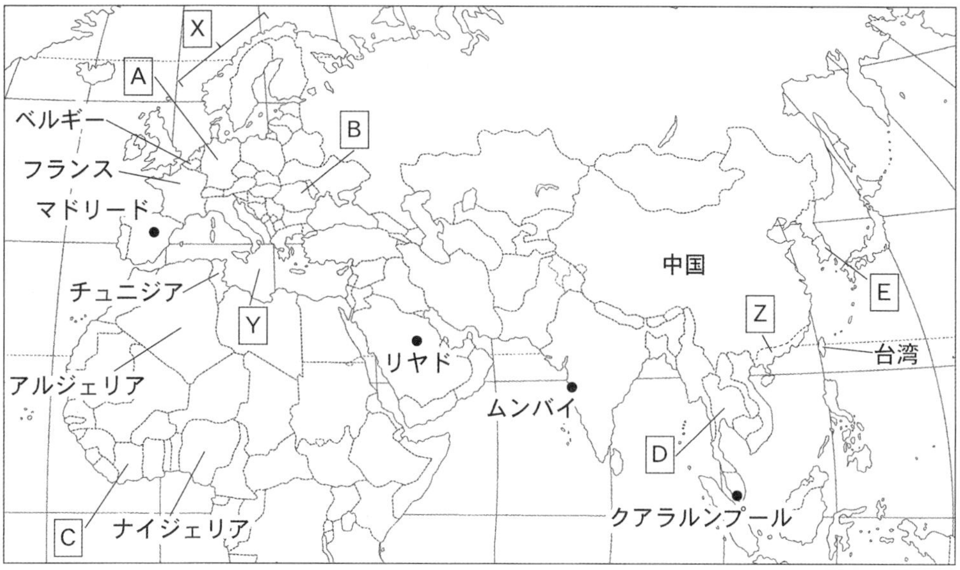

1　**資料１**は北極点を中心とした地球の模式図である。

(1)　[　①　]・[　②　]にあてはまる緯度もしくは経度を例のように答えよ。（例　北緯 40 度）

(2)　アフリカ大陸が含まれる範囲として適当なものを**ア～エ**からすべて答えよ。

資料１

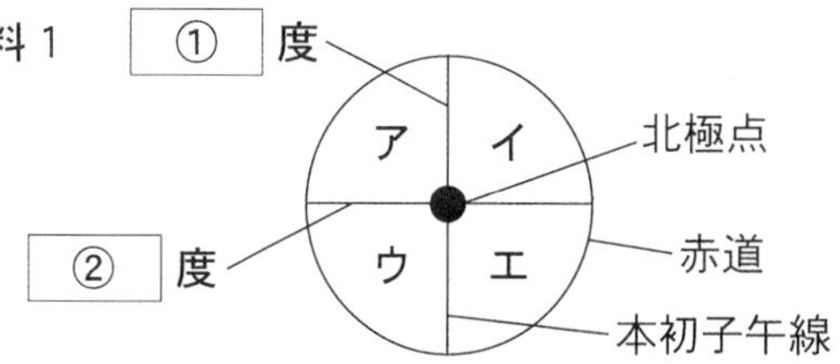

2　略地図中 [X] の海岸地形と [Y] の海洋の名称を答えよ。

3　**写真１**は略地図中の**フランス**で見られるシェアサイクル（レンタル自転車）であり，**写真２**は**ベルギー**で見られるシェア電動スクーター（電動キックボード）を撮影したものである。これらが普及している背景について述べた次の文の[　　]に適することばを**アルファベット３字以内**で補い，これを完成させよ。

写真１

写真２

[　　]の発達によって利用者登録や料金支払いが簡単になり，また都市部の渋滞緩和や環境問題の観点から観光・通勤・買い物等の短距離移動の新たな手段として注目されている。

4　**資料２**は [A] ～ [E] 国と日本の一人あたりの国民総所得（GNI）と第一次産業の人口割合を示したものである。**ア**に適する**国の名称**を答えよ。ただし，**ア～オ**は [A] ～ [E] 国のいずれかである。

資料２

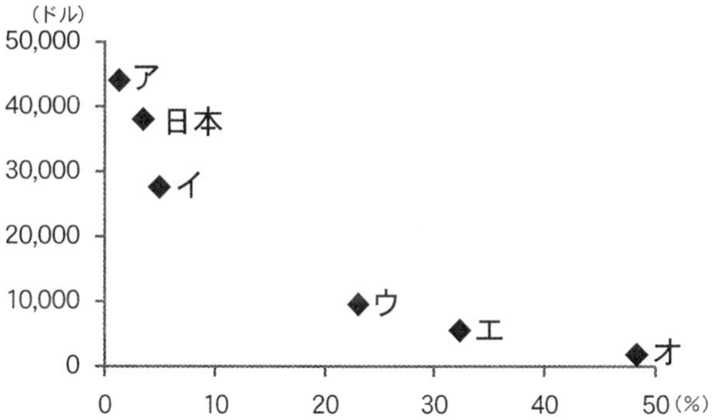

（『データブック　オブ・ザ・ワールド 2019』より作成）

5　略地図中の**中国**の南部 Z 地域で行われている米の二期作について，この地域の気候の特徴をふまえて簡潔に説明せよ。

6　略地図中の**台湾**の空港には世界三大宗教の祈祷《きとう》室（祈りのための部屋）が設置されており，**写真３**はその１つの宗教の祈祷室の内部を撮影したものである。この宗教の名称を答えよ。

写真３

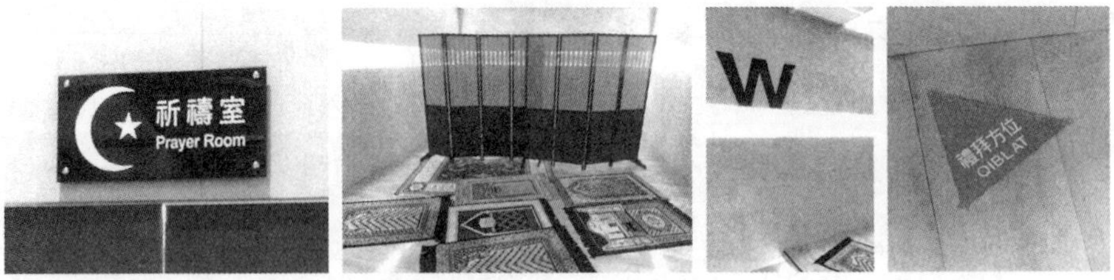

7　**資料３**は，略地図中の**ムンバイ**，**リヤド**，**クアラルンプール**，**マドリード**のいずれかの都市の月別降水量の最大値と最小値を示している。**ムンバイ**にあてはまるものを**ア**～**エ**から１つ選び，その記号を答えよ。

資料３

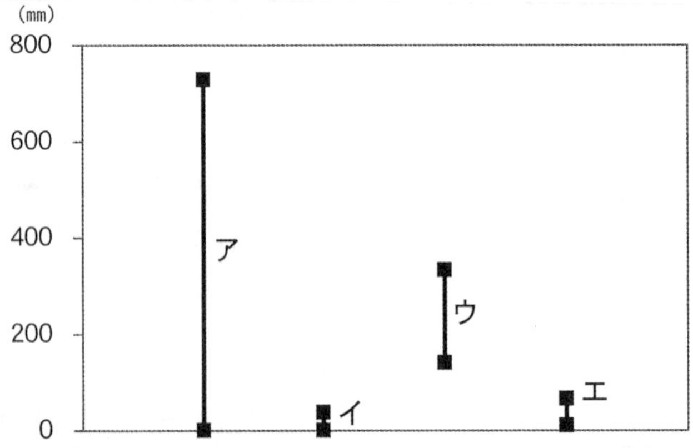

1981 ～ 2010 年の観測値による平均値
（「気象庁」ホームページより作成）

8　**写真４**は近年日本で流行しているタピオカであるが，**写真５**はその原料であるキャッサバの収穫の様子である。**資料４**はキャッサバの生産量が多い国とその割合を示したものである。［　　］にあてはまる国の名称とその気候区分の組み合わせとして最も適当なものを**ア**～**カ**から１つ選び，その記号を答えよ。

写真４

写真５

（外務省『2011 年版 政府開発援助（ODA）白書　日本の国際協力』より）

資料４

国名	割合（％）
［　　］	20.6
タイ	11.2
ブラジル	7.6
インドネシア	7.5
ガーナ	6.4

（『データブック　オブ・ザ・ワールド 2019』より）

	ア	**イ**	**ウ**	**エ**	**オ**	**カ**
国　名	アルジェリア	アルジェリア	ナイジェリア	ナイジェリア	チュニジア	チュニジア
気候区分	熱帯	温帯	熱帯	温帯	熱帯	温帯

Ⅱ　次の東京都の略地図を見て，１～５の問いに答えよ。答えを選ぶ問いについては１つ選び，記号で答えよ。

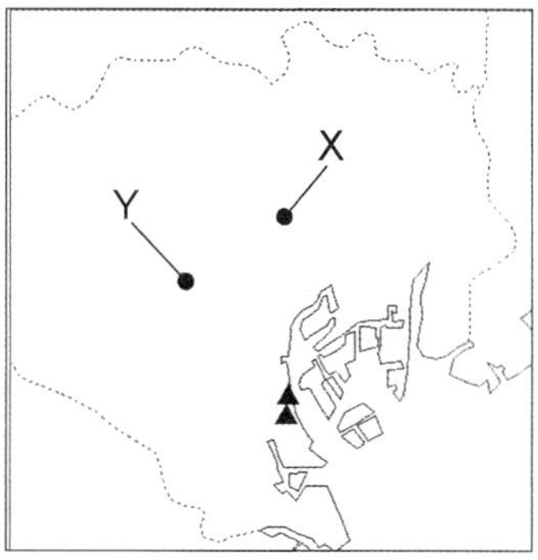

1　略地図中の▲は火力発電所を表す。火力発電所はどのような場所に立地しているか，その理由とともに答えよ。

▲で表されている火力発電所は，地域冷暖房プラントなどの小規模の火力発電施設やバイオマス発電所は除く。
（「エレクトリカル・ジャパン（Electrical Japan）」ホームページより作成）

2　次の①～③は，東京都，島根県，沖縄県の人口ピラミッドである。都県名と①～③の組み合わせとして最も適当なものは**ア～カ**のうちどれか。なお，人口ピラミッド中の実線は全国平均を示す。

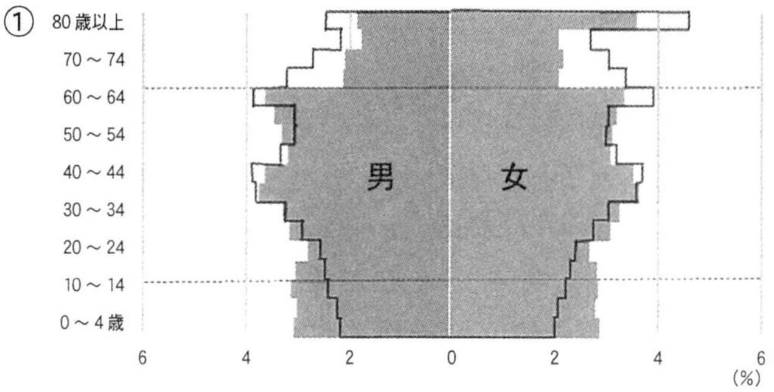

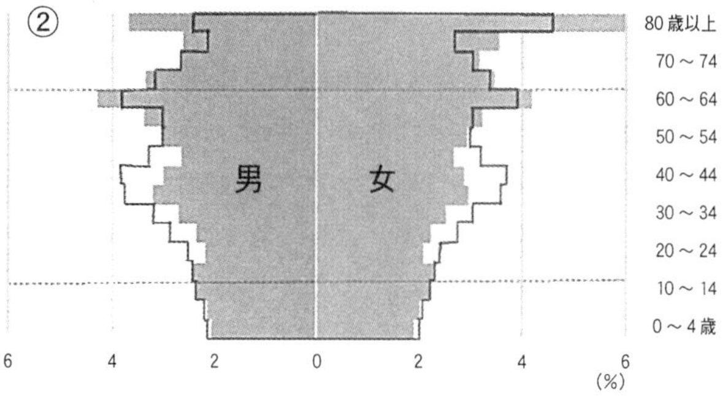

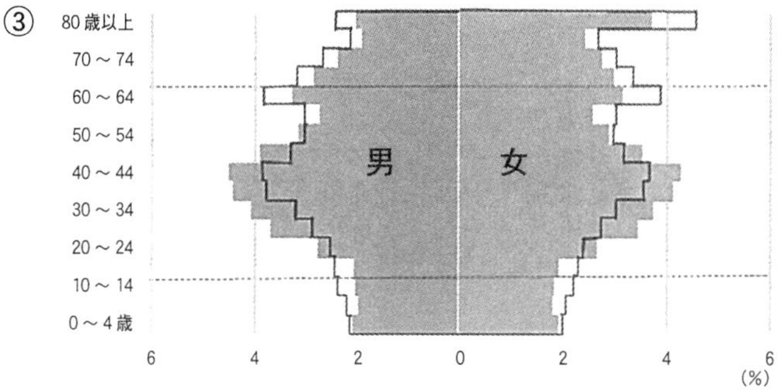

統計は2013年のもの。
（「㈱日本統計センター」ホームページより）

	ア	イ	ウ	エ	オ	カ
東京都	①	①	②	②	③	③
島根県	②	③	①	③	①	②
沖縄県	③	②	③	①	②	①

3　略地図中のXに位置する不忍池《しのばずのいけ》は，江戸時代より数々の浮世絵に描かれた名所である。**資料１**は**資料２**中の**ア～エ**のどの位置から描いたものか。なお，矢印はその地点から見た方向を表す。

資料１

（歌川広重「名所江戸百景　湯しま天神坂上眺望」）

資料２

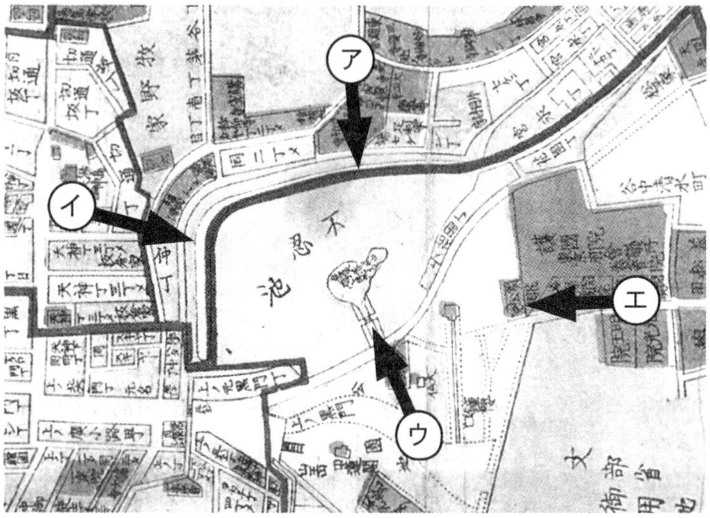

（「新撰區分東京明細圖」より作成）

4　**資料**3の①～③は東京都，大阪府，愛知県における在留外国人の主な在留資格の内訳を示している。都府県名と①～③の組み合わせとして最も適当なものは**ア～カ**のうちどれか。

資料3　（人）

	高度専門職	経営・管理	技能実習	留　学
①	5,966	9,990	8,842	118,465
②	354	889	34,242	16,667
③	390	2,310	13,314	29,708

高度専門職とは高度な資質・能力を有すると認められる外国人を示す。

（e-Stat「在留外国人統計（旧登録外国人統計）」（2018年）より作成）

	ア	イ	ウ	エ	オ	カ
東京都	①	①	②	②	③	③
大阪府	②	③	①	③	①	②
愛知県	③	②	③	①	②	①

5　2020年は東京オリンピック・パラリンピック競技大会が行われる。この大会に向けたさまざまな取り組みについて，次の問いに答えよ。

写真

(1)　**写真**のような使用済み携帯電話等の小型家電から集めたリサイクル金属を原材料に，メダルを製作している。こうした電化製品は，金や銀，レアメタルを取り出せることから何と呼ばれているか。

（「東京2020オリンピック・パラリンピック競技大会」ホームページより）

(2)　市民から回収されたプラスチック空き容器と海洋プラスチックごみをリサイクルし，表彰台が製作されることになっている。近年問題になっている「プラスチックごみ」について述べた文として，**誤っているもの**はどれか。ただし，プラスチックごみの広がりを示す**資料**4を参考にすること。

資料4

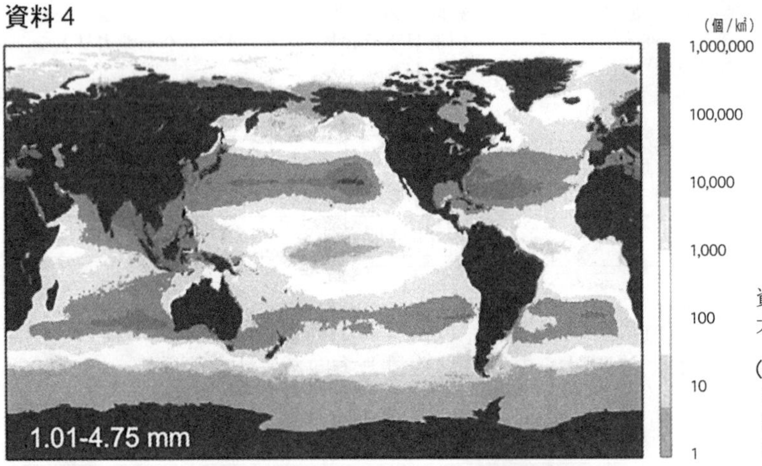

資料左下の1.01-4.75㎜はプラスチックごみの大きさを示す。

（Eriksen M., *et al.*, «Plastic Pollution in the World's Oceans: More than 5 Trillion Plastic Pieces Weighing over 250,000 Tons Afloat at Sea.», *PLoS ONE*, 9(12), 2014. より）

ア　プラスチックごみを排出しているのは先進国のみである。
イ　プラスチックごみが海流によって運ばれることによって，世界各地の海で汚染された範囲が広がっている。
ウ　さまざまな海洋生物の体内からは大量のプラスチックごみが見つかる例が相次いでいる。
エ　プラスチックごみが微小な粒となった「マイクロプラスチック」が魚介類に取り込まれ，食物連鎖により人間にも悪影響を及ぼす恐れがある。

(3)　略地図中のYに位置する新国立競技場（オリンピックスタジアム）は，**資料**5のように，夏の風を庇《ひさし》とテラスから効率的に採り入れ，スタジアム内の熱気を外に出す設計になっている。Yを含むこの地域で，夏に吹く風はどの風向が多いか，方角を答えよ。

資料5

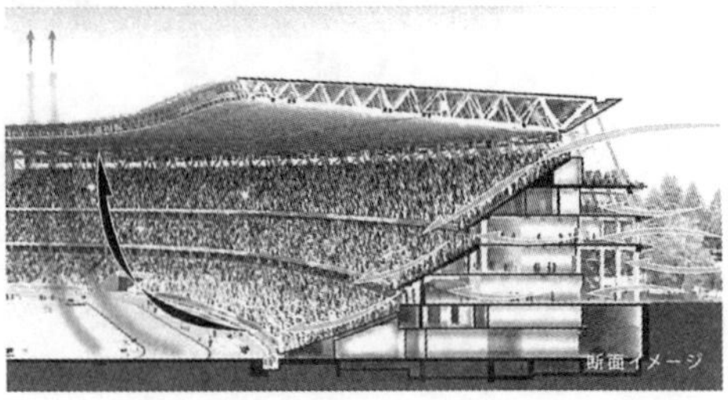

（「新国立競技場整備事業　リーフレット」より）

2 次のⅠ・Ⅱの問いに答えよ。答えを選ぶ問いについては１つ選び，その記号を書きなさい。

Ⅰ　A～Fの各文は日本の元号とその時代のできごとについて述べている。各文の内容に関する１～７の問いに答えよ。

> A　［①］元(645)年，中大兄皇子と中臣鎌足が蘇我氏を倒して政治改革を始め，天皇に権力を集める国家をめざした。［②］元(701)年には唐の法律にならった［②］律令がつくられ，新しい国家のしくみが定まった。

1　［①］・［②］にあてはまる元号の組み合わせとして最も適当なものはどれか。

ア（① 大宝　② 大化）　イ（① 大宝　② 和銅）　ウ（① 和銅　② 大宝）
エ（① 和銅　② 大化）　オ（① 大化　② 大宝）　カ（① 大化　② 和銅）

> B　聖武天皇の時代には，国際色豊かなⓐ天平文化が栄えた。また，多くの人々が和歌をよむようになり，ⓑ天皇や貴族だけでなく農民や防人の歌も収めた和歌集がつくられた。

2　下線部ⓐに最も関係が深いものはどれか。

ア

イ

ウ

エ
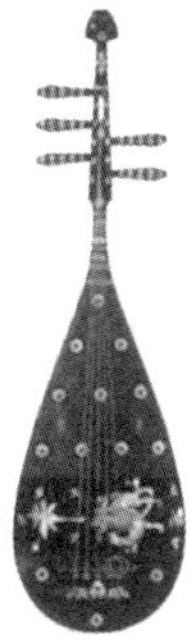

3　下線部ⓑについて，大伴家持がまとめたとされるこの和歌集を何というか。**漢字３字**で書け。

> C　貞永元(1232)年，鎌倉幕府の執権［③］は公家とは異なる武家社会の法律として［④］を定めた。

4　［③］・［④］にあてはまることばの組み合わせとして最も適当なものはどれか。

ア（③ 北条時宗　④ 御成敗式目）　イ（③ 北条時宗　④ 公事方御定書）
ウ（③ 北条泰時　④ 御成敗式目）　エ（③ 北条泰時　④ 公事方御定書）

> D　室町幕府８代将軍の足利義政のときに京都でⓒ応仁の乱が起こり，戦乱が全国に拡大した。

5　下線部ⓒと同じ世紀のできごとについて述べた文として最も適当なものはどれか。

ア　衰退した元にかわって明が中国を統一した。
イ　コロンブスの船団が大西洋を西に進み，アメリカ大陸付近の島に上陸した。
ウ　ポルトガル人が乗った中国船が種子島に漂着し，日本に鉄砲が伝えられた。
エ　イギリスでピューリタン革命が起こり，国王が処刑された。

> E　５代将軍の徳川綱吉の時代に，江戸幕府は収入を増やすためにⓓ新しい貨幣(元禄小判)を発行した。

6　次の文は下線部ⓓについての説明である。［X］・［Y］に適することばを補い，文を完成させよ。

> 貨幣の質を［X］して大量に発行したことで物価が［Y］したため人々の生活は苦しくなった。

資料
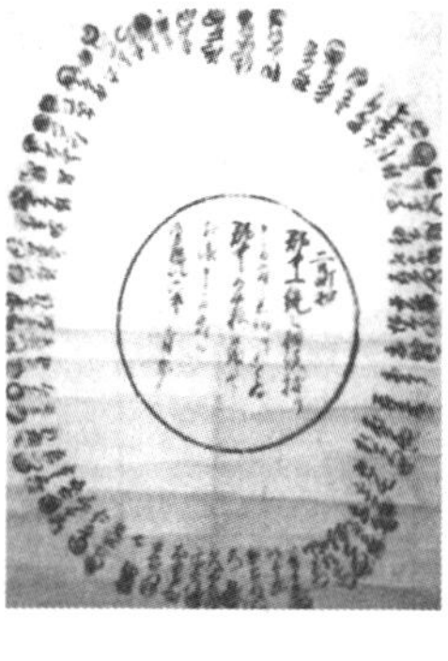

> F　宝暦６(1756)年，美濃(岐阜県)では大規模なⓔ百姓一揆が起き，百姓たちが年貢軽減や作物の自由な売買を要求した。

7　下線部ⓔについて，**資料**は「傘連判状」とよばれ，一揆の参加者が団結力を高めるために署名をしたものである。円形状になるように署名をしているのはなぜか。その理由を**25字以内**で説明せよ。

Ⅱ　次の近代以降の各時代に関する年表をみて１～８の問いに答えよ。

元号	西暦	できごと
明治	1895 年	三国干渉により日本はⓐ遼東半島を清に返還した。―《　A　》
	1904 年	ⓑ日露戦争が始まった。――――――――――《　B　》
大正	1920 年	ⓒ国際連盟が発足した。――――――――――《　C　》
昭和	1939 年	ⓓ第二次世界大戦が始まった。――――――――《　D　》
	1945 年	ⓔ衆議院議員選挙法の改正が行われた。
平成	1989 年	ⓕマルタ会談で冷戦終結が宣言された。
	1990 年	ⓖイラクがクウェートに侵攻した。

1　次のできごとが起きた時期として最も適当なのは**ア**～**ウ**のうちどれか。

レーニンの指導によりロシア革命が起き，ロシア帝国が崩壊した。

ア　AとBの間　　**イ**　BとCの間　　**ウ**　CとDの間

略地図１

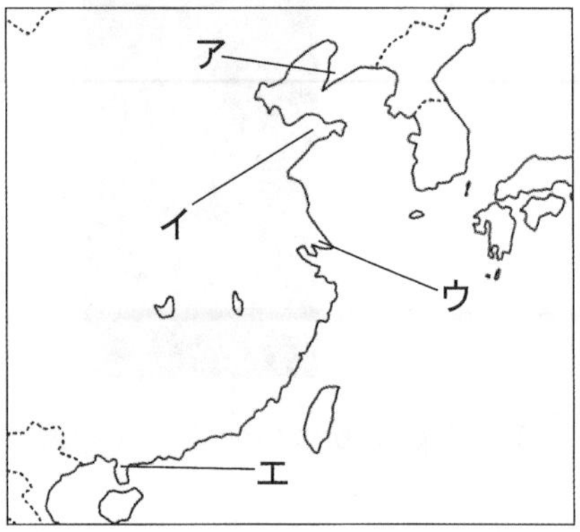

2　下線部ⓐの位置は**略地図**１中の**ア**～**エ**のうちどれか。

3　下線部ⓑについて，出兵する弟を思って「君死にたまふことなかれ」という詩をよんだ人物は誰か。

ア　与謝野晶子　　**イ**　正岡子規
ウ　石川啄木　　**エ**　樋口一葉

略地図２

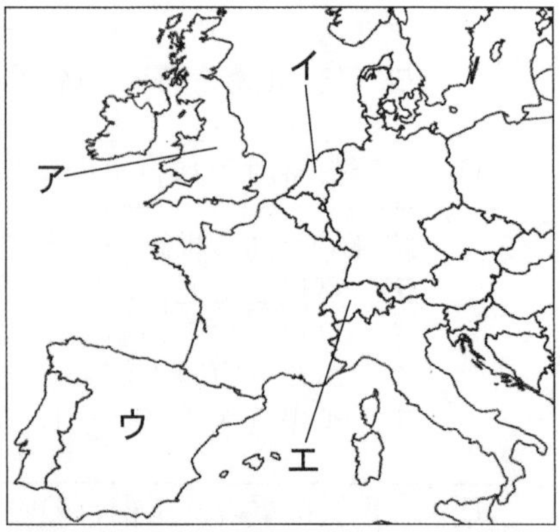

4　下線部ⓒについて，国際連盟の本部が置かれたジュネーブがある国は**略地図**２中の**ア**～**エ**のうちどれか。

5　下線部ⓓについて述べた次の文の［　Z　］にあてはまる最も適当な国名を書け。

ドイツが［　Z　］に侵攻したことをきっかけに第二次世界大戦が始まった。ドイツは［　Z　］のアウシュビッツなどに設置された強制収容所で多くのユダヤ人を迫害した。

6　下線部ⓔの結果，1946 年の衆議院議員総選挙で選挙権を持つ人の数は以前の２倍以上に増加した。この理由について，**資料**を参考にし，また，選挙法改正の内容を明らかにしつつ **25 字以内**で説明せよ。その際，「**選挙権**」という語を必ず使用すること。

資料

7　下線部ⓕでアメリカのブッシュ大統領と会談したソ連の共産党書記長は誰か。

ア　フルシチョフ　　**イ**　スターリン
ウ　ゴルバチョフ　　**エ**　ウィルソン

8　下線部ⓖの結果，起こった戦争を何というか。

3 次のⅠ・Ⅱの問いに答えなさい。答えを選ぶ問いについては1つ選び，その記号を書きなさい。

Ⅰ　さまざまな年齢層が興味関心をもった平成時代のニュースを表にしたものである。1～9の問いに答えよ。

ⓐ選挙権の年齢引き下げ	ⓓ情報通信の発達
日本企業の ⓑ労働条件	ⓔ環境問題と異常気象
ⓒ消費税増税	ⓕ年金制度

1　下線部ⓐを施行するために，改正された法律は何か。

2　下線部ⓐに関して，X ～ Z に適する数字の組み合わせとして正しいものはどれか。

> 2015年に法改正され，選挙権年齢が X 歳に引き下げられた。2022年4月には，成人年齢が Y 歳になる。また，裁判員裁判の裁判員は Z 歳以上の国民から選ばれる。

ア　X 16　Y 22　Z 18　　　イ　X 18　Y 18　Z 18
ウ　X 18　Y 18　Z 20　　　エ　X 16　Y 16　Z 20

3　下線部ⓑに関して，労働基準法の内容として**誤っているもの**はどれか。
ア　使用者は，労働者に，休憩時間を除き1週間について40時間を超えて，労働させてはならない。
イ　使用者は，1週間の各日については，労働者に，休憩時間を除き1日について8時間を超えて，労働させてはならない。
ウ　賃金は，毎月1回以上，一定の期日を定めて支払わなければならない。ただし，臨時に支払われる賃金，賞与その他これに準ずるもので厚生労働省令で定める賃金については，この限りでない。
エ　使用者は，労働者に対して，毎週少なくとも2回の休日を与えなければならない。

4　下線部ⓒに関して，X ～ Z に適する語句の組み合わせとして正しいものはどれか。

> 消費税は，1989年に X ％として導入され，1997年には Y ％，2014年には8％となり，現在では10％となった。また，消費税は納める人と，実際に負担する人が異なる Z 税である。

ア　X 3　Y 5　Z 間接　　　イ　X 3　Y 5　Z 直接
ウ　X 5　Y 7　Z 直接　　　エ　X 4　Y 6　Z 間接

5　下線部ⓒは，すべての人に同じ税率をかけるため，低所得者も高所得者も同じ金額の税負担を求められる。このような性質を何性というか。

6　下線部ⓓに関して，X ・ Y に適する語句の組み合わせとして正しいものはどれか。

> 私たち一人ひとりは，情報を正しく活用する力，X を身につける必要がある。また，インターネットやスマートフォンで扱うデジタル情報を持つ人と持たない人との間で生じている格差，いわゆる Y も，新たな問題になっている。

ア　X 情報公開　Y ノーマライゼーション
イ　X 情報リテラシー　Y ノーマライゼーション
ウ　X 情報リテラシー　Y デジタル・ディバイド
エ　X 情報公開　Y デジタル・ディバイド

7　下線部ⓔに関して，環境権は，日本国憲法の幸福追求権・人格権（第13条）と，あと第何条の何権をもとに，主張されているか。

8　下線部ⓔに関して，日本国内で発生した四大公害のうち１つは，石油化学コンビナートから排出された亜硫酸ガスなどにより，多くのぜんそく症状患者がでた。この公害が発生した都道府県はどこか。

9　下線部ⓕに関して，**表１**をもとに**「現役世代・少子高齢社会・年金受給者」**の語句をすべて用いて，［　　］の中に**40字以内**で文をつくり，以下の説明文を完成させよ。

> 2000年代に入ると，特に［　　　　　　　　　　］。
> そのため，社会保障制度の充実や財源の維持など，将来へ多くの課題がある。

表１　日本の人口推移　　（単位：万人）

	14歳以下人口	15～64歳人口	65歳以上人口	総　数	高齢化率
1970	2,515	7,212	739	10,466	7%
1980	2,751	7,883	1,065	11,699	9%
1990	2,249	8,590	1,489	12,328	12%
2000	1,847	8,622	2,201	12,670	17%
2010	1,680	8,103	2,925	12,708	23%
2020	1,457	7,341	3,612	12,410	29%
2030	1,204	6,773	3,685	11,662	32%
2040	1,073	5,787	3,868	10,728	36%
2050	939	5,001	3,768	9,708	39%
2060	791	4,418	3,464	8,674	40%

2010年までは総務省「国勢調査」（年齢不詳人口を除く），2020年以降は国立社会保障・人口問題研究所「日本の将来推計人口（平成24年１月推計）」より

Ⅱ　下記は，中学生が平成と令和の元号から連想して作成した標語である。１～４の問いに答えよ。

> **標語**
>
> ⓐ平和な時を過ごす，平成から令和へ
>
> 災害で困ったときは，ⓒ全体の奉仕者精神で
>
> 合併で，更に大きく豊かなⓑ地方の未来

1　下線部ⓐに関して，日本の自衛隊は，国の防衛・災害派遣・国際協力などの活動をおこなっているが，最高指揮権を持つ役職は何か。

2　下線部ⓐに関して，日本の自衛隊が国連PKO活動の一環で最初に派遣された国や地域はどこか。
　ア　カンボジア　　**イ**　インド洋　　**ウ**　イラク周辺　　**エ**　南スーダン

3　下線部ⓑに関して，地方公共団体が国の下請けとなり，国の主導で行政が進められてきた。このような状況を改め，地方公共団体が独自に活動をおこなうために，制定された法律は何か。

4　下線部ⓒに関して，［ X ］・［ Y ］に適語を入れ，行政改革を説明する文章を完成させよ。

> 1980年代に日本電信電話公社，日本国有鉄道などが［ X ］された。また，2001年には1府22省庁の中央省庁が［ Y ］に再編されたため公務員数が減少した。

令和２年度　鹿児島高校入試問題　理　科

（解答…202Ｐ）

1 次の文章を読んで，以下の問いに答えなさい。

生物のからだは細胞でできており，①複数の細胞でからだができている生物もいれば，②１個の細胞でからだができている生物もいる。また，細胞の大きさもさまざまで，細菌類の細胞のように直径1000分の１mm程度のものから，ダチョウの卵《らん》のように直径10 cmを超えるものまである。

植物や動物の細胞の中には核があり，その中には③染色体が存在している。染色体は④DNAを含んでおり，DNAには遺伝子が存在している。

からだをつくる細胞中の染色体は体細胞分裂により２つの細胞に正確に分配される。そのため，生物種ごとに細胞中の染色体数は維持されている（**表１**）。また，生物が生殖をおこなう際には精子や卵などの生殖細胞ができる。⑤精子と卵が生じる際に行われる細胞分裂では，新しく生じた細胞中の染色体数が半数になる。

表１

生物名	染色体数
キイロショウジョウバエ	8
エンドウ	14
タマネギ	16
イネ	24
ヒト	46
イヌ	78
コイ	100

1　下線部①，②の生物をそれぞれ何というか。

2　下線部③について，ある２つの個体からとった，からだをつくっている細胞の染色体数を調べてみたら，染色体数が異なっていた。この結果について，**表１**をもとに言えることとして最も適切なものを次の**ア**～**エ**から選び，記号で答えよ。

ア　染色体数が少ない細胞の生物は，染色体数が多い細胞の生物に比べて早い時代に地球上に現れた可能性が高い。

イ　染色体数が少ない細胞の生物は，染色体数が多い細胞の生物に比べて若い可能性が高い。

ウ　染色体数が多い細胞の生物は，染色体数が少ない細胞の生物よりからだの大きさが大きい可能性が高い。

エ　染色体数が多い細胞の生物は，染色体数が少ない細胞の生物と異なる種類の生物である可能性が高い。

3　下線部④について，DNAとはある物質の英語名の略称である。この物質の日本語の正式名称を答えよ。

4　家庭用洗浄剤，食塩，エタノールを用いることで細胞からDNAをとり出すことができる。同体積の材料からDNAをとり出す際に，最も**不適切な材料**と考えられるものを次の**ア**～**オ**から選び，記号で答えよ。

ア　ニワトリの卵　　**イ**　ブロッコリーのつぼみ　　**ウ**　バナナの実

エ　バッタの精巣　　**オ**　ブタの肝臓

5　下線部⑤について以下の問いに答えよ。

(1) この細胞分裂を何というか。

(2) 図1のように核内にA，a，B，bの4本の染色体をもつ細胞が（1）の分裂を行った。Aとa，Bとbは相同染色体（同じ形で同じ大きさの対をなす染色体）である。

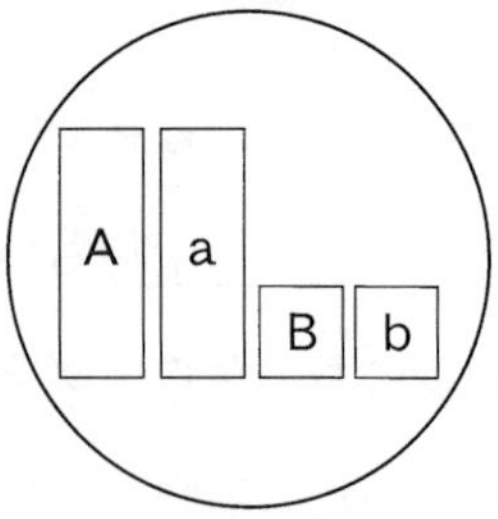

図1

(i) 生じる精子もしくは卵の核内に含まれる染色体としてあり得るものはどれか。次の**ア**～**カ**から1つ選び，記号で答えよ。

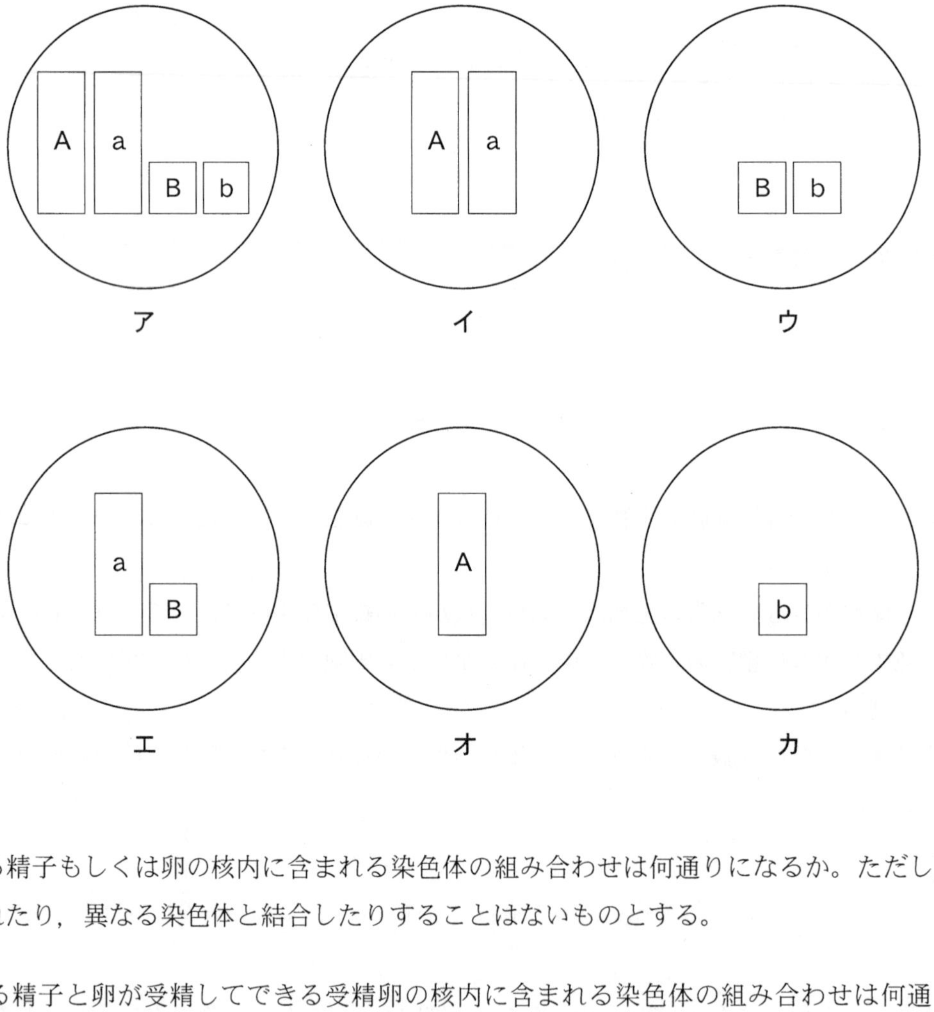

(ii) 生じる精子もしくは卵の核内に含まれる染色体の組み合わせは何通りになるか。ただし，染色体がちぎれたり，異なる染色体と結合したりすることはないものとする。

(iii) 生じる精子と卵が受精してできる受精卵の核内に含まれる染色体の組み合わせは何通りになるか。ただし，精子に含まれる染色体A，a，B，bと卵に含まれる染色体A，a，B，bは異なる染色体と考える。

2 次のⅠ・Ⅱについて，以下の問いに答えなさい。

Ⅰ **図1**の地層において，２つの火山灰の層を観察した。**図2**はそれぞれの層から採取した火山灰のようすである。次の各問いに答えよ。

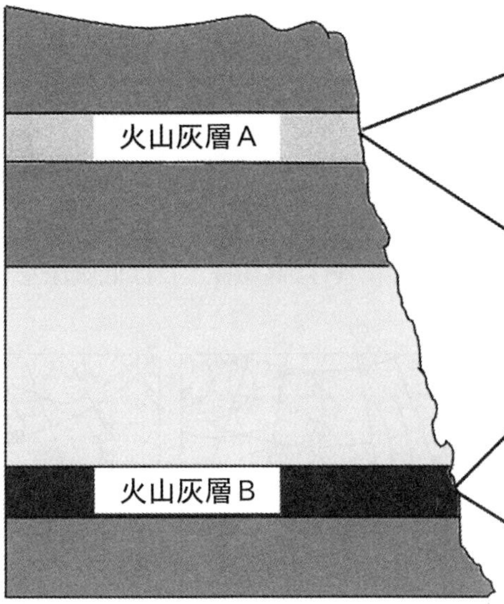

図1

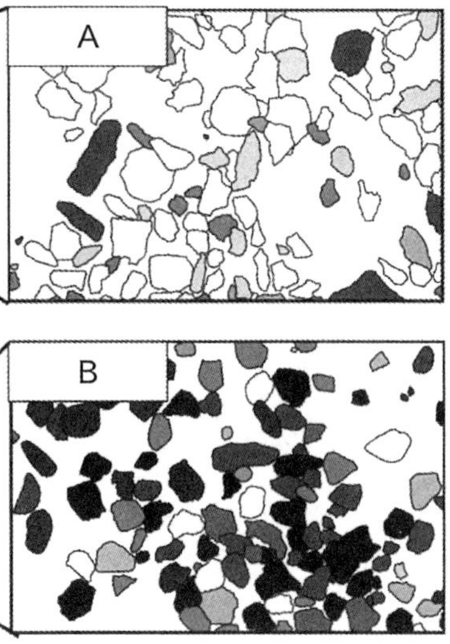

図2

1　地層において火山灰の層は重要な役割をしており，地層が堆積した年代を知る手がかりとなる。このような層を何というか。

2　火山灰は，火山の噴火によって放出された物質である。このような物質を何というか。

3　火山灰を観察するにあたって，まず火山灰を洗う必要がある。次の下線部**ア**～**エ**のうち，**誤っているもの**はどれか。１つ選び，記号で答えよ。

手順1　少量の火山灰を ア蒸発皿に入れる。

手順2　水を加えて，イガラス棒で軽く押しながら洗う。にごった水は流す。

手順3　水が ウにごらなくなるまで，**手順2**を繰り返す。

手順4　残った粒をペトリ皿に移して観察する。（エぬれたまま観察してもよい。）

4　**図2**のBの火山灰に含まれる鉱物を注意して観察すると，その中に，緑褐色で不規則な形の鉱物があった。この鉱物名を次の**ア**～**エ**から１つ選び，記号で答えよ。

ア　カンラン石　　**イ**　石英　　**ウ**　黒雲母《くろうんも》　　**エ**　角閃石《かくせんせき》

5　**図2**のA，Bを比較してみると，Aは無色鉱物を多く含み，全体的に白っぽい。一方でBは有色鉱物を多く含み，全体的に黒っぽい。この地域では，AとBは，それぞれ異なる火山から放出されたとすると，どのようなマグマのねばりけを持った火山が，どの順で噴火したと考えられるか。下記の文中の空欄に適する語を答えよ。ただし，この観察した露頭において地層の逆転はないものとする。

ねばりけの（　①　）マグマの火山が噴火したあと，ねばりけの（　②　）マグマの火山が噴火した。

Ⅱ　花子さんは，1 月 11 日の午前 10 時に校庭で気象観測を行い，**表 1** にまとめた。次の各問いに答えよ。

表 1

観察した日時：1 月 11 日　午前 10 時		
天　気	晴れ	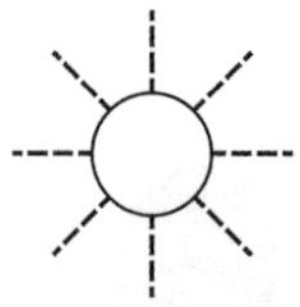
気　温	12℃	
風　向	北	
風　力	1	
湿　度	48％	

1　**表 1** の記録をもとに，解答用紙の天気図記号を完成させよ。

2　冬の時期の日本付近の天気図として適するものを，次の**ア**～**エ**から 1 つ選び，記号で答えよ。ただし，**ア**～**エ**は，春，梅雨，夏，冬のいずれかの天気図であり，天気図の H は高気圧，L は低気圧を表している。

ア

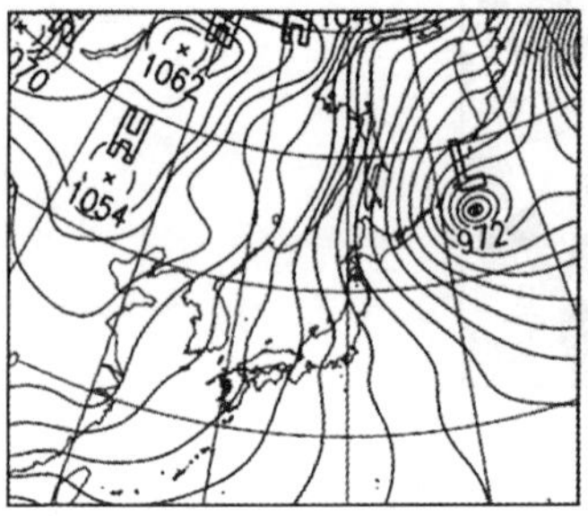

イ

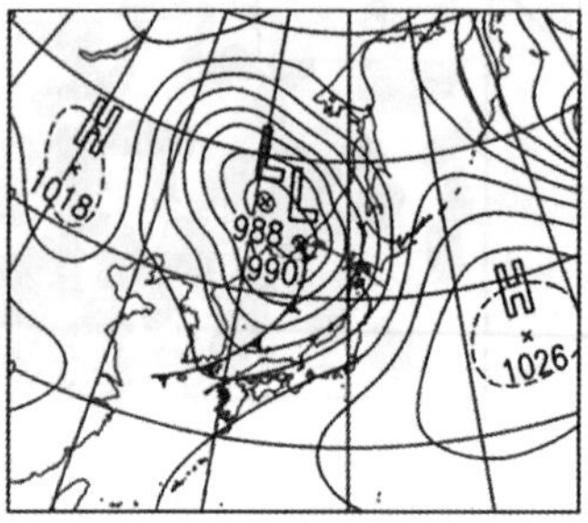

ウ

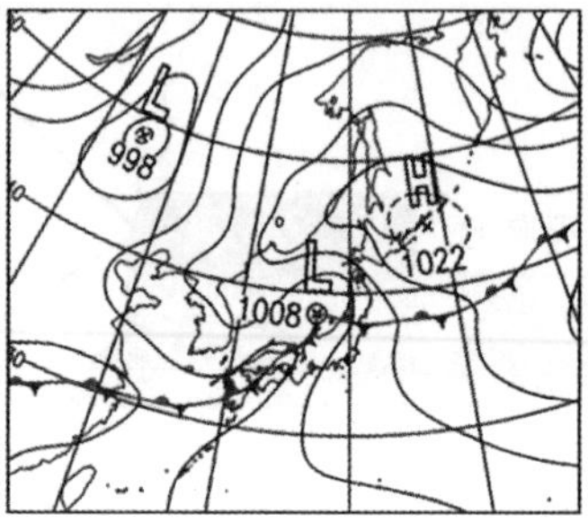

エ

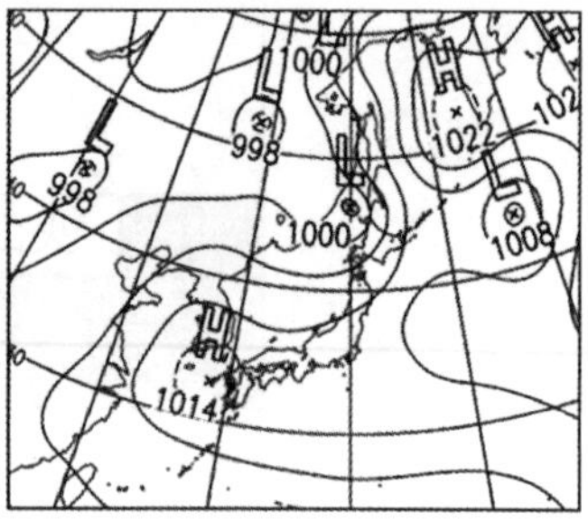

（国土交通省気象庁ホームページより）

3　花子さんは，校庭で気象観測を終えたあと，教室に戻り，乾湿計を用いて教室の気温と湿度を調べた。ただし，下の**図 3** は教室で測定したときの乾球と湿球のようすであり，**表 2** は湿度表の一部である。以下の問いに答えよ。

(1) 教室の気温は何℃か。

(2) 教室の湿度は 48％であった。このことから，**図 3** の湿球は何℃を示すか。

(3) 下記の文章は，校庭と教室での 1 m^3 に含まれる水蒸気量の違いについて説明したものである。空欄に適する語を答えよ。

> 1 m^3 に含まれる水蒸気量は，湿度と（　①　）が大きく関係している。校庭と教室の湿度は同じであるが，（　②　）は教室のほうが高い。 よって，教室のほうが，（　①　）が大きいといえるので，1 m^3 に含まれる水蒸気量は（　③　）の方が多い。

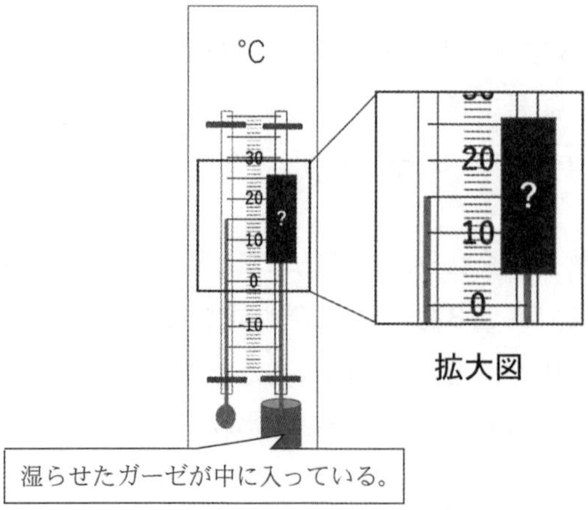

図 3

表 2

乾球の示度	乾球と湿球の示度の差						
	0	1.0	2.0	3.0	4.0	5.0	6.0
20	100	91	81	73	64	56	48
19	100	90	81	72	63	54	46
18	100	90	80	71	62	53	44
17	100	90	80	70	61	51	43
16	100	89	79	69	59	50	41
15	100	89	78	68	58	48	39
14	100	89	78	67	57	46	37
13	100	88	77	66	55	45	34
12	100	88	76	65	53	43	32
11	100	87	75	63	52	40	29
10	100	87	74	62	50	38	27
9	100	86	73	60	48	36	24

3 次のⅠ・Ⅱについて，以下の問いに答えなさい。

Ⅰ　ビーカーＡ～Ｅに同じ濃度の塩酸を20cm³ずつ入れた。これらのビーカーに石灰石を加えたら気体が発生した。ビーカーに加えた石灰石の質量と気体の発生が終わった後のビーカーの質量を示したのが**表１**である。次の各問いに答えよ。ただし，塩酸を入れたときのビーカーＡ～Ｅの質量はどれも55.0ｇで，発生した気体は溶液中にとけなかったものとする。また，用いた石灰石に十分な量の塩酸を加えると，石灰石はすべてとけた。

表１

ビーカー	A	B	C	D	E
加えた石灰石の質量〔g〕	0.5	1.0	1.5	2.0	2.5
気体の発生が終わった後のビーカーの質量〔g〕	55.3	55.6	55.9	56.4	56.9

1　発生した気体を水にとかして，BTB溶液を加えるとどのような変化をするか。適するものを次の**ア**～**エ**から１つ選び，記号で答えよ。

ア　黄色になる。
イ　青色になる。
ウ　緑色になる。
エ　赤色になる。

2　発生した気体と同じ気体を発生させる方法はどれか。適するものを次の**ア**～**エ**から１つ選び，記号で答えよ。

ア　亜鉛にうすい塩酸を加える。
イ　塩化銅水溶液を電気分解する。
ウ　二酸化マンガンに過酸化水素水を加える。
エ　炭酸水素ナトリウムを加熱する。

3　ビーカーＢで発生した気体は何ｇか。

4　反応後に石灰石の一部がとけ残ったビーカーがあった。そのビーカーの記号をすべて答えよ。

5　実験で用いたのと同じ石灰石5.0 ｇを，実験で用いたのと同じ濃度の塩酸で，すべてとかすことにした。塩酸は少なくとも何cm³必要か。四捨五入して小数第１位まで求めよ。

Ⅱ　理科室で，化学かいろづくりを行なった。化学かいろは，化学変化を利用したものである。次の各問いに答えよ。

［操作］

①　セロハンテープをはって補強した封筒に，鉄粉を約 10 g 入れる。
②　100 cm^3 のビーカーに約 3 g の活性炭を入れ，5％ の食塩水を約 2 cm^3 加えてガラス棒でよくかき混ぜる。
③　②でつくったものを，鉄粉の入った封筒に入れて，セロハンテープでしっかりと封をする。
④　封筒をふって，どうなるか観察する。

1　封筒をふると，あたたかくなった。化学変化により温度が上がる反応を何というか。

2　5％の食塩水を 60 g つくった。必要な食塩と水の質量をそれぞれ求めよ。

3　あたたかくなってきた化学かいろを，このかいろがちょうど入る大きさのポリ袋に入れて密閉すると，しばらくして温度が下がり始めた。もう一度ポリ袋から取り出してよくふると，また，温度が上がり始めた。この理由を述べた下記の文中の空欄に適する語を答えよ。

鉄が（　a　）されるには（　b　）が必要で，ポリ袋に入れて密閉してしまうと（　b　）がなくなって反応が止まり，熱が出なくなるから。

4 次のⅠ・Ⅱ について，以下の問いに答えなさい。

Ⅰ　1種類のばねでさまざまな実験をおこなった。ばねの伸びや縮みの長さは，ばねに加わる力に完全に比例している。また，同じ長さだけ伸びているばねと縮んでいるばねに加わっている力の大きさは等しい。次の各問いに答えよ。

1　**図1**のように，ばねに物体をつるした。物体の重さとばねの全体の長さは**表1**のようになった。空欄①にあてはまる数値を答えよ。

表1

重さ〔N〕	0	0.2	0.4	0.6
ばね全体の長さ〔cm〕	5.0	5.8	6.6	①

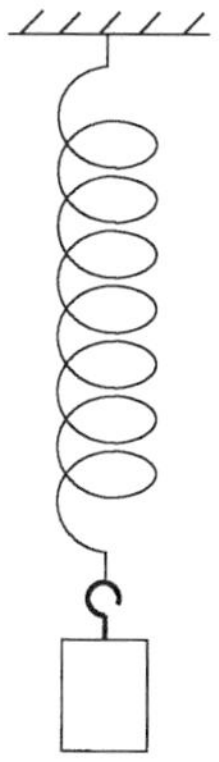
図1

2　**図2**のように，ばねにつるした重さ 0.4 Nの物体をゆっくりと水中に入れていった。水面から物体の下面までの距離を x とおく。x とばねの伸びの関係は**表2**のようになった。空欄②にあてはまる数値を答えよ。ただし，物体の形は円柱で高さは 4.0 cmである。

表2

x〔cm〕	1.0	2.0	3.0	4.0	5.0
ばねの伸び〔cm〕	1.4	1.2	1.0	0.8	②

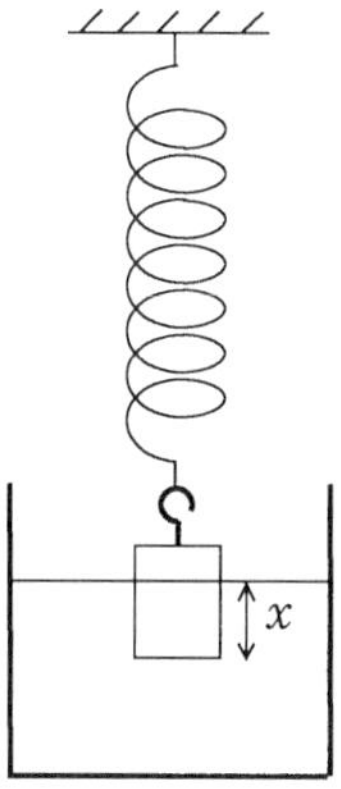

図2

3　**図3**のように，容器の底にばねを取り付け，その上に 2 と同じ物体を乗せた。物体は完全に水中に入っている。このとき，ばねの縮みは何cmか。ただし，物体は容器の壁面には接触しないものとする。

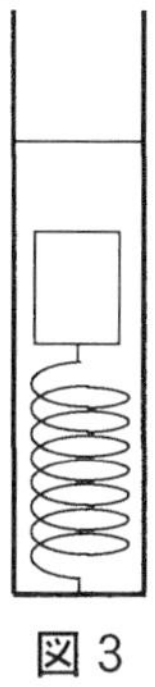
図3

4　**図4**のように，同じばね２本を物体に取り付けた。はじめ，２本のばねは伸び縮みしていない。この状態から**図5**のように物体を左側へ 1.2 cm引いたとき，物体にはたらく弾性力の合力は，どちら向きに何Nか。

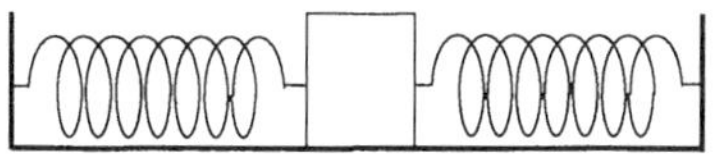
図4

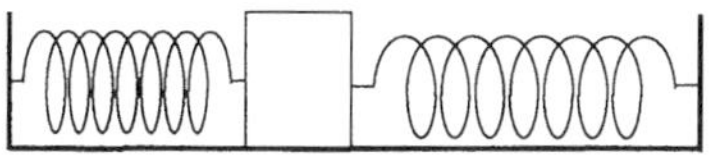
図5

Ⅱ　**図6**のように，太陽電池，電圧計，電流計，モーター，おもりをつなげた。太陽電池に光源装置を用いて光を当てるとモーターが回転し，質量 30 g のおもりを引き上げた。太陽電池から光源装置までの距離と，電圧および電流の関係は**表3**のようになった。次の各問いに答えよ。

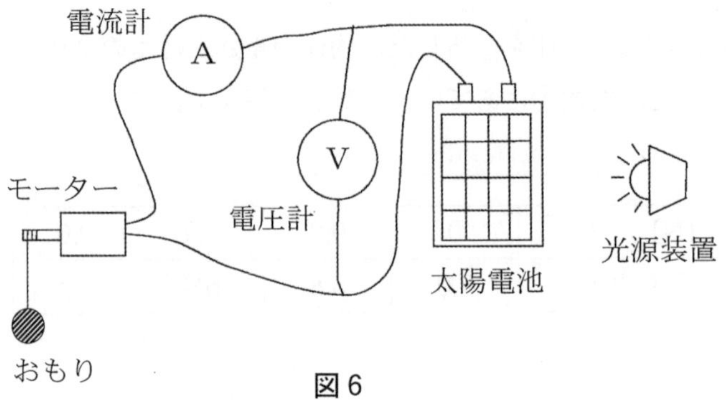

図6

表3

太陽電池から光源装置までの距離〔cm〕	5	10	15	20
電圧〔V〕	5.0	3.5	2.0	1.5
電流〔mA〕	200	180	150	120

1　引き上げられたおもりが最後に停止した。この実験でエネルギーはどのように移り変わったか。（　①　）～（　③　）のエネルギーの名称を書け。

（　①　）エネルギー ⇨（　②　）エネルギー
⇨ 運動エネルギー ⇨（　③　）エネルギー

2　太陽電池から光源装置までの距離が 10 cmのときにモーターで消費される電力は，5 cmのときの何倍か。

3　太陽電池から光源装置までの距離を 20 cmにして，おもりをゆっくりと一定の速さ 5 cm /sで引き上げた。

(1)　2秒間にモーターがおもりにした仕事は何Jか。ただし，100 gの物体にはたらく重力を1Nとする。

(2)　(1)での仕事率は，モーターで消費される電力の何％か。四捨五入して小数第1位まで求めよ。

鹿児島純心女子高等学校

理事長	松下栄子
学校長	久松 久美子
所在地	〒890-8522 鹿児島市唐湊4丁目22番2号
電話	(099) 254－4121
ＦＡＸ	(099) 252－7688
ホームページ	http ://www.k-junshin.ed.jp/
交通	ＪＲ「郡元駅」・市電「純心学園前」下車 鹿児島交通25番線「唐湊住宅」下車 鹿児島交通15-2, 18番線「純心女子学園前」下車 鹿児島交通19, 24-1番線「純心女子中高前」下車

教育方針 *無限の可能性を秘めた女性《ひと》たちへ―――*
知・徳・体のバランスのとれた純心教育

受験情報（予定）受験会場　一般入試：本校・加治木・国分・薩摩川内・鹿屋・甑島・種子島・屋久島・奄美・徳之島・沖永良部
推薦入試：本校のみ

学科		募集コース	入試科目	出願期間	入試日	合格発表	受験料	入学金	授業料	寮費
普通科 定員 200名	一般入試	S特進コース 選抜コース 英語コース	国数英理社	2021年 1月5日(火) ～ 1月12日(火)	2021年 1月24日(日)	2021年 1月29日(金)	10,000円	100,000円	月額48,000円 (就学支援金控除前の金額です)	入寮費 55,000円 寮費(月額) 24,500円 食費(月額) 25,000円
		本科コース	5教科または 国数英3教科							
	推薦入試	S特進コース 選抜コース 英語コース 本科コース	面接 作文		2021年 1月18日(月)	2021年 1月20日(水)				

＜合格へのアドバイス＞
本校の入試問題は，鹿児島県の公立高校とほぼ同じ難易度で作成します。希望のコースに応じて合格のラインが異なります。得点によって奨学生を選考しますので，授業を大切にし，中学校の学習内容をきちんと学習しておいて下さい。
＜学校説明会＞ 7月12日(日)・7月23日(木)・11月7日(土) にキャンパス見学会を開催します。
＜土曜オープンスクール＞ 土曜日に授業見学と個別相談会を実施します。(第1・第3土曜を除く) お電話でお申し込み下さい。

主な合格状況

【国公立大学】
鹿児島大(医学部医学科・歯学部 他)・熊本大(医学部保健学科 他)・東京医科歯科大・鹿屋体育大・琉球大・宮崎大・長崎大・宮崎公立大・長崎県立大・北九州市立大・県立広島大・兵庫県立大・都留文科大・釧路公立大 他

【私立大学】
聖マリアンナ医科大 (医学部)・東海大 (医学部他)・兵庫医科大(医学部)・早稲田大・上智大・明治大・青山学院大・立教大・法政大・津田塾大・日本女子・聖心女子大・学習院女子大・白百合女子大・関西大学・関西学院大学・西南学院大学・福岡大・立命館アジア太平洋大・鹿児島純心女子大学 他

【短期大学】
鹿児島県立短大・上智短大・鹿児島純心女子短大 他

その他多数合格～詳細は本校ホームページで

【校風・特色】
◇カトリックの精神に基づき，聖母マリアを理想と仰ぎ，気品のある教養豊かな女性の育成を目指しています。一人ひとりを大切にし，素質を十分に伸ばします。
◇ミッションスクール独自の行事が多く，行事ごとに生徒の自主性や協調性など多くのことを学ぶことができます。
◇女子だけののびやかな学校で，中学から短大・大学まで一貫した教育方針で教育を行っています。

【これからの社会のニーズに応えるための新しい学び＝21世紀型教育】
◇変化する21世紀の社会には「知識だけでなく，自ら考え表現できる人」が求められます。これからの社会のニーズに応え，「21世紀型教育」の新しい学びを実践していきます。

【文部科学省「地域との協働による高等学校教育改革推進事業指定校」】
◇2019年度より，地域協働推進校（アソシエイト）として，取り組んでいきます。

【特色あるコース】
◇S特進コース：新しい時代を創造していくリーダーを育成。医歯薬学部を含めた難関国公立大学（文系・理系）を目指す。
◇選抜コース：課題解決能力，実行力，創造力のある女性を育成。国公立大学への進学を目指す。
◇英語コース：世界で貢献できる女性を育成。難関私立大学を目指す。
◇本科コース：自分らしい生き方を力強く切り拓く女性を育成。指定校推薦などで姉妹校やその他大学への進学を目指す。

ニュージーランド英語研修

カナダ語学研修

新体操部インターハイ準優勝

マイプロジェクト(選抜コース)

資料1

放送部が「助かった支援、困った支援」について、東日本大震災の被災地の学校に聞き取り調査を行った結果、次のことがわかった。

①最も役に立つのはお金である。広く浅く支援するなら共同募金に、ピンポイントで支援するなら相手を決めて直接送るとよい。

②物を送るのは、かえって迷惑になる場合もある。例えば、ランドセルが大量に送られたある地域では、本来であれば避難所にできるスペースを、ランドセルの山が占領してしまった。

③助かった支援の例として片付けが挙げられる。例えば、ある高校の図書委員会は、被災地の学校に行き、めちゃくちゃになった図書室の本を整理した。また、新しく本を寄付して、それをデータベースに登録するところまで行い、感謝された。

資料2

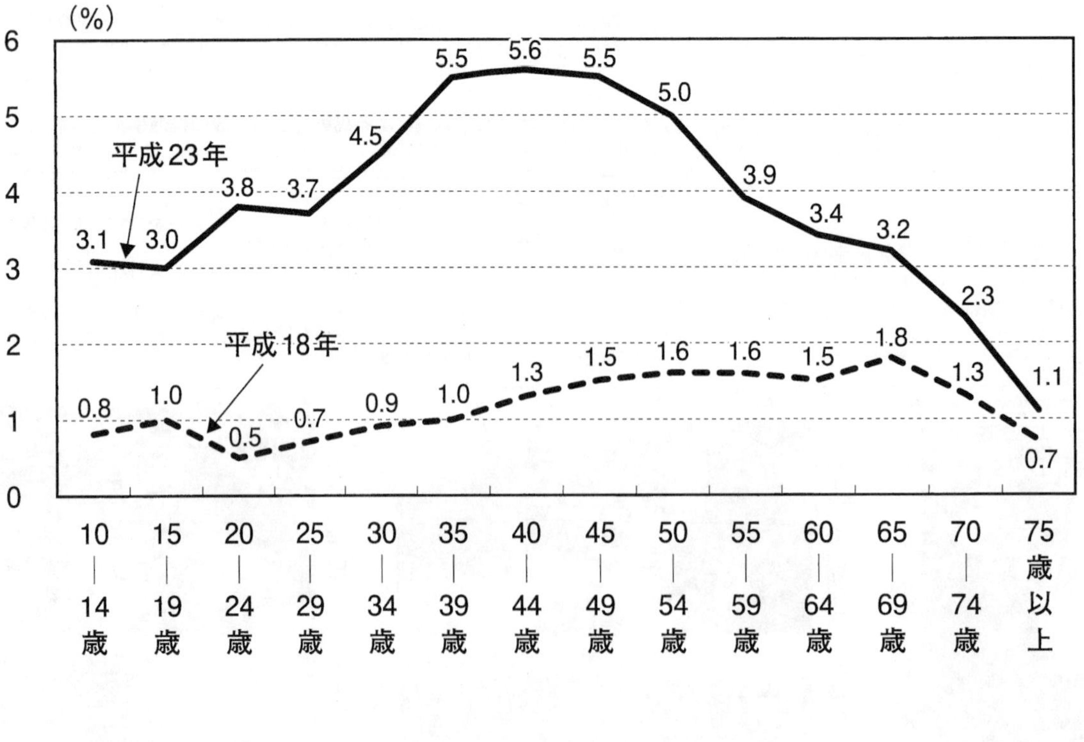

年齢階級別災害ボランティア活動の行動者率
平成18（2006）年・23（2011）年「社会生活基本調査結果」
（総務省統計局）による

3 次の文は、——線部②における光博の気持ちを説明したものである。〔 Ⅰ 〕～〔 Ⅲ 〕に適当な言葉を補え。ただし、〔 Ⅰ 〕は二字、〔 Ⅱ 〕は七字で本文中から抜き出し、〔 Ⅲ 〕には十五字以内で考えて書くこと。

> 自分が〔 Ⅰ 〕する祖父が、自分の友人の聖太郎を〔 Ⅱ 〕と言っていることに対して、複雑な思いを抱きながら、それを〔 Ⅲ 〕気持ち。

4 ——線部③とあるが、ここで光博はどのような気持ちでいるか、六十五字以内で説明せよ。

5 光博にとって、源二はどのような存在として描かれているか、最も適当なものを次から選び、記号で答えよ。

ア 自分の経験を折に触れて伝えることによって、光博にいかに生きるべきかを教え導いてくれる存在。

イ 自分の跡取りである光博に大きな期待を寄せることによって、光博の自立心を弱めてしまう存在。

ウ 光博が抱いている不安に気づきながらも、それを光博自身が乗り越える時が来るまで見守ろうとする存在。

エ 光博を孫として愛しながらも、確信に満ちた言動でかえって光博の劣等感を強めてしまう存在。

5

日本は、地震、水害、土砂災害など毎年のように自然災害に見舞われています。災害発生後の現場では、自衛隊や消防隊といった公的機関はもちろん、ボランティアの活躍も増えてきました。このことを踏まえ、あとの**資料1**及び**資料2**を参考にしながら、次の条件に従って、作文を書きなさい。

条件

(1) 二段落で構成すること。

(2) 第一段落には、**資料1**及び**資料2**からあなたが読み取ったことを書くこと。

(3) 第二段落には、第一段落を踏まえて、あなたが被災地でボランティア活動をする際にどのようなことを心がけたいかについて、具体的に書くこと。

(4) 六行以上八行以下で書くこと。

(5) 原稿用紙の正しい使い方に従って、文字、仮名遣いも正確に書くこと。

鹿児島純心女子高校

「見どころがあるって、聖太郎のなにがそんなにすごいん？」

②なるべく感情を押し殺すようにして、平坦《へいたん》な声で光博は訊《たず》ねる。

「情熱、やな」

源二は即答した。

「熱い気持ち、パッションが、すべての要や。飽くなき探求心、ハングリー精神、ひたむきさ。なにかを成し遂げる人間になくてはならんもんをあの子は持ってる」

「そんな情熱的な性格には見えへんかったけど」

聖太郎はあまり自分の気持ちを表に出すことはない。どちらかと言えばクールな性格ではないかと光博には思えた。

「やる気があるとか声が大きいとか、そういうわかりやすい情熱とはちがうんや。他人からは見えへんかもしれんが、cわかる人間にはわかる。どんな困難でも乗り越えていく意志の強さ、上を目指すエネルギーの源、その根っこにあるもんやな」

聖太郎の持つ素質を、源二は見極めることができるのかもしれない。しかし、光博にはぴんと来なかった。そしてまた、③そのことに取り残されたような気分になる。

自分には見えない世界。

源二が表現したような人物をもうひとり、光博は幼いころからよく知っていた。圧倒的な情熱の持ち主。彼女の演奏はいつだってパッションにあふれている。

「(注)凛々花《りりか》も？」

その名を口にするだけで、ピアノの音色が頭のなかに響く。

「わかる人間にはわかる素質っていうの、凛々花にもあるん？」

「凛々花ちゃんか」

源二は聞こえない音色に耳を澄ますように、軽く目を閉じた。

「dそうやな。あの子も本物や」

源二も、聖太郎も、凛々花も、本物だ。確固たる自分を持っている。でも、自分はちがう。光博にはそのことがよくわかっていた。自分は両親たちとおなじく俗物《ぞくぶつ》で、つまらない人間なのだ。

（藤野恵美「ショコラティエ」による）

（注）一目置かれている…すぐれた人物として敬意を払われている。
凛々花…光博の幼なじみ

1 ——線部a～dからうかがえる源二の人物像を説明したものとして最も適当なものを次から選び、記号で答えよ。

ア 最近の若者に不信感を抱く人物
イ 自分の見る目に自信を持つ人物
ウ 孫の友人関係に口出しする人物
エ 社会に役立つ人材を求める人物

2 ——線部①とあるが、「言葉を濁」しているという表現は、聖太郎のどのような様子を表しているか。最も適当なものを次から選び、記号で答えよ。

ア ぶっきらぼうな様子　イ おどおどしている様子
ウ ためらっている様子　エ 恥ずかしがっている様子

4

次の文章を読んで、あとの1～5の問いに答えなさい。

> 中学三年生の光博は、大手の製菓会社の跡取りである。友人の聖太郎とは小学校以来の付き合いだが、最近は会うことが少なくなっていた。そんなある日、光博は祖父に誘われて寿司屋に食事に行く。

「最近はあんまり、聖太郎くんと会ってへんのか？」

「受験とかで忙しいみたいやし」

「でも、そういうときやからこそ、息抜きも必要やで。勉強ばっかりやと息も詰まるやろ」

「まあ、うん、自分のときを思い出しても、そうやったけど」

光博自身、中学受験のために勉強に追われていた時期に、聖太郎と遊ぶことはちょうどいい気分転換になったものだ。

電話をしてみれば、以前とおなじような気の置けない態度で聖太郎は接してくれるだろう。希望的観測ではあるが、光博はそんな気がしていた。

会話をするだけなら、邪険《じゃけん》にされることもない。お互いの近況を報告し合って、他愛のない会話で盛りあがって、聖太郎の声は親しげで、ふたりの関係はなにも変わっていないように思える。しかし、遊びに誘うと、なぜか、①言葉を濁されるのだった。それが想像できるからこそ、光博は連絡をする気にはなれなかった。

「光博にええ友達ができて、ほんま、よかった」

源二のなかでは、いまだにふたりは親友同士であるようだ。

光博にとっては、もう過去の友達という感覚になりつつあるというのに。

「あの子は見どころがある。a目を見たらわかるんや、目の輝きがちがう。最近の若い子は遊ぶことばっかり考えて、ふわふわしとる。このあいだも採用の最終面接に顔を出したが、bろくな人材がおらんかった」

源二は最初に会ったときから聖太郎のことを気に入っていた。仲の良い友達が尊敬する祖父に（注）一目置かれているというのは、光博としても誇らしいことだった。

だが、いま、寿司屋の渋《しぶ》い緑茶を飲みながら、光博は不快な気分を味わう。

気づいてしまったのだ。

押し隠していた負の感情。聖太郎と友人としてつきあうためには、目をそらしていなければならなかった気持ち。

源二が聖太郎をほめればほめるほど、自分の内側にどす黒い気持ちが渦《うず》巻く。

おそらく、これは嫉妬《しっと》と呼ばれる感情だ。

源二が祖父として、光博を可愛がってくれていることに疑いようはなかった。また、ゆくゆくは会社を継ぐことになるであろう光博に、大宮製菓の創業者としても、できる限りのことをしてくれている。

それなのに、どんなに贅沢《ぜいたく》な寿司を食べようとも、光博の心は満たされない。

源二と聖太郎には通じ合うものがあった。だからこそ、源二はひとめ見て、聖太郎に可能性を感じたのだろう。将来を予感させる、なにか。そして、それは自分の内側にはないものなのだ。

の致す所なり。

（注）在家人…俗世間にいて、出家していない人。
医骨…医学の知識。

（「沙石集」による）

1 ――線部①「をしへける」を現代仮名遣いに直して書け。

2 ――線部②「万の病癒へざる無し」の意味として最も適当なものを次から選び、記号で答えよ。

ア 万病の元となった　**イ** まったく病が治らない
ウ すべての病が治った　**エ** 病が治らない訳ではない

3 ――線部③「失ひて」④「心得がたけれども」の主語として適当なものを次から選び、それぞれ記号で答えよ。ただし、同じ記号を二度使ってもよい。

ア 在家人　**イ** 山寺の僧　**ウ** 藤のこぶ　**エ** 馬

4 ――線部⑤「山の麓を尋ねける程に」とあるが、何を探しているのか、本文中から五字以内で抜き出して書け。

5 次は、本文について話し合っている先生と生徒の会話である。（Ⅰ）～（Ⅲ）に適当な言葉を補って会話を完成させよ。ただし、（Ⅰ）は本文中から四字の言葉を抜き出して書き、（Ⅱ）には二十字以内でふさわしい内容を考えて現代語で書き、（Ⅲ）はあとの語群から最も適当なものを選び、記号で答えること。

先生　「この話に出てくる、『在家人』が頼りにしている人は誰ですか」
生徒A　「はい、（　Ⅰ　）です。」
生徒B　「第一段落には、（　Ⅱ　）様子まで描かれているわ。よっぽど信頼しているのね」
生徒A　「二段落では、失くしものについても（　Ⅰ　）に聞いています」
生徒B　「その結果、ちゃんと見つかって、めでたしめでたし」
生徒A　「まさに、『信ずるものは救われる』という話なんですね」
先生　「信仰に関することわざはたくさんあります。この話とは少し違いますが、『つまらないものでも信仰しているとありがたく思える』という意味のことわざもありますよ」
生徒B　「ああ、そのことわざ、この前夕飯の時に、おばあちゃんに教えてもらったわ。『（　Ⅲ　）』っていうのよ」

〈　Ⅲ　の語群　〉
ア 苦しい時の神頼み　**イ** 馬の耳に念仏
ウ 仏の顔も三度　**エ** 鰯《いわし》の頭も信心から

3 文中の a ～ d にあてはまる語の正しい組み合わせを次から選び、記号で答えよ。

ア a 多面 b 優越 c 競争 d 現実
イ a 多面 b 競争 c 優越 d 現実
ウ a 現実 b 優越 c 競争 d 多面
エ a 現実 b 競争 c 優越 d 多面

4 ――線部②とあるが、筆者は「仕事や生き方を豊かに」するにはどうすることが必要だと述べているか、六十五字以内で説明せよ。

5 次の**ア～エ**は、本文を読んだ四人の生徒が、これからの世の中を生きる上で必要だと思われる姿勢について述べた意見である。筆者の考え方にふさわしくないものを一つ選び、記号で答えよ。

ア 今までの世の中のように生産性を重視する考え方とは違うものの見方が必要だと考えました。

イ 今の世の中は数字など、目に見えるものだけを大切にしている点が危険だと考えました。

ウ これからの世の中では、すべての人が様々な問題に率先して取り組むべきだと考えました。

エ これからの世の中では　自分とは異なる背景や価値観を持つ人も大切にするべきだと考えました。

3

次の文章を読んで、あとの1～5の問いに答えなさい。

ある(注)在家人《ざいけにん》、山寺《やまでら》の僧を信じて、世間《せけん》・出世《しゅっせ》《世間や仏教のことを》深く頼みて、病《や》む事もあれば薬までも問ひけり。この僧、(注)医骨《いこつ》も無かりければ《なかったので、》、万《よろづ》の病《やまひ》に、「藤《ふぢ》のこぶを煎《せん》じて召《め》せ」《飲みなさい》とぞ①をしへける。これを信じて用ゐるに《そのとおりにすると》、②万の病癒《い》へざる無し。

ある時、馬を③失ひて、「いかが仕《つかまつ》るべき」《「どうしたらよいでしょう」》と云《い》へば、例の「藤のこぶを煎じて召せ」と云ふ。④心得《こころえ》がたけれども、やうぞあるらん《理由があるのだろう》と信じて、あまりに取り尽くして近々《ちかぢか》には無かりければ、⑤山の麓《ふもと》を尋ねける程に、谷のほとりにて、失せたる馬を見付けてけり。これも信

仕事をばりばりやって生産性が高い社員が2割、普通に可もなく不可もなく仕事をこなすタイプが6割、そして会社にたいして貢献をしていないような社員が残りの2割。働きアリの社会とだいたい似た割合になっていくものです。

アリの社会においては、サボっているアリも(注)コロニーを維持していく上で実は欠かせない存在だといわれています。それと同じで、会社においても、組織全体で見ればあまり貢献していないように見える社員でも、大局的に見れば、組織を健全に維持していくための潤滑油の役目を果たしているのかもしれません。

会社への生産性は高くないけれど、その人がいるだけで職場の雰囲気がなごみ、仕事がやりやすい空気をつくっているという人がいれば、その人は会社の生産性に陰ながら貢献していることになります。

ところが、このような人は数字などのデータに表れる［a］的な生産性、効率性という評価尺度からはマイナスということになります。

こういうことは実際にはありえないことですが、もし職場が仕事がばりばりできる優秀な人ばかりでかためられていたら、(注)熾烈《しれつ》な競争が繰り広げられ、皆疲れてしまうに違いありません。

しかし、生産性という点ではいまひとつパッとしない社員がそこに何人かでもいれば、［b］意識で充満した余裕のない空気は和《やわ》らぐかもしれませんし、多少の［c］感を一部の人々に与えるかもしれません。

そんな観点で見れば、仕事ぶりはいまひとつでも皆をなごませ、職場にいい空気をつくるような社員であれば、その人は本当は少しは評価されてもいいわけです。社員を評価する基準は生産性といった数字だけでなく、もっと［d］的であってもいいのです。

短所の裏側にある長所にも目を向ける。自分の短所も人の短所も、その短所の置き場所を少し変えて眺めてみる。仕事に限らず、どんな人間関係においても、そのような複眼でとらえることは②仕事や生き方を豊かにしてくれると思います。

（丹羽宇一郎「人間の本性」による）

(注) コロニー…ある生き物の集団
熾烈…勢いが盛んで激しいさま

1 ＝線部ア〜エの中から、品詞が他と異なるものを一つ選び、記号で答えよ。

2 ——線部①について、ある生徒が、この考え方に従うと、会社組織ではそれぞれの社員がどのような役割を果たせるのかを予想して次の文章をまとめた。次の文の（Ⅰ）〜（Ⅲ）に適当な言葉を補え。ただし、（Ⅰ）と（Ⅱ）は本文の言葉を用いて十字以内で書き、（Ⅲ）は十五字以内の言葉を考えて答えること。

> ある提案を実行に移す場合、短気な人は（ Ⅰ ）ことができ、一方、優柔不断な人は（ Ⅱ ）ことができ、さらに、鈍感な人の場合、プロジェクトがうまく進まずにみんながイライラしている時に（ Ⅲ ）という役割を果たすことができる。

令和二年度　鹿児島純心女子高校入試問題　国語

（解答…203P）

1

次の１・２の問いに答えなさい。

１　次の――線部のカタカナは漢字に直し、漢字は仮名に直して書け。

(1)　練習を積んで本番にノゾんだ。　(2)　対戦相手をイアツする。

(3)　争いのチュウサイに入る。　(4)　救援隊を派遣する。

(5)　簡易書留で送った。　(6)　よく熟れた柿が好きだ。

２　次の行書で書かれた漢字を楷書で書くときの、部首の画数を漢数字で答えよ。

2

次の文章を読んで、あとの１～５の問いに答えなさい。

人の長所、短所というものは、アングルを変えれば長所が短所になり、短所が長所になったりするものです。

アある仕事でマイナスと感じるものでも、他の仕事から見るとプラスになることもあります。また、性格でマイナスと感じる部分が、ある状況においてはプラスになることもあります。

鈍感な人は、細かいことに気づかないゆえにイあまりくよくよしたりすることもなく、ストレスがたまらない人生を送れるかもしれません。優柔不断な人は裏返せば慎重だし、自信がない人はその分謙虚《けんきょ》で努力し、短気な人は決断が早かったりもします。

①どんな短所でも反対から見れば長所にもなりえたりするので、短所は悪いと決めつけずに自分の強さにするなど、見方を変えて、ウいかにうまく付き合うかが大事です。

勝手に短所だと決め込んで人を評価したり、仕事の能力を判断すると、相手のいい部分を見落としかねません。

生産性がエもっとも重要視される会社組織のようなところでは、社員の価値評価を下す尺度が一律になりがちです。

仕事をテキパキやって高い成果を上げる社員は評価が高くなるし、仕事が遅く結果もあまり出さない社員はどうしても評価が低くなる。では結果をさほど出さず、会社への貢献《こうけん》度が低そうに思える社員は、会社にとっては役立たずの存在なのか。

「働きアリの法則」というものがあります。ご存知の方も多いでしょうが、働きアリの集団は、よく働くアリ、ときどきサボる普通に働くアリ、ずっとサボっているアリ、それぞれの割合は２：６：２であるという法則です。

面白いのは、①このなかからよく働くアリを間引くと、残りの8割のなかの2割がよく働くアリになる、②よく働くアリだけを集めても一部がサボり始め、２：６：２の割合となる、③サボっているアリだけを集めると一部が働き出し、やはり2：6：2の割合になることです。

この法則は会社組織など人間のコミュニティにもよくたとえられるのですが、実際、私も会社組織を見ていると、この法則が当てはまることが多いと感じます。

令和２年度　鹿児島純心女子高校入試問題　数　学

（解答…205Ｐ）

1　次の計算をせよ。

(1)　$-7-(-8)\div 2$

(2)　$6ab^2\div\frac{1}{2}a^2b\times(-2a)$

(3)　$\frac{3x+y}{4}-\frac{5x+3y}{8}$

(4)　$(4a-1)(a+3)-(2a-5)^2$

(5)　$\frac{4\sqrt{6}}{3}-\sqrt{\frac{2}{3}}+\sqrt{24}$

2　次の各問いに答えよ。

(1)　$(x-1)^2+(x-1)-6$ を因数分解せよ。

(2)　2 次方程式 $(x+1)^2-5=0$ を解け。

(3)　等式 $m=\dfrac{a+b+2c}{3}$ を c について解け。

(4)　次の①～④のうち，y が x の関数であるものをすべて選び，番号で答えよ。

①　x 才の女性の身長 y cm
②　5 kmの道のりを，分速 x mで進むときにかかる時間 y 分
③　1 辺の長さが x cm の正三角形の面積 $y\,\mathrm{cm}^2$
④　気温 x℃ のときの降水確率 y %

(5)　直線 $y=3x-1$ に平行で，点 $(1,\ -2)$ を通る直線の式を求めよ。

(6)　右の図で，$\ell /\!/ m$ のとき，$\angle x$ の大きさを求めよ。

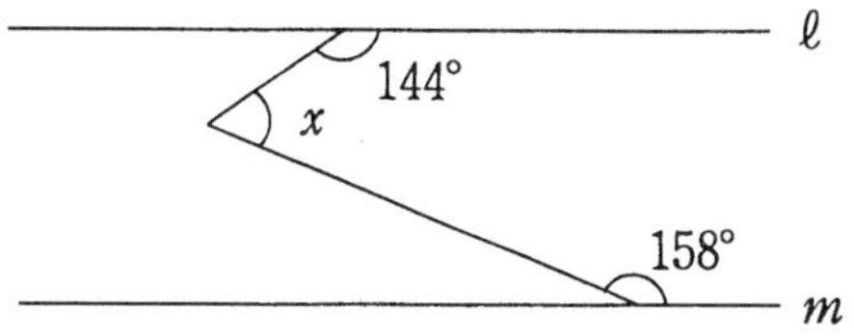

(7)　四角形 ABCD に次の条件が加わるとき，四角形 ABCD はどのような四角形になるか。最も適した四角形を下の（ア）～（エ）の中から 1 つ選び，記号で答えよ。

①　AD＝BC，AB＝CD

②　AC⊥BD，∠ABD＝∠ADB＝∠CBD

（ア）平行四辺形	（イ）長方形	（ウ）ひし形	（エ）正方形

(8)　J 中学校のバザーの来場者数を毎年調査している。昨年の大人とこどもを合わせた来場者数は 620 人であった。今年は昨年に比べて大人の来場者数は 20 %増え，こどもの来場者数は 20 %減り，全体で 10 人増えた。今年の大人の来場者数とこどもの来場者数をそれぞれ求めるため，純子さんと久美子さんは次のように考えた。

【純子さん】　昨年の大人の来場者数を x 人，こどもの来場者数を y 人とすると

連立方程式 $\begin{cases} x+y=620 \\ \boxed{\text{①}}+\boxed{\text{②}}=630 \end{cases}$

が成り立つよね。

【久美子さん】　昨年の大人の来場者数を x 人とすると，昨年のこどもの来場者数は

$\left(\boxed{\text{③}}\right)$ 人で，今年の来場者数は昨年に比べ全体で 10 人増えたから，

1 次方程式 $\boxed{\text{④}}-\boxed{\text{⑤}}\left(\boxed{\text{③}}\right)=10$ が成り立つよね。

上の空らん $\boxed{\text{①}}$ ～ $\boxed{\text{⑤}}$ にあてはまる数や式を書け。また，今年の大人の来場者数とこどもの来場者数をそれぞれ求めよ。

3 次のⅠ，Ⅱの問いに答えよ。

Ⅰ 右の図は，ある中学校の生徒20人の，ハンドボール投げの記録を，ヒストグラムにしたものである。これについて述べた文として下線部が適切な場合は○を，適切ではない場合は正しい答えを記入せよ。

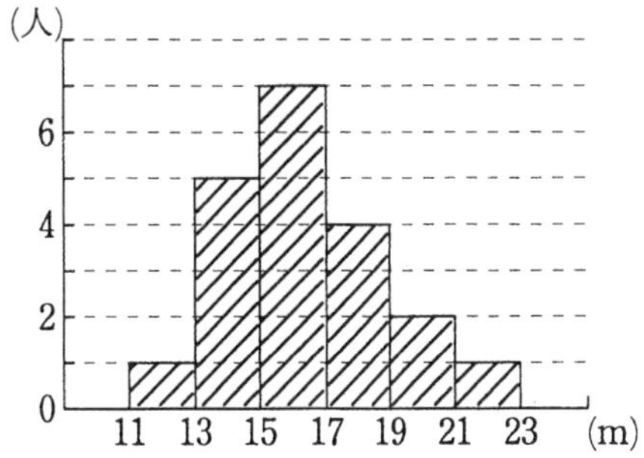

(注) たとえば，11～13の区間は，11 m以上13 m未満の階級を表す。

① 11 m以上13 m未満の階級の相対度数は 0.10 である。

② 最頻値(モード)は 16 m である。

③ 中央値(メジアン)は 14 m である。

④ 平均値は 16.1 m である。

Ⅱ 大小2つのさいころを同時に投げる。大きいさいころの出た目の数を a，小さいさいころの出た目の数を b とするとき，次の問いに答えよ。

(1) $a+3b$ が6の倍数となるのは何通りか。

(2) $\dfrac{12}{a+3b}$ が整数となる確率を求めよ。

4 右の図は，点 (−3, 3) を通る関数 $y=ax^2$ …①のグラフであり，点 P は関数①のグラフ上を動く点である。
また，A (0, 1)，B (1, 0) とするとき，次の問いに答えよ。

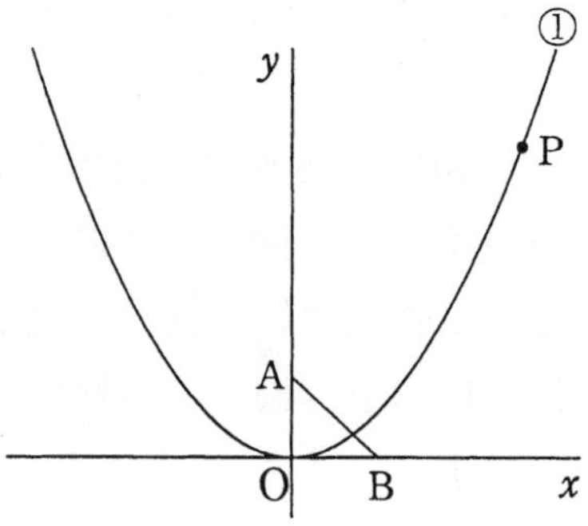

(1) a の値を求めよ。

(2) 3 点 A，B，P を頂点とする三角形ができないのはどのようなときか。そのときの 3 点の位置関係を述べよ。

(3) 3 点 A，B，P を頂点とする △PAB が PA＝PB の二等辺三角形となる点 P の x 座標をすべて求めよ。

5　右の**＜図 1＞**は，1 辺の長さが 6 cm の正方形 ABCD を底面とする正四角すい P−ABCD で，PA＝9 cm である。この正四角すいの辺 PB，PC 上にそれぞれ点 Q，R を AQ＋QR＋RD が最小となるようにとる。また，右の**＜図 2＞**は正四角すい P−ABCD の展開図である。次の問いに答えよ。

＜図 1＞

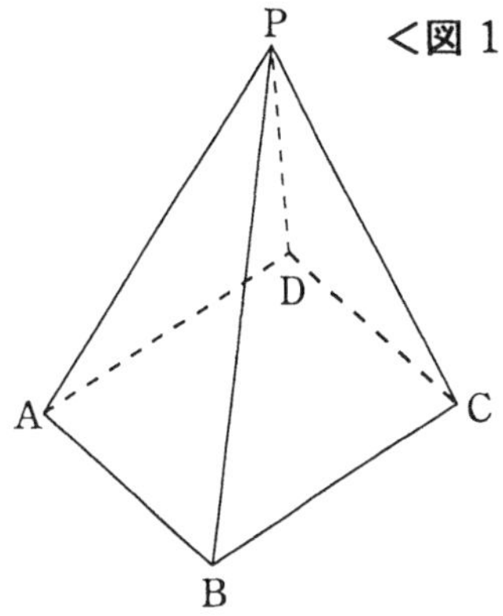

(1)　**＜図 2＞**の展開図の ① 〜 ③ に対応する正四角すいの頂点を答えよ。

＜図 2＞

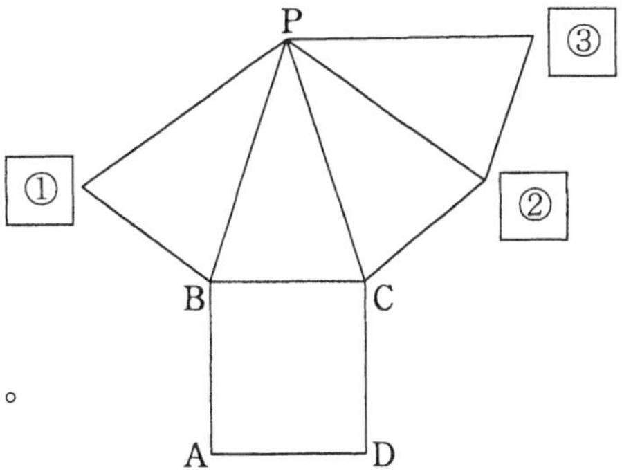

(2)　**＜図 2＞**の展開図の中に，2 点 Q，R を図示せよ。

(3)　線分 PQ の長さと AQ＋QR＋RD の長さをそれぞれ求めよ。

令和２年度　鹿児島純心女子高校入試問題　英　語　　（解答…206Ｐ）

1　**聞き取りテスト**　　放送による指示に従いなさい。英語は**1**は１回のみ，**2～5**は２回ずつ放送します。なお，問題の指示は放送されません。

1　これから放送される英文の内容を表している絵を下の**ア～エ**の中から一つ選び，その記号を書きなさい。

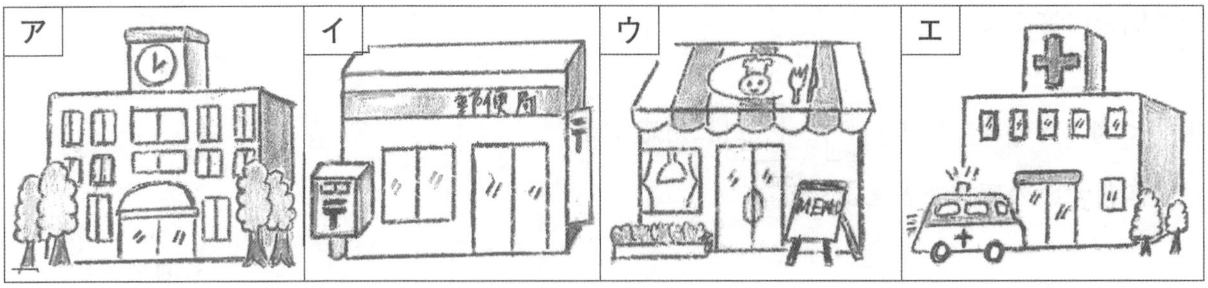

2　これから，二人の男性の対話を放送します。二人が対話をしている場面として最も適当なものを下の**ア～エ**の中から一つ選び，その記号を書きなさい。

ア　駅へ行く道をたずねている場面
イ　ホテルへ行く道をたずねている場面
ウ　ホテルの名前を見つけている場面
エ　駅へ行くのにかかる時間をたずねている場面

3　これから，Koki と Reita が学校の掲示板の前で話をしている場面を放送します。右はその掲示板に貼ってあるポスターです。

対話を聞いて，（　①　），（　②　），（　③　）にそれぞれ英語１語を書きなさい。

Join a Volunteer Event!

Event　:　To guide Tourists in English
Date　:　(　①　) 26th.
Time　:　8:00 a.m. ～ 4:00 p.m.
Place　:　Senganen Garden

1) Come to the garden　(　②　) minutes before the starting time.
2) Bring warm (　③　), an electronic dictionary, and lunch.

4　これから，Makoto の学校で行われた東日本大震災の講演会についてのスピーチを放送します。スピーチの後に，その内容について英語で三つの質問をします。**(1)**，**(2)**はその質問に対する答えとして最も適当なものを下の**ア～エ**の中からそれぞれ一つ選び，その記号を書きなさい。**(3)**は英文が質問に対する答えとなるように，空欄に入る適切な英語を書きなさい。

(1)　**ア**　One　　**イ**　Two　　**ウ**　Five　　**エ**　Eight
(2)　**ア**　Fukushima　　**イ**　Tokyo　　**ウ**　Paris　　**エ**　Kagoshima
(3)　They ＿＿＿＿＿＿＿＿＿＿.

5　これから，中学生の Shota と Williams 先生の対話を放送します。その中で Williams 先生が Shota に質問をしています。Shota に代わってあなたの答えを英文で書きなさい。答えを書く時間は 30 秒間です。

2 次の**1**～**4**の問いに答えなさい。

1 次は，中学生の Megumi と父親との対話である。下の①，②の英文が入る最も適当な場所を対話文中の〈 **ア** 〉～〈 **エ** 〉の中からそれぞれ一つ選び，その記号を書け。

① Where were the Olympics?	② Could you help me?

Megumi : Dad, I have some homework. 〈 **ア** 〉
Father : Sure. What kind of homework is it?
Megumi : I have to write about the Olympics. For example, the history of the Olympics, famous athletes, and so on. But I can't decide what to write about.
Father : Do you know how many times Japan has held the Olympics before? 〈 **イ** 〉
Megumi : Yes, maybe three times. In Tokyo, Sapporo and Nagano, right? All of them were held before I was born.
Father : That's right. By the way, when you were born in 2004, the Olympics were also held.
Megumi : Really? 〈 **ウ** 〉
Father : They were held in Athens*. They were the first Olympics in the 21st century. 〈 **エ** 〉
Megumi : That's interesting. I'd like to write about that.

注 Athens アテネ

2 次は，交換留学生（exchange students）募集のポスターと，それを見ている中学生の Akiko とアメリカから日本に来ている留学生の Linda との対話である。二人の対話がポスターの内容と合うように，（ ① ）～（ ③ ）にはそれぞれ英語１語を， ④ には４語以上の英語を書け。

Akiko : Look at this poster, Linda.
Linda : Wow! They are looking for students living in Kagoshima City who want to go to San Francisco.
Akiko : I live in Kagoshima City.
Linda : Have you ever been abroad?
Akiko : No, I've never been to a （ ① ） country.
Linda : Then this will be a good chance for you to learn about other cultures.
Akiko : That's true. I'm very （ ② ） in English and an international exchange.
Linda : Good! How （ ③ ） is the trip?
Akiko : For about ten days, but only twenty students are chosen. So I'm afraid of the English test.
Linda : Don't worry! I know you are studying English hard. [④]
Akiko : OK, I will. First I'll go to Ms. Yamada and ask about it after school.
Linda : Great! It will be nice if I can meet you in America!

鹿児島市サンフランシスコ交換留学生募集

対象：鹿児島市に住む中学生
国際交流に興味があり、海外に行ったことのない人
募集人数：２０人
期間：令和２年１１月１日（日）～１１月１１日（水）
費用：無料（パスポート代など一部を除く）
選考方法：面接と簡単な英語のテスト

※詳しいことを知りたい人は、山田先生のところまで聞きに来て下さい。

3 下の絵は，ニュージーランドでホームステイをしている日本人留学生 Sayaka がホストマザーと話している場面を表している。①，②の順で対話が成り立つように，①の吹き出しの [　　　] に４語以上の英語を書け。

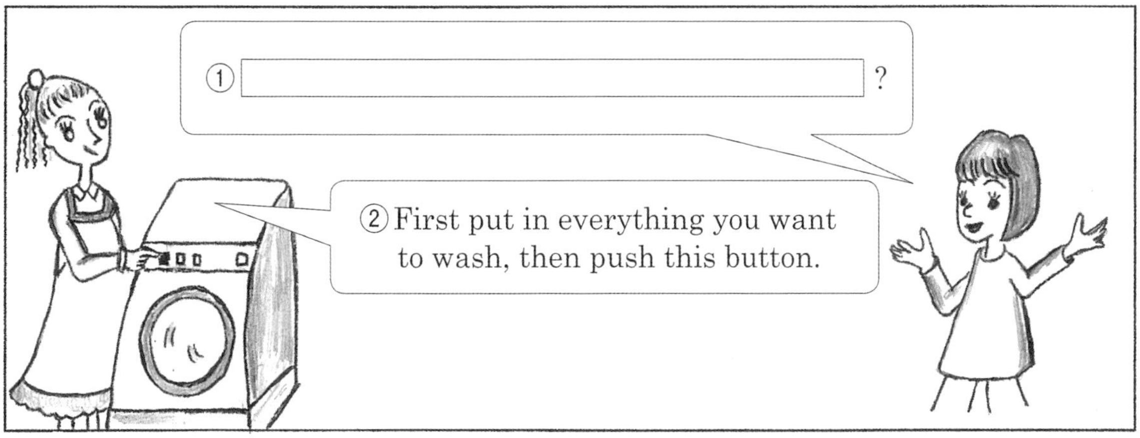
① [　　　　　　　　　　] ?
② First put in everything you want to wash, then push this button.

4　下の絵は，アメリカ人の留学生が中学生の Tomoko と話をしている場面である。場面に合うように Tomoko になったつもりで，次の［　　　］に 20 語以上のまとまりのある英文を書け。2 文以上になってもかまわない。ただし，同じ表現を繰り返さないこと。

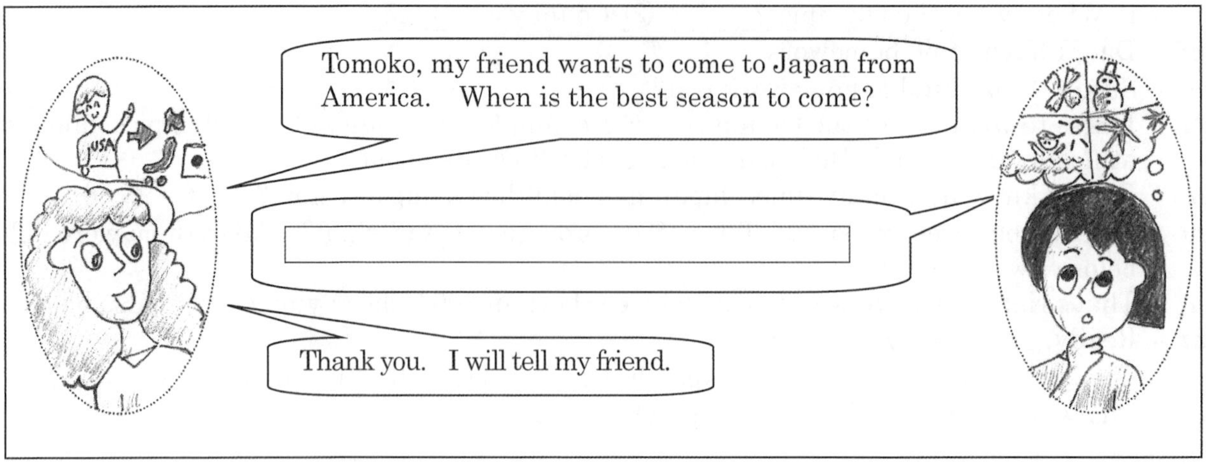
Tomoko, my friend wants to come to Japan from America.　When is the best season to come?
Thank you.　I will tell my friend.
USA

3　次の **I ～ III** の問いに答えなさい。

I　次は，Maki と ALT の White 先生との対話である。対話文中の［①］～［③］に入る最も適当なものを，下の**ア～エ**の中からそれぞれ一つ選び，その記号を書け。

Maki：Hello, Ms. White.　What are you doing?

Ms. White：I'm looking at websites about Japanese carp* or nishikigoi.

Maki：［①］

Ms. White：Because I am thinking of buying some and keeping them in a small pond* at my house.

Maki：［②］

Ms. White：They have beautiful colors.　And now they are very popular around the world.　Beautifully colored* Japanese carp are very expensive.　So I'm going to buy some small cheap ones.

Maki：I see. I didn't know they are expensive.　［③］

Ms. White：They are called 'koi'.

Maki：Cool!　So koi has become a word used around the world just like anime or tsunami, right?

Ms. White：That's right, Maki.

注　carp 鯉　　　pond 池　　　colored 色のついた

ア　What do you like about them?

イ　How much are they?

ウ　Why are you looking at them?

エ　What are Japanese carp or *nishikigoi* called abroad?

Ⅱ　次は中学生の Mari が書いたスピーチ原稿である。これを読み，あとの問いに答えよ。

Hello, everyone.　Today I will talk about my mother.　She is 45 years old, but she is a student now. In fact, she is studying at a university to get a qualification* as a clinical psychologist*.　Clinical psychologists work to help people who have many kinds of emotional* problems.　To get the qualification, she has to pass a national examination, so she studies hard after she finishes her housework at night.　One day, I said to my mother, "Why do you want to be a clinical psychologist?" She told me that when my older brother was a junior high school student, he had some trouble with his friends.　After that he was not able to go to school for a while.　At that time, not only my brother but also my mother suffered a lot.　Through this experience, my mother decided to help people with such problems.

Every day she is busy with her studies and housework, so my brother, my father and I often help her.　All our family wants my mother to realize <u>her dream</u> someday.

注　qualification　資格　　clinical psychologist　臨床心理士　　emotional　心の，情緒の

1　本文の内容に合うものを，下の**ア～エ**の中から一つ選び，その記号を書け。

ア　Mari's mother is a university student now, because she didn't go to the university when she was young.

イ　Mari's mother is studying hard, but is not studying at night.

ウ　Mari's mother decided to be a clinical psychologist because of her experience.

エ　Mari's family doesn't help her mother very much.

2　下線部の内容を表している箇所を，本文中の英語 8 語で抜き出しなさい。

Ⅲ　次は，中学生の　Satoko が書いた英文である。これを読み，あとの問いに答えよ。

When I was in the first grade of junior high school, I was not so worried about plastic waste*.　So when I went shopping at a supermarket, I used plastic bags that were given to me.　But last year, I saw a TV program about the plastic waste in the sea.　It said that many birds, fish and other sea animals are dying because of plastic waste.　I was very shocked to learn about that.

The TV program said that the plastic waste floating* in the sea was about 12.75 million tons* in 2010 and the amount* is increasing.　I think we have to know why plastic is not good for animals. The pieces* of plastic waste become smaller in the sea.　Fish eat these pieces, and then seabirds swallow* the fish.　So plastic has a bad influence on* all these animals.

Countries around the world are now thinking about this problem.　In China and Indonesia, the governments* ask people to recycle plastic.　Canada has plans to stop using single-use* plastic bags. And in Japan, the government wants supermarkets to stop giving away free plastic bags.

I also think everyone should do something to stop using plastic.　Do you have any good ideas?

注　waste　ゴミ　　floating　浮かんでいる　　ton(s)　トン（重さの単位）
amount　量　　piece(s)　かけら　　swallow　～を飲み込む
have a bad influence on ~　～に悪影響がある　　government(s)　政府　　single-use　使い捨ての

1　次の (1)，(2) の質問に対する答えを英文で書け。

(1)　Why was Satoko very shocked when she saw the TV program?

(2)　What does the Japanese government want supermarkets to do?

2　本文の表題として最も適当なものを下の**ア～エ**の中から一つ選び，その記号を書け。

ア　The Plastic Waste in the Sea

イ　The Plastic Waste Used for Recycling

ウ　The Plastic Waste in China

エ　The Plastic Waste on the Mountain

4 次の英文読み，あとの **1**～**7** の問いに答えなさい。

Last summer, I visited my mother with my daughter, Saki. My mother and I sat at the table in the kitchen and talked about the things that happened when I was a child.

Then Saki came into the room and asked me, "Mom, can you do my hair today?" "Sure. I'll do it later," I answered. My mother smiled and said to me, "I will never forget your first visit to the hair salon* alone."

Then I remembered the day. I was ten years old. I had a 4:30 appointment*at the hair salon, and my mother couldn't take me there because she worked until 5:00. I was [①]. "What should I do if I miss the bus?" It was my first time to get on the bus without my mother. My mother said to me, "You'll be fine." Then she gave me the bus fare* and went to work.

I looked at the clock many times during the last class. After school, I walked to the bus stop in front of the school gate. Some high school students and a woman stood at the bus stop. I looked at the timetable* and checked my bus, No. 2. I was worried, so I asked the woman, "Does the No.2 bus go to Minami Street?" The woman said, "Yes." I felt better.

I got on the bus and sat by the window to look for my bus stop. When the bus was almost there, the woman I spoke to before said to me, "Your stop is next." I thanked her and pushed the button. When I got off the bus, it was 4:25. I walked across the busy street and got to the hair salon. I called my mother from the hair salon's phone when I went inside. I said to her, "[②]." I was happy that I could go there alone.

When I finished ③my old story, my mother laughed. I asked her, "What is so funny?" She answered, "That day, I was also very worried. When I was working, I kept looking at the clock. I was thinking of you all the time. In fact, I left my work at 3:30 that day and came to your school. I waited in my car to see that you got on the bus. I followed the bus and watched that you got off at the right bus stop. I was very happy to see you entering the salon that day." "But Mom, if you were there, [④]" I asked. My mother answered, "I was afraid, too. But I was more afraid that I didn't teach you how to overcome* fear* in your life. My mother, your grandmother, was born in China and came to Japan by herself. She taught me that life is not lived without fear. I wanted to teach you my mother's life lesson."

Now I knew that my mother taught me a very important thing in my life. I want to teach the lesson to my daughter, Saki, like my mother did to me.

注 hair salon 美容室　appointment 予約　fare 運賃　timetable 時刻表
overcome ～を克服する　fear 不安

1　次のア～エの絵のうち，本文の内容を表していない絵を一つ選び，その記号を書け。

2　[①] に入る最も適当なものを下の**ア～エ**の中から一つ選び，その記号を書け。

ア　happy　　**イ**　excited　　**ウ**　hungry　　**エ**　afraid

3　[②] に，本文の内容に合うように 6 語以上の英語を書け。

4　下線部③とは具体的にどのようなことか，30 字程度の日本語で書け。

5　[④] に入る最も適当なものを下の**ア～エ**の中から一つ選び，その記号を書け。

ア　what did you do?　　**イ**　why didn't you help me?

ウ　when did you come?　　**エ**　why did you help me?

6　本文の内容に合っているものを下の**ア～オ**の中から二つ選び，その記号を書け。

ア　A kind man told the writer when she should get off the bus.

イ　The writer's mother was working when the writer went to the hair salon alone.

ウ　The writer's mother thinks people should live without fear.

エ　The writer's grandmother was born in China.

オ　The writer wants to pass her mother's lesson to her daughter.

7　次は，友人 Emi と Saki との対話である。Emi に代わって，下の文中の [　　　] に 10 語以上の英文を書け。英文は 2 文以上になってもかまわない。

Emi :　How was your summer?

Saki :　It was good.　I visited my grandmother and heard a story about my mother when she was a little girl.　It was about her first experience to go to a hair salon alone.　Emi, what do you want to do alone?

Emi :　[　　　　　　　　　　].

令和２年度　鹿児島純心女子高校入試問題　社　会

（解答…209Ｐ）

1　次のⅠ～Ⅲの問いに答えなさい。答えを選ぶ問いについては一つ選び，その記号を書きなさい。

Ⅰ　2019年は，「光の魔術師」と言われた画家レンブラント・ファン・レインが亡くなって350年にあたるため，純子さんは夏休みの課題で，世界各地で描かれた絵画・現代アートについて調べて表にまとめた。この表をみて，**１**～**５**の問いに答えよ。

作品名	作者	説明
『夜警』	レンブラント	17世紀の(あ)オランダのアムステルダム市民《しみん》自警団《じけいだん》を題材に，明暗法を用いて躍動《やくどう》感ある姿が描かれた作品。
『タヒチの女たち』	ゴーギャン	19世紀末に南太平洋の(い)タヒチ島を訪れた作者が，現地の女性たちをモデルに描いた色鮮やかな作品。
『秋冬山水図』	雪舟	15世紀に(う)中国へ渡った作者が，その自然に魅《み》せられ，墨の濃淡を活かして描いた作品。
『キャンベルのスープ缶』	アンディ・ウォーホル	20世紀半ば以降，(え)ニューヨークを拠点に活躍した作者が，スープ缶の絵を32枚並べて製作した作品。

１　次の雨温図①～③は，表中のアムステルダム，パペーテ（タヒチ島），ニューヨークのものであるが，このうち**アムステルダム**の雨温図はどれか。また，その気候名を下の**語群**から選んで書け。

①

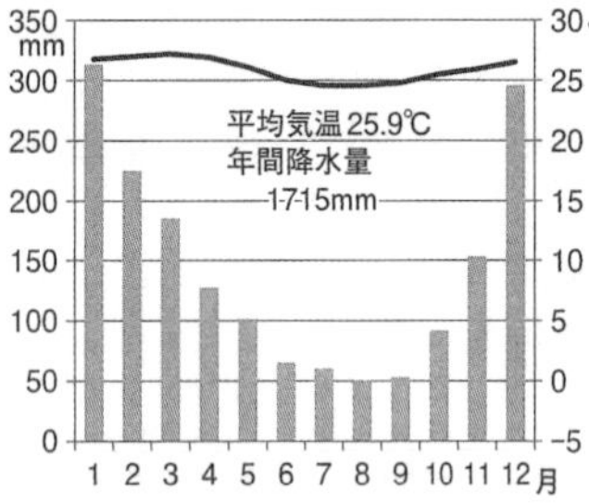

②

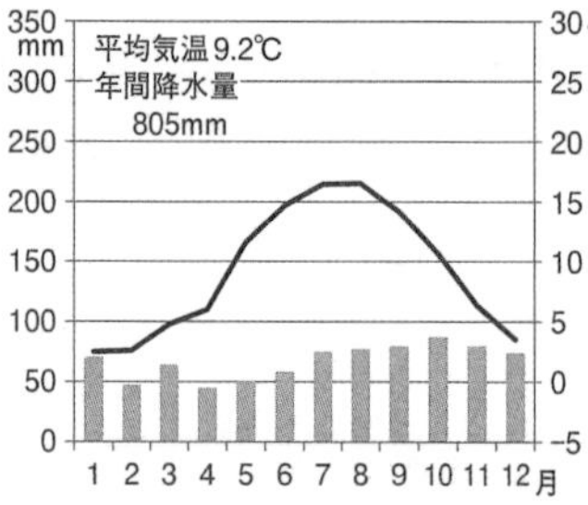

③

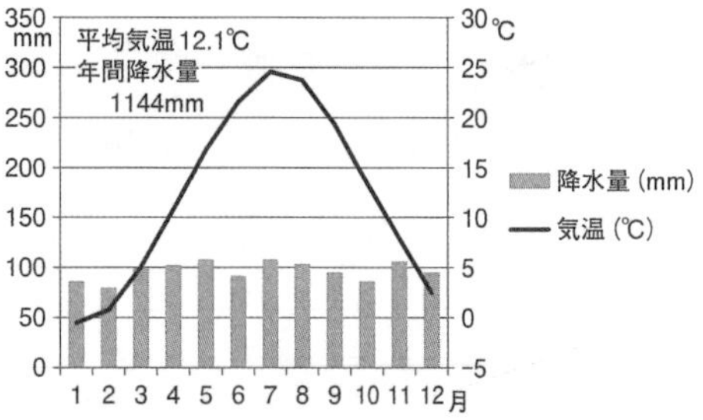

（雨温図のデータはhttps://ja.climate-data.orgより引用）

語群　＜　温暖湿潤気候　　熱帯雨林気候　　西岸海洋性気候　　ステップ気候　＞

２　**(あ)**について，以下の問いに答えよ。

(1)　次の**地図１**中の**ア**～**ウ**は1960～1970年代，1980～1990年代，2000年以降にEU（1992年まではEC）に加盟した国々を表している。**ア**～**ウ**を古い順番に並べ替えよ。

地図１

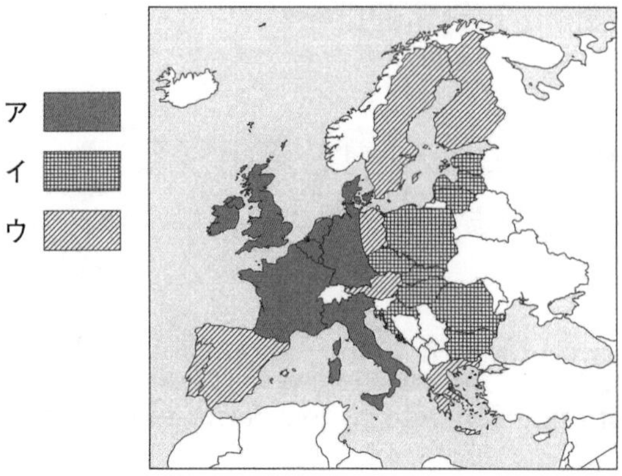

写真　＜自転車専用道路を利用する市民＞

(2)　上の**写真**のように，アムステルダムでは市民の多くが自転車を利用している。これは政府が自転車専用路や駐輪場を整備したことにも関係しているが，政府と市民が一緒になって自転車の利用を進めているのはなぜか。**自動車**，**地球温暖化**の２語を用いて説明せよ。

3　**(い)**について，次の文章を読み，【　ア　】・【　イ　】に適する語句をそれぞれ答えよ。

> タヒチ島は，南太平洋にあり，サンゴ礁の広がる海や白い砂浜，ヤシの木が見られる美しい島で，多くの観光客が訪れます。この島は，カナダのケベック州と同じように【　ア　】の植民地となっており，ケベック州とは異なり，今でも【　ア　】の領土です。かつて，この島の近くでは，何度も【　ア　】によって【　イ　】の実験が行われてきました。美しい島々や人々の暮らしを守るために，戦争で唯一【　イ　】の被害を受けた日本をはじめ，世界各地で反対運動が行われました。

4　**(う)**について，以下の問いに答えよ。

(1)　次のグラフ①～④は，パルプ（紙の原料），綿織物，自動車，携帯電話（スマートフォンを含む）の国別生産量の割合を示しているが，このうち**自動車**を示しているグラフはどれか。

（『2019　データブック　オブ・ザ・ワールド』より引用）

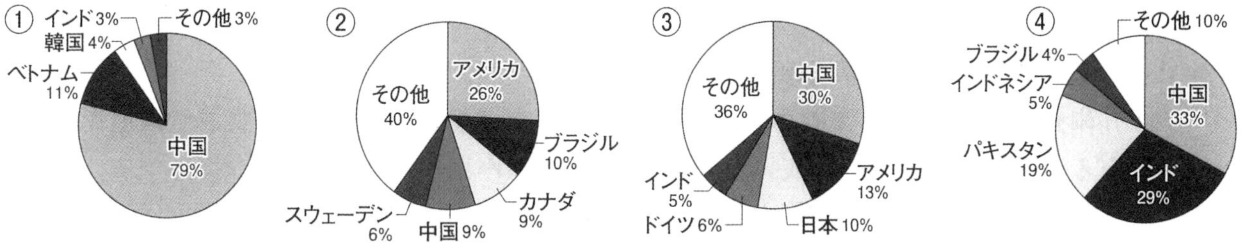

(2)　(1)のように中国が「世界の工場」になった背景には，外国企業が沿岸地域だけでなく西部の内陸地域にも進出してきたことがある。内陸地域に進出することは，外国企業にとってどのような利点があると考えられるか。下の**地図２**を参考にしながら，解答欄に合わせて説明せよ。

地図２

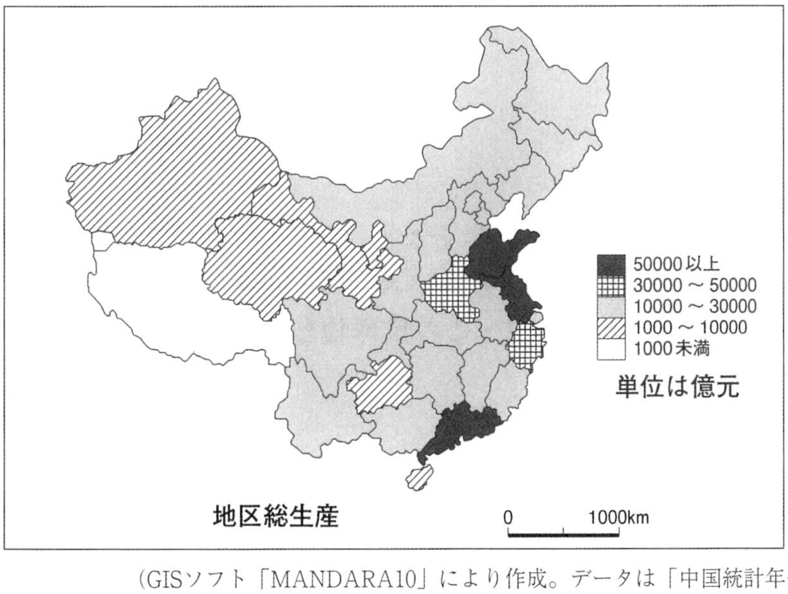

（GISソフト「MANDARA10」により作成。データは「中国統計年鑑　2015年版」を使用）

5　**(え)**について，以下の問いに答えよ。

(1)　ニューヨークなどの大都市やアメリカ南西部で増えている，メキシコや西インド諸島の国々から移住してきたスペイン語を話す移民やその子孫を何というか。

(2)　ニューヨークをはじめ世界各地の都市にみられる，経済的に貧しい人々が居住することでつくられ，治安や衛生環境などが悪い地域を何というか，**カタカナ**で答えよ。

Ⅱ　2019年６月末に，大阪でＧ20サミット（主要20か国首脳会議）が行われた。次のカードＡ～Ｄは，大阪市をはじめとする，関係閣僚《かくりょう》による会合が行われた都市を示している。これを見て，１～４の問いに答えよ。

A　倶知安町《くっちゃんちょう》（北海道） 観光大臣会合	B　福岡市 財務大臣・ 中央銀行総裁会議	C　軽井沢町（長野県） 持続可能な成長のためのエネルギー 転換と地球環境に関する関係閣僚会合	D　大阪市 首脳会談

１　カードＡについて述べた次の文を読み，【　ア　】・【　イ　】に入る語句をそれぞれ答えよ。ただし，【　ア　】は**漢字**で答えよ。

> 倶知安町は，北海道庁のある【　ア　】市の西に位置している。近くには「蝦夷《えぞ》富士」ともよばれる羊蹄山《ようていざん》があり，その町名は先住民【　イ　】民族の言葉に由来する。【　イ　】については，1997年に【　イ　】文化振興法が制定され，2008年には「先住民族とすることを求める決議」が国会で採択された。

２　カードＢについて，以下の問いに答えよ。

(1)　九州地方における福岡市のように，政府により定められ，区の設置や道府県の業務を行えるようになる人口50万人以上の都市を何というか，**漢字六字**で答えよ。

(2)　右の**グラフ①**は，福岡市の将来人口推計を示している。これを見て，福岡市は将来どのような問題に直面すると考えられるか，簡潔に説明せよ。

グラフ①

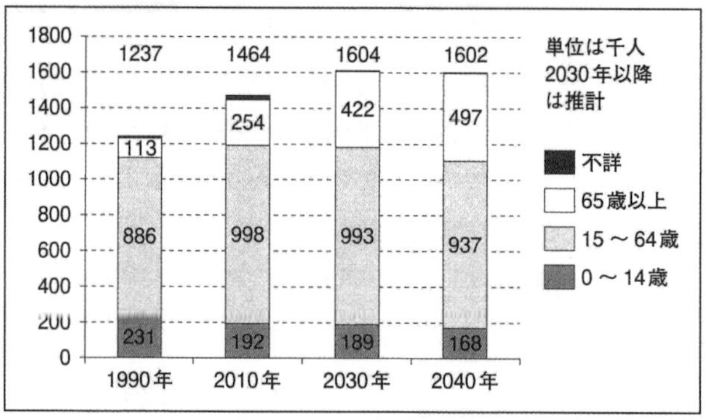

福岡市ホームページより引用

３　カードＣについて，以下の問いに答えよ。

(1)　右の**表**は，軽井沢町で最も多く生産されている農作物の生産量上位５県を示しているが，この農作物として最も適当なものはどれか。

ア　小麦　　**イ**　キャベツ　　**ウ**　きゅうり　　**エ**　もも

表

都道府県	収穫量（千ｔ）
群馬県	260
愛知県	252
千葉県	129
茨城県	107
神奈川県	76

『2019　データブック　オブ・ザ・ワールド』より引用。

(2)　軽井沢町で開かれたＧ20関係閣僚会合の会場には，長野県の「小布施《おぶせ》松川小水力発電所」で作られた電力が，CO_2排出量ゼロの電力として供給された。このような自然界に存在する熱や生物資源，エネルギーを利用した発電方法を何というか，解答欄にあうように**漢字四字**で答えよ。

4　カード**D**について，以下の問いに答えよ。

(1)　下の地形図①・②は，大阪市と近隣地域の一部を示している。これらについて述べた**ア～エ**の文のうち，**誤りを含むもの**はどれか。

地形図①

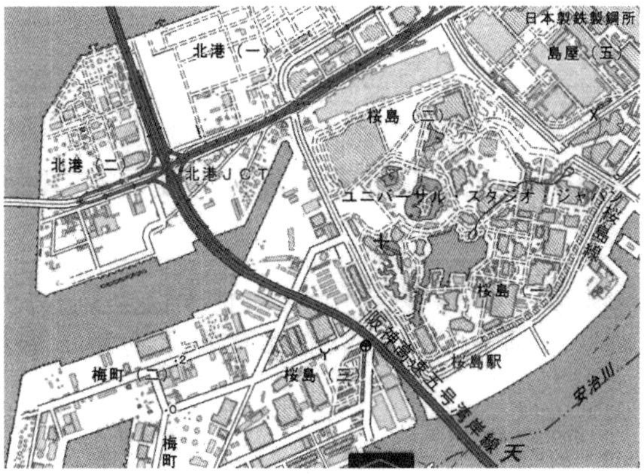

地形図②

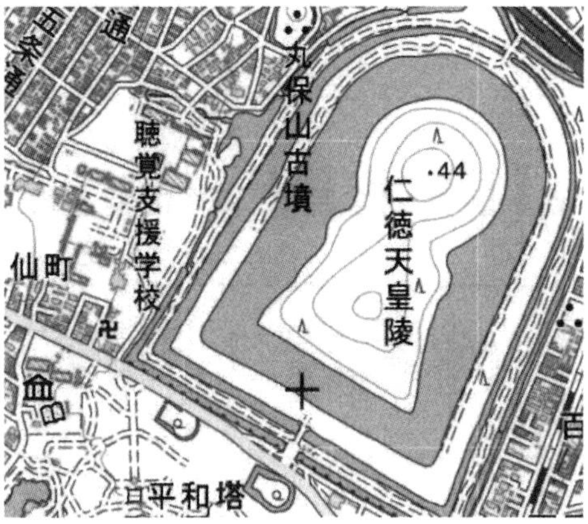

ア　**地形図①**について，有名なテーマパークが，埋め立てによってつくられた土地に建設されている。

イ　**地形図①**について，有名なテーマパークは，高速道路の入口や鉄道の駅に近い，アクセスの良い場所にある。

ウ　**地形図②**について，世界遺産に登録された仁徳天皇陵の近くには，図書館や博物館，老人ホームがある。

エ　**地形図②**について，仁徳天皇陵の標高は50m未満で，陵には針葉樹林が生育している。

(2)　次の写真**ア～エ**は，大阪市で開かれたG20首脳会議に参加した人物である。このうち，現在（2020年１月１日時点）は**首脳（大統領，首相など）ではない人物**はどれか。また，その国名も答えよ。

ア

トランプ大統領

イ

習近平国家主席

ウ

プーチン大統領

エ

メイ首相

Ⅲ　G20では，「労働雇用大臣会合」が愛媛県松山市で開かれた。近年，日本で増加している**非正規雇用**をめぐる問題について，**１・２**の問いに答えよ。

グラフ②<労働者の賃金（時間給・平成30年）>

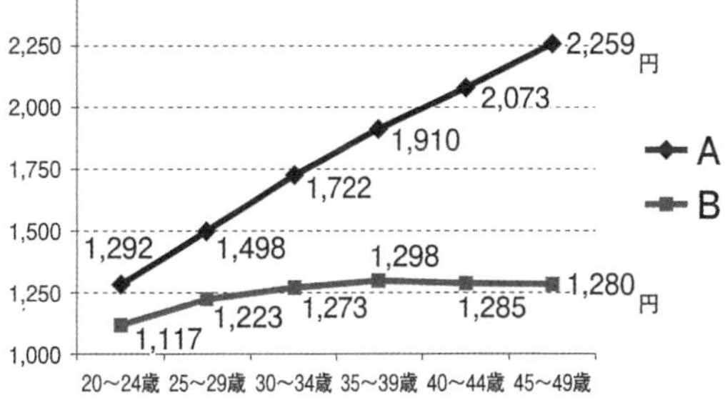

厚生労働省『「非正規雇用」の現状と課題』より引用。

１　右の**グラフ②**は，正規雇用と非正規雇用の賃金を表している。このうち**非正規雇用**を表すものは**A**・**B**のうちどちらか。また，なぜそのように考えたのかを簡潔に説明せよ。

２　非正規雇用の人々に，なぜ非正規雇用で働くのか訊《き》いたアンケートでは，男女とも「［　**C**　］に働きたいから」が１位を占めた。２位は男性が「正規の仕事がないから」，女性が「家計の補助・学費等を得たいから」となった。［　**C**　］に入る文を，**時間**という語句を用いて書け。

2 次のⅠ～Ⅲの問いに答えなさい。答えを選ぶ問いについては一つ選び，その記号を書きなさい。

Ⅰ　ヨウコさんは，2020年が『日本書紀』が編纂《へんさん》されて1300年目にあたることから，様々な日本の歴史書・歴史物語《れきしものがたり》・軍記物語《ぐんきものがたり》を調べて表にまとめた。この表を見て，1～7の問いに答えよ。

	書　名	内容など
A	『日本書紀』	720年に成立した最古の正史《せいし》。ⓐ天武天皇の子の舎人親王《とねりしんのう》らによって編纂され，神代《じんだい》から持統天皇までの歴史が漢文・編年体《へんねんたい》で記述されている。
B	『吾妻鏡《あづまかがみ》』	鎌倉時代に成立した歴史書。鎌倉幕府の初代将軍[①]から6代将軍までの将軍記という構成で，ⓑ北条氏側の立場から編纂されている。
C	『信長公記《しんちょうこうき》』	ⓒ織田信長の家臣であった太田牛一《おおたぎゅういち》が著した信長の一代記《いちだいき》。信長期の事情を知るにはなくてはならない史料とされている。
D	『太平記《たいへいき》』	14世紀中頃に成立したといわれる軍記物語。ⓓ後醍醐天皇の即位から鎌倉幕府の滅亡，[②]の新政とその崩壊後の南北朝時代が描かれている。
E	『読史余論《とくしよろん》』	ⓔ新井白石が江戸幕府6代将軍徳川家宣《とくがわいえのぶ》に進講した日本史の講義案がもとになっている。主に武家政権の沿革を記している。

1　[①]・[②]にあてはまる人名・語句をそれぞれ**漢字**で書け。

2　ⓐについて述べた文として，最も適当なものはどれか。
ア　才能や功績のある人物をとり立てる，冠位十二階の制度を導入した。
イ　中臣鎌足らとともに，蘇我馬子・入鹿父子を倒した。
ウ　壬申の乱で大友皇子を倒し，即位した。
エ　国ごとに国分寺・国分尼寺を建てるよう命じ，都には壮大な大仏を造立した。

3　ⓑについて説明した下の文の[あ]・[い]にあてはまる語句の組合せとして，最も適当なものはどれか。

> 北条氏は[あ]という地位について政治を主導した。北条泰時の時代には，御家人たちが土地争いの裁定などを幕府に訴えてきたときに，公平に裁判を行うための基準として[い]を制定した。

ア　あ－管領　い－武家諸法度　　イ　あ－執権　い－武家諸法度
ウ　あ－管領　い－御成敗式目　　エ　あ－執権　い－御成敗式目

4　ⓒについて，織田信長の政策について述べた文として，**誤っているもの**はどれか。
ア　長篠の戦いでは，鉄砲を有効に使い，武田勝頼の軍を破った。
イ　明の征服を目指して，15万人もの大軍を朝鮮半島に派遣した。
ウ　将軍足利義昭を京都から追放して，室町幕府を滅亡させた。
エ　壮大な安土城を築き，城下には楽市・楽座の政策によって商人たちを招いた。

5　ⓓについて，［　②　］の新政はなぜ2年ほどで崩壊したのか，その理由を解答欄に合わせて答えよ。

6　ⓔについて，新井白石の時代について説明した次の文の［　う　］に適当な語句を，［　え　］の位置を**地図**より選べ。尚，［　う　］は下の**史料**を参考に答えよ。

　儒学者の新井白石は，6代・7代将軍に仕え，政治と財政の立て直しを行った。まず，［　う　］を廃止して社会の混乱をしずめるとともに，財政再建のために［　え　］での貿易を制限して，金銀の海外流出を防いだ。

史料

一、主人がいない犬に、このごろ食べ物を与えないというような風聞《ふうぶん》が伝わってきている。つまり、犬に食べ物を与えると、その人の飼い犬のようになってしまい、その後が面倒《めんどう》になると考え犬をいたわらないと伝わってきている。不届《ふとど》きなことである。今後は、このようなことがないように心得《こころえ》よ。

一、犬ばかりでなく、すべての生き物に対し、人々は慈悲《じひ》の心をもって、あわれむことが大事である。

地図

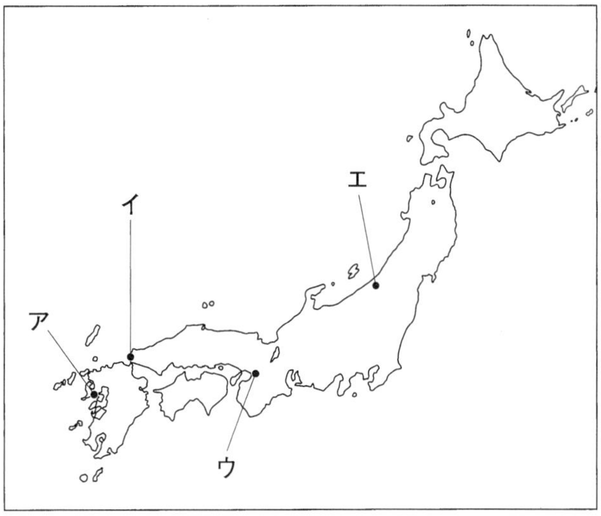

7　A～Eを成立した年代の古い順に並べよ。（ただし，Aは解答欄に記してある）

Ⅱ　ヒナコさんは，明治・大正・昭和の時代に歴史学者として活躍した久米邦武《くめくにたけ》について調べて，下のようにまとめた。これをみて，**1**～**5**の問いに答えよ。

1839年に佐賀藩士の３男としてうまれる。1854年に藩校弘道館《こうどうかん》に入って［　　　］らと学び，1864年からは藩主鍋島直正《なべしまなおまさ》の近習《きんじゅう》をつとめた。明治維新後の1871年からⓐ岩倉使節団に同行し，その公式報告書である『特命全権大使米欧回覧実記《とくめいぜんけんたいしべいおうかいらんじっき》』を著した。1888年からは東京帝国大学《とうきょうていこくだいがく》（現東京大学）の教授，1895年からは［　　　］が創設したⓑ東京専門学校（現早稲田《わせだ》大学）で教授をつとめた。1931年に93歳で死去。

1　文中の［　　　］には同じ人物の名が入るが，立憲改進党の設立者でもあるこの人物の名を**漢字**で答えよ。

2　ⓐについて以下の問いに答えよ。

(1)　下に示した岩倉使節団の航路図について述べた文として，最も適当なものはどれか。

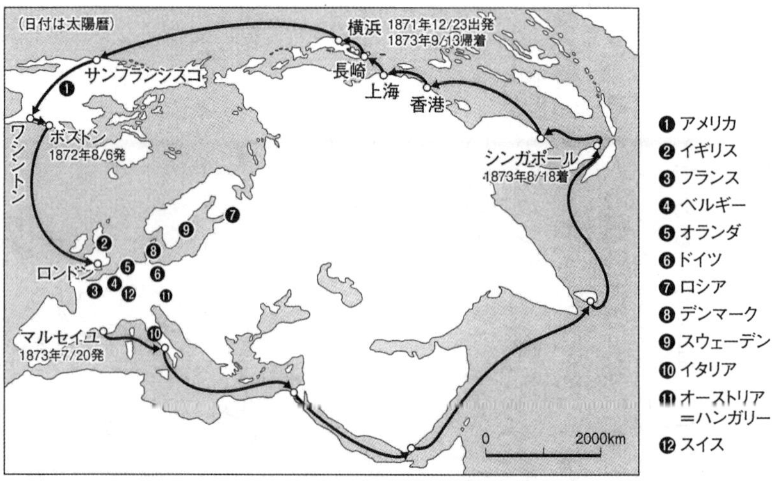

ア　岩倉使節団は，最初の訪問国に向かうにあたって，大西洋を渡っている。
イ　岩倉使節団は，イギリスやスペインの首都などを訪問している。
ウ　岩倉使節団は，欧米からの帰国の途中に東南アジアや中国にも立ち寄っている。
エ　岩倉使節団は，２年以上の年月をかけて全行程を終了している。

(2)　岩倉使節団は，幕末に欧米諸国との間に結ばれた不平等条約改正を目的のひとつとして派遣されたが，それは実現できなかった。その理由を解答欄にあわせて答えよ。

3　ⓑについて，下の説明文は東京専門学校の校長をつとめたある人物についての説明文であるが，この文で説明されている人物として，最も適当なものはどれか。

飛脚《ひきゃく》にかわる郵便制度を立案した人物で，「郵便制度の父」と呼ばれる。現在でも１円切手にその肖像《しょうぞう》が描かれている。

ア　福沢諭吉　　**イ**　中江兆民　　**ウ**　渋沢栄一　　**エ**　前島密

4　次の**ア**～**エ**のうち，久米邦武が生きた時代の出来事を**3つ**選び，年代が古い順に並べよ。

ア　アメリカでは，奴隷制維持を主張する南部と，奴隷制反対を主張する北部との間で南北戦争が起こった。

イ　フランスでは，軍人のナポレオン・ボナパルトが，革命後の不安定な政治のなかで台頭し，皇帝の位に就いた。

ウ　中国では，「扶清滅洋《ふしんめつよう》」を唱えた義和団の蜂起に際し，清国政府が列強に宣戦布告する義和団事件が起きた。

エ　ドイツでは，労働者の基本的権利の保護，社会福祉政策の導入などを定めた憲法が制定された。

5　下の説明文は久米邦武の子久米桂一郎《けいいちろう》についてのものであるが，文中の～～～線部に最も関係が深いものはどれか。

> 1886年に絵画修業のためフランスに渡り，ラファエル・コランに師事《しじ》した。現地では，鹿児島出身で後に「近代洋画の父」と呼ばれる人物と知り合い，親交を重ねた。帰国後は東京美術学校《とうきょうびじゅつがっこう》（現東京藝術《とうきょうげいじゅつ》大学）で指導にあたり，東京高等商業学校《とうきょうこうとうしょうぎょうがっこう》（現一橋《ひとつばし》大学）で教授もつとめた。

ア

イ

ウ

エ

Ⅲ　歴史学者久米邦武が教授を務めた東京専門学校（現早稲田大学）は，戦後に多くの首相を輩出している。ヒナコさんはそのうちの１人である竹下登《たけしたのぼる》が首相をつとめていた時代について調べて，下のようにまとめた。**1**・**2**の問いに答えよ。

> 竹下登は，1987年から1989年まで首相をつとめ，この内閣の時に［　　　　　］へと元号がかわった。竹下内閣では，高齢化社会における財源確保などを目的として，初めて税率３％の消費税が導入された。また，この時期には，ⓐバブル景気がおこっている。

グラフ

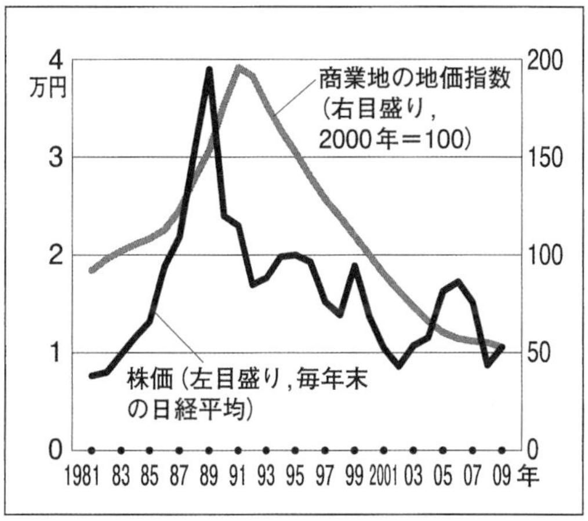

1　［　　　　　］にあてはまる文を解答欄にあわせて答えよ。

2　ⓐについて，バブル景気とはどのような現象か，右の**グラフ**を参考にして説明せよ。

3 次のⅠ・Ⅱの問いに答えなさい。答えを選ぶ問いについては一つ選び，その記号を書きなさい。

Ⅰ　舞子さんは人権について調べて下の表にまとめた。これをみて，**1**～**5**の問いに答えよ。

自由権・平等権		社会権
アメリカ独立宣言（1776年）	フランス人権宣言（1789年）	ワイマール憲法（1919年）
…人間はみな平等に創られ，神によって譲る事のない権利を与えられている事，その中には，生命，自由，幸福の追求が含まれている…	…(1)政治的結合（国家）の全ての目的は，自然で侵す事の出来ない権利を守る事にある。この権利とは，自由，財産，安全および圧政への［あ］である。	第151条　経済生活の秩序は，(2)全ての人に人間に値する生存を保障する事を目指す，正義の諸原則にかなうものでなければならない。

人　名	国	主な著作	思　想
ロック（1632～1704）	イギリス	『統治二論』	圧政に対する［あ］権
モンテスキュー（1689～1755）	フランス	『法の精神』	(3)権力の分立
ルソー（1712～78）	フランス	『社会契約論』	人民主権

1　［あ］に入る語句を**漢字**で答えよ。

2　(1)について，「基本的人権」の説明として，**誤りを含むもの**はどれか。

ア　「国民主権」「平和主義」とともに，日本国憲法の基本原理に数えられる。

イ　日本国憲法では，つねに侵す事の出来ない権利として無制限に保障されている。

ウ　日本国憲法第11条・97条で，将来の国民に対しても保障されている。

エ　法によって制限された大日本帝国憲法での人権は，基本的人権とは呼べなかった。

3　(2)について，生存権・教育を受ける権利など，人々に人間らしい豊かな生活を保障するための社会権は「20世紀的人権」とも呼ばれるが，それまで自由・平等中心であった人権に新たに社会権が加えられたのはどのような理由からか，説明せよ。

4　(3)について，日本国憲法において国会が国権の最高機関であると定められているのはどのような理由からか，**主権者**の語句を使用して説明せよ。

5　右は，医療機関で行われる患者へのアンケートである。このように，医療方法について患者が説明を受け，自己決定権に基づいて治療方法を選択・同意しながら医療行為が行なわれていくことを何というか。

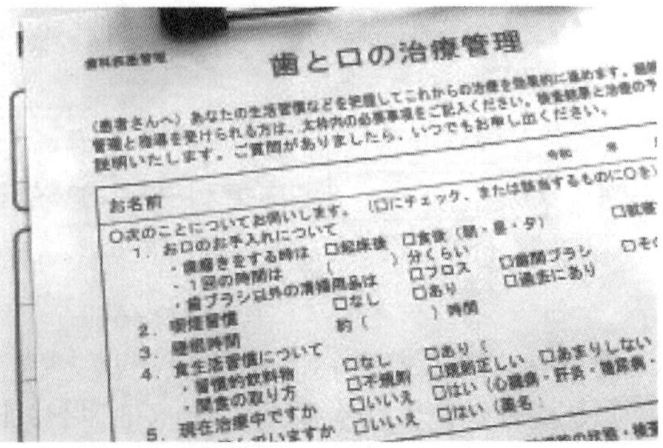

Ⅱ　英子さんが近所のコンビニエンスストアで買い物をした時にあることに気づきました。このことについて，**1**～**4**の問いに答えよ。

1　カップめんを購入したところ，容器にはアレルギー物質の表示や，右のようなさまざまな注意をうながすマークが記載されていた。これは製造物の欠陥や不十分な表示により何らかの被害が生じた場合，その賠償をメーカーに請求出来るという法律に対応したものである。この法律を何というか。

2　レジで受け取ったレシートをみると，2019年10月から消費税が10％となったにもかかわらず，カップめんなどの食料品（持ち帰りの場合）の税率は以前と同じ８％のままであった。このように，食料品や新聞（定期購読の場合）などの特定の商品の税率に例外が設けられているのは，どのような理由からか，説明せよ。

3　帰りぎわに店の入り口に下のような**貼り紙**があったため，調べてみると，コンビニエンスストアの店舗数・売上高は全国的に伸びていることが分かった（**グラフ**参照）。業績が好調なコンビニエンスストアが営業時間短縮をうち出した理由とその改善策について，最も適当なものはどれか。

貼り紙

諸事情により、
二〇一九年〇月×日より
営業時間を6時～24時まで
に短縮させて頂きますので、
よろしくお願いいたします。
コンビニF

グラフ

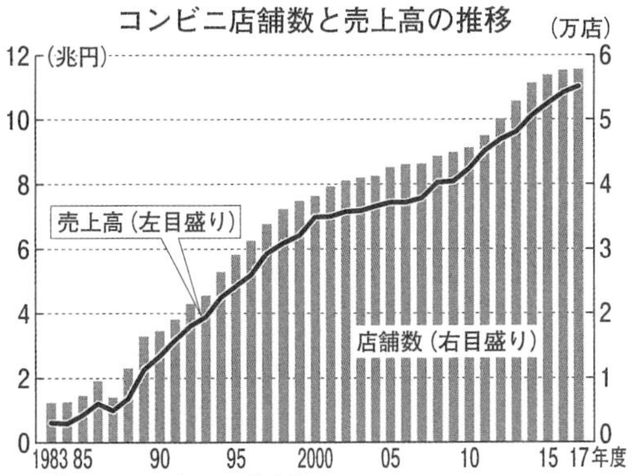

※日本フランチャイズチェーン協会調べ

ア　同じグループ店どうしの競合を避けるのが目的であるため，営業時間をずらして対応する。

イ　高齢化により夜間の売り上げが伸び悩んでいるため，深夜の営業をやめ高齢者向けの商品やサービスを増やすなどして対応する。

ウ　競合店の増加により人材確保が難しくなってきたため，外国人を雇用したり，賃金・手当てなどの待遇を改善することで対応する。

エ　全国的な電力不足が原因であるため，自家発電の設備を導入して対応する。

4　右は「かごしまブランド」のマークである。かごしまブランドとは全国的に特に高い評価を受けている鹿児島の農畜産物で，現在19品目が指定されている。このうち，**黒豚・さつまいも以外**の指定品目をひとつ挙げよ。

かごしまブランド

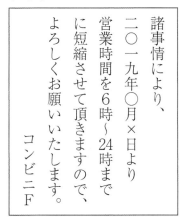

令和２年度　鹿児島純心女子高校入試問題　理　科

（解答…210Ｐ）

1　次のⅠ，Ⅱの各問いに答えなさい。答えを選ぶ問いについては記号で答えなさい。

Ⅰ　デンプンについて，次の問いに答えよ。

1　植物は細胞の中の緑色の粒で光合成を行い，デンプンを合成する。この緑色の粒の名称を答えよ。

図１　双子葉類の茎の断面図

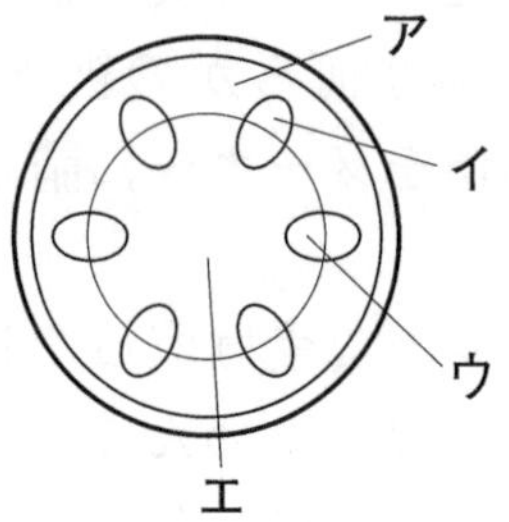

2　光合成で作られたデンプンは，水に溶けやすい形に変えられたあと，植物体の各部分へ移動する。移動のとき使われる通路は，**図１**の**ア**～**エ**のどこにあるか。双子葉類の場合で答えよ。

3　コムギの種子は，胚乳にたくわえたデンプンを呼吸することで分解し，エネルギーを得て，発芽している。発芽しかけたコムギの種子を使って，暗所で**図２**のような実験を行った。**図２**の三角フラスコの中には，石灰水が入ったビーカーと発芽しかけたコムギの種子が入っており，三角フラスコの口はゴム栓で封がしてある。ゴム栓からはガラス管が２本出ており，１本はコックを閉じて空気が出入りしないようにしている。もう片方は中に赤インクが入っており，フラスコ内の気体の量の変化に応じて，移動するようになっている。

図２

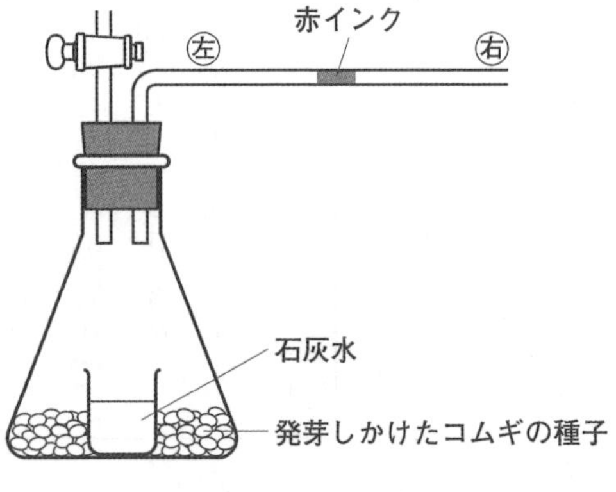

①　一定時間後，ガラス管内の赤インクの位置はどうなるか。次の**ア**～**ウ**から１つ選べ。

ア　左へ移動する。　　**イ**　右へ移動する。

ウ　変化しない。

②　①の答えを選んだ理由を答えよ。

4　Ａ～Ｄの試験管の中には右の表に示したものが入っており，それぞれ40℃にしばらくの間保った。「だ液の中のアミラーゼは，デンプンを糖に分解する」ことを，ヨウ素反応とベネジクト反応を行って証明するためには，それぞれの反応において，Ａ～Ｄのうちのどの試験管とどの試験管を選び，どのような結果になればよいか，説明せよ。ただし，一度使用した試験管は，再び使用できないものとする。

Ａ	デンプン溶液とうすめただ液
Ｂ	デンプン溶液とうすめただ液
Ｃ	デンプン溶液と水
Ｄ	デンプン溶液と水

Ⅱ　カエルに関する次の問いに答えよ。

1　カエルの持つ特徴を**ア**～**オ**から１つ選べ。

ア　体内受精する　　**イ**　えら呼吸する時期がある　　**ウ**　うろこでおおわれている

エ　外骨格を持つ　　**オ**　恒温動物である

2　次の文中の（　　）に当てはまる語句を答えよ。
　多くのカエルは（　①　）のない卵を（　②　）で産卵する。（①）の有無は卵をつぶれないように守るだけでなく，（　③　）を防ぐはたらきもある。

3　ヒキガエルは餌《えさ》が動くのを見ると，まずその方向に向き直り，餌に近づき，両眼でこれをとらえ，舌で捕獲する。ヒキガエルがどのように餌を識別するかを調べるため，模型を用いた実験を行った。

【実験】　餌に対する関心度の高さは，「向き直り」の頻度で示されることが分かっている。
　図１は，長方形（2.5㎜×20㎜）と正方形（一辺2.5㎜）の模型を，ヒキガエルから８㎝の距離に回転ベルト装置を用いて水平方向と垂直方向に往復運動させ，「向き直り」の頻度を調べたようすを表したものである。
　３種類の模型（A，B，C）を用いた運動方向を**図２**，その刺激によって生じた「向き直り」の頻度を**表**に示す。なお，往復運動させなかった模型に対して「向き直り」は起こらなかった。
　模型の運動速度が遅すぎたり速すぎたりすると，「向き直り」は起こらないので，「向き直り」の最も起こりやすい速度で実験を行った。

図１

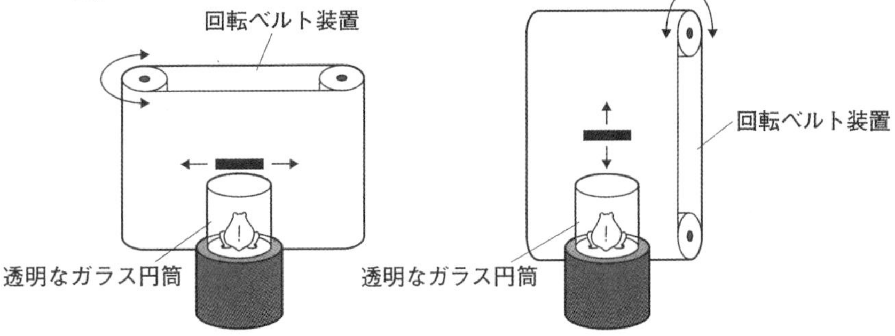

<水平方向の場合>　　<垂直方向の場合>

図２

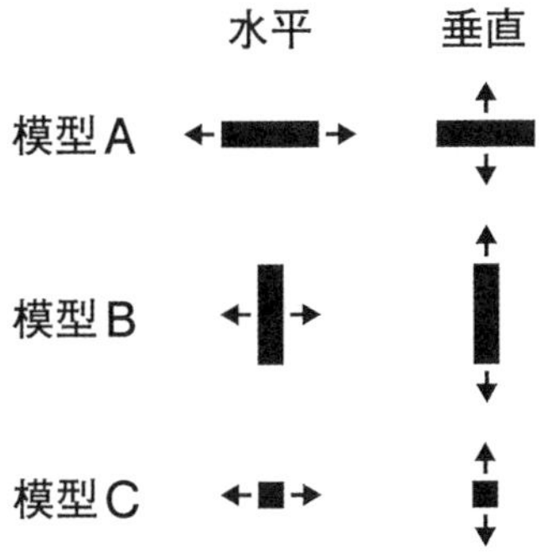

矢印は模型の運動方向

表　「向き直り」の頻度（回数／30秒）

	水平方向	垂直方向
模型A	20回	０回
模型B	０回	20回
模型C	５回	５回

①　実験結果の記述として，最も適当なものを**ア**～**エ**から１つ選べ。
ア　運動方向に関係なく模型が細長いほど，餌としての関心が高くなる。
イ　水平方向に動くものは，形や大きさによらず，餌としての関心が高くなる。
ウ　運動方向に細長い長方形は，餌としての関心が高くなる。
エ　模型の面積が大きいほど，餌としての関心が高くなる。

②　ヒキガエルが餌として認識しやすいものはどれか。実験の結果から推定して，最も適当なものを，次の**ア**～**カ**から２つ選べ。
ア　地上に静止したミミズ　　**イ**　地上をはうイモムシ　　**ウ**　空中を飛ぶヤブカ
エ　葉にとまったヤブカ　　**オ**　茎の上に静止したイモムシ　　**カ**　草の茎を登るケムシ

2 次のⅠ，Ⅱの各問いに答えなさい。答えを選ぶ問いについては記号で答えなさい。

Ⅰ　硫黄の粉末と鉄粉を乳ばちの中でよく混ぜ合わせ，２本の試験管Ａ，Ｂに分けとった。試験管Ａはそのまま，試験管Ｂは加熱して硫黄の粉末と鉄粉を完全に反応させた後，それぞれの試験管に操作㋐，㋑を行った。

［操作］㋐　試験管に，フェライト磁石を近づけた。

㋑　試験管にうすい塩酸を加えたところ，気体が発生した。

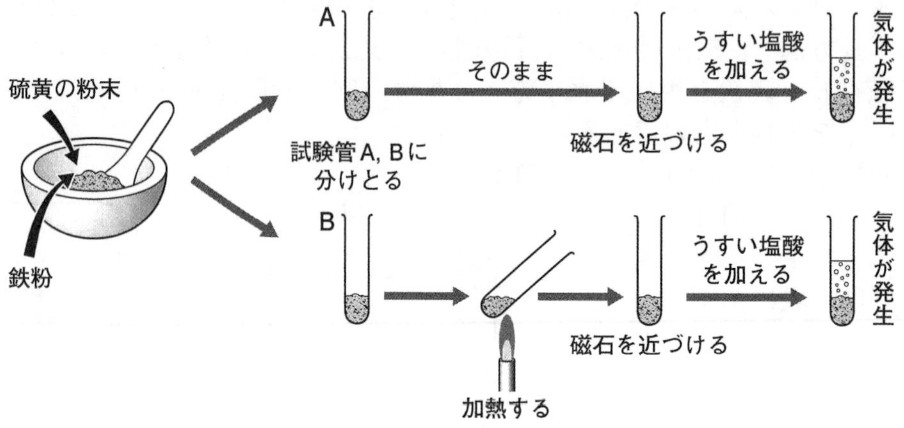

1　操作㋐で磁石をより強く引きつけたのは，試験管Ａと加熱後の試験管Ｂのどちらか。

2　操作㋑で試験管Ａ，Ｂから発生した気体の性質として，適当なものを**ア**～**オ**からそれぞれ１つずつ選べ。

ア　無色・無臭の気体で，石灰水を白くにごらせる。

イ　非常に軽い気体で，空気中で火をつけると，爆発して水ができる。

ウ　無色で刺激臭のある気体で，その水溶液はアルカリ性を示す。

エ　火山ガスの成分の１つで，卵の腐ったようなにおいがする有毒気体。

オ　無色・無臭の気体で，ものを燃やすはたらきがある。

3　この実験を説明した次の文の（　　　）に適当な語句・化学反応式を答えよ。

試験管Ｂでは，鉄と硫黄が激しく反応して（　①　）し，その反応によって生じた物質の名称は（　②　）である。この反応を化学反応式であらわすと（　③　）となる。

4　次に，同じ質量の鉄粉の入った試験管Ｃ～Ｇを用意した。その中に様々な質量の硫黄を加え，加熱して完全に反応させ，生じた物質（３の②）の質量を測定したところ表のようになった。

試験管	C	D	E	F	G
硫黄〔g〕	1	2	3	4	5
生じた物質（３の②）〔g〕	2.75	5.50	8.25	9.90	9.90

この表より試験管Ｃ～Ｇに入れた鉄粉の質量を小数第１位まで答えよ。

Ⅱ　うすい硫酸と水酸化バリウム $Ba(OH)_2$ 水溶液を混ぜると白色の沈殿が生じる。

【実験１】水酸化バリウム水溶液5.0 mLが入った試験管A～Eを用意し，うすい硫酸を1.0 mL，2.0 mL，3.0 mL，4.0 mL，5.0 mL加えると，**図１**のように，どの試験管内の水溶液にも白色の沈殿が生じたが，試験管D，E内の沈殿の量は同じであった。

図１

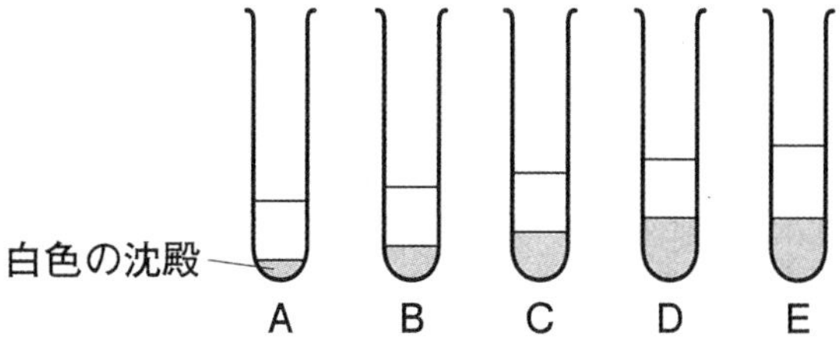

1　水酸化バリウム水溶液にBTB溶液を加えると，溶液は何色に変化したか。

2　【実験１】で生じた白色の沈殿は何か。物質名を答えよ。

3　【実験１】では，加えたうすい硫酸の量は試験管A～Eの順に多くなっているにもかかわらず，試験管D，Eでは沈殿の量が変わっていないことがわかった。これは，試験管D，Eの水溶液中で，沈殿ができるのに必要なイオンのうち，あるイオンが不足したからである。この不足したイオンは何か。次の**ア**～**エ**の中から１つ選べ。

ア　硫酸イオン　　**イ**　水酸化物イオン　　**ウ**　水素イオン　　**エ**　バリウムイオン

4　実験のために準備した水酸化バリウム水溶液の質量パーセント濃度は10％であった。この水酸化バリウム水溶液100 g に水を加えて質量パーセント濃度が２％の水酸化バリウム水溶液をつくるとき，加える水は何 g か。

【実験２】**図２**のような装置を組み立てて，ある濃度の水酸化バリウム水溶液にうすい硫酸を加えていき，流れる電流の強さを測定したところ，**図３**のようなグラフが得られた。

図２

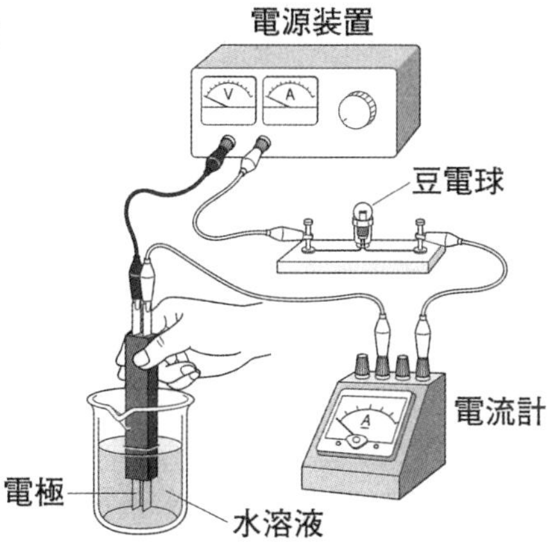

図３

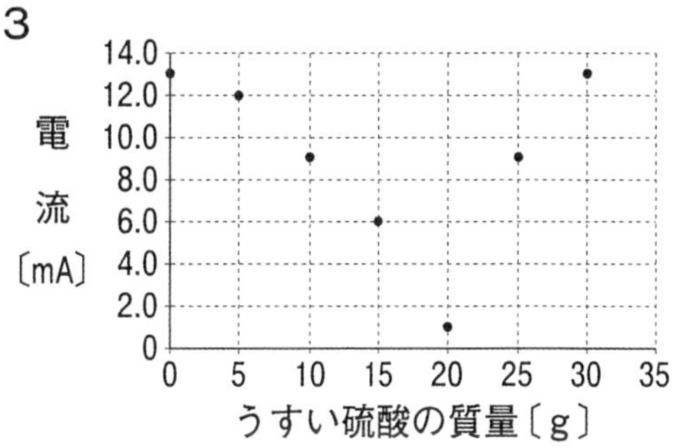

5　【実験２】で，うすい硫酸の質量を増やしていくと，電流の大きさが小さくなっていき，ある時点で増加するようになるのはなぜか。「イオン」という語句を使って説明せよ。

3 次のⅠ，Ⅱの各問いに答えなさい。答えを選ぶ問いについては記号で答えなさい。

Ⅰ **図1**のような記録タイマーを使い，台車の動きについて調べた。なお，このタイマーは1秒間に60回打点する。

図1

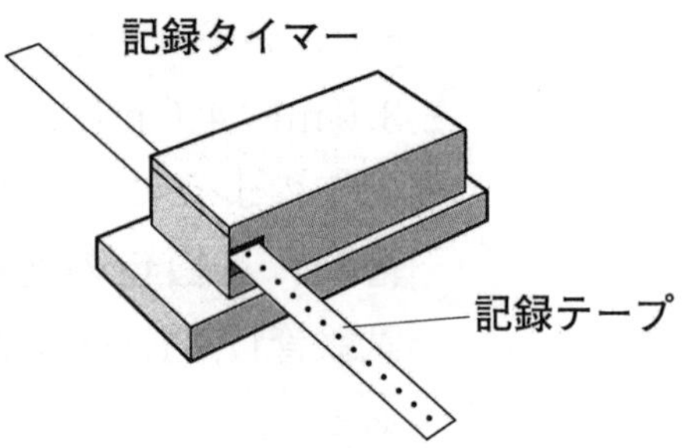

1 この記録タイマーが6打点を打つのにかかる時間は何秒か。

2 20打点分の記録テープの長さが25.2cmであった。この区間における台車の平均の速さは何cm/sか。

3 台車が**図2**の①～③のような，なめらかな面の上を矢印の向きに進んでいる。記録テープにはどのように打点されるか。**図3**の**ア**～**ウ**からふさわしいものをそれぞれ選び，記号で答えよ。なお，空気の抵抗は無視できるものとする。

図2

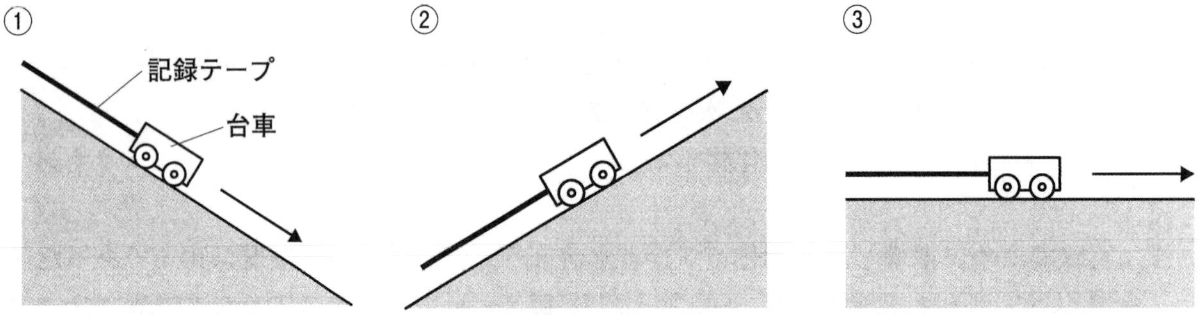

図3

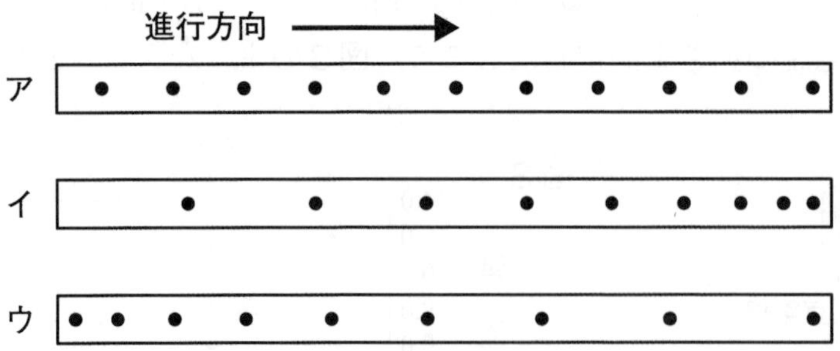

4 記録テープの間隔と台車の速さには，どのような関係があるか。簡単に書け。

5 **図2**の①について，記録されるテープの間隔を狭くするためにはどうすればよいか。理由も含めて書け。

Ⅱ　オシロスコープを使用した実験について，次の問いに答えよ。

1　各家庭のコンセントの電圧をオシロスコープで見ると，どのように表示されるか。次から選べ。

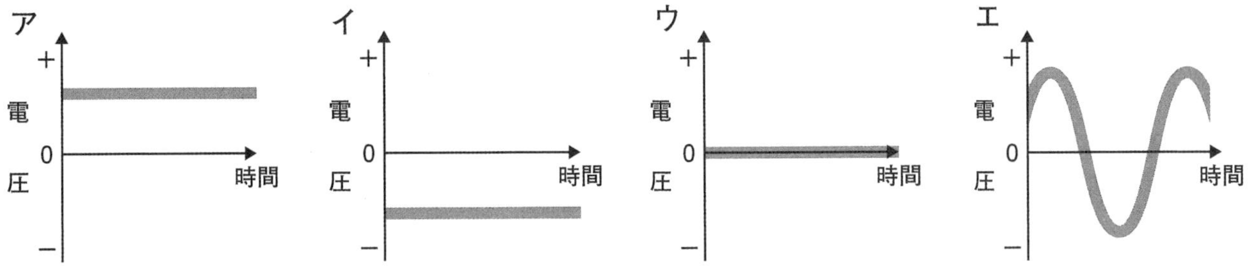

2　**図1**のようなモノコードを組み立て，弦ＡＢ間を弾いたときに出る音をオシロスコープを使用して調べた。実験に使用したモノコードは，弦の太さ（直径）・ＡＢ間の長さ・おもりの質量を変え，その組み合わせを示したものが下の表である。なお，使用した弦の材質は全て同じものとする。

図1

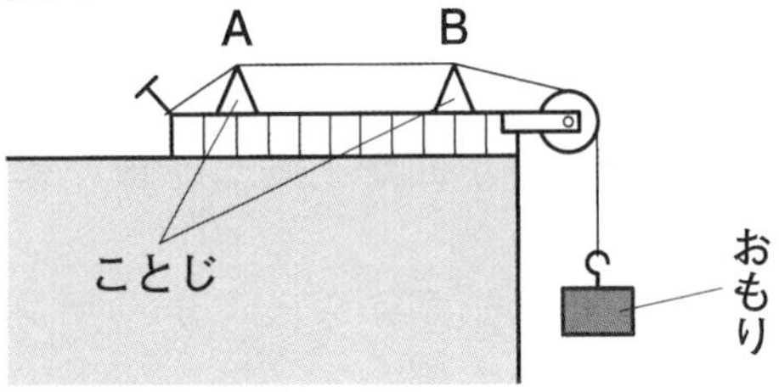

	a	b	c	d	e	f
弦の太さ（直径）〔mm〕	0.2	0.2	0.2	0.4	0.2	0.2
ＡＢ間の長さ〔cm〕	40	40	20	40	80	120
おもりの質量〔g〕	100	200	200	100	400	900

①　ａのモノコードの弦を弾いたときのオシロスコープの表示は**図2**のようになった。このときよりも，更に強く弦を弾いたときのオシロスコープの表示を，次の**ア**～**エ**から選べ。なお，選択肢の図中の点線は，**図2**の表示と同じものであり，横軸は時間を表している。

図2

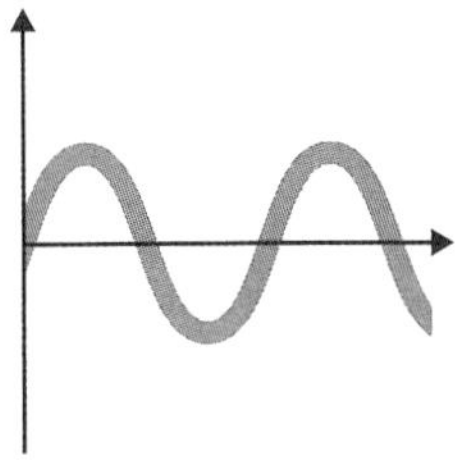

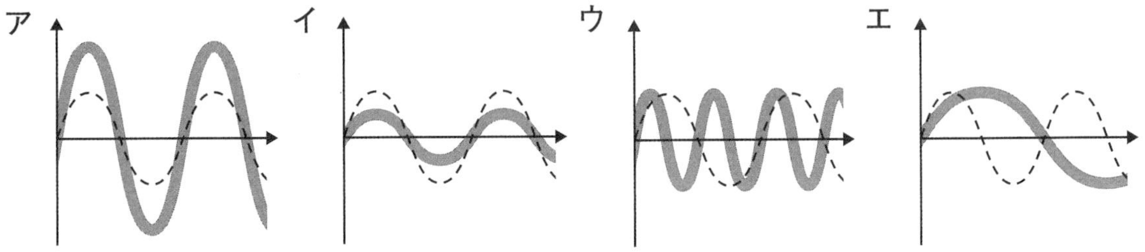

②　弦を張る強さによって，音の高さがどのように変わるかを調べたいときは，ａ～ｄのモノコードのどれとどれを比べればよいか。

③　ａ～ｄのモノコードの弦を弾いたとき，高い音がするものから順に並び替えよ。

④　ａ，ｅ，ｆのモノコードは，すべて同じ高さの音がした。弦の太さを0.2mm，ＡＢ間の長さを160cmとしたとき，おもりの質量を何ｇにすれば，同じ高さの音になるか。

4 次のⅠ，Ⅱの各問いに答えなさい。答えを選ぶ問いについては記号で答えなさい。

Ⅰ　右の図は，あるがけの観察を行ったときに，地層のようすをスケッチしたものである。それぞれの層をよく観察すると，Aの層はれき，Bの層は砂，Cの層はれき，Dの層は砂，Eの層は泥，Fの層には砂が観察された。なお，この地域では，地層の逆転は起こっていないものとする。

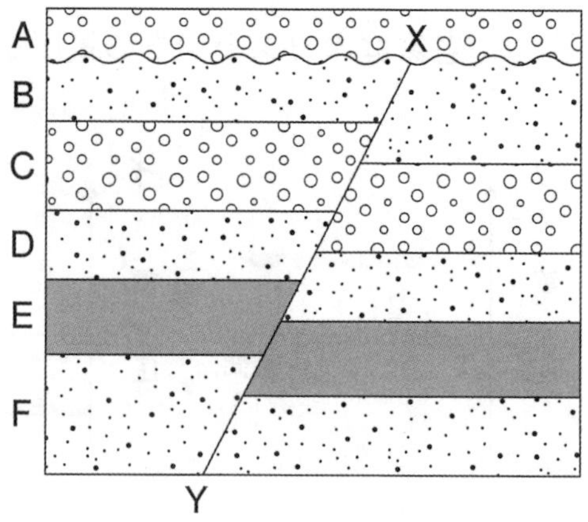

1　地層の**A**～**F**のなかで生成された年代が最も古い層はどれか。**A**～**F**より選べ。

2　**C**～**E**の地層ができたとき，この場所では，どのようなことが起こったと考えられるか。最も適当なものを選べ。

ア　海水面が上昇し，海岸に近くなった。　**イ**　海水面が上昇し，海岸から遠くなった。
ウ　海水面が下降し，海岸に近くなった。　**エ**　海水面が下降し，海岸から遠くなった。

3　**C**の地層からは，ナウマンゾウの化石が見つかった。この地層が堆積した年代として適当なものを選べ。

ア　中生代　**イ**　新生代　古第三紀　**ウ**　新生代　新第三紀　**エ**　新生代　第四紀
オ　古生代

4　図の**X**－**Y**のように，地震によって大地にずれが生じることがある。このずれを何というか。

5　図の**X**－**Y**のずれができたときに，大地にはどのような向きの力が加わったか。力の向きの組み合わせとして適当なものを選べ。

ア　**イ**　**ウ**　**エ**

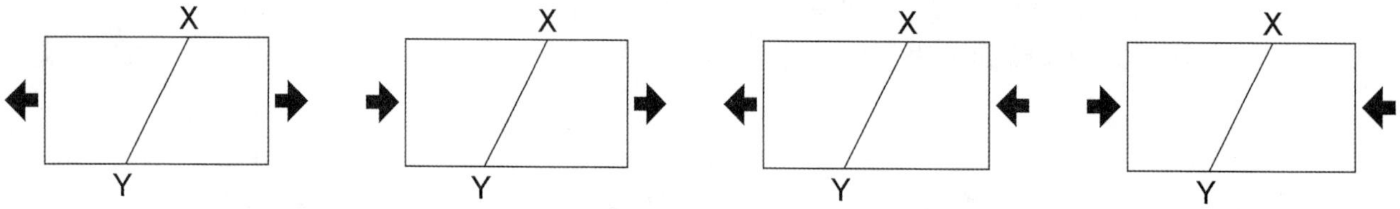

Ⅱ　純子さんは自由研究で天気の観測を行い，また日本の天気や気象に関係する事がらについて調べた。

1　天気の観測を行った結果，「雲量が３」，「風向は東南東」，「風力は４」であった。このときの天気図記号をかけ。

2　純子さんの家は，海沿いの地域にあるので，海陸風の影響を受けやすい。一般的に陸側から海側へ風がふくのは昼と夜のどちらか。

3　１週間の各地の天気を調べると，天気が西から東へ変化している週があることに気付いた。これは，日本列島が位置している中緯度帯の上層部分での大気の動きが影響を与えているためである。この風の名称を答えよ。

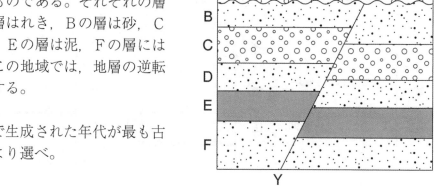

4　純子さんは湿度について調べた。図は気温に対する飽和水蒸気量を表している。Aのときの湿度は何％か。小数第１位まで答えよ。

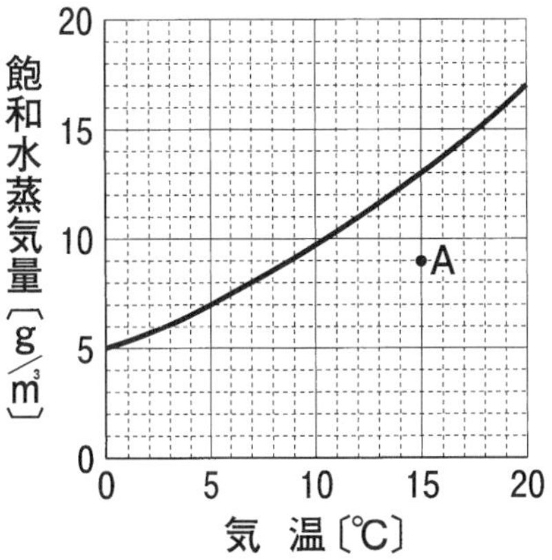

5　純子さんがいる部屋の大きさは，たてが４m，よこが７m，高さが３mである。この部屋の空気が図のＡのとき，部屋の気温を下げて５℃になった場合，この部屋全体では何ｇの水蒸気が凝結《ぎょうけつ》するか。

5　次の文を読み各問いに答えなさい。答えを選ぶ問いについては記号で答えなさい。

1　校内の植物を採集すると，その中には，コケ植物・シダ植物・裸子植物・被子植物が見られた。これらの植物を，ａ～ｄの４つの特徴に分類し，当てはまる植物の割合を計算したところ，次の表のような結果になった。

	特　徴	割合〔％〕
a	維管束をもつ	85
b	胞子をつくってなかまをふやす	35
c	種子をつくる	65
d	胚珠がむき出しになっている	15

①　表の特徴ａに当てはまらない植物を，次から１つ選べ。

ア　アジサイ　　**イ**　マツ

ウ　イヌワラビ　　**エ**　ゼニゴケ

②　表の結果から，コケ植物：シダ植物：裸子植物：被子植物の割合を，簡単な整数比で表せ。

2　次の回路図で電流計が２Ａを示した。

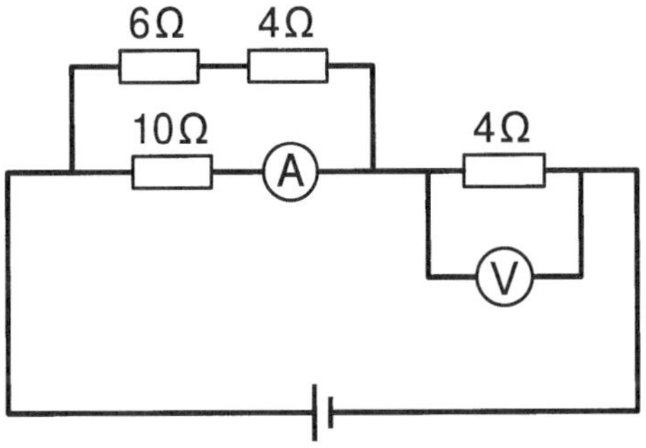

①　６Ωの抵抗の消費電力は何Wか。

②　電圧計は何Ｖを示すか。

3　金属部分が変色したクリップつき導線を使って電気回路の実験を行ったが，回路に電流が流れなかった。その理由を簡単に説明せよ。

4　マグネシウムリボンを空気中で加熱すると，激しく熱と光を出して酸化反応が進んだ。このときの反応を特に何というか。

5　物質が空気中の酸素と化合する反応を，次の**ア**～**エ**から選べ。また，その化学反応式を答えよ。

ア　塩酸に水酸化ナトリウム水溶液を加える。
イ　炭酸水素ナトリウムを加熱する。
ウ　酸化銀を加熱する。
エ　銅粉をかき混ぜながら加熱する。

6　次の文中の（　①　）と（　②　）に入る言葉を答えよ。

日本の東北地方において起こる多くの地震は，プレートの動きにともなって起こっている。このときの震源の深さは，通常，太平洋側で（　①　）なり，日本海側で（　②　）なる。

7　地震に関する言葉に，震度とマグニチュードがある。震度とマグニチュードの違いを簡単に説明せよ。

学校法人 川島学園

鹿児島実業高等学校

川島学園理事長 川　島　英　和
鹿児島実業高等学校長 中　釜　一　喜
所在地 〒891-0180　鹿児島市五ヶ別府町3591番3
電話 （099）286－1313
ホームページ https://www.kajitsu.ac.jp/
メールアドレス bhs-kawashima@kajitsu.ac.jp
交通
・車で鹿児島中央駅西口より武岡トンネルを抜けて約10分。
・鹿児島中央駅より南国バス・スクールバスで約15分。
・スクールバス
　鹿児島市内の中学校区を通過。
　鹿児島中央駅より鹿実への直行便も運行。

受験情報　受験会場（本校を含め14会場で実施予定）

募集定員			入試科目	出願期間	入試日	合格発表	受験料	入学金	学費（月額）
文理科　60名 文理コース 英数コース 普通科　120名 選抜コース キャリアデザインコース 総合学科　270名 7系列	推薦入試	各学科	作文・面接 ※A方式・B方式あり	令和３年 １月５日(火) ～1月12日(火)	令和３年 １月18日(月)	令和３年 １月20日(水)	10,000円	全額または 半額免除	50,400円 各種学園奨学生制度 就学支援金、その他 奨学金制度あり （平成31年度実績）
	一般入試	文理科 普通科	国・数・英(聞きとりテスト) 社・理・面接		令和３年 １月28日(木)	令和３年 ２月２日(火)		100,000円 ※各種学園 奨学生制度 あり	
		総合学科	国・数・英(聞きとりテスト) 面接						
	試験会場：本校, 薩摩川内, いちき串木野, 湧水, 霧島, 始良, 南さつま, 指宿, 鹿屋, 種子島, 屋久島, 奄美, 徳之島, 沖永良部								
学校寮	大峯寮，第二大峯寮，向学寮（個室），女子寮（個室），桜華寮（個室），野球部寮，球心寮								
オープンスクール	第１回目　８月１日(土)・２日(日)・22日(土)・23日(日)　　第２回目　10月18日(日)								

進学状況

【国公立大】 弘前大・群馬大・筑波大・埼玉大・千葉大・東京学芸大・東京工業大・お茶の水女子大・横浜国立大・横浜市立大・神奈川県立保健福祉大・静岡大・静岡県立大・福井大・京都教育大・奈良女子大・大阪大・神戸市外大・兵庫教育大・兵庫県立大・岡山県立大・新見公立大・広島大・県立広島大・広島市立大・尾道市立大・島根県立大・山口大・山口県立大・山陽小野田市立山口東京理科大・下関市立大・愛媛大・九州大・九州工業大・福岡教育大・北九州市立大・福岡女子大・福岡県立大・佐賀大・長崎大・長崎県立大・熊本大・熊本県立大・大分大・宮崎大・宮崎県立看護大・宮崎公立大・鹿児島大・鹿屋体育大・琉球大・名桜大・防衛大学校・国立看護大学校・海上保安大学校

【私立大学】 慶應義塾大・早稲田大・上智大・東京理科大・明治大・中央大・法政大・立教大・成城大・明治学院大・学習院大・日本大・東洋大・駒澤大・専修大・芝浦工大・津田塾大・国際武道大・北里大(薬)・国士舘大・順天堂大・創価大・大東文化大・東海大・帝京大(医)・日本女大・日体大・神奈川大・関東学院大・中京大・同志社大・立命館大・関西大・関西学院大・京都産業大・近畿大・龍谷大・大阪体育大・桃山学院大・安田女子大・西南学院大・福岡大・中村学園大・立命館アジア大・福岡工大・九州栄養福祉大・九州共立大・九州産業大・久留米大・崇城大・熊本保健大・九州保健福祉大・鹿児島国際大・志學館大・鹿児島純心女子大・第一工業大

【短期大学】 鹿児島県立短大・大妻女子大学短大部・関西外国語大学短大部・香蘭女子短大・中村学園大学短大部・鹿児島純心女子短大・鹿児島女子短大・第一幼児教育短大

就職状況

（県　内）
JX日鉱日石石油備蓄・九電工・南国殖産・山形屋・南国交通・鹿児島銀行・鹿児島信用金庫・南日本銀行・鹿児島県農業協同組合中央会・京セラ・日本モレックス・岩崎産業・康正産業・日本特殊陶業・鹿児島サンロイヤルホテル・城山ホテル鹿児島・白水館・日清丸紅飼料・南日本くみあい飼料・南日本新聞印刷・五月産業・森山(清)・鹿児島青果・AOKI・日本貨物検数協会・藤安醸造・川北電工・東郷・島津興業・日本地下石油備蓄・イオン九州・南州コンクリート・ハンズマン・光学堂・タカミヤ・アリマコーポレーション・トヨタレンタリース鹿児島・明石屋・鹿児島綜合警備保障　他

（県　外）
トヨタ自動車・トヨタ自動車九州・トヨタ車体・日産自動車・豊田自動織機・日産車体・日野自動車・三菱自動車工業・三菱ふそうトラック・バス・東邦液化ガス・大阪ガス・日本製鉄・産業振興・JFEスチール・大同テクニカ・東罐興業・淀川製鋼所・住友電気工業・大分キヤノンマテリアル・独立法人国立印刷局・JR九州・東京地下鉄・京王電鉄・西武鉄道・横浜ゴム・きんでん・錦江・クボタ・全日警・横浜冷凍・日本郵政・セコム・丸磯建設・SUBARU・キャプティ・丸善石油・にしけい・山崎建設・三菱製鋼　他

（公務員）
警視庁・東京消防庁・鹿児島県警・宮崎県警・鹿児島県職員・薩摩川内市職員・阿久根市職員・日置市役所・垂水市役所・南種子町役場・鹿児島県警事務・曽於市役所・国家一般職・防衛大学・看護学科学生・自衛官一般曹候補生・自衛官候補生・海上保安大学校　他

鹿児島実業高校

4 鹿児島実業高等学校では、学園祭で各クラスが学級新聞を作成し、展示している。次は、学級新聞作成に関する話し合いと話し合いの後に作成された二種類のアンケート用紙である。後の問いに答えなさい。

【話し合い】

Aさん　クラスのことを学校のみんなに①知ってもらうために、［　　］を紹介する学級新聞を作②成しましょう。

Bさん　学級新聞なんだから、一人ずつ紹介するのではなく、クラス全体を紹介するような内容にしたほうがいいと思うよ。

Cさん　そうかな。クラスのみんなを紹介すれば、③自然とクラス全体のことも分かってもらえるんじゃないかな。

Dさん　個人の紹介だと、読む人が自分で共通点を見つけないといけないよね。いくつか④項目を決めてクラスを紹介したほうが、分かりやすい紙面になると思うよ。

Eさん　読む人を意識した紙面で、クラス全体のことを伝えたいね。

【アンケート】

アンケート　Ⅰ

名前：
出身中：
部活動：
趣味：
将来の夢：

アンケート　Ⅱ

出身中：
部活動：
好きな授業：
クラスで起きた出来事：
（　　　　　　）：

問一　――部①は「知り」が「知っ」に変化したものである。このように、発音しやすいように音が変化することを何というか。漢字二字で答えよ。

問二　――部②「成」の白抜き部分は何画目に書くか。漢数字で書け。

問三　――部③はどの語にかかっているか。一文節で抜き出せ。

問四　――部④「項目」と同意で「目」が用いられている熟語を次から一つ選び、記号で答えよ。

ア　目標　　イ　科目　　ウ　注目　　エ　目次

問五　［　　］に入る言葉として、最も適当なものを次から選び、記号で答えよ。

ア　クラス全員　　イ　クラスの特徴
ウ　クラスの人気者　　エ　クラスの雰囲気

問六　アンケートⅠ・Ⅱはそれぞれ誰の発言と関連があるか。正しい組み合わせを次から選び、記号で答えよ。

ア　Ⅰ・Bさん　Ⅱ・Eさん　　イ　Ⅰ・Cさん　Ⅱ・Dさん
ウ　Ⅰ・Dさん　Ⅱ・Cさん　　エ　Ⅰ・Eさん　Ⅱ・Bさん

問七　Eさんの発言を受けた取り組みとして最も適当なものを次から選び、記号で答えよ。

ア　留学生にも分かりやすいよう、名前を書く際、漢字だけでなくローマ字表記も併記する。
イ　本物の新聞のように、隙間なく紙面を埋め、より多くの情報を発信するよう心掛ける。
ウ　回収したアンケートをそのまま張り付け、個性を際立たせると同時に統一感を演出する。
エ　グラフやランキング形式での紹介など、項目ごとに最も適した表現の仕方を工夫する。

問八　アンケートⅡの（　）に入る項目として最も適当なものを次から選び、記号で答えよ。

ア　クラスを一言で表すと　　イ　クラスのみんなに一言
ウ　大事にしている言葉　　エ　言われて嬉しかった言葉

鹿児島実業高校

1 ══部a「うちゐたりける」、b「とりもあへず」を現代仮名遣いに直してひらがなで書け。

2 ──部①の主語として最も適当なものを次から選び、記号で答えよ。

ア 孝道入道
イ 或る人
ウ 越前房
エ 作者

3 ──部②とあるが、孝道入道がこのような発言をした理由として最も適当なものを次から選び、記号で答えよ。

ア 双六の試合中にも関わらず勝手に席を立つ越前房に嫌気がさしたから。
イ 越前房が相手を助けるような口出しをしてきたことが不愉快だったから。
ウ 双六の試合にいろいろと口を挟んでくる越前房にいらだちを覚えたから。
エ 越前房の助言に従ったのに双六の試合に負けたことが悔しかったから。

4 ──部③とあるが、かたきがこのようにした理由を四十字以内で説明せよ。

5 次は、本文について話し合っている先生と生徒の会話である。空欄 Ⅰ 、 Ⅱ に入る語句として最も適当なものを、後の語群からそれぞれ選び、記号で答えよ。

先生「この話のおもしろさは、どのようなところにあったのでしょうか。」
生徒「はい。『よきほどのもの』という言葉を、状況に応じて違う意味で用いているところです。はじめは『身勝手な者』、あとの方では『 Ⅰ 』という意味で用いたところがおもしろかったと思います。」
先生「そうですね。だから筆者は『心はやさいとをかしかりけり』という言葉で Ⅱ を評価しているのですね。」

Ⅰ の語群
ア 中途半端なもの
イ 比べられないもの
ウ どうでもよいもの
エ ちょうどよいもの

Ⅱ の語群
ア 孝道入道の、機転を利かせた対応
イ 孝道入道の、相手を気遣う優しさ
ウ 越前房の、状況判断のはやさ
エ 越前房の、相手を許す寛大な心

7 ――部④において僕が考えていることとして、最も適当なものを次から選び、記号で答えよ。

ア　板鳥さんであっても的確な助言はできないと気付き、正しいという言葉には気をつけて、自分だけの音色を追い求めようと考えている。
イ　正しい音というものは自分の中にすでにあるのだと気付き、自分なりに練習を繰り返し、基準になるものを見つけていこうと考えている。
ウ　板鳥さんの助言の意味を理解しきれたわけではないが、正しいという言葉には気をつけて、自分にできることに取り組もうと考えている。
エ　はっきりと正しい方法が分かったわけではないが、理解できたことだけを守って、今の自分にできることに取り組もうと考えている。

8 次は、本文を読んだ生徒の話し合いである。本文の内容に合うものを選び、A～Dの記号で答えよ。

Aさん　「こつこつ」という言葉から、基本を守り技術を身につけていくことで、調律師としての成功が収められると分かったよ。
Bさん　先が見えなくても、こつこつと根気強く、今できることに取り組みながら、腕を磨いていくということだね。
Cさん　「正しいに気を付ける」という言葉も印象的だったな。確かに、一見正しそうで実は間違いだということがあるよね。
Dさん　忙しい中にも時間を見つけて、自分なりの努力や工夫をすることで、本当に正しいものが見極められるんだね。

3 次の文章を読んで、後の問いに答えなさい。

孝道(注)入道、(注)仁和寺《にんなじ》の家にて或《あ》る人と(注)双六《すごろく》をうちけるを、隣にある越前(注)房といふ僧きたりて見所す(観戦する)とて、さまざまのさかしら(口出し)をしけるを、①にくしにくしと思ひけれども、物もいはでaうちゐたりけるに、この僧、さかしらしさして立ちぬ(口出しを途中でやめて立った)。「かへりぬ(帰った)」と思ひて、亭主(孝道)、「②この越前房はよきほどのものかな(身勝手な者だな)」といひたりけるに、かの僧いまだかへらで、亭主のうしろに立ちたりけり。(注)かたき、また物いはせじとて、③亭主のひざを突きたりければ、うしろへ見むきて見れば、この僧いまだありけり。この時bとりもあへず(ただちに)、「越前房はたかくもなし。ひきくもなし(高くもなければ、低くもない。)。よきほどのものな」といひ直したりける、心はやさいとをかしかりけり。

(「古今著聞集」による)

(注) 入道＝仏道に入って修行する人。
仁和寺＝京都市右京区御室大内にある真言宗の寺院。
双六＝盤上遊戯。
房＝僧侶。
かたき＝孝道の相手の「或る人」。

「こつこつと守って、こつこつとヒット・エンド・ランです」

こつこつって野球か。そんなわかりにくい比喩でいいのか。

「ホームランはないんですね」

開けたドアを押さえながら僕は確かめる。板鳥さんは【　Ｂ　】と僕の顔を眺めた。

「ホームランを狙ってはだめなんです」

わかるような、わからないようなアドバイスだった。正しいには気を付けよう、とだけは思った。

④こつこつ、時間をつくっては店のピアノを調律した。一日に一台。六台すべてを調律し終えると、また最初の一台に戻って(注)ピッチを変えて調律し直した。

（宮下奈都「羊と鋼の森」）

(注) 調律＝楽器の音高を演奏に先立って適切な状態に調整すること。
暗澹たる＝暗くて恐ろしいさま。
森の匂い＝「僕」は初めて「板鳥さん」の弾くピアノを聞いたときに、森の匂いを感じていた。
ピッチ＝調律における作業で最初に調律される音のこと。

1 本文中の［　Ｉ　］に共通して当てはまる体の一部を表す語を漢字一字で答えよ。

2 本文中の［　Ⅱ　］に入る言葉として最も適当なものを次から選び、記号で答えよ。

ア 長いようで短い　　イ 短いようで長い
ウ 長くて短い　　エ 短くて長い

3 【　Ａ　】・【　Ｂ　】に入る語の組み合わせとして最も適当なものを次から選び、記号で答えよ。

ア（Ａ　かえって　Ｂ　つくづく）　イ（Ａ　なかなか　Ｂ　しげしげ）
ウ（Ａ　とうとう　Ｂ　じろじろ）　エ（Ａ　ほとんど　Ｂ　まざまざ）

4 ――部①における僕の心情の説明として、最も適当なものを次から選び、記号で答えよ。

ア 良いとは言えない学習環境の中で、様々な実習や難しい課題に地道に取り組んでいるものの、先の見通しが立たず、不安を抱いている。
イ 調律について早く学びたいのに、ピアノの修理に関する実習や課題に追われてしまい、調律そのものの勉強が進まず、嫌気がさしている。
ウ 学習環境の悪さに加え、多様で膨大な実習や課題に取り組まねばならず、思うような学校生活ではなかったことを、不満に思っている。
エ 調律師になろうと進学したものの、劣悪な環境の中での実習や難しい課題に対処せねばならない現実に直面し、夢を諦めようとしている。

5 ――部②が表現していることを説明した次の文の空欄［　Ｉ　］、［　Ⅱ　］に当てはまる語句を、本文から抜き出して答えよ。ただし、字数は空欄の指示による。

調律師として［　Ｉ（八字）　］ことができるはずであるのに、うまく［Ⅱ（六字）］ことができず苦しんでいるということ。

6 ――部③とあるが、この時の行動の理由として、最も適当なものを次から選び、記号で答えよ。

ア 抽象的で的外れな助言に困惑し、どのような意味か問いつめたいと思っているから。
イ 口頭での助言だけでは満足できず、直接技術的な指導をしてほしいと思っているから。
ウ 調律の練習の時間が取れず悩んでおり、解決策を示してほしいと思っているから。
エ 調律がうまくできず苦しんでいるため、少しでも助言を得たいと思っているから。

2 次の文章を読んで、後の問いに答えなさい。

主人公の「僕」は、ピアノを(注)調律するために高校に訪れた調律師の板鳥に出会い、調律師を志し、養成のための専門学校に入学した。

朝から晩まで調律の技術を学んだ。工房の倉庫のようなところで授業が行われていたので、夏は暑く、冬は寒かった。まるごと一台の修理を [Ⅰ] 掛けたり、外装を塗ったりする実習もあった。課題は厳しく、到底自分にはこなせないと(注)暗澹《あんたん》たる気持ちになりながら毎晩遅くまで取り組んだ。迷い込んだら帰れなくなると聞かされた森にもしかしたら足を踏み入れてしまったんじゃないか。幾度もそう思った。①目の前は鬱蒼《うっそう》と繁って暗い。

それでも不思議と嫌になることはなかった。僕の調律したピアノからはいつまで経っても(注)森の匂いは立ち上らなかったけれど、僕がそれを忘れることはなかった。それだけを頼りに、二年間の課程を終えた。ピアノも弾けない、音感がいいわけでもない人間が、四十九番目のラの音を四百四十ヘルツに合わせる。それを基に曲がりなりにも音階を組み立てることができるようになるのだから、二年という年月は [Ⅱ] 。

他の六名とともに僕は無事、卒業し、故郷近くの町へ戻って楽器店に就職した。板鳥さんのいる店だ。運よく調律師がひとり辞めたばかりだった。江藤楽器は、おもにピアノを扱っている。社長の江藤さんはたいてい店にはいない。調律師が四名、受付と事務、営業、全部合わせて十名ばかりの小さな店だ。

入社して半年間は店内で業務研修になる。電話の対応に始まり、併設する音楽教室の事務。店頭での楽器の販売、店に来るお客さんへの対応。時間ができると調律の練習をさせてもらった。

店の一階には、ピアノの並んでいるショールームと、楽譜や書籍を販売しているコーナー、それに、レッスン用の個室が二つと、数十人まで入れる発表会用の小ホールがある。僕たちが普段いるのは二階の事務所だ。二階は、事務所の他に会議室と応接室がひとつずつ。あとは倉庫として使われている。

店にはピアノが六台あって、それを使っていつでも調律の勉強をしていいことになっている。定時までは通常業務で [Ⅰ] いっぱいだったから、練習ができるのは夜だけだった。

誰もいない夜の楽器店で、黒いピアノの蓋《ふた》を開ける。気持ちがふわっと開くのに、芯のところはきゅっと窄《すぼ》まるような、なんとも言えない静けさが訪れる。音叉《おんさ》を鳴らす。ぴーんと神経が研ぎ澄まされる。

一弦ずつ、音を合わせていく。合わせても、合わせても、気持ちの中で何かがずれる。音の波をつかまえられない。チューナーで測ると合っているはずの数値が、揺れて聞こえる。調律師に求められるのは、音を合わせる以上のことなのに、まずはそこで足踏みをしている。

②泳げるはずだと飛び込んだプールで、もがくようなこと。水をかいても、進んでいる実感がない。夜ごと向き合うピアノの前で、僕は水をかき、小さな泡を吐き、ときどきはプールの底を足で蹴って、少しでも前に進もうとした。

板鳥さんとは【 A 】会えなかった。ホールでのコンサート用のピアノの調律もあり、個人宅での指名の依頼も多い。忙しくて、店にいる暇がほとんどない。直行直帰が続いて、一週間に一度も顔を合わせないこともあった。

板鳥さんの調律を見たかった。技術的な指導も受けたかったし、何より、板鳥さんの調律でピアノがどんどん音色を澄ませていくのをまた聞きたかった。

その思いが顔に表れていたのだろう。板鳥さんは僕を見かけると、外まわりに出る前の短い間に声をかけてくれることがあった。

「焦ってはいけません。こつこつ、こつこつです。」

はい、と僕は答える。こつこつ、こつこつ。膨大な、気が遠くなるようなこつこつから調律師の仕事はできている。

板鳥さんに気にかけてもらえただけでうれしかった。でも、うれしいだけでもなかった。③店を出ていこうとしている板鳥さんを追いかけた。

「こつこつ、どうすればいいんでしょう。どうこつこつするのが正しいんでしょう」

必死だった。息を切らせている僕を板鳥さんは不思議そうに見る。

「この仕事に、正しいかどうかという基準はありません。正しいという言葉には気をつけたほうがいい。」

そう言って、自分にうなずくみたいに何度か小刻みに首を動かした。駐車場へ続く通用口のドアを開けながら、

頭に入らないようになってしまっているのは、とてももったいない話です。

[21] ［　　　　　　　］と言いますが、上手い人をまねしてやろう、貪欲に知識や技術を摂取しようと準備ができているときは、一つのヒントでも、これだ！とピンと来るものです。そんな意欲を持っている人が、どんな分野でも上達していくのだと思います。

（齋藤孝「まねる力」）

（注）暗黙知＝経験的に使っている知識だが簡単には言葉にできない知識のこと。
柳家小三治・柳家小さん＝いずれも落語家の名前。　噺＝落語のこと。
高座＝落語の寄席で、芸を演ずる一段高く設けた席。

1　＝＝部a～eの漢字は読みを平仮名で書き、カタカナは漢字に直せ。

2　――部A・B語句の本文中における意味として最も適当なものをそれぞれ次から選び、記号で答えよ。

A　最たる
ア　実用的な　イ　根本的な　ウ　代表的な　エ　模範的な

B　往々にして
ア　しばしば　イ　まれに　ウ　きわめて　エ　とても

3　次の一文はどの段落とどの段落の間に入るのが正しいと考えられるか。直前の段落番号を算用数字で書け。

しかし段取りや型というものを、技化して共有しておけば、人が入れ替わってもその組織は生きていくことになります。

4　――部①とあるが、マニュアル化させた目的として適当なものを次から**二つ**選び、記号で答えよ。

ア　物事を注意して見ることの重要性に気付かせる。
イ　段取りの通り行えば物事は成功すると理解させる。
ウ　段取りの細かい部分まで説明する力を習得させる。
エ　仕事が段取りからできていることを認識させる。

5　――部②とあるが、「そういう仕事上の意識の高さ」とはどういうことか。最も適当なものを次から選び、記号で答えよ。

ア　主体的に技術や知識を学んでいこうとすること。
イ　言われた通りに忠実に取り組もうとすること。
ウ　機器に頼らず自らの身体で学習しようとすること。
エ　認識力を高め段取りを把握しようとすること。

6　［　　　　］には、ある英語のことわざとその訳が入る。文脈に合う最も適当なものを次から選び、記号で答えよ。

ア「The first step is always the hardest」
（最初の一歩がいつでも一番難しい）
イ「Hunger is the best sauce」
（空腹の時にはどんなものを食べてもおいしく感じられる）
ウ「Experience must be bought」
（経験はお金を出してでも買わなければならない）
エ「No pain no gain」
（何事も苦労無くしては得ることはできない）

7　本文に関する説明として最も適当なものを次から選び、記号で答えよ。

ア　[1]・[2]段落では読者の想像しやすい例によって、専門的なテーマが分かりやすく提示されている。
イ　[6]段落は[1]～[5]段落で述べた内容をまとめると同時に、次の段落へつなぐ役割を果たしている。
ウ　[12]段落で最良の方策を挙げたのち、[15]段落でその取り組み方について詳しく説明している。
エ　[20]段落では現代社会の問題点が挙げられ、[21]段落でその問題の解決策が明示されている。

令和二年度　鹿児島実業高校入試問題　国語

（解答…212P）

1　次の文章を読んで、後の問いに答えなさい。

1 私が小学生を対象にして行った授業に、次のようなものがあります。まず初めに、用意してきた映像を見てもらいます。ある年はＮＨＫで放送された、竹細工職人の仕事ぶりを撮影した5分間ほどの動画を使いました。

2 さて教室のみんなで動画を見終わったところで、私は子どもたちに対しておもむろにこう伝えます。「では、この人の黙ってやっていた仕事を全部①マニュアル化してください。実は段取りが20ありました。満点は20点です。さあ、始めてください」

3 当然、ボーッと見ていた子はできませんから、次に出題するビデオからは、しっかり注意して、メモを取りながら見るようになります。

4 段取りをメモすることで、実はまねるということは、物まねのような身体のセンスではなくて、認識力の問題だということがわかってきます。

5 この授業の例で言えば、見過ごしてしまっている工程は、段取りとして認識できていません。20段取りあるものが、たとえば18段取りしかできないということになると、当然完成作品には仕上がらず、変なものができてしまうということになります。

6 どんな仕事も段取りでできています。

7 エンジンの組み立てなら、最初にこの部品とこの部品を合わせて、というように工程が正確に決まっている。医療はそのA最たるもので、段取りを間違えでもしたら、最悪の場合患者の命に関わります。すべての仕事において、そういう細かい段取りが決められています。

8 その段取りを財産としてaチクセキすることで、組織が続いていきます。仕事の段取りをそれぞれの人の潜在的な(注)暗黙知に任せてしまったら、その人が辞めたときに全部消えてしまうことになります。

9 段取りを財産として形に残すためのものに、マニュアルがあります。新人にマニュアルを渡して、「じゃあこれを見てやってみて」と放っておくことができれば、こんなに楽なことはありません。

10 問題なのは、B往々にしてマニュアルというものは使いにくいということです。その理由は、マニュアルというものは、すべてをb網羅しなければならないと考えるあまり、すでにできていることまで書いてあるからです。

11 家電製品の取扱説明書をあまり読む気になれないのは、わかっていることとわかっていないことが区別されずに全部説明されているからです。スイッチの入れ方から説明されても、それはもうわかっているよとイライラしてしまうのです。

12 また、マニュアルを自分の技にするには、主体性が必要です。本来なら、マニュアルを渡す前に、実際はこうだよと作業を見てもらって、「自分用のマニュアルを作ってくださいね」とやるのが一番いいのです。

13 先に触れた私の授業と同じですが、いざマニュアルを作ろうと思ったら、いかにきちんと見ずに、大事なところを見過ごしていたかということが分かります。

14 マニュアルが役に立たないことはよくありますが、マニュアル作りは必ず役に立つとcダンゲンできます。マニュアルどおりに仕事をこなすことと、自分の仕事用にマニュアル作りをすることとでは、言うまでもなく後者のほうがまねる力を問われているのです。

15 〝自分マニュアル〟を作ることが、まねることのひとまずの目標になります。その作り方があまりにも偏っていたら、まねとしておかしくなってしまいますから、その場合は上司や先輩が修正をd施してあげることが必要になります。

16 落語の世界の修業は厳しいといわれます。入門してきた弟子に対して行う(注)稽古は、次のようなものだったようです。

17 (注)柳家小三治さんが『落語家論』というエッセイ集に書いています。師匠の(注)柳家小さんさんは弟子に対して放任主義、というよりほったらかしで、小三治さんはまったく稽古をつけてもらえない。「(注)噺《はなし》を教えてください」と頼んでも、「芸は盗むものだ。お前はオレの弟子なんだから、オレが(注)高座でやっているところを聞いて憶《おぼ》えろ。盗め。憶えたら聞いてやる」というのが、小さんさんの答えだったそうです。

18 弟子としては、師匠にそう言われたらやらなければならないわけですが、レコーダーなんて使えません。その厳しさたるや、大変なことだったと思います。

19 ②そういう仕事上の意識の高さを、私たちは持っているでしょうか。インターネットの時代になって、あらゆる情報が手に入るようになりました。ＹｏｕＴｕｂｅでも、貴重な映像がeオドロくほど簡単に見ることができます。

20 まねをするには最高の環境です。自学自習でものすごくうまくなれる状況があるのに、あまりにもありすぎるためか、教えてもらったことさえも

令和２年度　鹿児島実業高校入試問題　数　学

（解答…213P）

（注意）

① 根号を使う場合は，$\sqrt{}$ の中を最も小さい整数にしなさい。

② 分数はできるだけ簡単な形で答えなさい。

③ 円周率は π とする。

1　次の計算をせよ。

(1)　$3 + 2 \times 7$

(2)　$\dfrac{5}{6} - \dfrac{1}{4}$

(3)　$\dfrac{4x-3y}{2} - \dfrac{2x+y}{3}$

(4)　$\dfrac{12}{\sqrt{2}} + (\sqrt{2}-3)^2$

(5)　$(a-2b)(2a-3b)-(b-3a)(b+3a)$　（展開せよ）

2 次の各問いに答えよ。

(1) 2次方程式 $(2x-1)^2-3=0$ を解け。

(2) 連立方程式 $\begin{cases} 2a+3b=-10 \\ 8a-3b=20 \end{cases}$ を解け。

(3) 1次関数 $y=ax-3$ について，x の変域が $-1 \leqq x \leqq 4$ であるとき，y の変域は $-11 \leqq y \leqq b$ であった。

このとき，定数 a，b の値を求めよ。ただし，$a<0$ とする。

(4) 次の正五角形 ABCDE について $\angle x$ の値を求めよ。

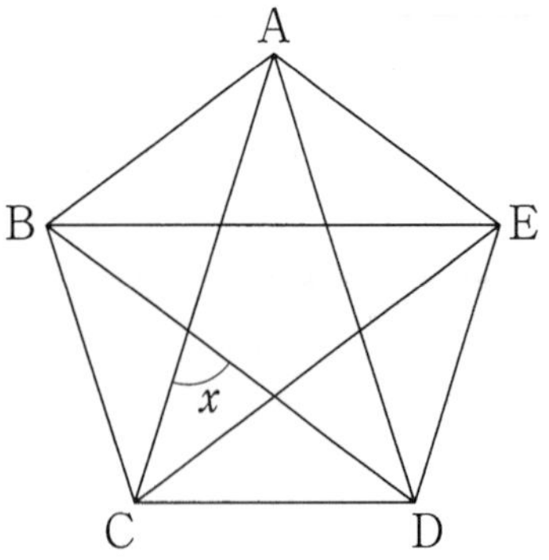

(5) 次のデータは，8人の生徒が数学の10点満点の小テストを行った時の点数である。

9，10，7，5，3，a，8，6

このときの平均値が7点であったとき，a の値を求めよ。

(6) 次の3つの条件のすべてに当てはまる図形は「台形」「長方形」「平行四辺形」「ひし形」のどれか。

・向かい合う辺の長さが等しい

・4つの辺の長さはすべて等しい

・対角線が垂直に交わる

(7) Aさんは家から5km 先のX駅まで車で向かった。X駅で電車が来るのを10分待ち，その後，そこから20km 先にある隣のY駅に電車で向かい，Y駅に到着した。車の速度を60km/h，電車の速度を80km/h としたとき，かかった時間を横軸，進んだ合計の距離を縦軸としてその様子を解答欄のグラフに書け。

3 右の図のように，１辺が１cmの正六角形ABCDEFがある。

K君とT君は，サイコロを使って，確率について考えている。

１回ずつサイコロを投げて正六角形の各頂点を，次のような規則で頂点AからK君は白い石を，T君は黒い石を動かすことにする。

○奇数の目が出たら，出た目の数だけ時計回りに石を動かす。

○偶数の目が出たら，出た目の数だけ反時計回りに石を動かす。

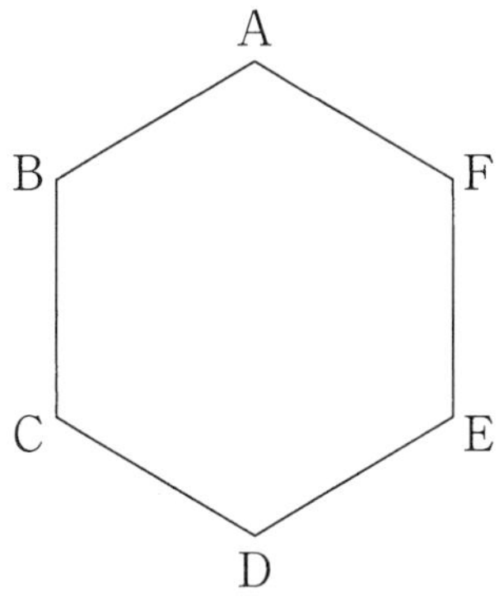

(1) K君とT君は次の問題について，話し合っている。

[ア]～[オ]にあてはまる数や記号をそれぞれ書け。

ただし、[イ]と[ウ]については下の①～⑭から異なる２つを選べ。

①AとB　②AとC　③AとE　④AとF　⑤BとC

⑥BとD　⑦BとE　⑧BとF　⑨CとD　⑩CとE

⑪CとF　⑫DとE　⑬DとF　⑭EとF

【問題】

２つの石の間の距離が２cmとなる確率を求めよ。

K君：２つの石の動かし方は，[ア]通りだよね。

T君：２つの石の間の距離が２cmとなるのは，AとD，[イ]，[ウ]にある３通りだよ。

K君：だったら，僕とT君の目の出方は全部で，（K，T）＝（１，２），（２，１），…の[エ]通りだ。

T君：求める確率は[オ]だね。

(2) ２つの石の間の距離が$\sqrt{3}$ cmとなる確率を求めよ。

4 右の図のように，関数 $y = ax^2$ のグラフと直線 m があり，2点A，Bで交わっている。

直線 m の式は，$y = -\frac{1}{2}x + 2$ であり，A，Bの x 座標はそれぞれ -4，2である。次の問いに答えなさい。

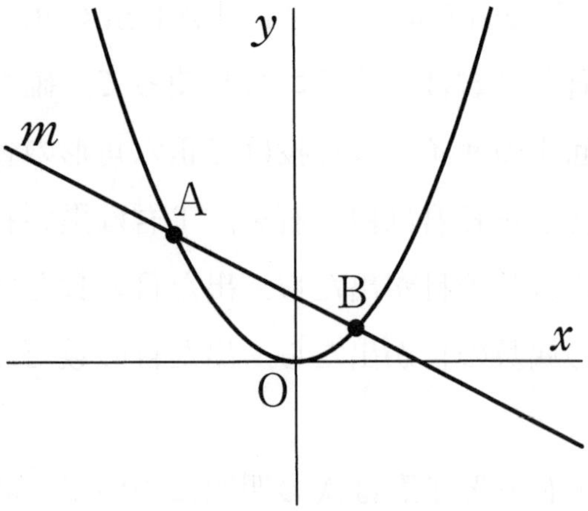

(1) a の値を求めよ。

(2) △OABの面積を求めよ。

(3) △OABを x 軸を中心に1回転させてできる立体の体積を求めよ。

5 各辺が6cmの正四角錐O－ABCDと直方体EFGH－IJKLがある。E，F，G，Hはそれぞれ辺OA，OB，OC，OD上にあり，I，J，K，Lは四角形ABCD上にある。

AE＝4cmとするとき，次の問いに答えなさい。

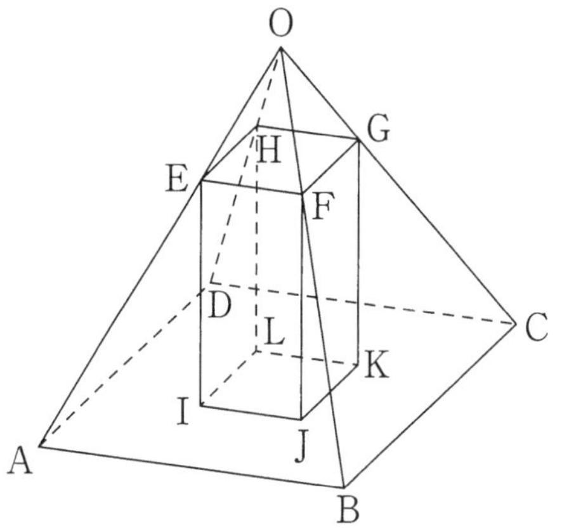

(1) 直方体が四角形ABCDと接する四角形IJKLを解答欄に図示せよ。ただし，解答欄の1マスは1cm×1cmとする。
(図形の内部に斜線 を入れなさい。)

(2) 点Oから底面ABCDに下ろした垂線の長さを求めよ。

(3) B，C，G，F，J，Kの6点を頂点とする立体の体積を求めよ。

6 右の図のように円周上に4点A，B，C，Dがあり，AB = BC = CA = 7 cm，CD = 5 cm，DA = 3 cm であるとする。

線分ACとBDの交点をEとするとき，次の問いに答えなさい。

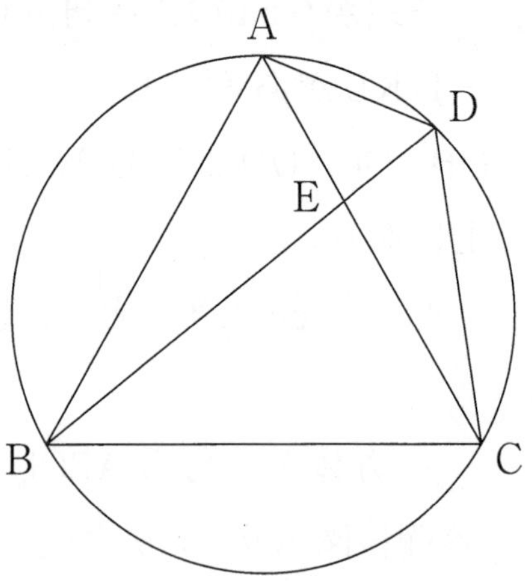

(1) ∠ADBの大きさを求めよ。

線分BD上にCF = 5 cmとなる点Fをとり，直線CFと円の交点をG，直線CFと線分ABの交点をHとする。ただし，FはDと異なる点，GはCと異なる点とする。

(2) HFの長さを求めよ。

(3) 四角形AHFEの面積を求めよ。

令和２年度　鹿児島実業高校入試問題　英　語　（解答…215Ｐ）

1 **聞き取りテスト**　英語は２回ずつ放送します。メモをとってもかまいません。

1　これから，Yuta と Wendy との対話を放送します。Yuta と Wendy が見ているグラフとして最も適当なものを下の**ア**～**エ**の中から一つ選び，その記号を書きなさい。

ア

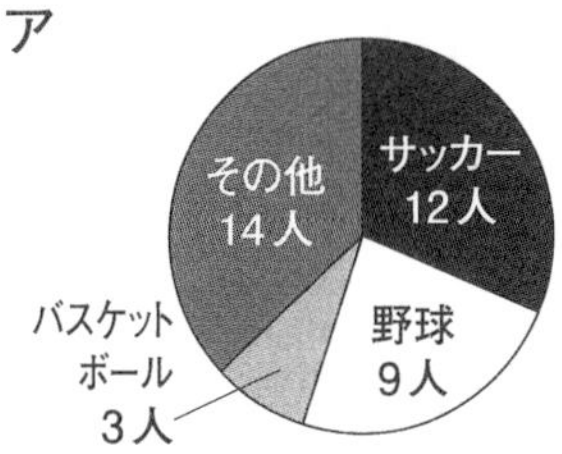

イ

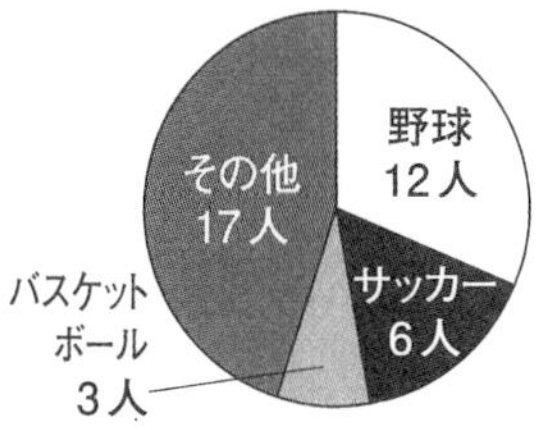

ウ

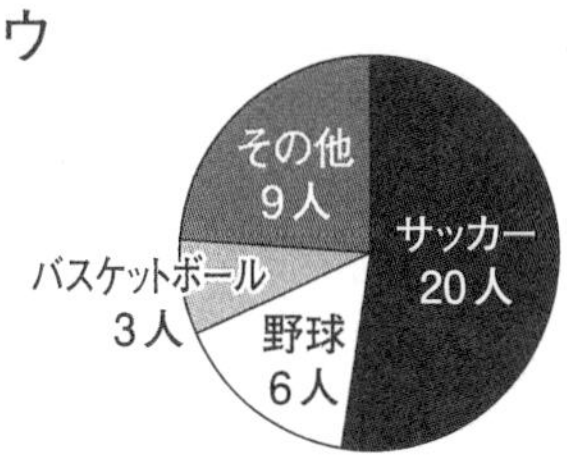

エ

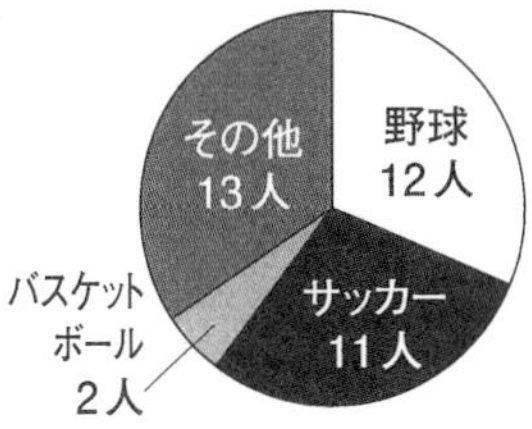

2　これから，Bob と母親との対話を放送します。その対話を聞いて，Bob の家の今日の夕食について，最も適当なものを下の**ア**～**エ**の中から一つ選び，その記号を書きなさい。

ア　Bob と Emily がカレーを作る。

イ　Bob が一人でハンバーガーを作る。

ウ　Bob がハンバーガーを作って，母親がサラダを作る。

エ　Bob が一人でカレーを作る。

3　これから，Anne と Riku との対話を放送します。下の英文は，その対話をした日の夜，Anne が書いた日記の一部です。対話の内容に合うように，①，②に数字または英語を書きなさい。

> We arrived at the zoo at (　①　) a.m., so we waited long until it opened. We went to see African animals first. Riku was excited to watch lions. I love koalas, but the rabbits in the (　②　) area were cuter than koalas! I held a rabbit in my arms. It was warm and soft. At the gift shop I bought animal cookies for my family.

4　これから，Hiro が英語の授業で行ったスピーチを放送します。スピーチのあとに，その内容について英語で二つの質問をします。その質問に対する答えとして最も適当なものを下の**ア**～**エ**の中からそれぞれ一つ選び，その記号を書きなさい。

(1)　**ア**　She got interested in it when she was a child.

　　イ　She got interested in it when she was a college student.

　　ウ　She got interested in it when she worked at the department store.

　　エ　She got interested in it after she left the job at the department store.

(2)　**ア**　She advised* him to have his own dream.　　**注**　advise(d)：助言する

　　イ　She advised him to try anything he likes.

　　ウ　She advised him to decide what to do now.

　　エ　She advised him to think before trying something.

5　これから，David と Kana との対話を放送します。その中で，David が Kana に質問をしています。Kana に代わってあなたの答えを英文で書きなさい。書く時間は１分間です。英文は２文になっても構いません。

2 次の**1**～**5**の（　　）の中に入れるのに最も適当なものを，**ア**～**エ**の中からそれぞれ一つ選び，その記号を書け。

1 Those windows (　　) by Mr.Tanaka and Mr.Yamashita.

ア broke　**イ** was broke　**ウ** were broke　**エ** were broken

2 (　　) do you like better, reading books or seeing movies?

ア What　**イ** Which　**ウ** Where　**エ** When

3 We were very happy (　　) the news.

ア hearing　**イ** was heard　**ウ** to hear　**エ** heard

4 A：Would you like to have another cup of coffee?

B：(　　)

ア Yes, please. They'll be happy.　**イ** No, thank you. I had enough.

ウ Sure. No problem.　**エ** Yes, let's. Sounds great.

5 A：Did you go to see a doctor yesterday?

B：(　　)

ア Yes, I did.　**イ** No, I did.　**ウ** Yes, I do.　**エ** No, I don't.

3 次の**1**～**4**の日本語の意味になるように，[　　]の中の語（句）を正しく並べかえたとき，**3番目**と**7番目**にくる語（句）の記号を書け。ただし，文頭にくる語も小文字にしてある。

1 昨日学校の前に多くの人がいた。

[**ア** in　**イ** a lot　**ウ** were　**エ** there　**オ** of our school　**カ** front　**キ** of people] yesterday.

2 私の弟はあなたほどギターを上手に弾くことができません。

My brother [**ア** as　**イ** you　**ウ** play　**エ** as　**オ** the guitar　**カ** well　**キ** cannot].

3 あなたは私の母と話している女性を知っていますか。

Do you [**ア** with　**イ** talking　**ウ** who　**エ** my mother　**オ** know　**カ** the woman　**キ** is]?

4 有名な画家によって描かれたその絵はすばらしい。

[**ア** wonderful　**イ** the famous　**ウ** is　**エ** the picture　**オ** painter　**カ** by　**キ** painted].

4 次の会話文を読み，下の①，②の英文が入る場所として最も適当なものを，対話文中の〈 ア 〉～〈 エ 〉の中からそれぞれ一つ選び，その記号を書け。

① I'm sorry I have to leave soon.	② They're from my garden.

Yuki : Please come into the living room.

Jane : Thank you. Oh, very beautiful flowers! Where did you buy them?

Yuki : I didn't buy them. 〈 ア 〉 I can give you some flowers if you like.

Jane : Oh, yes, please. That will be wonderful.

Yuki : 〈 イ 〉 I'll pick some flowers later for you. But now let's have another cup of tea.

Jane : Well, I must go home because my family usually has dinner at 6 o'clock. 〈 ウ 〉 What time is the next bus?

Yuki : 〈 エ 〉 Don't worry. I'll take you home in my car.

Jane : Thank you very much.

5 次の１，２の問いに答えよ。

1 次の英文を読み，文中の［ ① ］～［ ③ ］に入る最も適当なものを，下のア～ウの中からそれぞれ一つ選び，その記号を書け。

On May 1, 2019, Crown Prince* *Naruhito* took the throne* and［ ① ］. The era name* comes from the classical Japanese literature* *Manyoshu*. It means, "People bring their hearts together to build culture."

The era name system began in ancient* China. Japan's first era name was *Taika*. The *Taika* era began in 645 during the reign* of Emperor* *Kotoku*. Until the beginning of the *Meiji* era,［ ② ］. They changed after bad events such as earthquakes and plagues*. They also changed after happy events. In 704, for example, the era name *Keiun* was established* when an auspicious* cloud appeared. *Reiwa* is the 248th era name.

Big events are coming up in *Reiwa*,［ ③ ］. What event are you looking forward to in *Reiwa*?

注 Crown Prince：皇太子 take the throne：即位する era name：元号 classical literature：古典文学 ancient：古代の reign：統治 Emperor：天皇 plague：疫《えき》病 establish：定める auspicious：縁起の良い

ア such as the Tokyo Olympics and the Osaka Exposition
イ the new era *Reiwa* started
ウ era names changed often for many reasons

2 次の英文は，Ken と Sally が，２人で Marine Life Park での予定を立てている時の会話である。その会話文を読んで，あとの問いに答えよ。

Ken　：We're going to Marine Life Park next Sunday. Look at this timetable*. There're a lot of interesting shows and activities* we can enjoy.

Sally　：That sounds exciting! How long can we stay there?

Ken　：We'll get there at about 9：30. And we'll leave at 2：30 to come back home before 4：00. So we'll stay there for five hours.

Sally　：OK. Why don't we watch all the shows and try all the activities?

Ken　：All right. First, let's watch the sea lions* at 9：45 and take a picture with them after that.

Sally　：Feeding* the sea animals starts at 12：30. We can only watch it once a day. So let's see the killer whales* at 10：30 and get a kiss from them after that.

Ken　：When we finish that, we are free for 10 minutes. We should watch the dolphins at 11：20 and ① play with them, too.

Sally　：Then we'll have some time to eat lunch before feeding the sea animals begins.

Ken　：Then we can see the penguins* at 1：00 and walk with them after that.

Sally　：Right. Then at 2：00 we can watch the movie.

Ken　：Great! That's a good plan! We can do everything we've planned for that day.

注　timetable：予定表　activity：体験活動　sea lion：アシカ　feed：えさを与える
killer whale：シャチ　penguin：ペンギン　immediately：すぐに

Marine Life Park Time Table				
SHOWS (20 minutes)	Starting times			ACTIVITIES (20 minutes)
Killer Whales	10：30	12：30	3：00	Get a kiss from a killer whale
Dolphins	9：30	11：20	1：30	Play with dolphins
Sea Lions	9：45	11：15	2：15	Take a picture with a sea lion
Penguins	10：15	12：00	1：00	Walk with penguins
Movie	10：30	11：30	2：00	−
Feeding Sea Animals	−	〔 A 〕	−	−

Each activity starts immediately* after the show.

(1) この対話から判断して，２人は Marine Life Park に行く当日，**最初**と**最後**に何の show に参加する予定か。それぞれ記号で答えよ。

ア：Killer Whales　**イ**：Dolphins　**ウ**：Sea Lions　**エ**：Penguins　**オ**：Movie
カ：Feeding Sea Animals

(2) 上の Time Table 中の〔 A 〕には時刻が入る。本文の内容に合うように，その時刻を数字で書け。

(3) 下線部①の activity が終わる時刻を数字で書け。

(4) Killer Whales を３：00 に見ることができない理由を日本語で書け。

6 次の英文を読み，あとの問いに答えよ。

A young boy, David, and his father lived in a small town. They were very close*, and talked about everything. David's father was a good rugby player when he was young. Therefore*, he hoped David would enjoy rugby, too. ①David was thankful for his father's presence* at his rugby games, because some parents didn't come to any games. His father frequently* went to the stands and gave him advice. David loved rugby and tried to do his best at every practice. All through his junior high school days, he never missed a practice or a game. His team reached the final matches* every year, but they couldn't win the tournament.

When David went to high school, he joined the rugby club again. He always kept trying and never missed a practice. In his first year and second year, his team tried hard, but ②it was just like in junior high school.

When David was a third-grader, his team reached the final match again. Everyone wanted to win this year. The final was going to take place* on the weekend. On Friday, David was called to the school office when he was practicing. There was a phone call for him from a hospital. After he hung up*, he went to the coach* and said, "My father had a heart attack* and was taken to the hospital. No one can wake* him up. Is it all right if I miss practice today?" The coach put his arm around David's shoulders* and said, "Of course. [③] Don't plan to come back for the final match tomorrow. You must take care of your father."

The next day, the game was not going well. David's team was ten points behind in the first half. During the half-time break*, David suddenly came into the locker room* in his uniform. Everybody was very surprised to see him back. "Coach, please use me in the second half. I have to play today," said David. "How is your father?" asked the coach. But he didn't say anything about his father. "Please, Coach, please..." David asked the coach to use him in the game again and again. Finally the coach agreed* and said, "All right. You can play in the second half."

David was doing everything right. He ran, he passed, and he tackled*. His team began to play better. At the end of the game, he caught a pass and ran all the way across the goal line to get the winning try*. Everyone was much excited. His team carried him around on their shoulders.

After the game, the coach came to him and said, "David, you were great! How did you do it?" He looked at him, and said, "Well, my father is still ④in a coma now. But this morning, when I went back home to change my clothes, I found a letter on my father's desk. In the letter, my father told me that he was worried about his health. He said he would go to hospital someday soon, but even if* something bad happened to him, he really hoped I would go to my rugby game and do my best. He said that if I played well, that would cheer* him up. So I ran to the rugby field, Coach." Then David's cellphone* rang*. He answered it. After a few seconds, David said, "Coach, a miracle* happened! My father just woke up. He is going to be OK!" David began to run back to the hospital.

注　close：仲が良い　therefore：それゆえに　presence：存在　frequently：頻繁に
reach the final match：決勝まで進む　take place：行われる　hung up：電話を切る　coach：コーチ
heart attack：心臓発作　wake up：起こす　shoulder：肩　break：休憩　locker room：更衣室
agree：認める　tackle：タックルをする　try：ラグビーで得点すること　even if～：たとえ～だとしても
cheer：元気づける　cellphone：携帯電話　rang：ring（鳴る）の過去形　miracle：奇跡

1　次のア～ウの絵は，本文のある場面を表している。話の展開に従って並べかえ，その記号を書け。

ア

イ

ウ

2　下線部①について，なぜ David は父親に感謝していたのか，その理由を20字程度の日本語で書け。

3　下線部②が表す内容として，下のア～エの中から最も適当なものを一つ選び，その記号を書け。

ア　His team won the final match.
イ　His team never missed a practice.
ウ　His team couldn't become champions.
エ　His team didn't do their best to win the final match.

4　[　③　] には coach が David に言った言葉が入る。本文の内容に合うように５語以上の英語を書け。

5　下線部④は David の父親のある状態を表している。その状態として最も適当なものを下のア～エの中から一つ選び，その記号を書け。

ア　David の健康を心配している　　　イ　目が覚めず病状が深刻である
ウ　David の勝利を期待している　　　エ　試合を見て興奮している

6　本文の内容に合っているものを，下のア～エの中から一つ選び，その記号を書け。

ア　David did not want his father to come to his rugby games.
イ　David's father often came to watch David's rugby games.
ウ　David's father got a phone call from a hospital on the final match.
エ　David told his teammates about his father after the game.

令和２年度　鹿児島実業高校入試問題　社　会　（解答…217Ｐ）

1　世界地理に関して，次の問いに答えよ。

図１

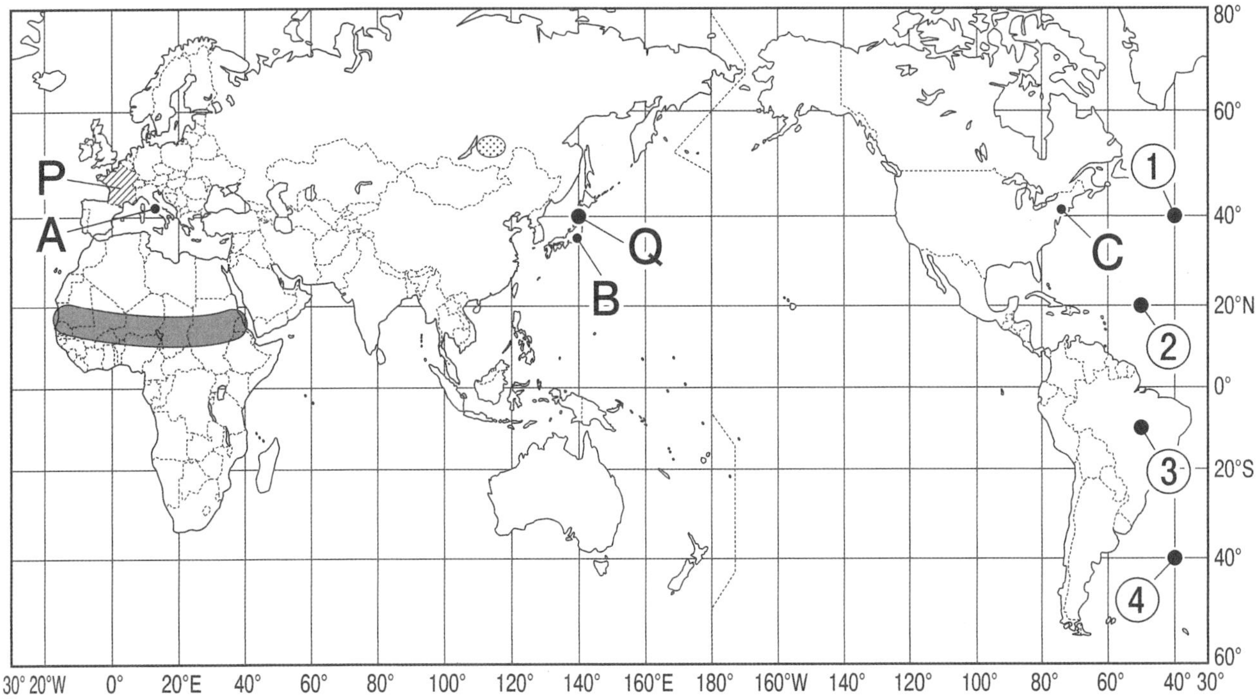

問１　**図１**中の地点**Q**から地球上で正反対の地点として最も適切なものを①～④から選べ。

問２　**図１**中の都市**A**～**C**を，2020年１月１日をむかえた順番で記せ。

問３　**図１**中のの地域でみられる景観と気候の特徴を説明したものとして適当なものを**ア**～**エ**から選べ。

ア　コケ類が生育するツンドラという草原が広がる冷帯である。
イ　タイガとよばれる針葉樹林が広がる冷帯である。
ウ　短い草が生える草原であるステップが広がる乾燥帯である。
エ　ほとんど植物のみられない砂漠が広がる乾燥帯である。

問４　**図１**中のの地域はサハラ砂漠の南側に接して，わずかに木や草が生えた土地が見られるが砂漠化が進んでいる。この地域はサハラ砂漠を大海原に見立てて，アラビア語の「岸辺」を意味する名称でよばれている。何とよばれているか。

問５　**図１**中のＰ国はＥＵ最大の農業国である。この国では小麦やライ麦といった穀物栽培と，豚や牛を中心とした家畜の飼育を組み合わせた農業が発達した。このような農業を何というか。

問６　**図２**中の**X**～**Z**は，**図１**中の都市**A**～**C**のいずれかの雨温図を示している。その組み合わせとして適当なものを**ア**～**カ**から選べ。

図２

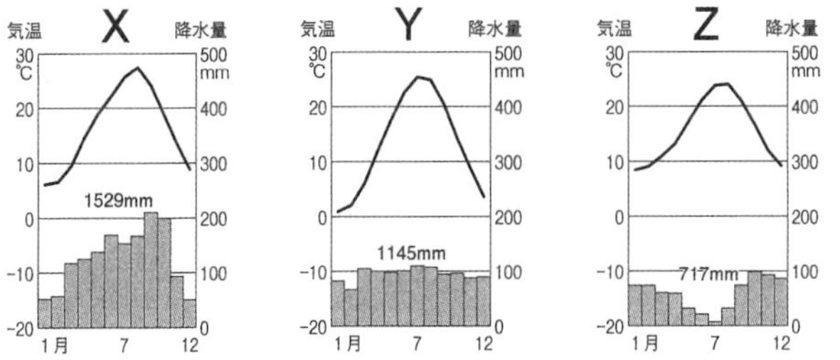

（「理科年表」平成26年ほか）

	ア	イ	ウ	エ	オ	カ
A	X	X	Y	Y	Z	Z
B	Y	Z	X	Z	X	Y
C	Z	Y	Z	X	Y	X

問７　ロシアからＥＵ諸国などへ輸出される原油や天然ガスの多くは操業の安全性，効率性などにおいて優れた面から，輸送管路を通じて輸出されている。この輸送管路のことを何というか。**カタカナ**で答えよ。

問８　ＥＵでは所得水準の低い東ヨーロッパの国々が加盟したことにともない，経済的な地域格差が大きな問題になっている。加盟国の間で，最大10倍以上の差があるといわれている国の豊かさを測る経済指標の一つに国民総所得があるが，この「国民総所得」を，**アルファベットの略語**で答えよ。

問９　**図３**は，主な電子機器の生産に占める中国の割合を表している。中国は国内の工業生産が増加し，「世界の工場」とよばれるようになった。その理由として**適当でないもの**を，**ア～エ**から選べ。

ア　低い賃金で多くの労働者を雇うことができ，費用を安く抑えた製品を生産できるため。

イ　外国から沿岸部の工業地帯や大都市へ，出稼ぎの人々が数多く移動するようになったため。

ウ　経済特区や経済技術開発区を設けて外国企業を積極的に誘致したため。

エ　家電製品や通信機器などの多くが世界中に輸出されるようになったため。

図３

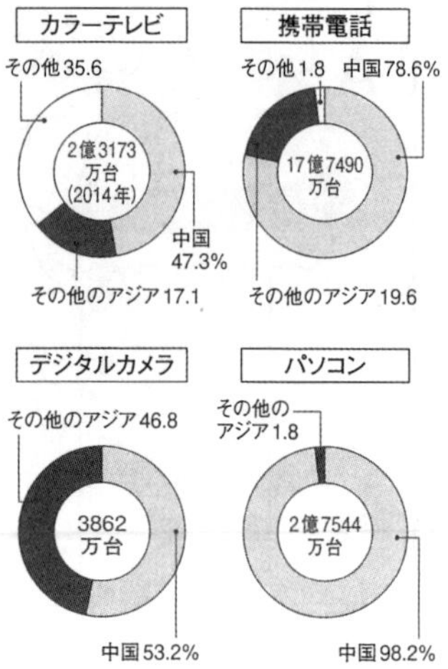

（2015年　電子情報技術産業協会資料）

2　日本地理に関して，次の問いに答えよ。

問１　**図１**は三大都市圏への人口集中の割合を示している。割合の組み合わせとして正しいものを，**ア～カ**から選べ。

図１

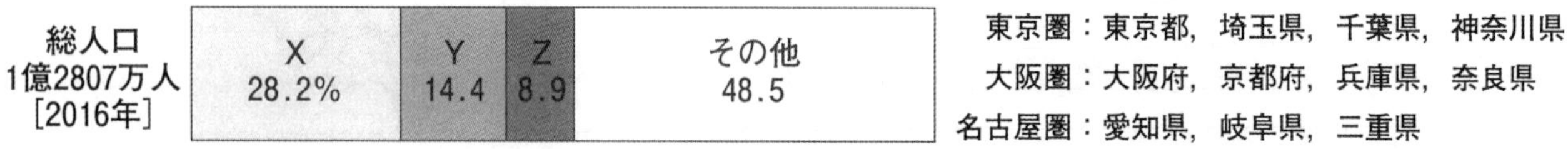

（「住民基本台帳人口要覧」平成28年度版）

	ア	イ	ウ	エ	オ	カ
X	東京圏	東京圏	大阪圏	大阪圏	名古屋圏	名古屋圏
Y	大阪圏	名古屋圏	東京圏	名古屋圏	大阪圏	東京圏
Z	名古屋圏	大阪圏	名古屋圏	東京圏	東京圏	大阪圏

問２　日本の川と平地に関する文**ア～エ**の中から，適当なものを選べ。

ア　日本列島を縦断するように中央に標高が高い山脈がそびえているため，山から海までの距離が長い。

イ　日本列島を流れる川は大陸に見られる川と比べて緩流であり，流域面積がせまいという特徴がある。

ウ　日本の多くの都市は，海に面した平野や，内陸にあって山に囲まれた盆地といった平らな土地に造られている。

エ　台地や低地は古くから人々の生活の中心で，台地では畑が造られ，水はけがよい三角州は果樹園などに利用される所が多く見られる。

問３　**図２**は，宮城県，千葉県，島根県，愛媛県における人口密度（2015年），人口増減率（2015年），中学生生徒数（2015年５月１日現在），農業産出額（2015年），工業生産額（2014年）を表している。宮城県にあたるものはどれか，**ア**～**エ**から選べ。

図２

県	人口密度（人/km²）	人口増加率（%）1990年を100とする	中学生生徒数（人）	農業産出額（億円）	工業生産額（億円）
ア	1,206	112	165,031	4,405	139,232
イ	245	92	36,522	1,237	41,559
ウ	320	104	63,782	1,741	39,880
エ	103	88	19,138	570	10,662

（「日本統計年鑑」ほか）

問４　現在の日本の第１次産業の様子について述べたものとして適当なものを選べ。

ア　日本の排他的経済水域は広大で，漁業別漁獲高では遠洋漁業が占める割合が最も多い。

イ　農業総産出額に占める割合は，米・畜産・野菜の中では米が占める割合が最も多い。

ウ　高度経済成長期以降，高価格木材の輸入により，自給率が上昇した。

エ　農産物の貿易自由化の影響もあり，果実の生産量は減少し，自給率は低下した。

問５　日本の工業について説明した次の文の（　）内に入る適当な語句を答えよ。

> 日本の工業は，かつては原材料の多くを輸入し，製品をつくり上げて海外へ輸出する（　a　）が主であったが，近年，賃金の低いアジアなど海外へ工場を移転し，現地で生産する企業が増えた。こうした工場移転により国内の工業生産が衰退することを（　b　）という。

図３

（2016年４月１日現在）
（「日本国勢図会」2017/18）

問６　**図３**中の●は，ある工場の主な分布を示したものである。この工場としてふさわしい写真を①～④から選べ。

①　飛行機組立場

②　自動車組立工場

③　ビール製造工場

④　セメント工場

問７　日本列島の近海にはプランクトンが多く好漁場となり，地下資源も多い海底が広がっている。なかでも陸地の海岸線に沿うように，深さおよそ200ｍまでのゆるやかに傾斜する海底のことを何というか。

3 次の年表を見て，あとの問いに答えよ。

3世紀	A	（ ① ）が中国に使者を派遣した
7世紀	B	白村江の戦いが発生した
8世紀	C	新たな都として奈良に（ ② ）がつくられた
	D	桓武天皇が即位した
11世紀	E	（ ③ ）が院政をはじめた
13世紀	F	鎌倉幕府の実権を北条氏がにぎった
15世紀	G	応仁の乱が発生した
17世紀	H	鎖国の体制が固まった
19世紀	I	大政奉還が行われ（ ④ ）の大号令が出された

問1 （ ① ）～（ ④ ）に入る適当な語句を**漢字**で答えよ。

問2 **B**に関わり，次の文章は，その後の日本の対応についての説明文である。（　　）内に10字程度の文章をおぎない，説明文を完成させよ。

日本は白村江の戦いに敗れ，（　　　）にそなえるために山城や水城を築き，防人を配置した。

問3 **D**に関わる次の文章中の（ ⑤ ）・（ ⑥ ）に入る適当な語句を答えよ。

この頃，朝廷は，支配に従おうとしない東北地方の（ ⑤ ）に対してたびたび大軍を送り，特に（ ⑥ ）になった坂上田村麻呂の働きもあって，その勢力を広げた。

問4 **F**に関わり，鎌倉時代の説明として**適当でないもの**を**ア**～**エ**から選べ。
ア 執権の北条氏は，京都から幼い貴族を将軍に迎えた
イ 幕府は承久の乱をきっかけに東国にも勢力を伸ばすことが可能となった
ウ 農作業には牛や馬が利用され，鉄製農具がいっそう普及した
エ 女性で地頭になる者も現れ，一族の中心として活躍する女性もいた

問5 **G**に関わり，応仁の乱が発生する以前の出来事として適当なものを**ア**～**エ**から選べ。
ア マゼランの船隊が世界一周を達成した　**イ** フランシスコ＝サビエルが鹿児島に上陸した
ウ チンギス＝ハンがモンゴルを統一した　**エ** ルターが宗教改革を始めた

問6 **H**に関わり，次の年表は鎖国にいたる経過を示したものである。（ ⑦ ）に事件の名称を，（ ⑧ ）に当てはまる国名を答えよ。

1624年　スペイン船の来航を禁止する
1634年　長崎に出島を築く
1637年　（ ⑦ ）が発生する
1639年　ポルトガル船の来航を禁止する
1641年　平戸にあった（ ⑧ ）商館を長崎の出島に移す

鹿児島実業高校

4　資料に関わる問いに答えよ。

資料１

資料１は「モナ＝リザ」である。作者は（　①　）である。これは古代の文化を手がかりに，人間についての新しい考え方を探り，また人間のいきいきとした姿を文学や美術でえがき始めたルネサンス（文芸復興）に関わるものである。この動きは14世紀から16世紀にかけて（　②　）から西ヨーロッパ各地に広がった。

問１　（　①　）にあてはまる作者を**ア**～**エ**から選べ。

ア　ガリレイ　　**イ**　ミケランジェロ
ウ　コペルニクス　　**エ**　レオナルド＝ダ＝ビンチ

問２　（　②　）にあてはまる国名を答えよ。

資料２

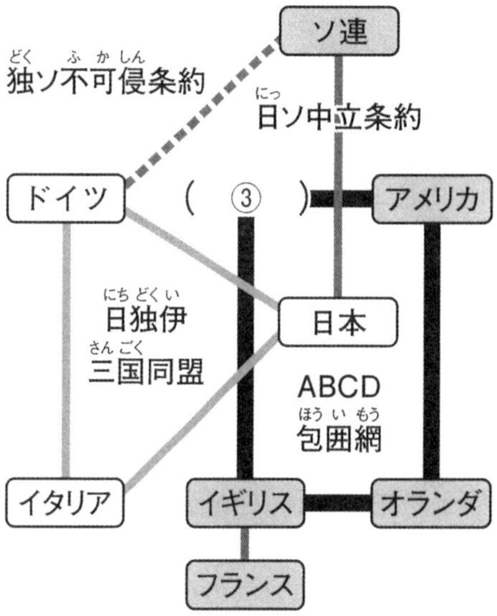

資料２は太平洋戦争をめぐる国際関係を図示したものである。日本がインドシナ南部に侵攻すると，アメリカは日本への石油・鉄などの輸出を禁止し，イギリスやオランダも同調した。戦争に不可欠な石油を断たれた日本では，このように日本を経済的に封鎖する「ＡＢＣＤ包囲網」（図中太線）を打ち破るには早期に開戦するしかないという主張が高まった。

問３　**資料２**中の（　③　）に当てはまる国を正式名称で答えよ。

問４　**資料２**中の日ソ中立条約・独ソ不可侵条約・日独伊三国同盟が結ばれた時期を古い順番に並べたものとして適当なものを**ア**～**エ**から選べ。

ア　日ソ中立条約→独ソ不可侵条約→日独伊三国同盟
イ　日ソ中立条約→日独伊三国同盟→独ソ不可侵条約
ウ　日独伊三国同盟→独ソ不可侵条約→日ソ中立条約
エ　日独伊三国同盟→日ソ中立条約→独ソ不可侵条約
オ　独ソ不可侵条約→日独伊三国同盟→日ソ中立条約
カ　独ソ不可侵条約→日ソ中立条約→日独伊三国同盟

資料３

資料３は，（　④　）にミサイルを運ぶソ連船と，それを上空から監視する米軍機の様子を示したものである。このように，1962年，アメリカとソ連との間で，核兵器による全面戦争の危機が高まっていた。

問５　（　④　）に当てはまる国名を**ア**～**エ**から選べ。

ア　キューバ　　**イ**　ベトナム　　**ウ**　中国　　**エ**　アルゼンチン

問６　**資料３**の出来事が発生した時期として適当なものを**ア**～**エ**から選べ。

（　**ア**　）→北大西洋条約機構発足→（　**イ**　）→ワルシャワ条約機構発足→（　**ウ**　）→ヨーロッパ共同体（ＥＣ）の発足→（　**エ**　）

5 2019年の主な出来事の表をみて，次の問いに答えよ。

1月	大手デパートのギフト用商品に縫い針が混入し，①食べた人が口に怪我をしたと申告があり自主回収 大阪地裁であおり運転の末に死亡事故を起こした被告人の②裁判員裁判で実刑判決 平成天皇が在位中最後となる第198回③国会開会式出席
2月	ドイツのメルケル首相が来日し，安倍④内閣総理大臣と会談 ⑤国連「子どもの権利委員会」が日本に体罰を禁じる法整備を求める勧告
3月	2019⑥地球温暖化防止展が開催 内閣府が⑦景気判断を「下方への局面変化」に修正
4月	2024年に20年ぶりとなる⑧紙幣刷新《さっしん》を発表 統一⑨地方選挙の前半戦投開票
5月	新⑩天皇陛下即位
6月	⑪ G20が大阪で開催
7月	フリーマーケットアプリを運営する⑫株式会社がＪリーグチームの株式の約６割を取得し，経営権獲得
8月	中距離⑬核戦力全廃条約が失効
9月	国内⑭高齢者数が過去最多を更新
10月	⑮消費税率が８％から10％へ増税 海上⑯自衛隊が実施予定であった観艦式（体験航海など）が中止

問１　下線部①のように欠陥商品で消費者が被害を受けた時の企業の責任について定めた法律名を**漢字**で答えよ。

問２　下線部②の制度の説明について**適当でないもの**を**ア**～**エ**から選べ。

ア　裁判員が裁判官と一緒に被告人の有罪・無罪や刑罰の内容を決める。

イ　裁判員制度の対象となるのは国民の関心の高い重大な犯罪についての刑事事件のみである。

ウ　裁判員は満18歳以上の国民の中からくじなどで選ばれる。

エ　裁判員が参加するのは地方裁判所で行われる第一審のみである

資料１

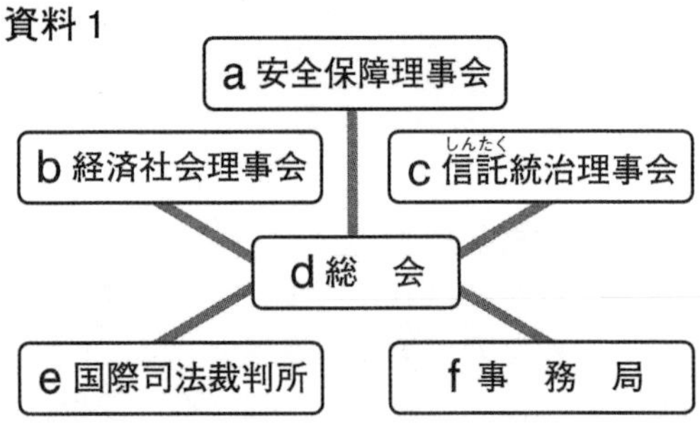

問３　下線部③の種類について**適当でないもの**を**ア**～**エ**から選べ。

ア　常会は年に２回開催され，１月と７月に召集される。

イ　臨時会は内閣が必要と認めたとき，またはいずれかの議院の総議員の４分の１以上の要求があったとき召集される。

ウ　特別会は衆議院の解散による総選挙の日から30日以内に召集される。

エ　参議院の緊急集会は衆議院の解散中，国会の議決を必要とする緊急の問題があるとき，内閣の求めに応じて開かれる。

問４　下線部④に関連して，内閣総理大臣と国務大臣で構成されている，政府の方針を決めるために全会一致が原則の会議を次の**ア**～**エ**から選べ。

ア　常任委員会　　**イ**　本会議　　**ウ**　公聴会　　**エ**　閣議

問５　下線部⑤に関して，**資料１**は国際連合の主な機関を示したものである。これについて，次の（1），（2）の問いに答えよ。

（1）　**a**～**f**のうち，全加盟国で構成され，すべての国が平等に１票の投票権を持つ機関を選び，記号で答えよ。

（2）　図中の**a**の機関などの決議に基づいて行われる，紛争後の平和の実現のために，停戦や選挙を監視する活動を何というか。**アルファベット**の略称で答えよ。

問６　下線部⑥に関連して，2015年のCOP21（第21回気候変動枠組条約締約国会議）で途上国を含むすべての参加国が温室効果ガスの削減目標を自主的に決め，平均気温の上昇を抑える対策を進めることに合意した取り決めを答えよ。

問7　下線部⑦について，**資料2**は景気変動を表したものである。資料中の曲線は生産量と消費量の動きを示している。**A**の状態における市場の様子と企業の活動として適当なものを次の**ア**～**エ**から選べ。

ア　商品の売れ行きが悪くなり，企業は生産量を縮小させる。

イ　商品の売れ行きが良くなり，企業は生産量を増加させる。

ウ　商品の需要が供給を上回り，企業の生産が少しずつ減少する。

エ　商品の供給が需要を上回り，企業は生産を少しずつ増加させる。

資料2

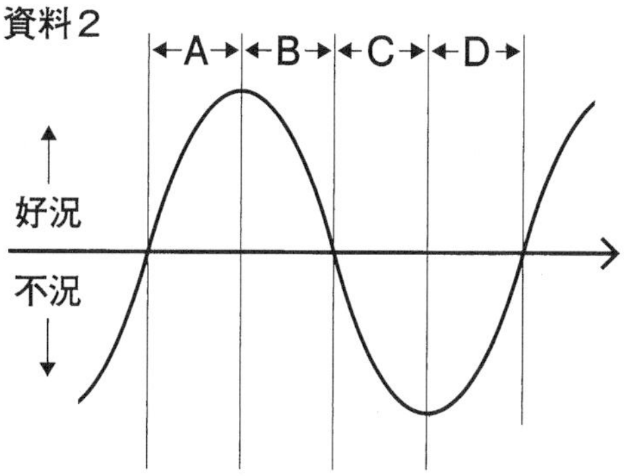

問8　下線部⑧に関連して，日本銀行の役割に関する次の文の（　Ｅ　），（　Ｆ　）に入る適語を（　Ｅ　）は下の**ア**～**エ**から，（　Ｆ　）は**カ**～**ケ**から選び記号で答えよ。

> 日本銀行は日本銀行券（紙幣）を発行する唯一の「（　Ｅ　）銀行」としての役割を果たしている。また日本の中央銀行として（　Ｆ　）ことを通じて物価の安定を図り，景気変動に対応している。

［**ア**　発券　　**イ**　政府の　　**ウ**　銀行の　　**エ**　紙幣］

［**カ**　国の予算を調整する　　**キ**　通貨量の調整を行う　　**ク**　社会資本の整備をする　　**ケ**　減税を行う］

問9　下線部⑨に関連して，次の**ア**～**エ**のうち，選挙で選ばれない職として適当なものを選べ。

ア　県知事　　**イ**　副市長　　**ウ**　町長　　**エ**　村議会議員

問10　下線部⑩が行う国事行為について，**適当でないもの**を**ア**～**エ**から選べ。

ア　最高裁判所長官の指名　　**イ**　法律や条約の公布　　**ウ**　国会の召集　　**エ**　衆議院の解散

問11　下線部⑪は2008年度から先進国に，新興国など11カ国も加えて行われている。このうち，2000年代に入り，広大な国土とたくさんの人口，資源を持ち，急速に成長した中国，インド，ブラジル，南アフリカ共和国，ロシア連邦の５か国を総称して何と呼ぶか。**アルファベット**で答えよ。

問12　下線部⑫に関しての次の文の（　）に入る適語の組み合わせとして適当なものを**ア**～**ク**から選べ。

> 株式会社は，株式を発行し，資金を集める会社である。株式を購入した人を株主と呼び，株主は（　Ｇ　）に出席したり，会社の利益の一部を（　Ｈ　）として受け取る事ができる。会社が倒産した場合，株主は出資金を失う。これを（　Ｉ　）という。

ア　（　Ｇ　）株主総会　（　Ｈ　）利子　（　Ｉ　）無限責任

イ　（　Ｇ　）株主総会　（　Ｈ　）配当　（　Ｉ　）無限責任

ウ　（　Ｇ　）株主総会　（　Ｈ　）利子　（　Ｉ　）有限責任

エ　（　Ｇ　）株主総会　（　Ｈ　）配当　（　Ｉ　）有限責任

オ　（　Ｇ　）取締役会　（　Ｈ　）利子　（　Ｉ　）無限責任

カ　（　Ｇ　）取締役会　（　Ｈ　）配当　（　Ｉ　）無限責任

キ　（　Ｇ　）取締役会　（　Ｈ　）利子　（　Ｉ　）有限責任

ク　（　Ｇ　）取締役会　（　Ｈ　）配当　（　Ｉ　）有限責任

問13　下線部⑬に関連して，日本は唯一の被爆国として，非核三原則を掲げている。次の文はこのことについて述べたものである。文中の（　）に，「三原則」の内容を具体的に表す言葉を書け。

> 非核三原則とは、核兵器を「（　　　　　　　　）」という国の方針であり，日本国憲法において基本原理の一つとして宣言した平和主義の理念に基づくものである。

問14　下線部⑭に関連して，高齢になって体が不自由になったり，病気になったりした時に，高齢者を社会全体で支えることを目指して，2000年から始まった制度名を**漢字**で答えよ。

問15　下線部⑮の説明として**適当でないもの**を**ア**～**エ**から選べ。

ア　税金を納める人と実際に負担する人が一致している。　**イ**　軽減税率が適用されている。

ウ　所得税等に比べ，課税の範囲が広い。　**エ**　税負担の公平性という点で逆進性がある。

問16　下線部⑯は，憲法が禁じている戦力にあたり，憲法違反ではないかとの議論がある。戦力を禁じている憲法の条文は第何条か答えよ。

令和２年度　鹿児島実業高校入試問題　理　科　（解答…219Ｐ）

1　次の文は，ＡくんとＢくんの会話である。会話文を読み，次の各問いに答えなさい。

Ａ「県外に住んでいるおじさんに焼酎《しょうちゅう》を送ったよ。鹿児島は焼酎づくりが盛《さか》んだから，おいしいのだって。どうして盛んに焼酎が作られているのかな？」
Ｂ「鹿児島の焼酎の原料はサツマイモだね。サツマイモの発祥《はっしょう》は中南米が起源《きげん》といわれている。1705年に薩摩藩の前田利右衛門《まえだりえもん》が沖縄から持ち帰ったことで，鹿児島に広まったそうだよ。」
Ａ「中南米から持ってこられたサツマイモがひろまるって，どうしてかな？」
Ｂ「鹿児島は a 火山性の台地だから，植物の成長に必要な栄養分が少なくて酸性の土壌《どじょう》だよ。さらに，降った雨は地中にどんどん吸い込まれて台地上には水源がほとんどないのが特徴《とくちょう》なんだよ。」
Ａ「サツマイモは，鹿児島のやせた土地でもよく育つということだね。」
Ｂ「その通り。だから，江戸時代には飢饉対策《ききんたいさく》としてもいろんなところで栽培《さいばい》されていたそうだ。」
Ａ「サツマイモがたくさん作られるようになったから，焼酎づくりも盛んなんだね。」
Ｂ「ところで，サツマイモは根にデンプンなどがたくわえられてできていることを知っているかい？」
Ａ「サツマイモが根だとは知らなかった。」
Ｂ「植物の細胞内の（　①　）で行われる光合成によってつくられたデンプンなどの養分は，水にとけやすい物質に変化してから，（　②　）を通ってからだ全体の細胞に運ばれているんだ。再びデンプンなどになって根にたくわえられてできたものがサツマイモなんだ。」
Ａ「そうなんだね。」
Ｂ「b サツマイモはイモから芽が出て成長し，新しい個体をつくることもできるんだ。」
Ａ「そうなんだね。そういえば，古くなったサツマイモから芽が出ているのを見たことがあるよ。」
Ｂ「僕《ぼく》たちもサツマイモを育ててみようよ。」
Ａ「そうしよう。」

問１．下線部ａのような地形が形成される場合，火山の噴火《ふんか》にともない，火山灰や溶岩などを噴《ふ》き出す。これらは何というか答えよ。

問２．鹿児島市内で採取した火山灰をよく洗って，双眼実体顕微鏡《そうがんじったいけんびきょう》で観察《かんさつ》すると**図１**のようであった。これについて，次の文中の空欄《くうらん》に当てはまる語句を答えよ。

観察した火山灰は，黒っぽい粒と白っぽい粒が同じくらい含まれていた。黒っぽい粒は，黒雲母《くろうんも》や角閃石《かくせんせき》などで，白っぽい粒は，長石《ちょうせき》や（　ア　）であった。

図１

問３．会話文中の空欄①，②に適する語句を答えよ。

問４．下線部ｂのようなふえ方を何というか。
また，このふえ方でできる新しい個体の特徴を答えよ。

問５．焼酎の製造《せいぞう》は，蒸したサツマイモに加える麹《こうじ》の作用により，発酵《はっこう》が進むことによりアルコール（焼酎）ができる。サツマイモやアルコールの混合物《こんごうぶつ》を加熱し，生じた気体を再び冷却《れいきゃく》して分離《ぶんり》を行っている。このような操作を何というか。
また，物質の何の違いを利用しているか。次のア～オの中から１つ選び，記号で答えよ。

ア．密度《みつど》　　イ．体積　　ウ．沸点　　エ．融点　　オ．におい問6．桜島で，大きさの異なる黒っぽい岩石と，多孔質《たこうしつ》の岩石を拾ったので調べてみた。
質量《しつりょう》を測《はか》ると，同じ質量であった。そこで，水に入れて変化を調べてみると，**図2**のようになった。**図2**中の**X**は黒っぽい岩石，**Y**は多孔質の岩石である。**X**は水にしずみ，**Y**はういた。**図2**中のa・bはそれぞれの岩石が水から受ける力を，c・dはそれぞれの岩石にはたらく重力を表している。
次の①，②の大小関係を，「＝」「＞」「＜」のいずれかを使い，例のようにそれぞれ表せ。

例．$m > n$
　　P＝Q

①力bとdの大きさ
②**X**と**Y**の体積

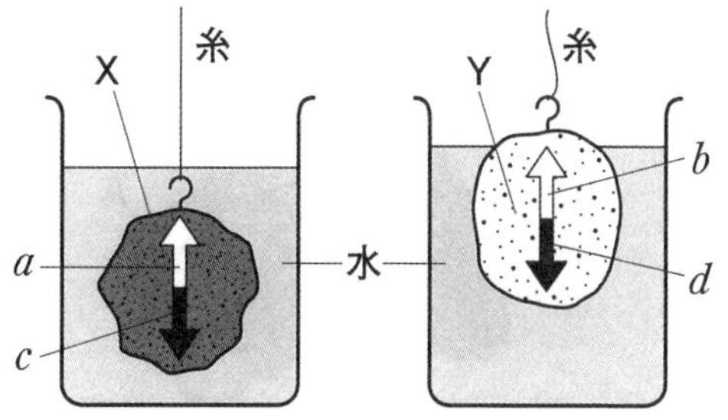

図2

2　次のⅠ，Ⅱについて各問いに答えなさい。

Ⅰ　植物は，表1のように分類《ぶんるい》される。

表1

<table>
<tr><td rowspan="3">A裸子植物《らししょくぶつ》</td><td colspan="3">被子植物《ひししょくぶつ》</td><td rowspan="3">Eシダ植物</td><td rowspan="3">Fコケ植物</td></tr>
<tr><td colspan="2">双子葉類《そうしようるい》</td><td rowspan="2">D単子葉類《たんしようるい》</td></tr>
<tr><td>B合弁花類《ごうべんかるい》</td><td>C離弁花類《りべんかるい》</td></tr>
</table>

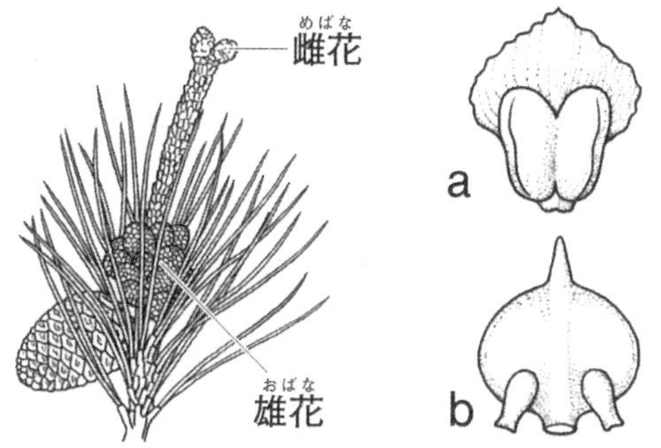

図3

問1．**図3**は**表1**のAに属するマツの花とりん片のスケッチである。胚珠《はいしゅ》の部分を黒くぬりつぶして示せ。

問2．**表1**のBに分類される植物はどれか。次のア～オの中から2つ選び，記号で答えよ。

ア．アブラナ　　イ．タンポポ　　ウ．サクラ　　エ．ツツジ　　オ．ユリ

問3．**表1**のDに分類される植物の根は，形の特徴から何と呼ばれるか。

問4．**表1**のFに分類される植物は，水の吸収と移動にかかわるからだのつくりがA～Eの植物と違っている。どのように違うか，説明せよ。

Ⅱ　**図4**は，ヒトの肺のつくりの一部と血液の流れる向きを，**図5**は，**図4**の**A**で行われる気体**X**，**Y**のやりとりと血液の流れる向きを表している。どちらの図も，矢印**a**，**b**は吸気《きゅうき》または呼気《こき》の流れを表している。

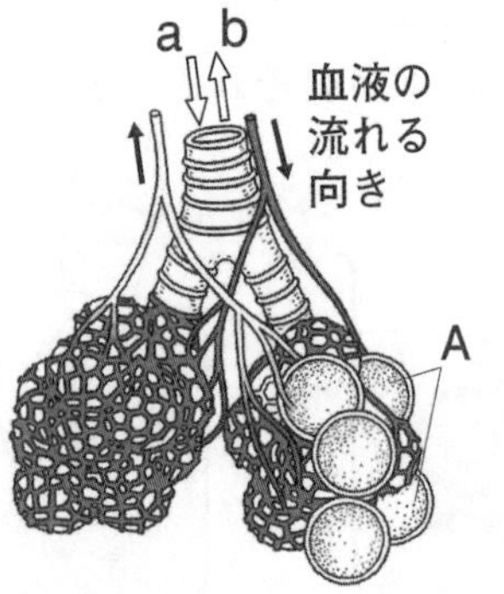

図4

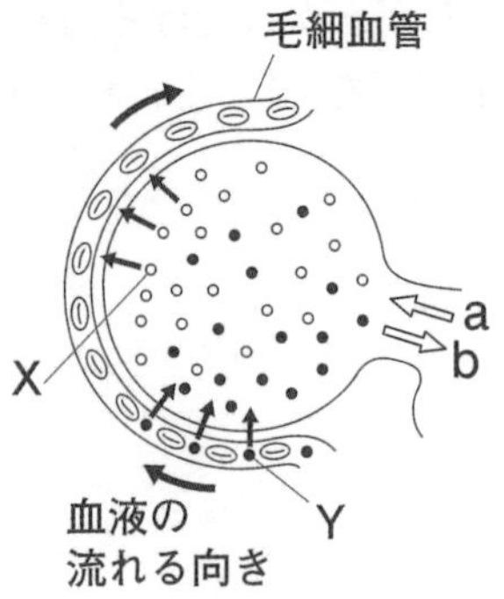

図5

問5．**図4**の**A**のような，肺にある小さなふくろを何というか。また，この小さな袋がある利点を答えよ。

問6．**図5**で，二酸化炭素を表しているのは，**X**，**Y**のどちらか。記号で答えよ。

問7．**表2**は，吸気と呼気にふくまれる酸素と二酸化炭素の割合をそれぞれ表したものである。呼気を表しているのは，P，Qのどちらか。記号で答えよ。

表2

	P	Q
酸素	約21%	約16%
二酸化炭素	約0.04%	約４%

問8．細胞による呼吸について，以下の語句を用いて30字以内で説明せよ。
【語句】　酸素　養分

3　次のⅠ，Ⅱについて各問いに答えなさい。

Ⅰ　**図6**は鹿児島県のある観測点《かんそくてん》における，４月の気象観測《きしょうかんそく》の結果の一部を示したものである。また，**図7**は前線《ぜんせん》の断面《だんめん》を表した模式図《もしきず》である。

問1．４月８日の最高気温は何℃か。

問2．11日12時の天気と風向を書け。

問3．10日に前線が観測点を通過した。**図6**の時刻**P**のとき，前線と観測点との正しい位置関係を示したのはどれか。**図7**の**a**～**d**の中から１つ選び，記号で答えよ。

問4．4月8日の昼過ぎから9日の朝方にかけて，湿度《しつど》が高くなった理由を書け。ただし，空気中に含まれる水蒸気量《すいじょうきりょう》はほとんど変化しなかったものとする。

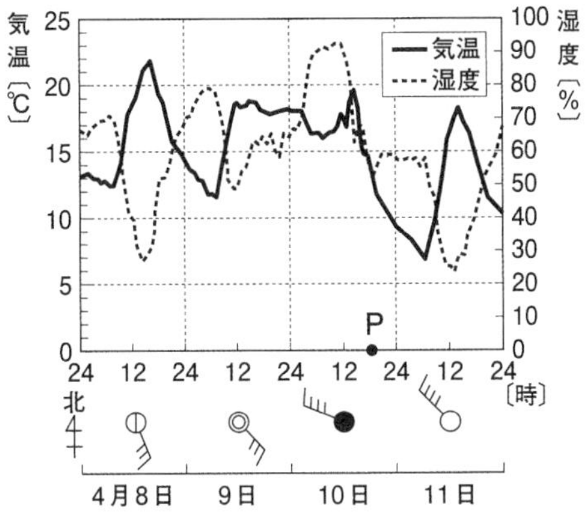

図6

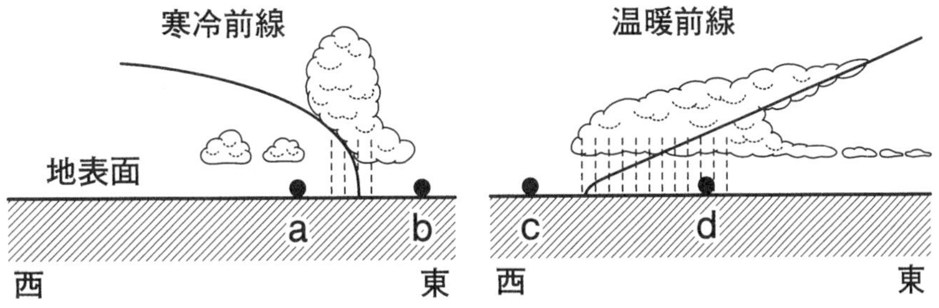

図7

Ⅱ　ある地域で地質調査を行った。**図8**は調査地域付近の地形を等高線を用いて模式的に表したもので，数値は標高を示す。**図9**はその地域の地点A～Cについてボーリング調査の結果をもとに作った柱状図《ちゅうじょうず》である。この地域の地層では，しゅう曲や断層《だんそう》はなく，地層が一定の方向にかたむいて広がっている。

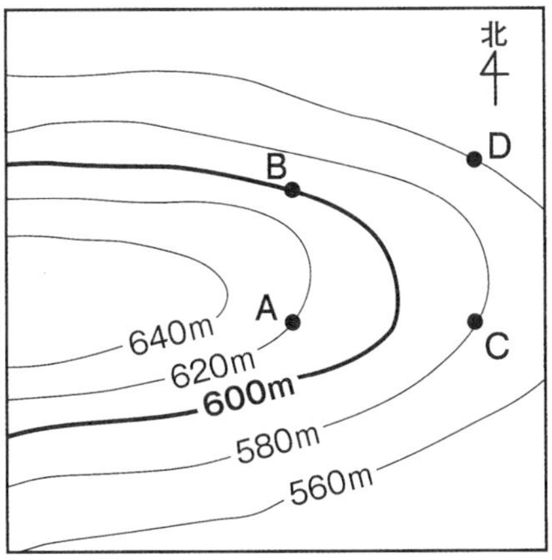

図8

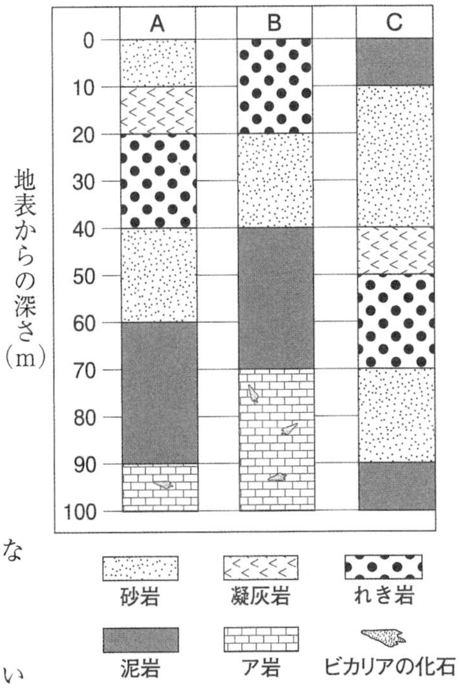

図9

問5．**図9**のA地点のれき岩層が堆積《たいせき》した後，この付近ではどんな現象《げんしょう》が起こったと考えられるか。

問6．B地点の表面の岩石をよく観察すると，ぼろぼろになっていた。かたい岩石も長い年月のうちに，気温の変化や風雨のはたらきによりもろくなってしまう。このような現象は何というか。

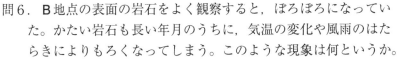

問7．**ア岩**には，ビカリアの化石がふくまれていた。また，**ア岩**の岩石を削《けず》り取り，うすい塩酸《えんさん》をかけると気体が発生した。これらのことから，**ア岩**の地質年代と岩石の組み合わせとして正しいものを次のア～エの中から１つ選び，記号で答えよ。

ア．古生代と石灰岩　　　イ．新生代と石灰岩
ウ．古生代とチャート　　エ．新生代とチャート

問8．**C**地点から100m北にある**D**地点では，何m掘ると，れき岩層に達するか。次のア～カの中から１つ選び，記号で答えよ。

ア．０m（地表）　イ．10m　ウ．20m　エ．30m　オ．40m
カ．何m掘っても，れき岩層には達しない

4　次のⅠ，Ⅱについて各問いに答えなさい。

Ⅰ　鉄と硫黄《いおう》の化学変化について調べた実験である。

（実験）

①鉄粉3.5ｇと硫黄の粉末2.0ｇをよく混ぜ合わせて，アルミニウムはくの筒に入れたものを用意し，**筒A**とした。
また，磁石を近づけて，引き寄せられ方を調べた。

②**図10**のように，アルミニウムはくの筒の一端をガスバーナーで加熱した。筒の一部が赤くなったところで加熱を止め，すばやく砂皿の上に置いた。
a加熱を止めた後も激しく熱と光を出して反応が進み，b鉄と硫黄が過不足なく反応しすべて黒色の物質に変化した。

③筒を十分に冷やした後，磁石を近づけて，引き寄せられ方に違いがあるか調べた。

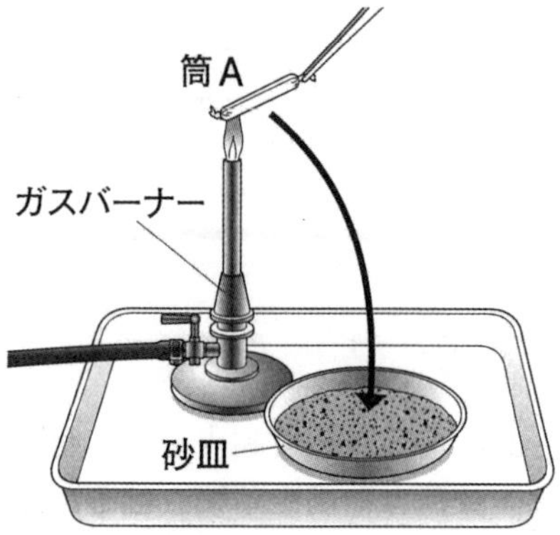

図10

④この反応で生じた物質を少量取り出し，試験管《しけんかん》に入れ，試験管Aとした。
また，新たに鉄粉と硫黄の粉末を1.4ｇずつはかりとり，よく混ぜ合わせたものを試験管にいれ，試験管Bとした。

⑤駒込《こまごめ》ピペットを使ってうすい塩酸をとり，試験管A，Bに加えるとそれぞれの試験管から気体が発生した。

問1．鉄や硫黄のように１種類の原子だけでできている物質を，次のア～オの中から１つ選び，記号で答えよ。

ア．水　イ．水素　ウ．アンモニア　エ．食塩　オ．メタノール

問2．実験②の下線部ａのような変化がみられる理由を「熱」という言葉を用いて，30字以内で説明せよ。

問3．実験②の下線部ｂの化学変化を，化学反応式で表せ。

問4．**筒A**の加熱前と加熱後の磁石の引き寄せられ方は，どのように違うと考えられるか説明せよ。

問５．実験⑤で発生した気体のにおいとにおいのかぎ方について，正しい組み合わせを次のア～クの中から１つ選び，記号で答えよ。

	試験管Ａ	試験管Ｂ	においのかぎ方
ア	無臭	無臭《むしゅう》	直接かぐ
イ	無臭	腐卵臭《ふらんしゅう》	直接かぐ
ウ	腐卵臭	無臭	直接かぐ
エ	腐卵臭	腐卵臭	直接かぐ
オ	無臭	無臭	手であおぐ
カ	無臭	腐卵臭	手であおぐ
キ	腐卵臭	無臭	手であおぐ
ク	腐卵臭	腐卵臭	手であおぐ

問６．実験②で反応した鉄粉と硫黄の質量の関係から，鉄粉と硫黄の粉末を1.4ｇずつよく混ぜ合わせたものを加熱し，同様に反応させた場合に生じる黒色の物質の質量は何ｇか。答えは小数第２位を四捨五入し，小数第１位まで求めよ。

Ⅱ　**図11**のような装置《そうち》を使い，リトマス紙の変化を観察した実験である。

うすい塩化ナトリウム水溶液をしみこませたろ紙の左右をクリップではさみ，クリップに電源装置《でんげんそうち》をつないだ。そのろ紙の上に（　①　）色リトマス紙を置き，リトマス紙の中央に（　②　）をしみこませた糸を置いた。そして，電源装置から直流電流を流した。

しばらくすると陰極に向かって（　③　）色が移動していくようすが観察できた。

問７．文中の空欄に当てはまる語句の組み合わせとして正しいものを次のア～カの中から１つ選び，記号で答えよ。

	①	②	③
ア	赤	砂糖水	青
イ	赤	塩酸	青
ウ	赤	水酸化ナトリウム水溶液	青
エ	青	砂糖水	赤
オ	青	塩酸	赤
カ	青	水酸化ナトリウム水溶液	赤

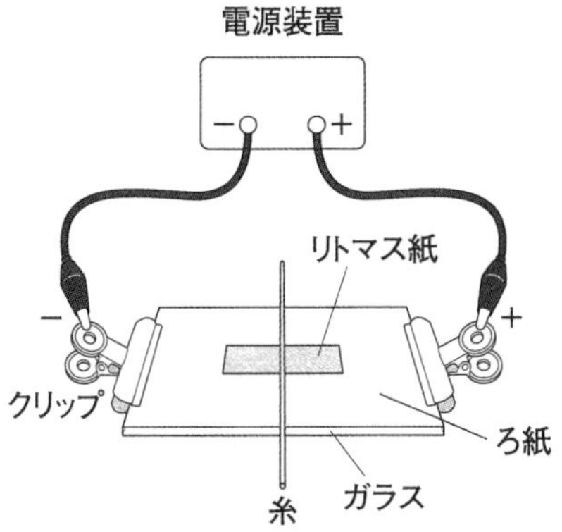

図11

問８．陰極に色が移動するのは水溶液に含まれる何イオンだと考えられるか。イオン式で答えよ。

5 次のⅠ，Ⅱについて各問いに答えなさい。

Ⅰ．**図12**のように観測者《かんそくしゃ》のいる点Oから680m離れた点**P**で，1.0秒の間隔《かんかく》で音を発する音源《おんげん》が，音を発すると同時に観測者に向かって一直線上を34m/sで近づき始めた。風の影響《えいきょう》など受けないものとする。空気中を音が伝わる速さは340m/sである。

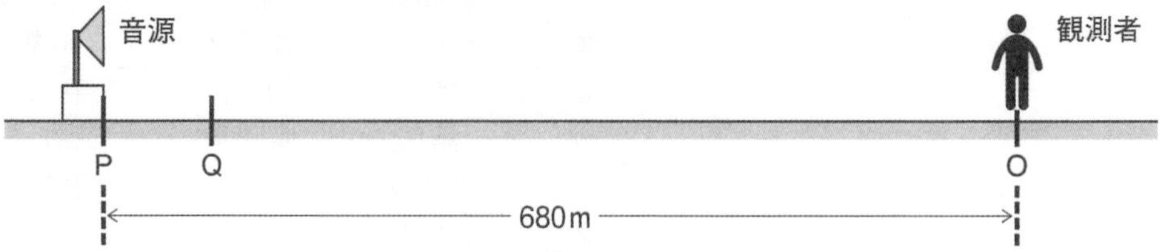

図12

問１．点**P**で音源から発せられた音が点**O**に届くのは，音が発せられてから何秒後か。

問２．音源は１秒後に点**P**から点**Q**に移動する。点**Q**で発した音が観測者に届くのは音源が点**P**から移動を始めて何秒後か。

問３．観測者には最初，点**P**で発した音が届き，次に点**Q**で発した音が届く。その間隔は何秒か。

問４．問１～問３のことをふまえて，次の文中の空欄①，②に適する語句を次のア～オの中から１つ選び，記号で答えよ。

　音の高さは，音の（　①　）により決まる。観測者に近づいてくる音源の音の間隔は，音源が発する音の間隔より（　②　）なる。近づいてくる音の高さは，音源の高さより高く聞こえると推測《すいそく》される。

ア．長く　　イ．短く　　ウ．変化しない　　エ．振動数《しんどうすう》　　オ．振幅《しんぷく》

Ⅱ．**図13**の回路を用いて送電する。電力は電圧**V**［V］にして変圧器《へんあつき》**P**から送り出され，各家庭に入る直前に変圧器**Q**で電圧を100Ｖに下げられる。

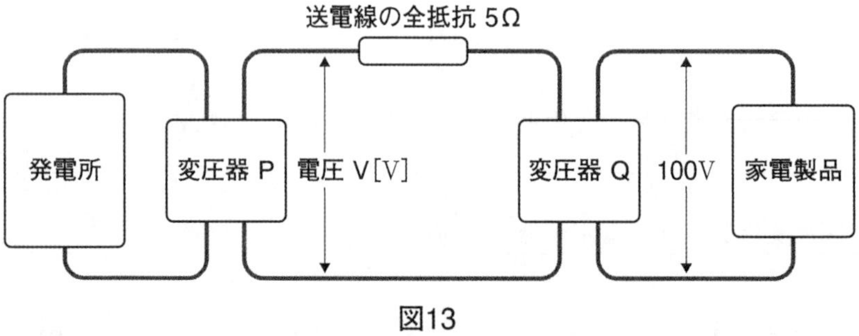

図13

　変圧器で電圧を変化させるとき，変圧器に入る電力と出て行く電力は等しいとする。発電所から1000Wの電力を変圧器**P**で500Ｖにして送り出すが，その電圧の一部が送電線（全抵抗５Ω）にかかり，2.0Ａの電流が流れた。

問５．送電線の全抵抗にかかる電圧は何Ｖか。

問６．送電線の全抵抗で消費される電力は何Ｗか。

問７．家庭内に入る電力は何Ｗか。

問８．実際に送電するときには，**V**［V］は変圧器**P**によって，とても大きい電圧にする。その理由を，次のア～エの中から１つ選び記号で答えよ。

ア．電圧が大きいほどより安全に電力を届けられる。
イ．電圧が大きいほど，同じ電力を大きな電流で届けられ，家庭に無駄なく電力を届けられる。
ウ．電圧が大きいほど，同じ電力を小さな電流で届けられ，家庭に無駄なく電力を届けられる。
エ．電圧が大きいほど，小さな電力を大きな電力に変換して届けることができる。

樟南高等学校

理　事　長　時任保彦
学　校　長　山崎隆志
所　在　地　〒890-0031　鹿児島市武岡一丁目120番１号
電　　　話　(099)２８１－２９００
Ｆ　Ａ　Ｘ　(099)２８１－２５２２
ホームページアドレス　https://www.shonan-h.ac.jp/
メールアドレス　kando@shonan-h.ac.jp

交　　　通　鹿児島中央駅西口から
ア．通学バス　中央駅西口 ⇄ 樟南高校（登下校時）(南国交通)
イ．中央駅西口から武，武岡線，樟南高校前下車（市営バス，南国バス）

受験情報

試験会場（鹿児島市・日置市・南さつま市・指宿市・薩摩川内市・姶良市・霧島市・鹿屋市・各離島）

学科		定員	志願者数	試験科目	出願期間（予定）	試験期日	合格発表（予定）	受検料	入学金	授業料（月額）
普通科	文理コース	40	841	普通科文理コース， 普通科英数コース 【国語・数学・英語・社会・理科・面接】 普通科未来創造コース 【3教科】・【5教科】の選択制を導入 (いずれも面接あり) 【自己アピール型】 (基礎学力50分(国・数・英)・作文・自己アピール・面接) 商業科，工業科全コース 【国語・数学・英語・面接】	令和３年 一般入試 １月４日 ～ １月９日 推薦入試 1月9日まで	令和３年 一般入試 １月26日 (火) 推薦入試 １月18日 (月) (本校会場のみ)	令和３年 一般入試 ２月１日 (月) 推薦入試 １月20日 (水)	11,000円	100,000円	51,200円
	英数コース	90	588							
	未来創造コース	120	555							
商業科	資格キャリアコース	30	367							
	特進ビジネスコース	30								
工業科	機械工学コース	25	196							
	電気工学コース	25	132							
	自動車工学コース	20	95							

学校説明会（体験入学）　第１回目　７月４日(土)　第２回目　７月25日(土)　第３回目　10月17日(土)

進学・就職状況

進学

〈国公立大〉
東京大学・京都大学・一橋大学・東京工業大学・北海道大学・筑波大学・千葉大学・横浜国立大学・首都大学東京・大阪大学・神戸大学・広島大学・山口大学・九州大学・北九州市立大学・福岡教育大学・長崎大学・佐賀大学・大分大学・熊本大学・宮崎大学・鹿児島大学・防衛医科大学校・自治医科大学

〈私立大〉
早稲田大学・慶應義塾大学・東京理科大学・明治大学・青山学院大学・中央大学・日本大学・東洋大学・同志社大学・立命館大学・福岡大学・西南学院大学・鹿児島国際大学・志學館大学・鹿児島純心女子大学・第一工業大学

就職

三菱日立パワーシステムズ・川崎重工・トヨタ自動車・JFEスチール・トヨタ車体・日本発条・山崎製パン・日立建機日本・神戸製鋼所・日本郵便・西武鉄道・京セラ・鹿児島銀行・南日本銀行・鹿児島信用金庫・山形屋・日本特殊陶業・城山観光・南国殖産・警視庁・鹿児島県警・鹿児島県職・自衛官

校風沿革

── いっしょに学び，いっしょに輝く ──

ゴージャスでゆったりと緑あふれるキャンパスは，好感度の高い施設がつまった快適空間。夢ひろがる樟南キャンパスで青春を過ごしませんか。

創立137年の歴史を有し，部活動では全国優勝を数多く有する名門校で，進学も東大をはじめ難関国公立大学に多数合格するなど文武両道で実績を上げています。県内トップレベルの資格取得や就職率を誇る伝統ある工業科や商業科も自信とやる気に満ちています。心と心のふれあいを最も大切にし，「がんばれば感動」を合言葉に，18の春を笑って締めることのできる生き生きと輝く学校です。

特色

文理コース…難関大学をはじめ，全員の国公立大学合格をめざす。
英数コース…鹿児島大学をはじめとする国公立大，有名私立大を目標。部活動との両立をめざす。
未来創造コース…「文武両道」を実践し，人間性の向上をめざす。個性，希望に応じて幅広い進路選択（大学・専門学校等への進学，公務員・一般企業への就職）ができる。
資格キャリアコース…将来に役立つ多くの資格取得と，充実した体験を生かして，就職や進学の幅広い進路実現を目指す。
特進ビジネスコース…進学を意識した資格取得と授業内容で，国公立大学等の専門学科推薦等で進学を目指す。
機械工学コース…「ものづくり」の楽しさと資格取得や工業技術を習得し，全員の進路決定をめざす。
電気工学コース…専門知識・技術を深く学び，資格も数多く取得し，将来技術者として活躍することを目標とする。
自動車工学コース…自動車整備士としての知識・技術を学び，二年修了時に３級自動車整備士国家試験を受験・取得して，将来自動車整備士をめざす。

全校応援

授業風景

食堂風景

修学旅行（海外）

体験入学

一日遠足

問五　═══部a～eから活用形の異なるものを一つ選び、記号で答えよ。

問六　───部②「かならず」について、あとの問いに答えよ。

(1)「かならず」を漢字にしたとき、送り仮名として正しいものをア～ウから選び、記号で答えよ。

ア　必ならず　　**イ**　必らず　　**ウ**　必ず

(2)「必」の筆順で、太線の部分は何画目に書くか、漢数字で答えよ。

樟南高校

四 次の会話は、Z中学校の佐藤さんが樟南高等学校に電話をかけた時のものです。読んで、あとの問いに答えなさい。

「もしもし、樟南高校ですか。」
「はい、こんにちは、樟南高校です。」
「私はZ中学校の佐藤と申します。樟南高校を第一希望にしているのですが、その[A]通学[①]方法について、いろいろ[B]お聞きしたいことがあります。」
Z中学校担当の鈴木先生は【Ⅰ】。」
「鈴木は今日は出張で【Ⅱ】。もう[C]ひとりの担当の高橋に代わりましょうか。」
「よろしく[D]お願いします。」
「もしもし、担当の高橋です。通学方法についてご質問ということですが、どうぞ[E]お話しください。」
「もし入学でき【Ⅲ】、鹿児島中央駅までは、列車を利用する[a]として、駅から学校までどんな通学手段があるか、詳しく知り[b]たいのです。ちょうど母も学校を見学し[c]たいと【Ⅳ】ので、一緒に伺っ[d]てお聞きしたいと思い[e]ます。夏休み中なので、今週の金曜日の午後はいかがでしょうか。」
「どうぞ、いらしてください。当日は、係の者に校内を案内させましょう。お待ちしております。」
「ありがとうございます。かならず[②]伺います。」

問一 〰〰部A～Eから品詞の異なるものを一つ選び、記号で答えよ。

問二 ――部①「通学」と同じ組み立て（構成）になっている熟語をア～クから二つ選び、記号で答えよ。

ア 内外　**イ** 善悪　**ウ** 青空　**エ** 登山
オ 日没　**カ** 予知　**キ** 入学　**ク** 言語

問三 【Ⅰ】【Ⅱ】【Ⅳ】に入る最も適当なものを、それぞれア～エから選び、記号で答えよ。

Ⅰ　**ア** いますか　**イ** いらっしゃいますか
　　ウ おりますか　**エ** 在宅ですか

Ⅱ　**ア** いません　**イ** ご不在です
　　ウ いらっしゃいません　**エ** おられません

Ⅳ　**ア** 言います　**イ** おっしゃいます
　　ウ 申します　**エ** 話していらっしゃる

問四 【Ⅲ】に入る適当な助動詞一語を答えよ。

三

次の文章を読んで、あとの問いに答えなさい。

※醍醐《だいご》の大僧正※実賢《さねすけ》、餅をやきて①くひけるに、※きはめたる眠《ねぶ》りの人にて、餅を持ちながら、ふたふたとねぶりけるに、まへに※江次郎といふ※格勤《かくごん》者《しゃ》のありけるが、僧正のねぶりて②うなづくを、われにこの餅くへと③気色《けしき》あるぞと心得て、走りよりて④手に持ちたる餅をとりてくひてけり。
僧正おどろきてのち（目を覚ましてから）、「ここに持ちたりつる餅は（この手に持っていた餅は）」とたづねられければ、江次郎、「その餅は、はやくへと候ひつれば（早く食べよということでしたので）、⑤たべ候ひぬ」とこたへけり。
僧正、⑥比興《ひきょう》のことなりとて、諸人《もろびと》に語りてわらひけるとぞ。

（『古今著聞集』による）

※　醍醐＝醍醐寺
※　実賢＝法印実賢。醍醐寺の首席僧。
※　きはめたる眠りの人＝たちどころに居眠りを始めてしまう人。
※　江次郎＝伝未詳。
※　格勤者＝僧正の身辺の雑務を行っていた侍。

問一　――部①「くひける」を現代仮名遣いに直して書け。

問二　――部②「うなづく」とあるが、この様子が他の表現で書かれている箇所がある。その表現を本文中から抜き出して答えよ。

問三　――部③「気色」の本文中での意味として、最も適当なものをア～エから選び、記号で答えよ。

ア　景色　**イ**　気分　**ウ**　様子　**エ**　事情

問四　――部④「手に持ちたる」の主語を答えよ。

問五　――部⑤「たべ候ひぬ」とあるが、江次郎が餅を食べた理由を説明した次の文の空欄Ａ・Ｂに当てはまる内容をそれぞれ十字以内で答えよ。

僧正が［　Ａ　］のを見て、それが［　Ｂ　］だと勘違いしたから。

問六　――部⑥「比興のことなり」とは、どういうことか。最も適当なものをア～エから選び、記号で答えよ。

ア　おもしろいことだ　**イ**　けしからぬことだ
ウ　不都合なことだ　**エ**　悲しいことだ

樟南高校

問六 ――――部④「笑いながら答えました。」について、なぜ叔父さんは笑いながら答えたのか。その理由に当たる最も適したものをア～オから選び、記号で答えよ。

ア コペル君の考えがとっぴだったから。

イ コペル君の考えが幼稚だったから。

ウ コペル君の考えが単純だったから。

エ コペル君の考えがこっけいだったから。

オ コペル君の表情が面白かったから。

問七 ――――部⑤「・・・・・・」について、この沈黙は、コペル君のどのような心理状態を表しているか。それに当たる最も適したものをア～オから選び、記号で答えよ。

ア 叔父さんの言ったことをしっかり考えていた。

イ 叔父さんの言ったことへ反感から黙っていた。

ウ 叔父さんに正に痛いところを突かれたので黙っていた。

エ 叔父さんに対して自分を弁護する言葉を探していた。

オ 叔父さんの話がよく聞き取れずに返事ができなかった。

自動車、自動車、自動車・・・・・・。そういえば、あの甲虫のような自動車の一つ一つに、やっぱり人間がいるのでした。

（吉野源三郎『君たちはどう生きるか』による）

※ コペル君＝コペル君というのは主人公「本田潤一《じゅんいち》」君に叔父さんがつけたあだ名で「コペルニクス」（それまで天動説が当たり前の世の中で地動説を唱えた天文学者）から付けられた。
※ 茫々《ぼうぼう》＝ぼんやりかすんではっきりしないさま。
※ 混沌《こんとん》＝すべてが入りまじって区別がつかないさま。
※ 前垂《まえだれ》＝「前掛《まえか》け」に同じ。

問一 ――部a～cの漢字の読みを答えよ。

問二 [A]～[C]に当てはまる最も適当なものをア～オから選び、それぞれ記号で答えよ。

ア のろのろと　**イ** 大急ぎで　**ウ** あとからあとから
エ びっしょりと　**オ** すると

問三 ――部①「粉のような霧雨」とは霧雨のどのような様子をこのように表現したのか。具体的に表現しているところを三十字以内で本文中から抜き出して書け。

問四 ――部②「なぜか、目が離せなくなってしまったのです。」について、どうして目が離せなかったのか。理由を答えよ。

問五 ――部③「今までなかった一つの変化」とはどういうものか、ア～オから正しいものを選び、記号で答えよ。

ア あくまでもコペル君のごく身近に転がっている、ありふれた事物の観察とその経験から出発して、世界の中での自分の位置をもとにして自分を中心とした世界像を実感した。
イ 霧雨の中に茫々と広がっている東京の街が、伊豆の雨に打たれている、暗い、冬の海にみえ、眼の下の東京市が一面の海で、この海の下に人間が生きているんだ、と実感した。
ウ 今まで自分の周りの世界が全てだと思っていたのに、この世界には何十万、何百万という人が住んでいて、それぞれが思い思いのことをして暮らしているということを実感した。
エ 一人一人の人間はみんな、広いこの世界の一分子であり、みんなが集まって世の中を作っているのだし、みんな世の中の波に動かされて生きていると感じた。
オ コペル君が今まで何も感じなかったこの世界に、知らない何十万という人間が生きているという、混沌《こんとん》とした明るい未来を感じた。

「東京の人口というものが、どこでも平均して同じなら、君のいうとおりさ。だが、実際には人口密度の濃cいところもあれば、薄いところもあるからね。面積の割合で計算するわけにはいかないんだ。それに、昼と夜だって、人間の数はたいへんちがうんだよ。」

「昼と夜？　どうして、ちがうのさ。」

「そうじゃないか。僕や君は東京の外側に住んでいるね。それが、いま現に、こうして東京の真中に来ているだろう。そうして、夜になればうちに帰ってゆくじゃないか。そういう人が、ほかにもどのくらいいるか知れないんだぜ。」

⑤「……」

「今日は日曜だけど、これがふだんの日だと、ここから見渡せる、京橋、日本橋、神田、本郷を目がけて、毎朝、東京の外側から、たいへんな人数が押しかけて来る。そして、夕方になると、それがまた一時に引上げてゆくんだ。省線《しょうせん》電車や市電やバスが、ラッシュアワーにどんなに混むか、君だって知っているだろう。」

コペル君は、なるほどと思いました。叔父さんは、付け加えていいました。

「まあ、いって見れば、何十万、いや、ひょっとすると百万を越すくらいな人間が、海の潮《うしお》のように、満ちたり干《ひ》たりしているわけさ。」

霧のような雨は、話をしている二人の上に、やはり静かに降りそそいでいました。叔父さんも、コペル君も、しばらく黙って、眼の下の東京市を見つめました。チラチラとふるえながらおりて来る雨のむこうに、暗い市街がどこまでもつづいているばかり、そこには、人っ子ひとり、人間の姿は見えませんでした。

しかし、この下には、疑いもなく何十万、何百万の人間が、思い思いの考えで、思い思いのことをして生きているのでした。そして、その人間が、毎朝、毎夕、潮のようにさしたり引いたりしているというのです。

コペル君は、何か大きな渦の中に、ただよっているような気持でした。

「ねえ、叔父さん。」

「なんだい。」

「人間て……」

と言いかけて、コペル君は、ちょっと赤くなりました。でも、思い切って言いました。

「人間て、まあ、水の分子みたいなものだねえ。」

「そう。世の中を海や河にたとえれば、一人一人の人間は、たしかに、その分子だろうね。」

「叔父さんも、そうなんだねえ。」

「そうさ。君だってそうだよ。ずいぶん、ちびの分子さ。」

「馬鹿にしてらあ。分子ってものは小さいにきまってるじゃないか。叔父さんなんか、分子にしちゃあ、ひょろ長すぎらあ。」

そう言いながら、コペル君は、すぐ真下の銀座通りを見おろしました。

の底に、身じろぎもしないで沈んでいるのでした。

東京に生まれて東京に育ったコペル君ですが、こんなまじめな、こんな悲しそうな顔をしている東京の街を見たのは、これがはじめてでした。しめっぽい空気の底から、絶えず街の雑沓《ざっとう》がb湧きあがって来て七階の上の屋上までのぼって来ましたが、それも耳にとまるのか、とまらないのか、コペル君はじっと瞳を投げたまま、そこに立ちつくしてしまいました。②なぜか、目が離せなくなってしまったのです。すると、コペル君の心の中に、③今までなかった一つの変化が起こって来ました。

——実は、「コペル君」という名の起りも、このときコペル君の心に生じた、その変化に関係があるのです。

最初にコペル君の眼に浮かんで来たのは、雨に打たれている、暗い、冬の海でした。それはコペル君がお父さんといっしょに、冬休みに伊豆に出かけたときの思い出が、よみがえって来たのかも知れません。霧雨の中に茫々とひろがっている東京の街を見つめているうちに、眼の下の東京市が一面の海で、ところどころに立っているビルディングが、その海面からつきでている岩のように見えてきたのでした。海の上には、雨空が低く垂れています。コペル君は、その想像の中で、ぼんやりと、この海の下に人間が生きているんだ、と考えていました。

だが、ふとその考えに自分で気がつくと、コペル君は、なんだか身ぶるいがしました。びっしりと大地を埋めつくしてつづいている小さな屋根、その数え切れない屋根の下に、みんな何人かの人間が生きている。それは、あたりまえのことでありながら、改めて思いかえすと、恐ろしいような気のすることでした。現在コペル君の眼の下に、しかもコペル君には見えないところに、コペル君の知らない何十万という人間が生きているのです。どんなにいろいろな人間がいることか。こうして見おろしている今、その人たちは何をしているのでしょう。何を考えているのでしょう。それは、コペル君にとって、まるで見とおしもつかない、※混沌《こんとん》とした世界でした。眼鏡《めがね》をかけた老人、おかっぱの女の子、まげに結ったおかみさん、※前垂《まえだれ》をしめた男、洋服の会社員、——あらゆる風俗の人間が、一時コペル君の眼にあらわれて、また消えてゆきました。

「叔父さん。」

と、コペル君は話しかけました。

「いったい、ここから見えるところだけで、どのくらい人間がいるのかしら。」

「さあ。」

と言ったまま、叔父さんにも、すぐには返事は出来ませんでした。

「だって、ここから見えるところが、東京市の十分ノ一とか八分ノ一とか見当がつけば、東京市の人口の十分ノ一とか八分ノ一とかが、いるわけじゃない？」

「そうはいかないさ。」

叔父さんは、④笑いながら答えました。

二

次の文章を読んで、あとの問いに答えなさい。

※コペル君がまだ一年生だった去年の十月×日、午後のことです。コペル君は、叔父さんと二人で、銀座のあるデパートメントストアの屋上に立っていました。

降っているのか、いないのか、見分けにくいほど細かな霧雨が、灰色の空から、静かに絶え間なくおりて来て、コペル君の外套《がいとう》にも、叔父さんのレインコートにも、いつの間にか、霜をおいたように、小さな銀色の水玉がいっぱいにつきました。コペル君は、黙ってすぐ下の銀座通りを見おろしていました。

七階建の上から見おろす銀座通りは、一本の溝でした。その底を、たくさんの自動車が、［　A　］続いて流れてゆきます。右側は日本橋の方から、すぐ眼の下を通って新橋へ、左側はそれと逆行して日本橋の方へ、二つの流れがすれちがいに、太くなったり、細くなったりして動いていきます。二つの流れの間には、ところどころに、電車がいかにももの憂《う》そうに、［　B　］走っていました。玩具《おもちゃ》のように小さく見える、その電車の屋根は濡れていました。いや、自動車も、アスファルトの路面も、立ち並ぶ街路樹も、何もかもみんな［　C　］濡《ぬ》れて、どこからともなくさして来る、昼間の明るさを映して光っていました。

a黙って見おろしているうちに、コペル君には、一つ一つの自動車が何か虫のように思われて来ました。虫とすれば甲虫《かぶとむし》です。甲虫の群《むれ》が大急ぎで這《は》って来るのです。用のすんだ虫は、また大急ぎで戻ってゆきます。何か知れませんが、彼らにとって大事件が起こっているにちがいありません。――そういえば、銀座通りが次第に遠く狭くなっていって、やがて左に折れて、高いビルディングの間にかくれてしまう京橋のあたりは、彼らの巣の出入口のように見えるではありませんか。大急ぎで戻っていったやつは、そこで一つ一つ姿をかくします。すると入れちがいに、新しいやつが、［　A　］、急いで繰り出して来ます。黒いやつ、黒いやつ、また黒いやつ、今度は青いやつ、灰色のやつ・・・

①粉のような霧雨は、相変わらず静かに降りつづけていました。奇妙な想像にふけりながら、コペル君はしばらく京橋のあたりを見つめていましたが、やがて顔をあげました。眼の下には、――雨に濡れた東京の街が、どこまでも続いて、霧雨の中に※茫々《ぼうぼう》と広がっていました。

それは、見ているコペル君の心も沈んでくるような、暗い、寂しい、果もない眺めでした。目のとどく限り、無数の小さな屋根が、どんよりとした空の明るさを反射しながら、どこまでもつづいていました。その平らな屋並を破って、ところどころにビルディングの群がつっ立っています。それは、遠いものほどだんだんに雨の中に煙っていって、しまいには空と一色の霧の中にぼんやりと影絵になって浮かんでいました。なんという深い湿気でしたろう。何もかも濡れつくし、石さえも水が浸《し》みとおっているかと思われました。東京は、その冷たい湿気

問一 ——部a～dのカタカナを漢字に改めよ。

問二 [Ⅰ]～[Ⅳ]に入る最も適当なものをア～カから選び、それぞれ記号で答えよ。

ア まさか　**イ** かりに　**ウ** そして
エ しかし　**オ** なぜ　**カ** ところで

問三 ——部①「本来の目的」について、学校の「本来の目的」とは何か。次の文の空欄を埋めるのに適切な言葉を、文中から二十二字で抜き出せ。

学校は子どもたちが[　　　　　　]ためにあるということ。

問四 ——部②「手厚く育てられた子どもたち」は、どのような問題を抱えていると筆者は述べているか。文中の語を用いて四十字以内で書け。

問五 ——部③「手段が目的化」している例として、「服装指導」が挙げられている。筆者は「服装指導」の何を問題視しているのか。文中の語を用いて四十字以内で書け。

問六 ——部④「画期的」という語を用いた短文を書け。

問七 次のA～Dは、この文章を読んだ生徒の感想である。筆者の主張を正しく理解できているものを選び、記号で答えよ。

A 学校は本来の目的に沿って、生徒の考えていることを最優先して教育すべきだと思いました。

B 服装指導はいつも納得できませんでした。生徒の判断を優先して、指導はなくせばいいと思いました。

C プロ野球選手を目指しているので、学校を休んで、プロになるための練習だけを続けていけばいいと思いました。

D 自律した大人になるために、自分の目的を見失うことのないように考えながら行動していきたいと思いました。

［Ⅳ］校長から「学校に来なくても構わない」と言われるとは思ってもいなかったのか、彼は驚いた様子でした。私は、卓球の福原愛選手の話なども持ち出しながら、学校に来ることだけがすべてではないと伝え、よく考えてみるように言いました。

３日後、彼は再び校長室へやって来て「学校を休むことにしました」と言いました。

その後、その生徒は約１年間学校を休み、中国への武者修行などを行い、やるだけのことをやりきって、中３の３学期に学校へ戻ってきました。残念ながら、中学生のうちにプロになることはできませんでしたが、休学中も勉強は怠らなかったことから、卒業後は都内の公立高校へ進学しました。

そして、高１の春に晴れてプロ入りを果たしたのです。卒業後、私の所へ報告に来たその表情は実に晴れやかで、自律した大人の姿であったと思います。とてもうれしかった出来事です。

（工藤勇一『学校の「当たり前」をやめた。』による）

※　学習指導要領＝教育課程を編成する場合の基準として文部科学省が公示する教育内容。

※　自暴自棄＝物事が思いどおりにならないために、自分で自分の身を粗末に扱い、なげやりな行動をして将来の希望を捨てること。

※　乖離＝そむきはなれること。

※　大綱＝基本となるもの。

※　リ・デザイン＝再設計

多くの教員はこれを「絶対的基準」と考えがちです。その実、学習指導要領を読み込んでいるわけでもなく、教科書に従って授業をしている教員が大半のように感じます。

つまり、子どもたちに必要な力を付けるための「手段」であるはずの学習指導要領や教科書が、「目的」となり、消化してこなす対象となってしまっているのです。

このような「手段の目的化」は、学校の至るところで見られます。服装指導などはその[c]テンケイで、「何のために」という目的もよく考えられないまま、多くの教員が続けています。しかし、そもそも、こうした「規則」は教師がそれほど一生懸命になって守らせる必要があるものなのでしょうか。教育の優先順位から考えて、上位に位置付けられるものなのでしょうか。

目的と手段を見直し、学校を※リ・デザインする――そんな思いで、私はこの5年間、学校づくりを進めてきました。一見、[④]画期的と思われる、宿題や定期考査の全廃も、長い教員経験の中で「目的」の本質を見極め、適切な「手段」を考え抜いてきた結果にすぎないと思っています。

読者の中には、「そんなことが可能なのか」と思う方もいるでしょう。実際、学校教育は多くの法令等で規定され、廃止することができない部分もあります。しかし、大半の部分は、法令よりも「慣例」によって動いているだけです。校長が覚悟を持って、自らの学校が置かれた立場で何が必要かを真剣に考え抜くことができれば、いくらでも工夫できるものです。

多くの学校関係者が、そうした視点で日々の教育活動に当たれば、学校が変わり、ひいては社会も変わっていく可能性があると私は本気で思っています。

大切なのは、固定概念にとらわれず、上位の「目的」を見据えながら、最適な「手段」を見つけ出すことです。批判を恐れずに言えば、学校という存在自体も「手段」の一つにすぎず、「目的」ではありません。

私が麹町中学校の校長に赴任して2年目、ある生徒が一人で校長室を訪ねてきました。プロの囲碁棋士《いごきし》を目指している男子生徒で、「どうした」と声を掛けると、やや浮かない表情で、あと一歩のところでプロ入りの壁に阻《はば》まれている現状を語り始めました。普段、そんなふうに語ることがない生徒だったので、少し驚きながら話を聞きました。

彼によると、同年代のライバルの中には学校を休んで[d]トックンしている子もいると言います。しかし、彼自身の口から、「自分も学校を休みたい」との言葉は出てきません。私は、彼自身に迷いがあるのだろうと思い、こう彼に伝えました。

「学校は『来ること』が目的じゃない。大人になること、社会に出ることの方がもっと大事だよ。君が囲碁の世界で生きていきたいと本気で思うなら、別に学校に来なくたって構わない。後悔だけはしないようにね」

令和二年度　樟南高校入試問題　国語　（解答…221P）

一

次の文章を読んで、あとの問いに答えなさい。

今、日本の学校で行われている教育活動の多くは、学校が担うべき、①「本来の目的」を見失っているように感じます。加えて、その事実に多くの教育関係者が気付いていないことに驚きます。

多くの学校では日々宿題が出され、生徒たちは定期考査に向けて、学習に励んでいます。教師は※学習指導要領に基づき、一人ひとりの学力を伸ばそうと、手厚い指導を行っています。教室には「みんな仲良く」などの目標がaカカげられ、学級担任の指導の下、「和」を重んじた学級経営が行われています。

日本中どこでも見られる光景ですし、私もかつてはこういうことを目指していました。

［ Ⅰ ］、私はこれら当たり前に見えることでさえ、本当に意味があるのだろうかと考えるようになったのです。

学校は何のためにあるのか――。

学校は子どもたちが、「社会の中でよりよく生きていけるようにする」ためにあると私は考えます。

そのためには、子どもたちには「自ら考え、自ら判断し、自ら決定し、自ら行動する資質」すなわち「自律」する力を身に付けさせていく必要があります。

社会がますます目まぐるしく変化する今だからこそ、私はこの「教育の原点」に立ち返らないといけないと考えています。

今、日本の学校は自律を育むことと、真逆のことをしてしまっているように感じます。

手取り足取り丁寧に教え、壁に当たればすぐに手を差しのべる。けんかや対立が起きれば、担任が仲裁に入り、仲直りまで仲介する。そうして②手厚く育てられた子どもたちは、自ら考え、判断、決定、行動できず、「自律」できないまま、大人になっていきます。

［ Ⅱ ］、大人になってからも、何か壁にぶつかると「会社が悪い」「国が悪い」と誰かのせいにしてしまうのです。

将来に夢や希望を持てない子どもが多いという調査結果があります。理想と現実のギャップに嘆き、※自暴自棄になっている若者もいます。景気が良いと言われていますが、雇用は不安定で、労働生産性は低く、経済的bカクサも広がっています。

そうした状況を招いていることの一因に、学校教育の根本的な問題があると私は考えています。学校は、人が「社会の中でよりよく生きていけるようにする」という本来の目的を見失い、そこで行われている教育活動と実社会との間に※乖離《かいり》が起きているのです。

［ Ⅲ ］、そのようになってしまうのでしょうか。

一言で表せば、③「手段が目的化」してしまっているからだと私は思います。

例えば、国が示す学習指導要領は、※大綱的基準にすぎないのですが、

令和２年度　樟南高校入試問題　数　学

（解答…222Ｐ）

1

次の計算をしなさい。

(1)　$5+19-11$

(2)　$6\times7\div14$

(3)　$\dfrac{2}{5}\div\dfrac{8}{5}+\dfrac{1}{3}$

(4)　$4.2\times8-5.7$

(5)　$\dfrac{2x-5y}{3}-\dfrac{x-y}{4}$

(6)　$x(4x+3)-(x+1)(x-1)$

(7)　$(-3ab)^2\times2b^2\div6ab^3$

(8)　$(\sqrt{2}-1)^2+\dfrac{4}{\sqrt{2}}-\sqrt{(-2)^2}$

2

次の問いに答えなさい。

(1)　1次方程式 $2x-10=2(7-3x)$ を解け。

(2)　$x^2+xy-6y^2$ を因数分解せよ。

(3)　連立方程式 $\begin{cases}3x+y=9\\x-2y=10\end{cases}$ を解け。

(4)　2次方程式 $(x-1)^2=2$ を解け。

(5)　右の図のように，辺ABを3等分した点をそれぞれD，E，辺ACを3等分した点をそれぞれF，Gとする。また，線分DC，EGの交点をHとする。HG=2cmのとき，線分BCの長さを求めよ。

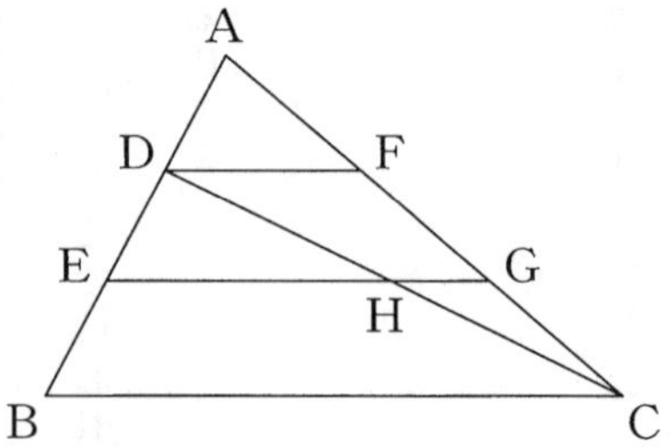

(6) 右の図のように，円Oの外部の点Pから接線を引き，接点をAとする。また，点Pを通る直線と円Oとの交点をB, Cとする。PB＝4cm，BC＝5cmのとき，線分PAの長さを求めよ。

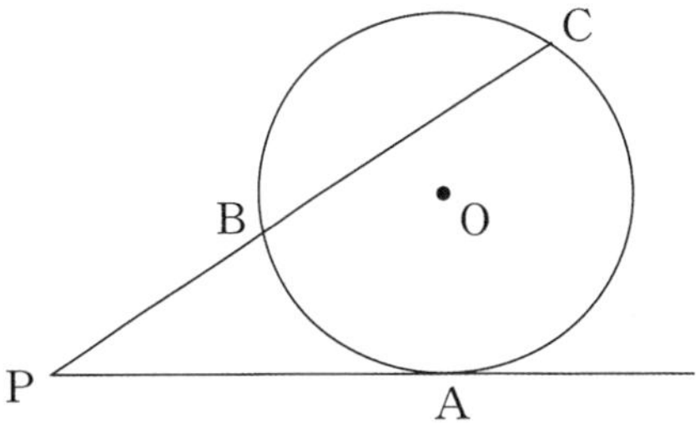

(7) 関数 $y=\dfrac{4}{x}$ について，xの値が1から3まで増加するときの変化の割合を求めよ。

(8) nを自然数とする。$5\leqq\sqrt{n}\leqq6.3$ を満たすnの値は何個あるか。

(9) 下の円グラフは，A中学校とB中学校の通学時間調査を行い，その割合を表したものである。この2つの円グラフについて，正しいと考えられるものを**ア～エ**から1つ選べ。

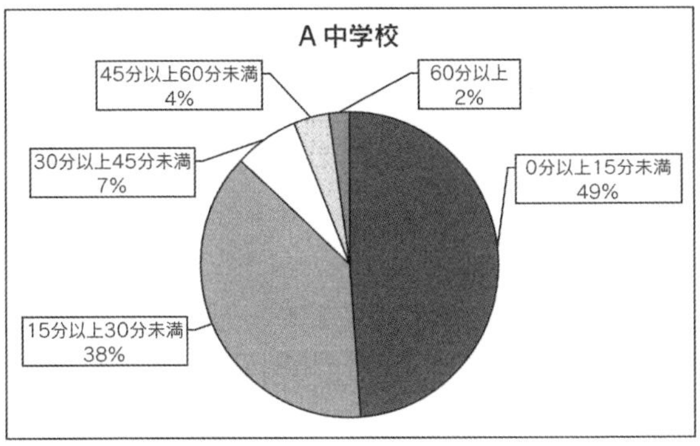

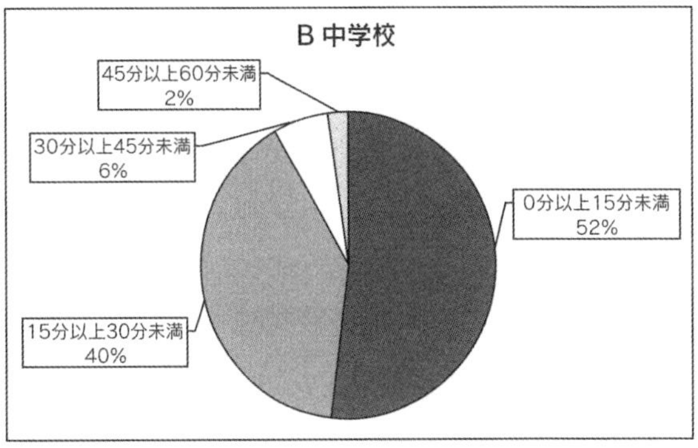

ア B中学校の方がA中学校より0分以上15分未満の人数が多い。

イ A中学校とB中学校の人数を合わせたとき，中央値は0分以上15分未満である。

ウ A中学校とB中学校の15分以上30分未満の人数の平均値をとると，その割合は39%である。

エ A中学校とB中学校の人数を合わせたとき，45分以上の人数より30分以上45分未満の人数の方が多い。

3 右の図のように，関数 $y=\dfrac{1}{2}x^2$ …① のグラフと直線 $y=-2x$ …② がある。x軸に平行で，①のグラフ上の$x>0$の部分にある点Aを通る直線と直線②との交点をB，点Aからx軸に引いた垂線がx軸と交わる点をCとする。点Cのx座標をaとするとき，次の問いに答えなさい。

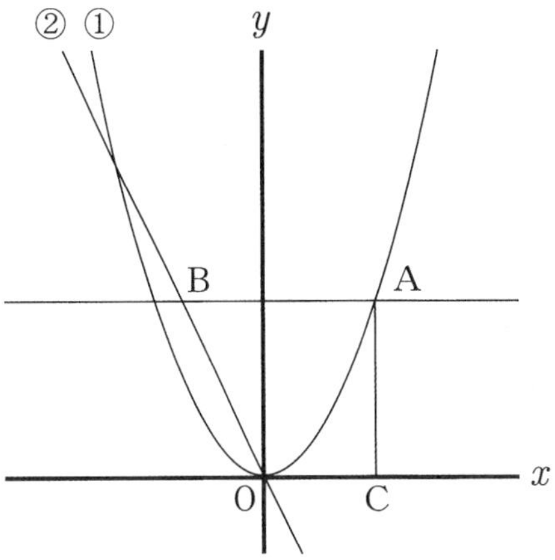

(1) 点Aのy座標をaを用いて表せ。

(2) 点Bのx座標をaを用いて表せ。

(3) 線分ABの長さが6になるとき，aの値を求めよ。

(4) $a=2$のとき，△OABをx軸の周りに1回転したときの立体の体積を求めよ。ただし，円周率をπとする。

4 右の図のように，AB＝8cm，AC＝6cm，AD＝16cm，∠BAC＝90°の三角柱ABC－DEFがある。点Pは点Bを出発して，辺BE上を毎秒2cmの速さで動き，点Eで停止する。点Qは点Eを出発して，辺ED上を毎秒1cmの速さで動き，点Dで停止する。また，点Rは辺CF上にあり，BR＋RDの長さが最も短い点である。2点P，Qが同時に出発してからの時間をx秒とするとき，次の問いに答えなさい。

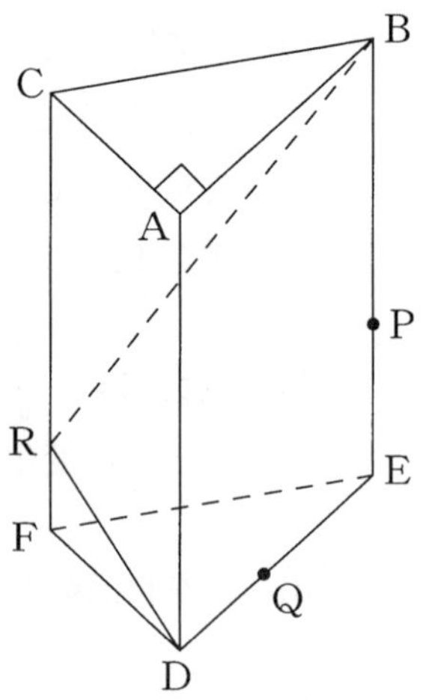

(1) 三角柱ABC－DEFの辺のうち，辺ADとねじれの位置にある辺はどれか，すべて書け。

(2) 辺EFの長さを求めよ。

(3) 線分BRの長さを求めよ。

(4) 三角すいAPQRの体積が98cm^3になるとき，xの値を求めよ。

5 1から6までの目が出るさいころを投げて，次のようなルールでゲームを行う。このとき，次の問いに答えなさい。ただし，さいころを投げたときの1から6までのどの目が出ることも同様に確からしいとする。

【ルール】

① コマを スタート に置き，さいころを投げて出た目の数だけマスにある数字の順にコマを 10 まで進めていく。

② 出た目の数の和がちょうど10になった場合は，そのまま ゴール まで進んでいく。

③ 出た目の数の和が10を超えた場合は，コマを 10 にとどめて，続けてさいころを投げる。そのとき，奇数の目が出たら ゴール まで進み，偶数の目が出たら 10 にとどまり，奇数の目が出るまでさいころを投げる。

④ ゴール まで進んだらゲームを終了とする。

スタート—1—2—3—4—5—6—7—8—9—10——→ゴール

〈例〉

1回目に6の目，2回目に4の目が出た場合	スタート—6—10→ゴール
1回目に6の目，2回目に3の目，3回目に1の目が出た場合	スタート—6—9—10→ゴール
1回目に6の目，2回目に5の目，3回目に3の目が出た場合	スタート—6—10→ゴール

(1) さいころを2回投げてゲームが終了した。このとき，さいころの目の出方は全部で何通りあるか。

(2) さいころを3回投げてゲームが終了した。1回目に5の目が出たとき，さいころの目の出方は全部で何通りあるか。

(3) さいころを3回投げてゲームが終了した。このとき，さいころの目の出方は全部で何通りあるか。

令和２年度　樟南高校入試問題　英　語

(解答…224Ｐ)

1　次の各文の(　　　)に入る最も適切なものをア～キからそれぞれ１つ選び，記号で答えなさい。

1　(　　　) were you late? — Because the bus was late.

2　(　　　) books did you read this week? — I read three.

3　(　　　) do you live? — I live in Kagoshima.

4　(　　　) did you meet Jane? — I met her last Saturday.

5　(　　　) is the Japanese word for delicious? — We say *oishii*.

ア What	イ Whose	ウ How many	エ Why	オ Who	カ Where	キ When

2　次の各文の(　　　)に入る最も適切なものをア～エからそれぞれ１つ選び，記号で答えなさい。

1　What (　　　) you do this Sunday?
　ア does　　イ are　　ウ have　　エ will

2　English is (　　　) for me than math.
　ア interesting　　イ most interesting　　ウ more interesting　　エ interested

3　The boy (　　　) the piano by the window is my brother.
　ア played　　イ playing　　ウ to play　　エ plays

4　I (　　　) Canada last summer.
　ア visited　　イ visited at　　ウ am visiting　　エ visited to

5　We (　　　) our baby Sara when she was born.
　ア knew　　イ found　　ウ named　　エ took

3 次の1～5の書き出しに続く最も適切なものをア～オからそれぞれ1つ選び，記号で答えなさい。ただし，同じものを2度使用してはならない。

1 It is important for
2 She was too
3 I want to learn
4 Hurry up,
5 I must wait here

ア until he comes back.
イ us to speak English.
ウ and you'll be in time for the bus.
エ young to drive a car.
オ how to use the computer.

4 次の各組の英文がほぼ同じ意味になるように，(　　　)に適切な語を入れなさい。

1
My father sings well.
My father is (　　　) (　　　) singing.

2
Jane is our science teacher.
Jane (　　　) (　　　) science.

3
I can't do this job without your help.
(　　　) you (　　　) help me, I can't do this job.

4
Did Mike catch this fish?
(　　　) this fish (　　　) by Mike?

5
I was very busy yesterday and I am still very busy now.
I (　　　) (　　　) very busy since yesterday.

5 次の英文を読んで，各問いに答えなさい。

Hank lived in a small town, but then he got a job in a big city and moved there with his wife and his two children.

On the first Saturday in their new home, Hank took his new red car out of the *garage and was washing it when a neighbor came by. When he saw Hank's new car, the neighbor stopped and looked at it for a minute. Then Hank turned and saw him.

The neighbor said, "That's a nice car. Is it yours?"

"Sometimes," Hank answered.

The neighbor was (A). "Sometimes?" he said. "What do you mean?"

"Well," answered Hank slowly, "When there's a party in town, it *belongs to my daughter, Jane. When there's a football game somewhere, it belongs to my son, Joe. When I've washed it, and it looks really nice and clean, it belongs to my wife. <u>And when it needs *gas, it belongs to me.</u>"

(Elementary Stories for Reproduction OXFORD UNIVERSITY PRESS)

(注) garage ガレージ，車庫　belong to ～のものである　gas ガソリン

問 1 (A) に入る最も適切なものをア～エから 1 つ選び，記号で答えよ。

ア tired　イ excited　ウ introduced　エ surprised

問 2 下線部と同じ意味になるように，次の (B) に英語を 1 語入れよ。

And when it needs gas, it's (B).

樟南高校

6 次の対話文１～３の[　　　]に入る最も適切なものをア～エからそれぞれ１つ選び，記号で答えなさい。また，対話文４の[　　　]には，５語以上の英文を書き入れなさい。

1

Jane　: We have to find a new place to hold our club meetings.
Tom　: Why can't we have them at the youth center?
Jane　: It's closing at the end of the month.
Tom　: [　　　]

ア　I'm glad they're finally going to fix it.
イ　I'm sorry to hear that.
ウ　Then let's meet there.
エ　Why did you do that?

2

Emily : Where is your sister now?
Kenji : She's studying English in New York.
Emily : That's great!　How long has she been there?
Kenji : [　　　]

ア　Since April.
イ　For 20 minutes.
ウ　Last week.
エ　Maybe tomorrow.

3

Adam : Can I borrow a pencil for today's test?
Rachel: You can, but you won't need one.
Adam : Why?　Is it OK to use a pen?
Rachel: [　　　]

ア　Thank you for helping me.
イ　Sorry, I don't have one.
ウ　No, you need a pencil.
エ　No, the test is tomorrow.

4

John　: I can't wait until Jenny's birthday party!
Jecica : Didn't you hear?　The party was canceled.
John　: Oh no!　Why is that?
Jecica : [　　　]

樟南高校

7 次の英文は，インドのある水運び人 [water carrier] と水を運ぶために使っているつぼ [pot] についての話である。各問いに答えなさい。

A water carrier in India had two large pots. Each pot was hung on the end of a pole which he carried across his shoulders. One of the pots was perfect with no *cracks or holes. The other pot had a crack in it, so when the water carrier reached his *master's house it was only half full.

This situation continued every day for two years. The carrier brought only one and a half pots of water to his master's house. Of course, the perfect pot was proud that it was doing (1) such a good job. But the poor cracked pot was sad about its *weakness; it was only able to do half of the work which it had to do.

After two years of this work, the cracked pot spoke to the water carrier one day by the river. "I am not happy with myself, and I want to say sorry to you." "Why?" asked the carrier, "What are you unhappy with?" "I have been able, for these past two years, to do only half of my work which I have to do, because the water *drip out from this crack in my side all the way back to your master's house. Because I'm not perfect, you have to do all of this work without getting enough for your efforts," the pot said.

The water carrier was surprised that (2) the old cracked pot felt this way, and said, "When we return to the master's house, (3) I (the beautiful flowers / see / along / want / to / you) the *path."

So, when they went up the hill, the old cracked pot saw the sun warming the beautiful wild flowers at the side of the path, and this made (4) it a little happier. But at the end of the tour, it still felt [(5)] because half of its water dripped out, and so again the pot said sorry to the carrier for its weakness.

The carrier said to the pot, "Didn't you see that the flowers were only on your side of the path, and were not on the other pot's side? That's because I have always known about the crack in your side, and I used it. I planted flowers on your side of the path, and every day while we walked back from the river, you've watered them. For two years I have enjoyed watching these beautiful flowers. I've also picked them to put on my master's table."

Now on their everyday tour along the path, the cracked pot was proud that the water was dripping from the crack in its side.

(注) crack　ひび　　master's house　主人の家　　weakness　弱点
drip out　ポタポタ落ちる　　path　小道

問 1　下線部(1)の指す内容をア～エから 1 つ選び，記号で答えよ。

ア　荷物を軽くして水運び人に楽をさせること。
イ　水をこぼさずに主人の家まで運びきること。
ウ　無事に川までたどり着くこと。
エ　文句を言わずに主人に仕えること。

問 2　下線部(2)の the old cracked pot の思いを最もよく表しているものをア～エから 1 つ選び，記号で答えよ。

ア　自分のせいで水運び人が主人に怒られたことを，申し訳なく思っている。
イ　自分のせいで水を運ぶのに時間がかかったことを，申し訳なく思っている。
ウ　自分のせいで十分な水を運ぶことができないことを，申し訳なく思っている。
エ　自分のせいでつぼを割ってしまったことを，申し訳なく思っている。

問3　下線部(3)の(　　　　　)内の語(句)を意味が通るように並べかえよ。

問4　下線部(4)が指すものをア～エから1つ選び，記号で答えよ。

ア　the old cracked pot　　イ　the perfect pot

ウ　the sun　　エ　the path

問5　本文中の[(5)]に入る最も適切なものをア～エから1つ選び，記号で答えよ。

ア　glad　　イ　important　　ウ　bad　　エ　difficult

問6　水運び人の水の運び方を最もよく表しているものをア～エから1つ選び，記号で答えよ。

ア

イ

ウ

エ

問7　本文の内容として適切なものをア～カから2つ選び，記号で答えよ。

ア　The water carrier broke one of the two pots.

イ　The water carrier got angry at the cracked pot because it was not doing its job.

ウ　The flowers along the path were able to grow because they got water from the cracked pot.

エ　The master was glad to see the flowers along the path.

オ　The water carrier always carried the cracked pot in the same way when he carried the water.

カ　The cracked pot had no idea what the water carrier was saying.

問8　この話で筆者が伝えようとしていることをア～エから1つ選び，記号で答えよ。

ア　If you help other people, good things don't happen to you.

イ　People get sad if you make mistakes again and again.

ウ　If you always do the same thing, you will never do well.

エ　We can be useful because we are different.

8 次の英文は，マララ[Malala]さんが子ども時代を過ごした，パキスタンのミンゴラ州スワート渓谷[the Swat Valley, Mingora]で起きた出来事についての話です。各問いに答えなさい。

Many tourists visited her hometown, the Swat Valley, Mingora. Often, they didn't dress like the people there, but Malala knew that women and girls in the different parts of the world followed different customs.

Malala also knew that her hometown was not as modern as some places in Pakistan. There were women in the big city of *Islamabad who dressed like the women in Europe and the United States. Most women and girls in Mingora did not dress that way. They covered their bodies in *scarves and clothes when they went out. They wore head scarves too.

In 2007, when Malala was ten years old, members of *the Taliban were *taking over the Swat Valley. (1) <u>They</u> wanted to take away *freedom from all women. On a radio station, a Taliban man was shouting terrible things. He said that girls and women in Mingora shouldn't go out without wearing *burqas. (2) <u>They</u> could no longer go to the market alone. They could only go out with a *male family members. Women who did not follow these rules would be *punished.

Women would not be able to *vote. They could not get jobs. There would no longer be *female doctors, and women weren't allowed to go to male doctors. They could not go to hospitals. (3) <u>That meant there was (for / to / treated / way / sick / be / women / no).</u> Music and dancing were *banned. All televisions and CDs and computers would be *burned. Only *religious books could be read. Girls' schools would be destroyed if they were not closed. Teachers who continued to teach girls would be punished.

The man was saying that good *Muslims would never allow girls to go to school. Malala knew (4) <u>that</u> wasn't true. Her family and friends were all good Muslims. They were religious. They *prayed every day. They also believed that every child should study at school. At her religious school, Malala learned that Muslims believed in peace and kindness to others.

Men with guns, Taliban members, were everywhere. People were afraid of going outside. At the end of 2007, *the Pakistan Army arrived to stop the Taliban. Mingora became a war field. There was bombing at night and during the day. Most people stayed in their homes. But some children continued to go to school. Malala was one of them.

After many months of fighting, it seemed like the Pakistan Army was winning. Everybody hoped that the Taliban was gone forever. Life would soon get back to normal. The Pakistan Army moved out of the Swat Valley.

But the Taliban did not go away. The radio *threats started again. People who didn't follow orders were punished. By the end of 2008, more than 150 girls' schools in Mingora were destroyed.

Malala realized her school was in danger. She also knew that she was lucky. If her school closed, her father would continue to teach her. He would find math and science books for her to read. But most girls in Mingora were not as lucky as she was. (5) <u>What would happen to them?</u>

Brown, Dinah. *Who Is Malala Yousafzai?* Penguin Workshop 2015 一部改変

(注) Islamabad　パキスタンの首都，イスラマバード　　scarves　scarf（スカーフ）の複数形
the Taliban　タリバン　　take over　占領する　　freedom　自由
burqa　イスラム教の女性が全身を覆うヴェール　　male　男性の　　punish　罰する
vote　投票する　　female　女性の　　ban　禁止する　　burn　焼く
religious　宗教の，信心深い　　Muslim　イスラム教徒　　pray　祈る
the Pakistan Army　パキスタン軍　　threat　おどし

問 1　下線部(1)と(2)はそれぞれ何を指すか，本文中から抜き出せ。

問 2　下線部(3)の内容が「それは，病気の女性を治療するすべはないということを意味した。」となるように，(　　　　)内の語を並べかえよ。

問 3　下線部(4)は何を指すか，本文中から抜き出せ。

問 4　下線部(5)に対する答えを，5字以上10字以内の日本語で書け。

問 5　次の①～③について，本文の内容として適切なものをア～エからそれぞれ1つ選び，記号で答えよ。

① Women in the Swat Valley
　ア liked to wear clothes like American people.
　イ wore scarves and clothes to cover their bodies.
　ウ lived like women in big cities.
　エ enjoyed visiting other countries.

② In 2007 in Mingora, members of the Taliban
　ア made rules that women could not go to the market with their family.
　イ told all girls to study English.
　ウ allowed both men and women to vote.
　エ destroyed a lot of girls' schools.

③ The story says that
　ア Malala doesn't have to go to school.
　イ the Pakistan Army stopped the Taliban in the end.
　ウ the Taliban broke the life of the people in the Swat Valley.
　エ Taliban men like to read math and science books.

令和2年度　樟南高校入試問題　社　会　　（解答…226Ｐ）

1　次の**略地図Ⅰ**を見て，あとの問いに答えなさい。

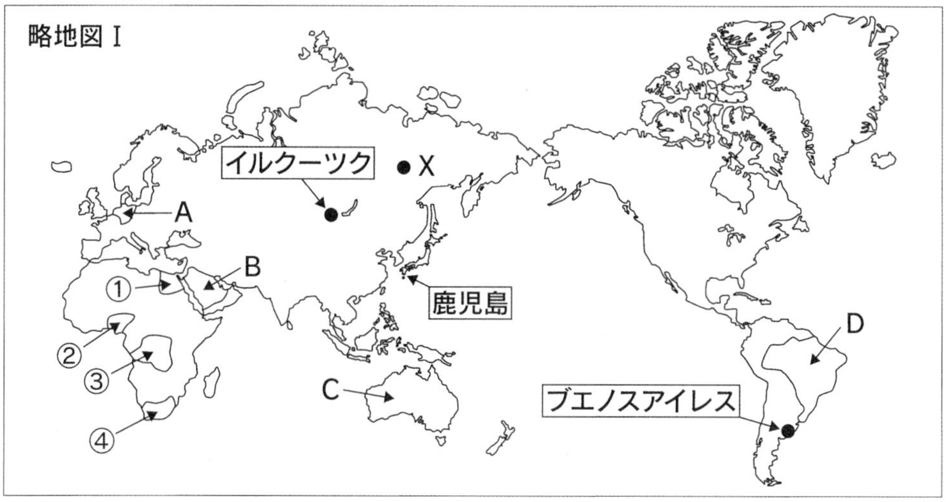

問１　次の図は，経緯線が直角に交わるように描いた図である。地球上における鹿児島市の正反対の地点を，**あ～え**から一つ選べ。鹿児島市の位置は，北緯 31 度 34 分，東経 130 度 34 分である。

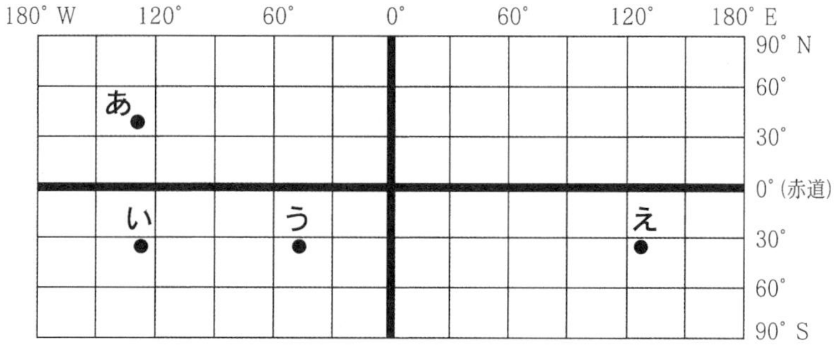

（Nは北緯・Sは南緯，Eは東経・Wは西経を示す）

問２　次の図の**a～c**は，**略地図Ⅰ**中の鹿児島・イルクーツク・ブエノスアイレスの月別平均気温を表したものである。**a～c**と都市名との正しい組み合わせを，**あ～か**から一つ選べ。

	あ	い	う	え	お	か
鹿児島	a	a	b	b	c	c
イルクーツク	b	c	a	c	a	b
ブエノスアイレス	c	b	c	a	b	a

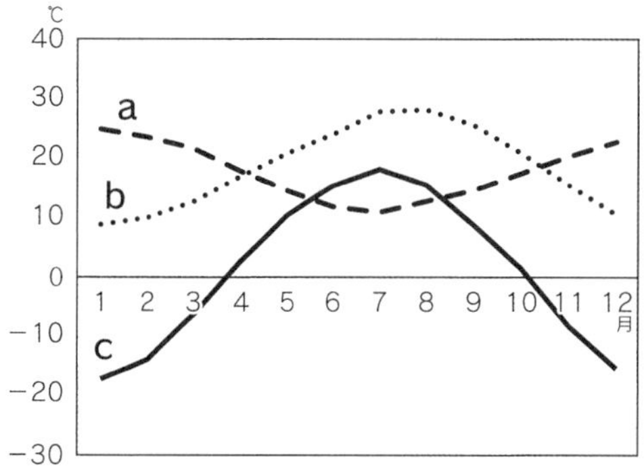

（理科年表平成 30 年より作成）

問３　次の写真と図は，**略地図Ⅰ**中**X**の都市の水道管の様子である。
この水道管はなぜ地面より上に設置してあるのか。「永久凍土《えいきゅうとうど》」という用語を用いて答えよ。

（4本の管は，温めた水を流している水道管）

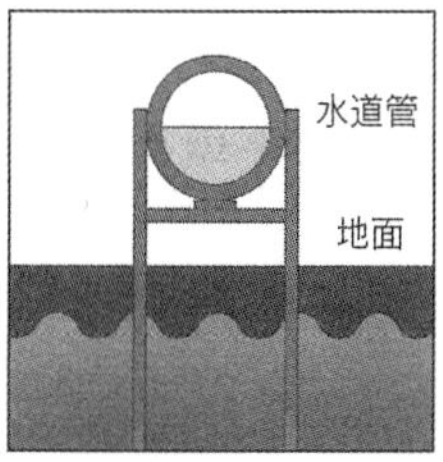

問4　右の**略地図Ⅱ**は，ヨーロッパの宗教分布図である。Ⅰ～Ⅲは，カトリックの多い地域，正教会の多い地域，プロテスタントの多い地域のいずれかである。これらの宗教とⅠ～Ⅲとの正しい組み合わせを，**あ～か**から一つ選べ。

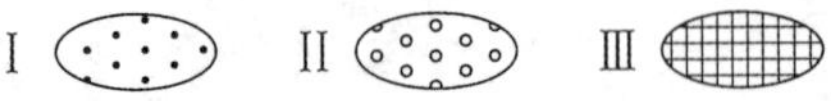

	あ	い	う	え	お	か
カトリック	Ⅰ	Ⅰ	Ⅱ	Ⅱ	Ⅲ	Ⅲ
プロテスタント	Ⅱ	Ⅲ	Ⅰ	Ⅲ	Ⅰ	Ⅱ
正教会	Ⅲ	Ⅱ	Ⅲ	Ⅰ	Ⅱ	Ⅰ

問5　次の図と写真は，**略地図**Ⅰ中**A～D**のいずれかの国のあいさつの言葉と市場の様子である。この国について説明した文を，**あ～え**から一つ選べ。

(市場で売られるハムやソーセージ)

あ　この国は，原油の埋蔵量・生産量・輸出量とも世界有数で，OPEC《オペック》のリーダー的存在である。

い　この国は，ヨーロッパ系移民により建設され，かつて白豪主義という移民政策がとられた。

う　この国には，世界最大の流域面積をほこる大河があり，この大陸の中で最も日系人が多い。

え　この国では，ルール工業地域があり世界有数の工業国で，地中海沿岸国から多くの外国人労働者を受け入れた。

問6　次の文は，**略地図**Ⅰ中①～④のいずれかの国を説明したものである。文中［　Y　］にあてはまる語句をカタカナ５文字で答えよ。また，この国を**略地図**Ⅰ中の①～④から一つ選べ。

> かつてアパルトヘイトをとっていたこの国は，自然界に存在する量が極めて少なく，経済的・技術的に掘り出すことが難しいマンガン・クロムなどの［　Y　］が豊富である。

問7　次の表は，右の写真の農産物の生産量上位４か国を示したものである。この農産物名を答えよ。

順位	国　名	(千ｔ)
1	コートジボワール	2034
2	ガーナ	884
3	インドネシア	660
4	ナイジェリア	328

(日本国勢図会 2019/20)

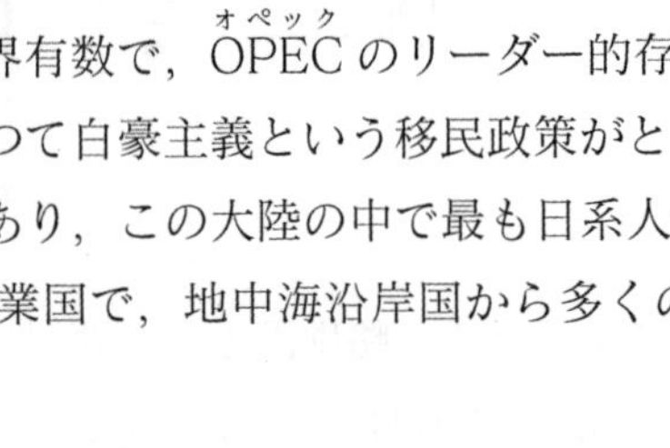

2 次の各文と**略地図Ⅰ**を参考にして，あとの問いに答えなさい。

1　日本は国土面積の75％が山地で，ⓐ平地はわずか25％である。周囲は海に囲まれ，沖合には深さ8000 mをこえる海溝があり，近海には海岸線に沿って深さおよそ200 mまでの平坦な［　X　］と呼ばれる海底が広がっている。

2　日本はⓑ少子高齢化が急速に進み，近年では人口は減少傾向である。

3　ⓒ日本の工業は，ⓓ原材料や燃料を輸入し，製品を輸出する加工貿易が主であった。1980年代になり，外国製品との競争や関税などをめぐって貿易上の対立が起こった。近年，賃金の低いアジアなど海外に工場を移転し，現地で生産する企業が増えてきた。このように，海外への工場移転により国内の工業生産が衰退することを［　Y　］という。

略地図Ⅰ　(78)

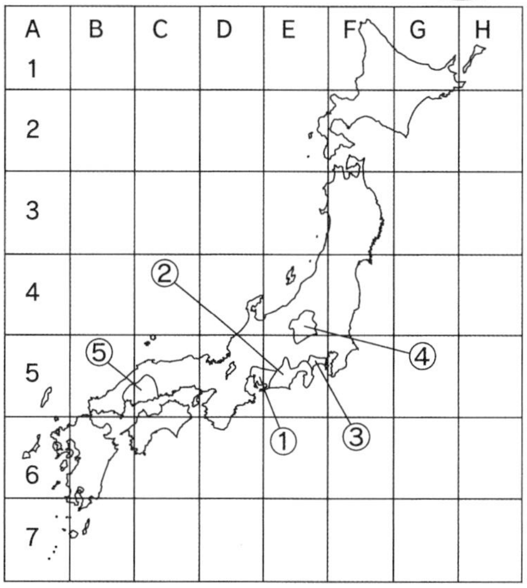

問1　文中の［　X　］・［　Y　］にあてはまる語句を答えよ。

問2　ある都市の位置を地図帳でさがすには，さくいんを利用すると便利である。上の**略地図Ⅰ**で，さくいん[78 D 5]にあてはまる都市名を，**あ**～**え**から一つ選べ。

あ　宇都宮　　**い**　津　　**う**　松山　　**え**　甲府

問3　次の**略地図Ⅱ**中の（網かけ）で，中部地方を正しく示したものを，**あ**～**え**から一つ選べ。

略地図Ⅱ

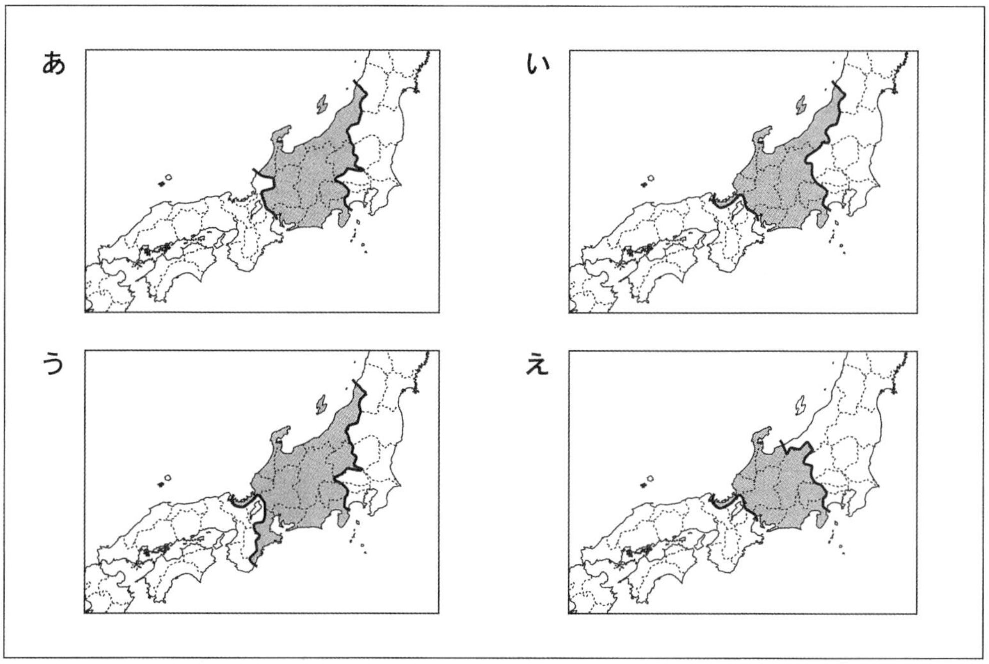

問４　下線部ⓐについて，右の図は，川が山地から平野に出たところにつくられる地形の模式図である。このような地形では，大規模な集落はどこに成立しやすいか，**あ**～**え**から一つ選び，その理由を答えよ。

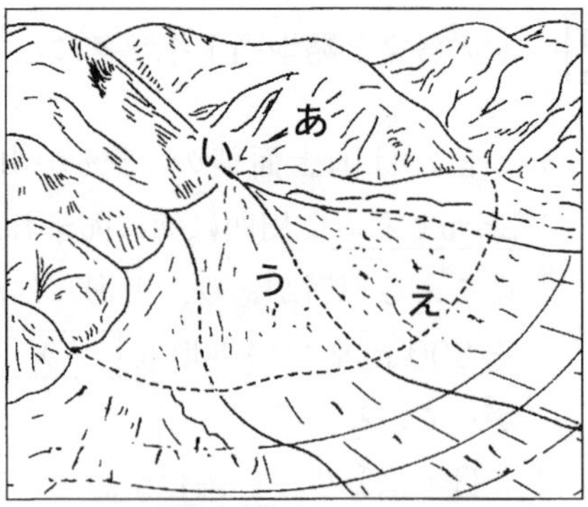

問５　下線部ⓑについて，次の表はイギリス・日本・アメリカ・スウェーデンの人口と老年人口比率を示したものである。日本にあてはまるものを，**あ**～**え**から一つ選べ。

	人口（万人）	老年人口（%）
あ	12,720	27.5
い	32,710	15.8
う	6,714	18.7
え	997	20.1

（2018年国連資料より作成）

問６　下線部ⓒについて，**略地図Ⅰ**中の①～⑤は，ある工業製品の生産額上位５県の順位を示したものである。これにあてはまるものを，**あ**～**え**から一つ選べ。

あ　食品工業の生産額　　　**い**　パルプ・紙工業の生産額

う　食器用陶磁器の生産額　　　**え**　輸送用機械工業の生産額

問７　下線部ⓓについて，次の表Ａ～Ｃは，石油・鉄鉱石・液化天然ガスの日本の輸入相手先上位国である。Ａ～Ｃの正しい組み合わせを，**あ**～**か**から一つ選べ。

	１位（%）	２位（%）	３位（%）
A	オーストラリア（34.6）	マレーシア（13.6）	カタール（12.0）
B	サウジアラビア（38.6）	アラブ首長国連邦（25.4）	カタール（7.9）
C	オーストラリア（58.2）	ブラジル（26.9）	カナダ（4.9）

（日本国勢図会 2019/20）

	あ	**い**	**う**	**え**	**お**	**か**
A	石　油	石　油	鉄鉱石	鉄鉱石	液化天然ガス	液化天然ガス
B	鉄鉱石	液化天然ガス	石　油	液化天然ガス	鉄鉱石	石　油
C	液化天然ガス	鉄鉱石	液化天然ガス	石　油	石　油	鉄鉱石

3 次の表は，日本のできごとをまとめたものである。あとの問いに答えなさい。

世　紀	日　本　の　で　き　ご　と
1	倭の奴国の王がA中国に使いを送り，皇帝から①金印を授けられる
3	倭の邪馬台国がB中国に朝貢した
7	②壬申の乱がおこる
13	執権の（ X ）が御成敗式目を定める
16	天下を統一した（ Y ）の朝鮮侵略に対して，C中国が朝鮮に援軍を送る
19	③桜田門外の変がおこる
20	（ Z ）内閣が所得倍増をスローガンに掲げ，④高度経済成長が続いた

問１　表中の（ X ）～（ Z ）に適する人物名を答えよ。

問２　下線部A～Cにあてはまる中国の王朝の正しい組み合わせを，**あ**～**か**から一つ選べ。

	あ	い	う	え	お	か
A	明	明	魏	魏	漢	漢
B	魏	漢	明	漢	明	魏
C	漢	魏	漢	明	魏	明

問３　下線部①に関連して，この金印が発見された時代と，発見された場所（**略地図**中のⓐ・ⓑ）との正しい組み合わせを，**あ**～**え**から一つ選べ。

	発見された時代	発見された場所
あ	明治時代	ⓐ
い	江戸時代	ⓐ
う	明治時代	ⓑ
え	江戸時代	ⓑ

略地図

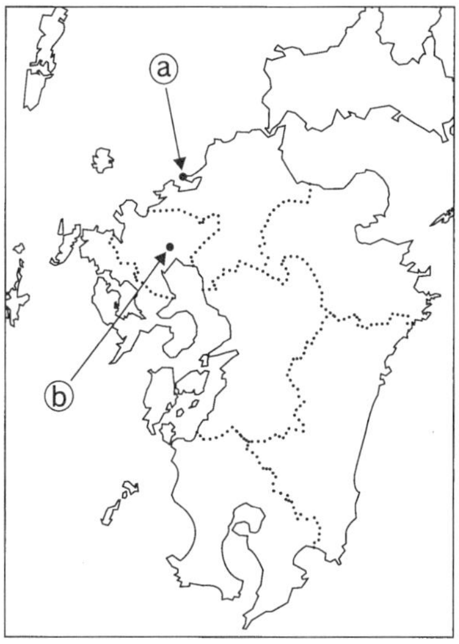

問４　下線部②に関連して，この乱の説明として正しいものを，**あ**～**え**から一つ選べ。

あ　院政をめぐる天皇家や藤原氏の争いからおこった。

い　中大兄皇子・中臣鎌足と蘇我氏との対立からおこった。

う　大海人皇子と大友皇子との対立からおこった。

え　守護大名の争いに，将軍家や管領家の相続争いが結びついておこった。

問５　下線部③に関連して，この変で暗殺された人物と，その人物が行った政策との正しい組み合わせを，**あ**～**え**から一つ選べ。

	人　物	政　策
あ	井伊直弼	日米修好通商条約を結んだ
い	井伊直弼	株仲間を解散させた
う	水野忠邦	日米修好通商条約を結んだ
え	水野忠邦	株仲間を解散させた

問６　下線部④に関連して，(1)・(2)に答えよ。

(1)　次のａ～ｃのできごとを古い順に並び替えたとき，正しいものを，**あ～か**から一つ選べ。

ａ　東海道新幹線や高速道路が開通し，東京オリンピック・パラリンピックが開かれた。

ｂ　日ソ共同宣言が調印され，日本はソ連と国交を回復した。

ｃ　田中角栄首相が中国を訪問し，日中共同声明に調印して国交を正常化した。

あ　ａ→ｂ→ｃ　　**い**　ａ→ｃ→ｂ　　**う**　ｂ→ｃ→ａ

え　ｂ→ａ→ｃ　　**お**　ｃ→ａ→ｂ　　**か**　ｃ→ｂ→ａ

(2)　次のグラフは，日本の国民総生産と経済成長率の移り変わりを表したものである。また右下の写真は，グラフ中の高度経済成長が終わりをつげた時期に撮られたものである。□内の文章は，このような状況になった背景をまとめたものである。（　Ａ　）～（　Ｃ　）に適する語句を答えよ。

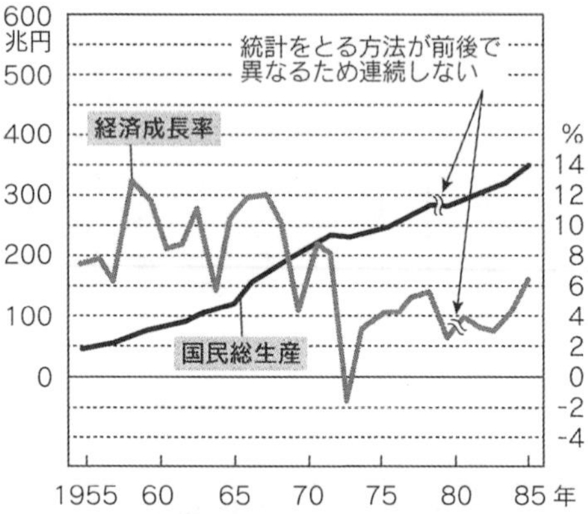

（『近現代日本経済史要覧』）

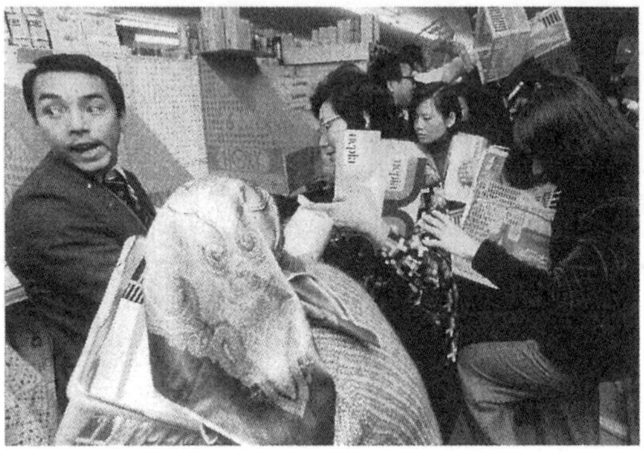

（トイレットペーパー売場に殺到する人々）

> （　Ａ　）人とアラブ人が，聖地エルサレムなどをめぐって争うパレスチナ問題を背景に，第四次（　Ｂ　）戦争がおこったことで，（　Ｃ　）価格が大幅に上昇した（　Ｃ　）危機の状況を示したものである。

４　次の表は，世界のできごとをまとめたものである。あとの問いに答えなさい。

年代・世紀	世　界　の　で　き　ご　と
BC4000年ころ～	①古代文明がおこる
7 世紀	ムハンマドが②イスラム教をおこす
13 世紀	③蒙古が襲来する（元寇）
16 世紀	ポルトガル人ティセラが④日本地図を作製する
19 世紀	⑤アメリカ大統領が奴隷解放を宣言する

問１　下線部①に関連して，(1)・(2)に答えよ。

(1)　次の写真のうち，メソポタミア文明に関するものを，**あ～え**から一つ選べ。

あ

い

う

え

(2)　次のA・Bの文の正誤を判断して正しい組み合わせを，**あ**～**え**から一つ選べ。

A　バビロニア王国のハンムラビ王は，メソポタミアの全域を統一し，大規模な治水工事を行ったほか，法典をつくって人々を支配した。

B　BC4000年より前の中国では，黄河の中・下流域では稲を，長江下流域では，あわやきびなどを栽培する農耕文明が生まれた。

	あ	い	う	え
A	正	正	誤	誤
B	正	誤	正	誤

問2　下線部②に関連して，イスラム教の説明として**誤っているもの**を，**あ**～**え**から一つ選べ。

あ　イスラム教の聖典は，『コーラン』である。

い　イスラムとは，絶対神ヴィシュヌの意志に従うという意味である。

う　イスラム教の聖地メッカには，カーバ神殿がある。

え　イスラム教では，偶像の崇拝を禁止している。

問3　下線部③に関連して，蒙古襲来(元寇)の説明として正しいものを，**あ**～**え**から一つ選べ。

あ　弘安の役では，元は高句麗の軍勢もあわせて日本に攻めてきた。

い　当時の元の皇帝は，フビライ＝ハンの孫のチンギス＝ハンである。

う　蒙古襲来に備えて幕府は，博多湾岸に石の防塁を築いた。

え　文禄の役では，元は唐の軍勢もあわせて日本に攻めてきた。

問4　下線部④に関連して，19世紀初め，右写真の機器を用いて日本地図を作製した日本人名を答えよ。

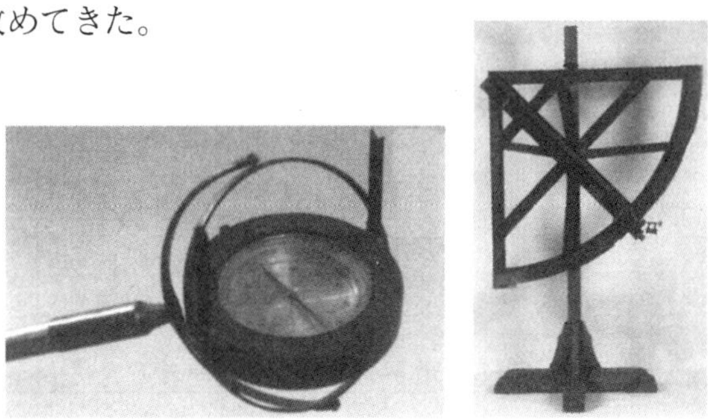

問5　下線部⑤に関連して，この時のアメリカ大統領(写真A・B)と，その大統領が行った政策との正しい組み合わせを，**あ**～**か**から一つ選べ。

A

B

イ　秘密外交の廃止，軍備縮小，民族自決などを唱える「十四か条の平和原則」を発表した。

ロ　ダム建設などの公共事業や労働者の権利を保障するニューディール政策を行った。

ハ　ゲティスバーグでの演説で，「人民の，人民による，人民のための政治」を訴えた。

あ　A・イ	**い**　A・ロ	**う**　A・ハ
え　B・イ	**お**　B・ロ	**か**　B・ハ

5 次の文章を読み，あとの問いに答えなさい。

国の権力は，立法権，行政権，［　1　］権の三権に分けられ，それぞれ国会，内閣，裁判所が担当している。日本国憲法は，「国会は，国権の最高機関であつて，国の唯一の立法機関である」と定め，国会を国の政治の中心に位置づけており，衆議院と参議院で構成されている。

内閣は，内閣総理大臣と内閣総理大臣が任命する国務大臣で構成されており，国会の信任に基づいて成立し，国会に対して連帯して責任を負う。このような制度を［　2　］制という。

憲法や法律で保障されている権利が侵害された場合，それを回復したり，損害を賠償させたり，罪を犯したものを処罰するために，法に基づいて解決するはたらきを裁判という。日本国憲法では，最高裁判所と下級裁判所が［　1　］権をもつことを定めている。

問1　文中の［　1　］・［　2　］に適する語句を答えよ。

問2　次の表は，国会の衆議院と参議院についてまとめたものである。表中の〔　A　〕～〔　C　〕に適する数字の正しい組み合わせを，**あ～え**から一つ選べ。

	衆　議　院	参　議　院
議員定数	465人　比例代表選出176人 小選挙区選出289人	248人　比例代表選出100人 選挙区選出　148人
被選挙権	満25歳以上	満〔　A　〕歳以上
任期	〔　B　〕年（任期満了前の解散あり）	6年（3年ごとに半数を改選する）
選挙区	比例代表選出→全国を〔　C　〕区 小選挙区選出→全国を289区	比例代表選出→全国を1区 選挙区選出　→各都道府県を1区（合区あり）

議員定数は平成30年公職選挙法改正による

	A	B	C
あ	25	4	11
い	25	6	1
う	30	4	11
え	30	6	1

問3　衆議院の優越に関する説明として**誤っているもの**を，**あ～え**から一つ選べ。

あ　法律の議決で，衆議院が出席議員の3分の2以上の賛成で再可決すれば法律となる。

い　予算の議決で，参議院が衆議院の可決した予算を受けとったあと，30日以内に議決しないとき，衆議院の議決が国会の議決となる。

う　内閣総理大臣の指名で，両議院が異なった議決をし，両院協議会を開いても意見が一致しないとき，衆議院の議決が国会の議決となる。

え　憲法改正の発議は，衆議院に先議権がある。

問4　下線部に関する説明として正しいものを，**あ～え**から一つ選べ。

あ　内閣は，国の政治方針について話し合い，多数決によって意思決定を行う。

い　内閣は，国会で不信任決議が可決されたときは，総辞職しなければならない。

う　内閣総理大臣は，すべての国務大臣を国会議員の中から任命する。

え　内閣総理大臣は，国会議員の中から国会の議決で指名する。

問5　1975 年に最高裁判所が下した判決の内容として，下記の写真に最も関係の深いものを，**あ～え**から一つ選べ。

あ　薬局開設の距離制限を定めた薬事法の規制は，粗悪な医薬品の販売を防止するための合理的措置であり，憲法第 22 条の職業選択の自由に違反していないとの判決が下された。

い　薬局開設の距離制限を定めた薬事法の規制は，粗悪な医薬品の販売を防止するための合理的措置とはいえず，憲法第 22 条の職業選択の自由に違反しているとの判決が下された。

う　薬局の営業時間の制限を定めた薬事法の規制は，良好な環境を求める権利を保障するための合理的措置であり，憲法第 22 条の職業選択の自由に違反していないとの判決が下された。

え　薬局の営業時間の制限を定めた薬事法の規制は，良好な環境を求める権利を保障するための合理的措置とはいえず，憲法第 22 条の職業選択の自由に違反しているとの判決が下された。

問6　次の資料は，モンテスキューの『法の精神』の一部である。資料の趣旨に**合わないもの**を，**あ～え**から一つ選べ。

> 権力をもつ者はすべて，それを濫用《らんよう》する傾向があることは，永遠の体験である。
> ……人が権力を濫用しえないためには……権力が権力を阻止するのでなければならぬ。同一人，または同一の執政官団体の掌中《しょうちゅう》に立法権と執行権が結合されているときには，自由はない。裁判権が立法権と執行権から分離されていないときにもまた，自由はない。もしそれが，立法権に結合されていれば，市民の生命と自由を支配する権力は恣意的《しいてき》であろう。もし同一の人間，または貴族か人民のうちの主だった者の同一団体がこれら三つの権力，すなわち法律を定める権力，公共の決定を実行する権力，罪や私人間の係争を裁く権力を行使するならば，すべては失われるであろう。

あ　国民生活を第一に考える君主であっても，権力を濫用する傾向がある。
い　権力の濫用防止のために，権力を別々の機関に分け，抑制と均衡の関係におくべきである。
う　一人の人間，一つの機関に権力を集中させれば，諸問題の解決が速やかに進められる。
え　一人の人間，一つの機関に権力を集中させれば，国民の自由や権利が失われる。

問7　次の図は，憲法改正の手続きを示したものである。図中の〔　X　〕に適する語句を答えよ。

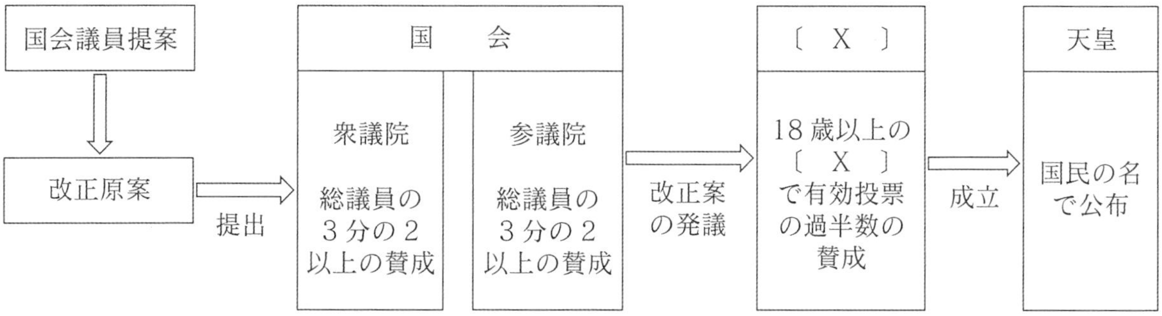

6 次の文章を読み，あとの問いに答えなさい。

資本主義経済では，私企業を中心に生産と流通が営まれている。私企業には，農家や個人商店などの個人企業と複数の人々が資金を出し合って作る法人企業がある。法人企業の中で代表的なものが株式会社であり，製造業や金融業など大規模な会社に多くみられる。①株式会社の最高機関は［ 1 ］であり，会社事業の基本方針の決定や役員の選任などが行われる。②競争に敗れた企業は市場から脱落し，少数の企業に生産が集中されることがある。

経済のグローバル化が進行するなかで，多くの国に拠点を持ち，原材料の調達から生産・販売などを世界的規模で行う［ 2 ］企業の海外展開も加速している。その一方で，国内の工場が閉鎖されたり縮小に追い込まれたりすることも多く，③働く環境も大きく変わりつつある。また，外国人労働者の問題や社会保障の問題なども，新たな課題となっている。

問 1 文中の［ 1 ］・［ 2 ］に適する語句を答えよ。

問 2 下線部①に関連して，株式会社に関する説明として正しいものを，**あ**～**え**から一つ選べ。

あ 株式会社が倒産した場合，株主と社員は借金などの負債を返済する共同責任を負う。
い 株式会社は，資本金を小さな株式に分けて多くの人から出資者を集めることができる。
う 株式会社の株式は株式市場で売買されるが，利ざや獲得だけを目指した取引は禁止されている。
え 株式会社の利益は，会社に残す部分を除き，配当として株主と社員に分配される。

問 3 下線部②に関連して，次のグラフを参考に少数企業に生産やサービスが集中した場合の問題点について，**価格**，**消費者**の用語を用いて説明せよ。

日本での生産・サービスの集中 (2018 年，各業界資料により作成)

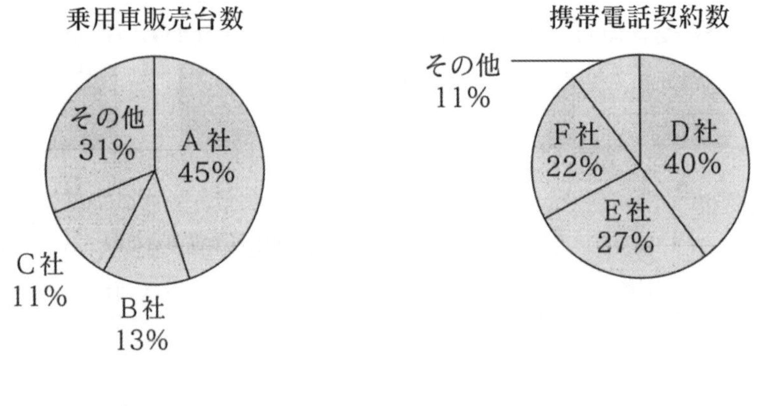

問 4 下線部③に関する説明として**誤っているもの**を，**あ**～**え**から一つ選べ。

あ これまで日本社会では，大企業を中心に，就職してから定年まで同一企業で働く終身雇用が採用されてきたが，終身雇用を見直す企業が出てきた。
い 世界とのはげしい競争のなかで，景気に合わせて人数を調節できる非正規雇用とよばれる働き方が増えてきた。
う 一人ひとりの能力や仕事の成果に応じた能力給にかわり，年齢とともに賃金が上がっていく年功序列賃金を採用する企業が増えてきた。
え 正社員と変わらない仕事内容や労働時間でも，非正規雇用の賃金は正規雇用に比べて低く抑えられており，賃金格差が問題となっている。

問５　次の表は，日本の社会保障制度をまとめたものである。表中の〔　X　〕・〔　Y　〕に適する語句を答えよ。

社会保険	病気・けが・失業・高齢になったときに給付を受ける。	医療保険　介護保険 〔　X　〕　雇用保険 労災保険
〔　Y　〕	収入が少なく，健康で最低限度の生活を送れない人々に生活費などを給付する。	生活保護 生活扶助　住宅扶助 教育扶助　医療扶助など
社会福祉	高齢者・障がいのある人・保護者のいない児童・一人親の家族に，保護や援助を行う。	高齢者福祉　児童福祉 障がい者福祉 母子・父子・寡婦福祉
公衆衛生	病気の予防や地域社会の衛生状態を改善し，生活の基礎を整える。	感染症対策　上下水道整備 廃棄物処理　公害対策など

問６　次のグラフは，2016 年の「国民負担率（国民所得比：%）の国際比較」を示したものである。〔　A　〕～〔　D　〕に該当する国名の正しい組み合わせを，**あ**～**え**から一つ選べ。

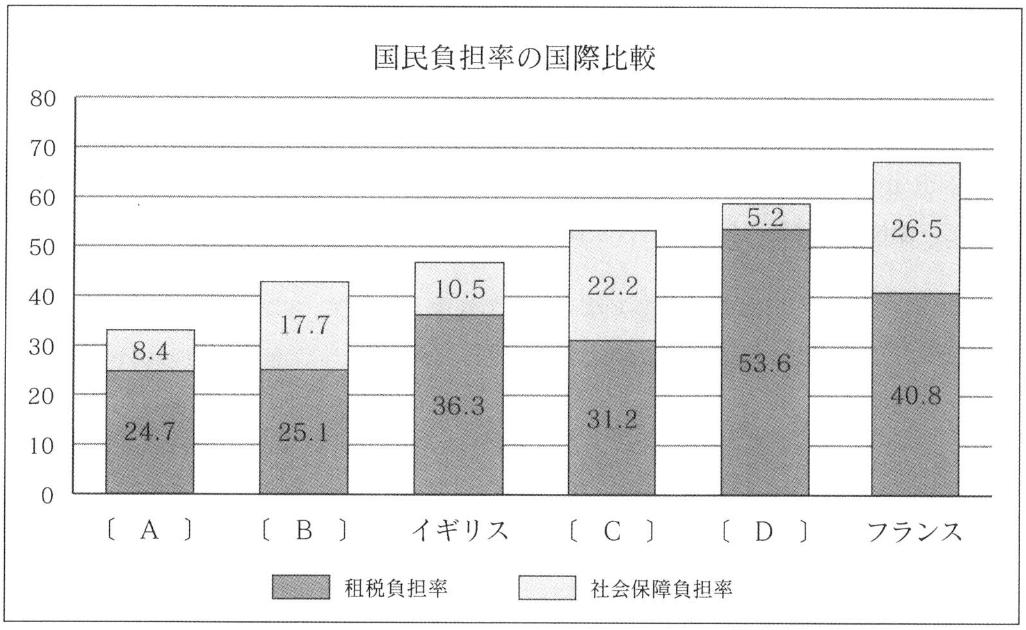

（財務省資料により作成）

	〔　A　〕	〔　B　〕	〔　C　〕	〔　D　〕
あ	日本	アメリカ	スウェーデン	ドイツ
い	アメリカ	日本	ドイツ	スウェーデン
う	スウェーデン	ドイツ	日本	アメリカ
え	ドイツ	スウェーデン	アメリカ	日本

令和２年度　樟南高校入試問題　理　科

(解答…228Ｐ)

1

次のⅠ・Ⅱの各問いに答えなさい。

Ⅰ．感覚器官と刺激が伝わる経路について，次の各問いに答えよ。

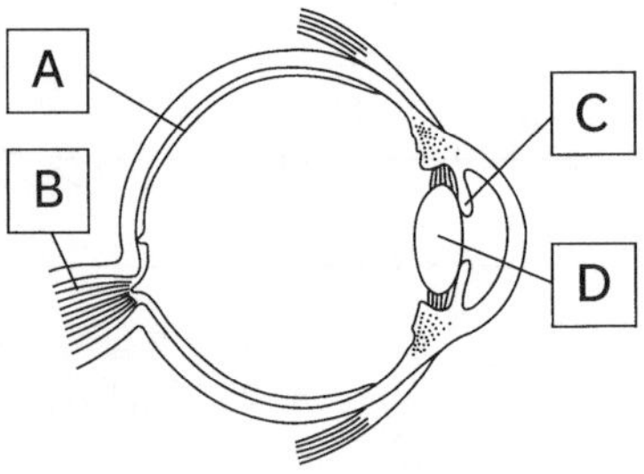

(1)　右図はヒトの目のつくりを模式的に表したものである。屈折した光が像を結ぶ部位は**Ａ～Ｄ**の中のいずれか。また，その名称を答えよ。

(2)　ヒトが音を聞くときの刺激の伝わり方の順序を次に示した。「聞こえる」という聴覚は**ア～オ**のいずれで生じるか。記号で答えよ。

空気の振動　→　**ア**　鼓膜　→　**イ**　耳小骨　→　**ウ**　うずまき管　→　**エ**　感覚神経　→　**オ**　脳

(3)　意識して起こす反応において，感覚器官が刺激を受け取ってから行動を起こすまでの信号の伝わる経路を，次のように表した。

感覚器官　→　（ ① ）　→　（ ② ）　→　（ ③ ）　→　（ ④ ）　→　（ ⑤ ）　→　運動器官

①～⑤を中枢神経と末しょう神経に分けたときの正しい組み合わせを，次の**ア～エ**の中から１つ選び，記号で答えよ。

	中枢神経	末しょう神経
ア	①・②・③	④・⑤
イ	①・⑤	②・③・④
ウ	②・③・④	①・⑤
エ	④・⑤	①・②・③

(4)　反射の例として**誤っているもの**を次の**ア～エ**の中から１つ選び，記号で答えよ。

ア　暗いところでは瞳の大きさが大きくなる。
イ　梅干しを想像するとだ液がでる。
ウ　熱いヤカンにふれて，思わず手を引っ込めた。
エ　目の前で突然手を叩かれたので，驚いて目を閉じた。

II．　刺激を受け取ってから，反応までにかかる時間について以下の①～④のような実験を行った。次の各問いに答えよ。

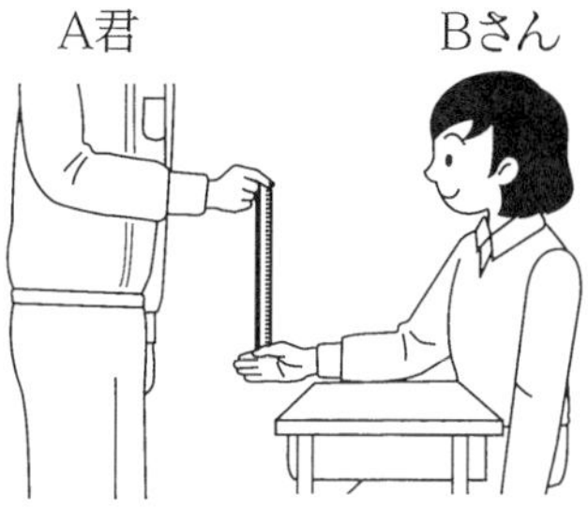

図１

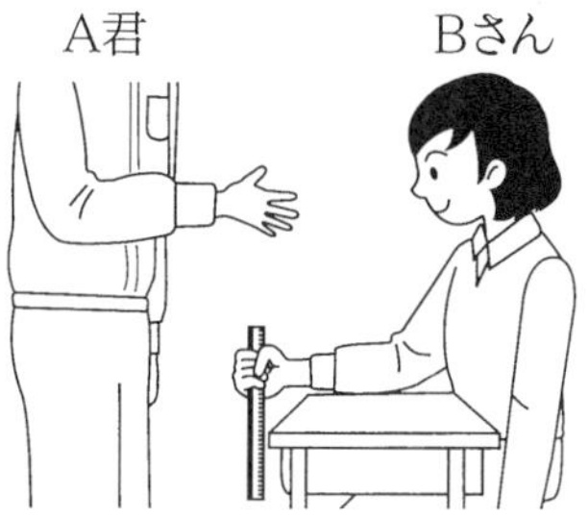

図２

実験

①　**図１**のように，A君が 30cm のものさしをもち，Bさんはものさしの０の目盛りの位置でものさしに触れないように指をそえた。

②　**図２**のように，A君が突然ものさしを離したとき，Bさんが落ち始めたものさしをどの位置でつかめるかを調べた。

③　①，②を５回繰り返し，その結果を**表**にまとめた。

④　ものさしが落ちた距離と，その距離を落ちるのに要した時間の関係を，超音波センサーとコンピューターを用いて調べ，その結果を**図３**にまとめた。

表

回	１回目	２回目	３回目	４回目	５回目
測定した結果(cm)	18.6	17.8	19.4	20.3	18.9

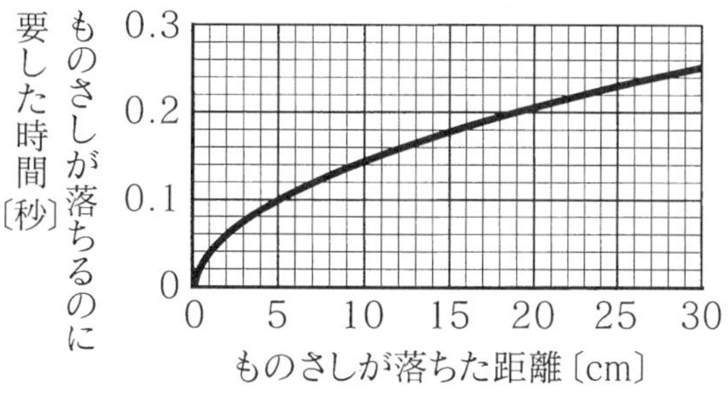

図３

(5)　③と④の結果から，Bさんがものさしを離すのを見てからものさしをつかむという反応が起こるまでの時間は何秒になるか。小数第２位まで求め，数字で書け。

(6)　この実験を長さ 15cm のものさしを用いて行うとどうなるか。Bさんの反応として，最も適切なものを次の**ア**～**エ**の中から１つ選び，記号で答えよ。ただし，目からの刺激に反応する時間は(5)で求めた時間とする。

ア　ものさしの上半分をつかめる。
イ　ものさしのちょうど半分の位置をつかめる。
ウ　ものさしの下半分をつかめる。
エ　ものさしをつかめない。

2 次のⅠ・Ⅱの文を読み，各問いに答えなさい。

Ⅰ． 森林には樹木などの植物があり，植物からは毎年たくさんの落ち葉が地表に降り積もる。地表が落ち葉でいっぱいにならないのは，落ち葉が（ ① ）などの土壌動物のはたらきによって小さくなったり，②土の中の微生物によって無機物に分解されたりするからである。これらの生物のように，生物の死がいやふんなどから栄養分を得る消費者を（ ③ ）と呼ぶ。

(1) （ ① ）に入る落ち葉を食べる小動物は何か。次の**図**の**ア**～**オ**の中から２つ選び，記号で答えよ。

ア ミミズ　**イ** ムカデ　**ウ** カニムシ　**エ** ダンゴムシ　**オ** センチコガネ

図

(2) 下線部②の微生物の特徴として適当なものを，次の**ア**～**エ**の中から１つ選び，記号で答えよ。

ア 菌類の体は多細胞の糸のような菌糸からできている。
イ 菌類には大腸菌などが知られている。
ウ 細菌類は胞子によって増える。
エ 細菌類は単細胞のほか多細胞のものも存在する。

(3) （ ③ ）に入る適語を記せ。

II．土の中の微生物の働きを調べるため，森林の落ち葉の下の土を採取し，以下の①～④の手順で実験を行った。この実験に関して，次の各問いに答えよ。

実験

① 落ち葉の下の土 100g をペットボトルＡに入れた。ア同じ場所の土 100g を十分に焼いてペットボトルＢに入れた。

② 2つのペットボトルに 0.5% のデンプン溶液をそれぞれ 200cm^3 入れ，イふたをして 3 日間置いた。

③ その後，ペットボトルの中の二酸化炭素濃度を測定したところ，ペットボトル（ Ｐ ）では，空気の濃度より高くなっていたが，ペットボトル（ Ｑ ）では，空気中の濃度と変わらなかった。

④ 次に，それぞれのペットボトルの上澄み液を，試験管に少量ずつとり，試験管Ａ，試験管Ｂとした。試験管Ａ，Ｂ両方にヨウ素溶液を加えて色の変化を観察したところ，試験管（ Ｒ ）の液は青紫色に変わったが，試験管（ Ｓ ）では変化が無かった。

(4) 下線部アのような加熱以外の条件をペットボトルＡと同じにして結果を比較するための実験を何というか。漢字2字で答えよ。

(5) 結果を以下の表にまとめた。（ Ｐ ）～（ Ｓ ）に入る組み合わせとして正しいものを次の**ア**～**エ**の中から1つ選び，記号で答えよ。

	（ Ｐ ）	（ Ｑ ）	（ Ｒ ）	（ Ｓ ）
ア	Ａ	Ｂ	Ａ	Ｂ
イ	Ａ	Ｂ	Ｂ	Ａ
ウ	Ｂ	Ａ	Ａ	Ｂ
エ	Ｂ	Ａ	Ｂ	Ａ

(6) 熱処理をしていない運動場の土 100g をペットボトルＣに入れ，同様の実験を行った。実験後のペットボトルＣの二酸化炭素の割合として，最も適当なものを次の**ア**～**ウ**の中から1つ選び，記号で答えよ。

ア ペットボトルＡとペットボトルＢのいずれよりも高い。
イ ペットボトルＡとペットボトルＢのいずれよりも低い。
ウ ペットボトルＡとペットボトルＢの間の値になる。

(7) 下線部イのようにふたをしなければ，ヨウ素溶液を加えた実験の正しい結果が得られないことがある。ふたをする理由を述べよ。

3 北緯 32 度のある地点で，厚紙，サインペン，透明半球を用いて，太陽の 1 日の動きを次の①～④の手順で観察した。下の各問いに答えなさい。

① 厚紙に透明半球のふちと同じ大きさの円を書いて，その中心である点 O に印をつけた。図の点 A ～点 D は，東西南北のいずれかの方位を表している。

② 書いた円に合わせて透明半球を固定し，水平な場所に置いた。

③ 図のように 8 時から 16 時まで順に，1 時間ごとにサインペンの先端の影が点 O にくるようにして，透明半球に印をしたところ，点 P ～点 X がそれぞれ得られた。

④ それぞれの印をなめらかな線で結んだ。点 P ～点 X における各点の間隔はすべて同じであった。

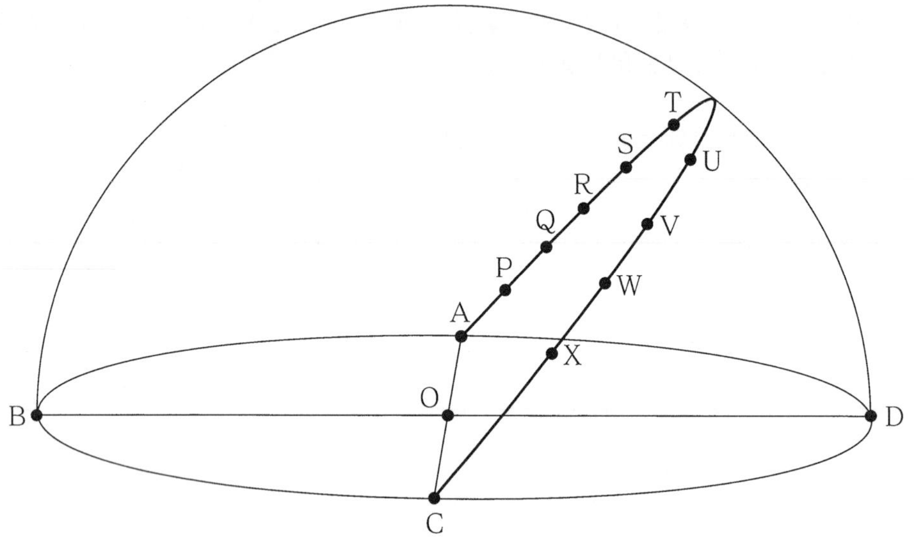

図

(1) **図**で，観測者の位置はどこの点か。次の**ア**～**オ**の中から 1 つ選び，記号で答えよ。

ア 点 A　**イ** 点 B　**ウ** 点 C　**エ** 点 D　**オ** 点 O

(2) **図**の点 B の方位を答えよ。

(3) 観察を行った時期はいつと考えられるか。次の**ア**～**ウ**の中から 1 つ選び，記号で答えよ。

ア 春または秋　**イ** 夏　**ウ** 冬

(4) 観察を行った日の南中高度は何度になるか。

(5) 弧 AP は 5.0cm，弧 PQ は 3.0cm，弧 XC は 7.5cm であった。これらのデータに基づいて，次の①～③の推測できる時刻を求めよ。

① この日の日の出の時刻

② この日の日の入りの時刻

③ この日の南中時刻

4 ある地域で，ボーリングによる地下の地質調査を行った。下の図は，ボーリング調査による地層の柱状図を模式的に表したものである。この地域では，地層の上下の逆転はなかったことがわかっている。また，Aの上は地表である。下の各問いに答えなさい。

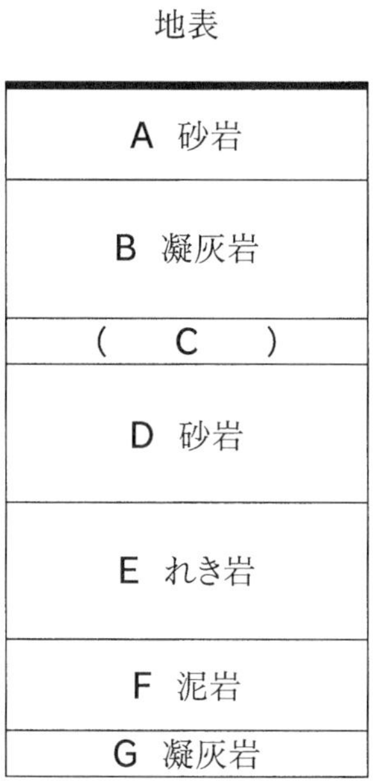

図

(1) 図のA～Gのうち，最も古い時期に積み重なったものはどれか。A～Gの中から1つ選び，記号で答えよ。

(2) 河口から最も離れた深い海底に堆積するものはどれか。次のア～ウの中から1つ選び，記号で答えよ。

ア 砂　　イ れき　　ウ 泥

(3) 図の(C)から取り出した一部を蒸発皿に入れて，うすい塩酸を加えたところ，泡が発生して溶けた。このことから，この岩石は何と考えられるか。次のア～エの中から1つ選び，記号で答えよ。

ア 石灰岩　　イ はんれい岩　　ウ チャート　　エ 安山岩

(4) 図のA～Gに示した岩石は，すべて堆積岩である。堆積岩の特徴として適当なものはどれか。次のア～エの中から1つ選び，記号で答えよ。

ア れき岩を構成している粒は，大きさが2mm以上であり，丸みをおびている。
イ 砂岩は，鉄のハンマーでたたくと，鉄がけずれて火花が出るほどかたい。
ウ 泥岩は，サンゴやプランクトンなどの生物の骨格や殻が集まってできている。
エ 凝灰岩は，マグマや火山灰が固まった岩石なので，角ばった鉱物の結晶からできている。

(5) ある岩石層からフズリナの化石が発見された。この事実からこの岩石層は(　　　)代にできたものであると考えられる。(　　　)に入る適語を漢字2字で答えよ。

5 次のⅠ・Ⅱの各問いに答えなさい。

Ⅰ．水の状態変化についての実験１，実験２を行った。これについて次の各問いに答えよ。

実験１ **図１**のような実験装置を用いて，氷を熱した。このときの温度変化を測定したところ，**図２**のような結果が得られた。

実験２ **図３**のように，ビーカーに水を入れて，体積の変化をみるため液面の高さに印をつけて，ラップでふたをして，ゆっくりこおらせた。すべての水がこおったのち，質量と体積の変化を調べた。

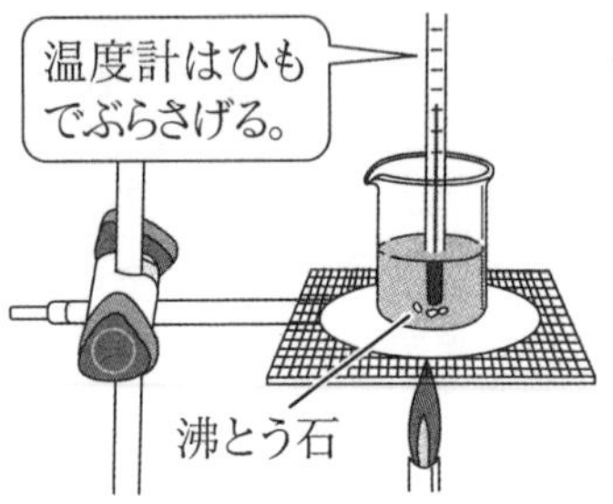

図１

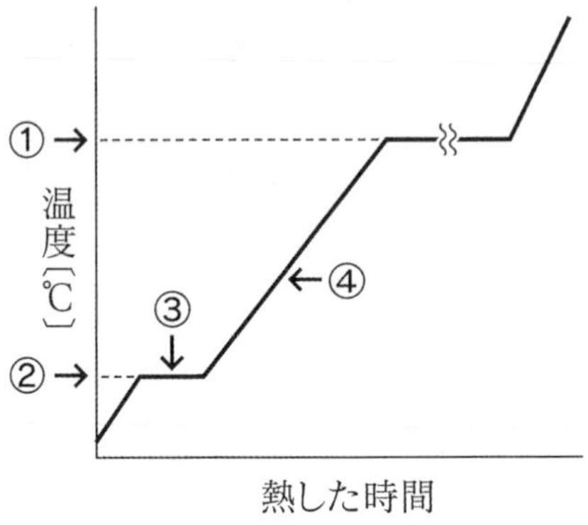

図２

図３

(1) 実験１の**図２**グラフの温度①，②をそれぞれ何というか。漢字２字で答えよ。

(2) 実験１の**図２**グラフの③，④での水の状態を次の**ア**～**カ**の中からそれぞれ１つずつ選び，記号で答えよ。

ア 固体のみ　**イ** 液体のみ　**ウ** 固体のみ
エ 固体と液体　**オ** 固体と気体　**カ** 液体と気体

(3) 実験２において，水が氷に変化したときの粒子の様子を述べたものとして，次の**ア**～**エ**の中から適当なものを１つ選び，記号で答えよ。

ア 粒子の数が変化している。
イ 粒子の大きさが変化している。
ウ 粒子が別の物質に変化している。
エ 粒子どうしの間隔が変化している。

(4) 実験２において，水が氷に変化したとき，密度はどのようになったか。また，そのようになった理由は何か。適当なものを次の**ア**～**ウ**，**エ**～**コ**の中からそれぞれ１つずつ選び，記号で答えよ。

〈密度〉 **ア** 大きくなった。　**イ** 小さくなった。　**ウ** 変わらない。

〈理由〉 **エ** 質量が増加し，体積は変化しなかった。
オ 質量が増加し，体積は減少した。
カ 質量が減少し，体積は変化しなかった。
キ 質量が減少し，体積は増加した。
ク 質量は変化せず，体積が減少した。
ケ 質量は変化せず，体積が増加した。
コ 質量は変化せず，体積も変化しなかった。

Ⅱ．　次の①～④の実験操作について，次の各問いに答えよ。

①　炭酸水素ナトリウムを加熱する。
②　塩化アンモニウムと水酸化ナトリウムを混合して加熱する。
③　二酸化マンガンにオキシドールを加える。
④　うすい塩酸にマグネシウムを加える。

(5)　各実験操作で発生する気体は何か。次の**ア**～**オ**の中からそれぞれ選び，記号で答えよ。

ア　アンモニア　　**イ**　二酸化炭素　　**ウ**　塩素　　**エ**　酸素　　**オ**　水素

(6)　①のとき起こる反応を，化学反応式で表せ。

6　銅の酸化反応について次の実験を行った。次の各問いに答えなさい。

実験

①　実験に用いるステンレス皿の質量を電子てんびんではかった。
②　いろいろな質量の銅粉を，電子てんびんではかりとり，ステンレス皿にうすく広げた。
③　**図**のような操作で，全体の色が変化するまでガスバーナーで十分加熱した。
④　ステンレス皿が冷えてから，皿全体の質量をはかった。
⑤　質量の変化がなくなるまで，③と④の操作を繰り返した。
⑥　質量の変化がなくなったら，皿全体の質量からステンレス皿の質量を引いて，生成した酸化物の質量を求めたところ，次の**表**のようになった。

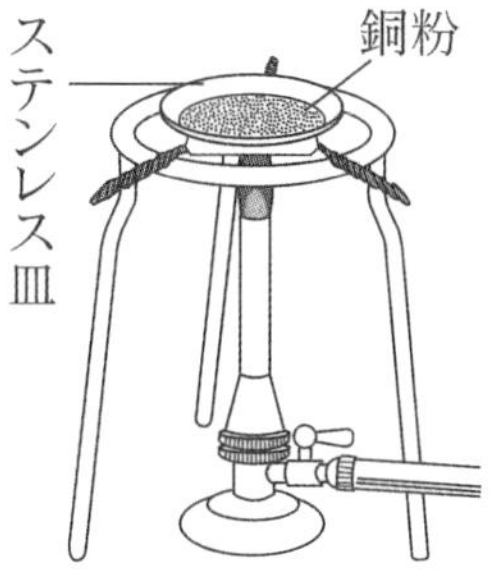

図

表

銅の質量　〔g〕	0.20	0.40	0.60	0.80	1.00	1.20
酸化物の質量〔g〕	0.25	0.50	0.75	1.00	1.25	1.50

(1)　このとき起こる反応を，化学反応式で表せ。

(2)　**表**から，銅の質量と化合した酸素の質量の関係をグラフに表せ。

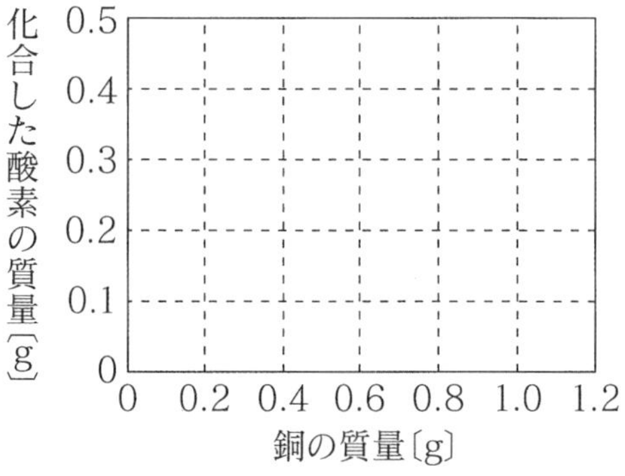

(3)　この実験結果から，反応した銅と化合する酸素の質量を，簡単な整数比で表せ。

(4)　同じ実験をマグネシウムで行ったところ，反応したマグネシウムと化合した酸素の質量には，常に3：2の関係があることが分かった。生成した酸化物の質量が8.0gであったとき，反応させたマグネシウムは何gか。

7 次のⅠ・Ⅱの文を読み，各問いに答えなさい。

Ⅰ． **図１**のように，円を30°間隔に区切って線を引いた記録用紙の上に，半円形のレンズを，記録用紙の円の中心と半円形レンズの中心が一致し，記録用紙の基準線とレンズの平らな面が一致するように置き，光源装置から中心に光を当て，光の道筋を調べた。

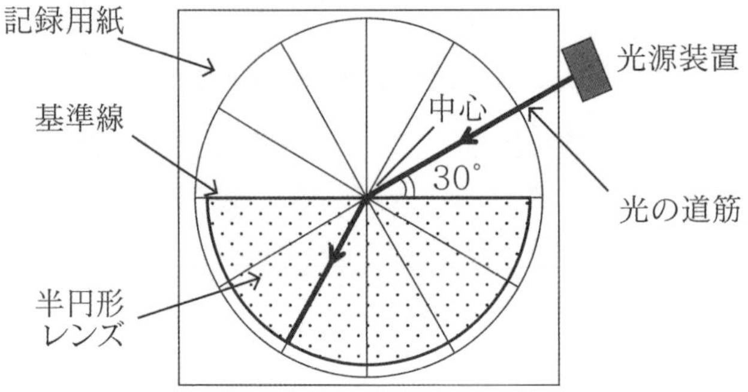

図１

実験１ **図１**のように，基準線から30°の方向から入射した光の多くは，レンズの中を進んだ。

(1) 実験１において，光のレンズへの入射角は何度か。

(2) 実験１において，レンズの中を通った光は，レンズから空気中に出るとき，どのように出ていくか。次の**ア**～**エ**の中から適当なものを１つ選び，記号で答えよ。

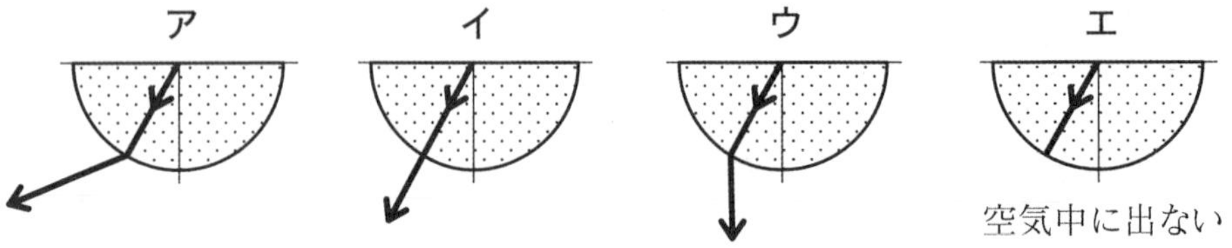

実験２ **図２**のように，レンズ側から基準線と60°をなす方向から光を入射した。

(3) 実験２において，レンズの中を通った光は，レンズから空気中に出るとき，どのように出ていくか。次の**ア**～**エ**の中から適当なものを１つ選び，記号で答えよ。

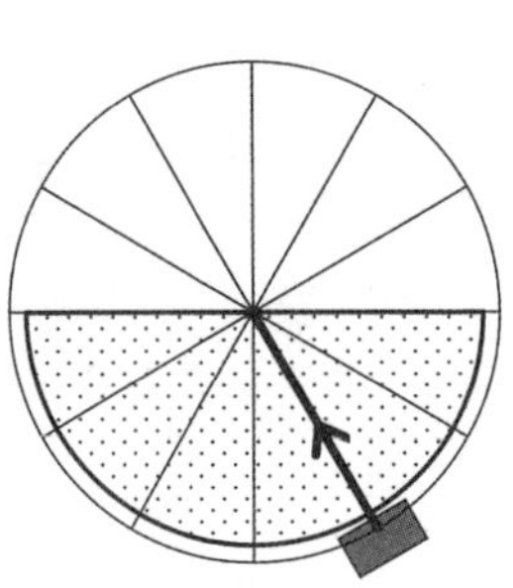

図２

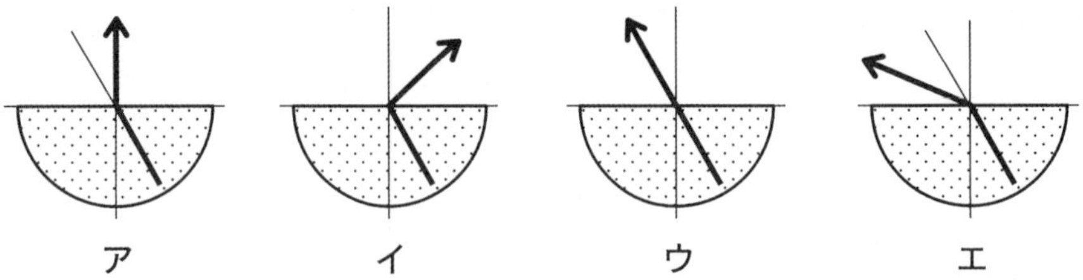

実験３ **図３**のように，レンズ側から基準線と30°をなす方向から光を入射したところ，境界面ですべての光が反射した。

(4) 実験３の現象を何というか。

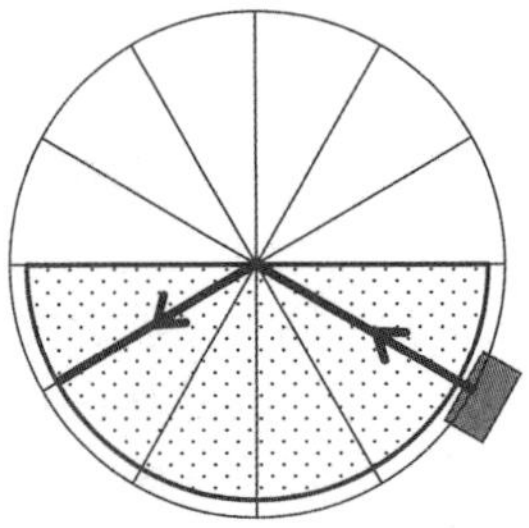

図３

II．　**図４**のように，電球，物体，凸レンズ，スクリーンの順に光学台に取り付けた装置を使って，凸レンズは固定し，物体とスクリーンを動かして，凸レンズによる像のでき方を調べた。ただし，**図４**のように物体は矢印の形を切り抜いた板である。

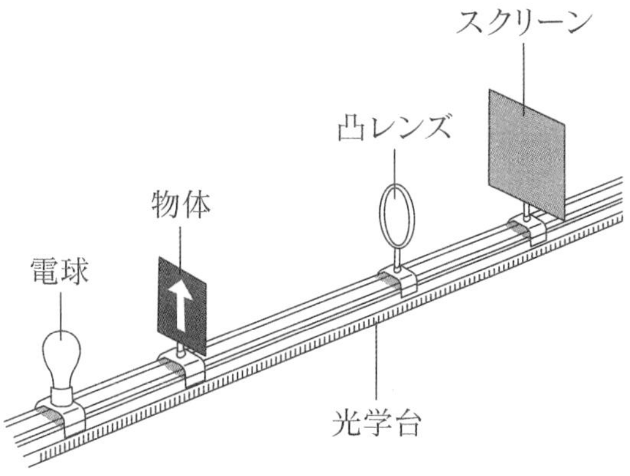

図４

(5)　物体が凸レンズの焦点距離の２倍の位置にあるとき，スクリーンにはっきりと像ができた。このときの像はどのような像か。次の**ア**～**キ**の中から適当なものを１つ選び，記号で答えよ。

ア　像の大きさは，物体の大きさの２倍で，物体と同じ向きである。
イ　像の大きさは，物体の大きさの半分で，物体と同じ向きである。
ウ　像の大きさは，物体と同じ大きさで，物体と同じ向きである。
エ　像の大きさは，物体の大きさの２倍で，物体と上下逆向きである。
オ　像の大きさは，物体の大きさの半分で，物体と上下逆向きである。
カ　像の大きさは，物体と同じ大きさで，物体と上下逆向きである。
キ　スクリーンに像はできない。

(6)　**図５**のように，物体が凸レンズと焦点の間にあるときできる像を何というか。漢字で答えよ。ただし，F_1，F_2 は凸レンズの焦点である。

(7)　(6)のときの像を作図せよ。なお，作図に用いる補助線も記入すること。

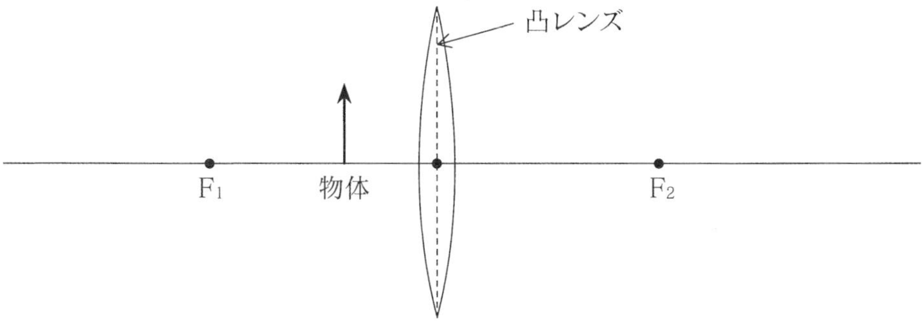

図５

8　次のⅠ・Ⅱの文を読み，各問いに答えなさい。

Ⅰ．**図1**のように，実験台上に置いたスタンドからコの字型の銅線をつるし，銅線が磁石のN極とS極の間に入るようにU字型の磁石を置いた。

銅線に，電熱線Aをつなぎ，電源装置の電圧を60Vにしてスイッチを入れたところ，銅線は矢印(⇙)の向きに振れた。

このとき，電熱線Aには150mAの電流が流れていた。ただし，銅線には抵抗はないものとする。

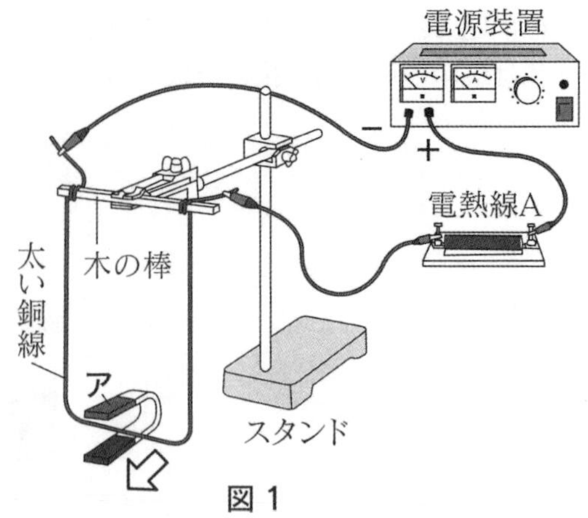

図1

(1)　この電熱線Aの抵抗値は何Ωか。

(2)　**図1**のとき，磁石の**ア**は何極か。

(3)　**図1**の電熱線Aに電熱線Aと同じ抵抗値の電熱線Bを，**図2**のように並列に接続した。電源装置の電圧を60Vにしてスイッチを入れた。このとき，銅線の振れ幅はどのようになるか。次の**ア**～**オ**の中から適当なものを1つ選び，記号で答えよ。

ア　銅線を流れる電流が2倍になるので，振れ幅は小さくなる。
イ　銅線を流れる電流が2倍になるので，振れ幅は大きくなる。
ウ　銅線を流れる電流が半分になるので，振れ幅は小さくなる。
エ　銅線を流れる電流が半分になるので，振れ幅は大きくなる。
オ　銅線にはたらく力は電流に関係ないので，振れ幅は変化しない。

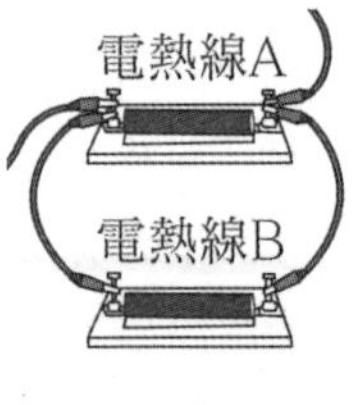

図2

Ⅱ．検流計をつないだコイルを用いて，次の実験1，実験2を行い，コイルに流れる電流を調べた。

実験1　**図3**のように，コイルに棒磁石のN極を近づけたとき，検流計の針は左に振れた。

実験2　**図4**のように，N極を下にした磁石をひもの先につけ，実験1で用いたコイルの上で矢印の方向に1回だけ振った。

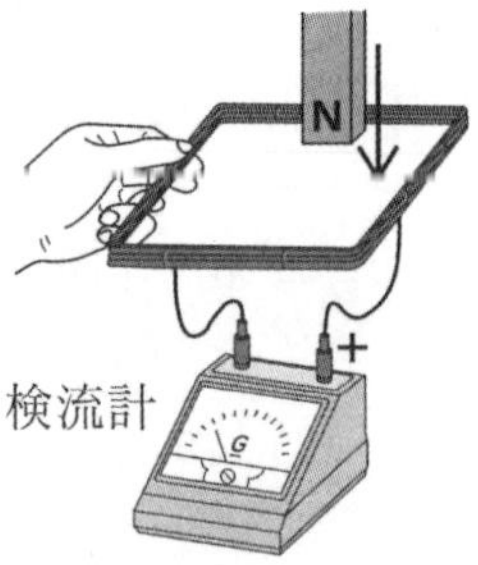

図3

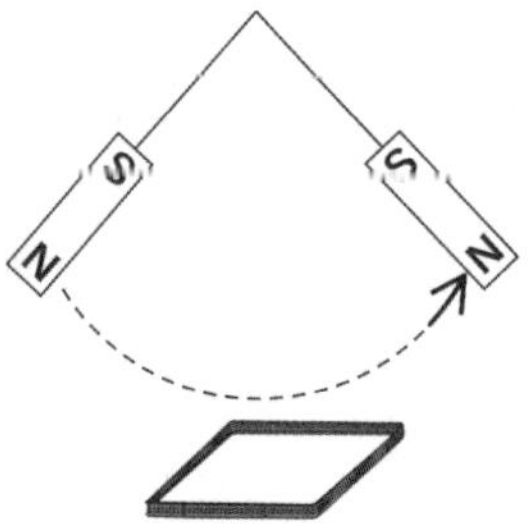

図4

(4)　実験1のように，磁石を動かすことによって，コイルの内部の磁界が変化することで，コイルに電流が流れる。このとき，流れる電流を何というか。漢字で答えよ。

(5)　実験1において，検流計の針の振れ幅を大きくするためにはどのようにすればよいか。方法を1つ述べよ。

(6)　実験2において，検流計の針の振れ方はどうなるか。次の**ア**～**オ**の中から適当なものを1つ選び，記号で答えよ。

ア　右に振れる。
イ　左に振れる。
ウ　右に振れた後，左に振れる。
エ　左に振れた後，右に振れる。
オ　どちらにも振れない。

鹿児島情報高等学校

理事長　原田賢幸
学校長　新納武彦
所在地　〒891-0141　鹿児島市谷山中央二丁目4118番地
電話　(099) 268－3101
FAX　(099) 266－1851
交通　ＪＲ谷山駅・市電谷山電停より徒歩３分
ホームページ　https：//ka-joho.jp/
Eメールアドレス　info @ ka-joho.jp

本校の特色

多様な社会のニーズに対応、8学科を擁する総合高校です。

難関大学を目指す「ｅ－プレップ科」「プレップ科」をはじめとする普通系3学科、専門的な知識と技能を習得し実社会で活躍できる人材育成を目指す専門系5学科を設置しています。

1　本校は、「資格」・「進学」・「就職」・「部活」・「国際交流」の５本柱のもと、１２０％満足できる学校を目指し、学校一丸となってあなたの夢実現を徹底サポートします。

2　筑波大学・東京外国語大学・国際教養大学・大阪大学など難関国立大学をはじめ、早稲田大学・国際基督教大学・上智大学などの有名私立大学等へ合格しています。

3　応用情報技術者試験や日商簿記検定の1，2級など、県や九州でも数名程度とされるような超難関資格合格者を毎年のように輩出しています。

4　吹奏楽や柔道、野球、水泳等県内レベルを超えて活躍する部が増えてきました。いま、「情報高校が元気」です。

5　新装なったＪＲ谷山駅、市電終点の谷山電停、そこからいずれも徒歩3分という恵まれた交通環境を誇っています。また、設備の完備された快適な男子寮、女子寮も、親元を離れて暮らす生徒や保護者の方々に大変喜ばれています。

各学科の紹介

e-プレップ科
ニュージーランド留学で身につけた英語力をはじめ、大学進学に必要な学力を身に付けます。また、ネイティブスピーカーによるプレゼンテーションやディベートの授業を展開し、グローバル社会での活躍を見据えて指導しています。

プレップ科
理系を重視したカリキュラムと探究活動・グループ学習によって、知識に加えて主体性・コミュニケーション能力・課題解決能力を身に付け、国公私立難関大学への進学と未来のリーダーの育成を目指す学科です。少人数クラスで、生徒一人ひとりと向き合って指導しています。

普通科
学業と部活動を両立させた進路の実現に応える学科です。探究活動を通して、社会性や協働の大切さを学び、これからの時代を強く生き抜くスキルを養います。

マルチメディア科
CG・アニメ・作曲・デザイン等と画像処理などを幅広く学習、併せて、CG検定やパソコン検定（P検）などの資格取得を目指します。

情報システム科
【特進コース】
難易度の高い国家資格取得に1年次から挑戦、全国有数の合格校と目されています。資格を武器に難関大学進学を視野に入れた独自のカリキュラムを編成、大阪大、一橋大、横浜国大、早稲田大等輝かしい合格実績を誇っています。
【システムコース】
ハードウエアの学習からソフトウエア＝プログラム作成やシステム設計などの専門的学習がメインです。コンピュータの専門家を目指します。

自動車工学科
自動車の構造や仕組みなど、実習を通して確かな知識と整備技術を身につけ、3級自動車整備士の2年次合格・取得を目指しています。

メカトロニクス科
実習を通してデジタル回路や制御工学などを学習し、現代の物づくりの基礎となる機械工学やＩｏＴ技術の基礎的技能や知識を身につけます。

情報処理科
コンピュータを駆使した簿記・会計等の実務を学習し、情報化社会の経理・事務などに対応できる知識と技能の習得を図り、銀行やスーパー、ホテルなど実社会での即戦力を目指します。

1　募集要項（一般入試）

1　募集定員（450名）

(1)	e-プレップ科	(25名)	(男・女)
(2)	プレップ科	(25名)	(男・女)
(3)	普通科	(40名)	(男・女)
(4)	マルチメディア科	(120名)	(男・女)
(5)	情報システム科		
	・特進コース	(30名)	(男・女)
	・システムコース	(50名)	(男・女)
(6)	自動車工学科	(50名)	(男・女)
(7)	メカトロニクス科	(30名)	(男・女)
(8)	情報処理科	(80名)	(男・女)

2　受験手続の提出書類等
・入学願書・調査書・受験料 10,000円

3　願書受付　令和3年1月6日(水)～1月13日(水)

4　試験日　令和3年1月27日(水)午前8時50分集合

5　試験会場・・・本校と下記会場
指宿・加世田・枕崎・川内・加治木・鹿屋・西之表
中種子・屋久島・名瀬・喜界・徳之島・沖永良部・甑島

6　試験科目
・e-プレップ・プレップ・普通科　(国・数・英・理・社・面接)
・その他の学科　(国・数・英・面接)

7　合格発表　令和３年２月１日(月)
・中学校長並びに本人宛に発表

2　推薦入試（一般、e-プレップ科、プレップ科）募集要項

概要

1　一般入試の他に、３つの推薦入試制度が用意されていて、所定の応募条件を満たせば誰でも受験できる。合格者にはそれぞれ、優遇措置がある。

2　手続き
◆願書受付　令和３年1月6日(水)～1月13日(水)
◆提出書類　願書・調査書・受験料（10,000円）
　e-プレップ科は英検合格証の写しも貼付
◆選考日　令和３年１月18日（月）
◆試験科目等　作文・面接　プレップ科は面接、グループワーク
◆試験会場　本校
◆合格発表　令和３年１月20日（水）

（1）一般推薦入試（部活推薦を含む）

①対象学科　普通科　マルチメディア科
　自動車工学科
　情報システム科システムコース
　メカトロニクス科　情報処理科
②出願資格　（次のア、イを満たし、普通科においてはウに該当する者）
　ア　令和3年3月　中学校卒業見込みの者
　イ　本校第一志望で中学校長が推薦する者
　ウ　普通科においては9教科の評定平均値が 3.0 以上の者

（2）ＡＯ奨学生推薦入試

①対象学科　e-プレップ科
②出願資格　（次のア～エの条件を満たす者）
　ア　令和３年３月　中学校卒業見込みの者
　イ　本校第一志望で、中学校長が推薦する者
　ウ　英検準２級以上の資格を持つ者
　エ　９教科の各評定が３．０以上で、５教科(英・数・国・理・社）の評定平均が３．２以上の者
③合格者は入学金が全額免除され、奨学生に指定される。

（3）奨学生推薦入試

①対象学科　プレップ科
②出願資格　（次のア～ウの条件を満たし、エ～カのいずれかに該当する者）
　ア　令和３年３月　中学校卒業見込みの者
　イ　本校第一志望で、中学校長が推薦する者
　ウ　９教科の各評定が 3.0以上で、３教科(数・理・英）の評定平均値が 3.4以上の者
　エ　主体的に行動し、リーダー性のある者
　オ　国内外の様々なことに関心を持ち、仲間と共に課題に向き合える者
　カ　学校外の活動にも前向きに取り組んでいる者
③合格者は入学金が全額免除され、奨学生に指定される。

4　次の文章を読んで、後の問いに答えなさい。

平成三十一年三月十日第八回名古屋ウィメンズマラソンで、鹿児島銀行の池満彩乃選手が自己記録を更新する２時間２６分７秒で１２位に入り２０２０年東京五輪マラソン代表選考会「グランドチャンピオンシップ」（ＭＧＣ）の出場権を獲得した。池満選手に話を聞き、①印象に残ったのが②「出し惜しみをしないこと」の大切さだ。

「長距離は苦しいし、嫌になる時もあった」と振り返るが、常にア心掛けているのは「今までで[A]を出し切ること」。調子がいい時ばかりではない。それでも、練習やレースの最後はいつも「渾身のラストスパート」とイ決めている。アンカーをウ務めた全国都道府県対抗駅伝でも郷土の期待を背負い、顔をゆがめながら必死に前を追った。

鹿児島情報高校時代は、南九州大会８００メートルで８位と全国大会には縁がなかった。それでも鹿銀で約１０年全国での活躍を目指して仲間とともに努力を続けてきた。その積み重ねの③結果が今回の[B]挙だ。「今までにないくらい体が悲鳴を上げてます」と苦笑しながらも、さらなる「自分超え」にエ向けて走りだした池満選手。全力疾走で鹿児島の子どもらに夢と希望をオ与えてほしい。

（南日本新聞『編集局日誌』による）

問１　傍線部①「印」の部首名を答えよ

問２　傍線部②「出し惜しみをしないこと」とは、何を「出し惜しみしない」と言っているか。漢字一字で答えよ。

問３　[A]に当てはまる言葉として適切なものを次から選び、記号で答えよ。

ア　闘志　イ　結果　ウ　一番　エ　努力

問４　傍線部③「結果」の対義語を漢字で答えよ。

問５　[B]に漢字一字を補って「胸のすくような素晴らしい行い」という言葉を作れ。

問６　傍線部ア～オについて次の空欄を埋めよ。

品詞は動詞、活用の種類は全て（　１　）、活用形も全て（　２　）である。

問７　本文の題として適切なものを次から選び、記号で答えよ。

ア　孤高のアスリート

イ　積み重ねの先に

ウ　渾身のラストスパート

エ　夢の東京オリンピック

3 次の漢詩を読んで、後の問いに答えなさい。

登※鸛鵲楼（鸛鵲楼《かんじゃくろう》に登る）　※王《おう》之渙《しかん》

白日依山尽　白日山に依りて尽き
黄河入リテ㆑海ニ流ル　（　a　）
欲窮千里目　千里の目を窮めんと欲し
更上一層楼　更に上る一層の楼

起句で、輝く太陽が山に沿いながら沈んでいく、という。西の方の黒々とした山脈、その向こうに真っ赤な太陽。読者の眼前に黒と赤のくっきりとした色の対照が鮮やかに示される。これが遠景。承句は近景。楼の下には※滔々《とうとう》と流れる黄河が、ここを※屈曲点にして東へ展開している。その様子を海に入り込んで流れる、といった。河口から二千キロもあるのだから、どんなに高い所へ上っても海が見えるはずはない。当時の中国人にとって海は地の果て、その地の果てへと流れる黄河。いかにも力感あふれた、スケールの大きい描写である。前半二句は、表現の上で白日と黄河が色の対比となっている。

後半は雄大な景色に眺め入るうちに心広がり、さらに大きな景色を、千里も※見《み》はるかす眺めをと、いやが上にも調子は高まっていく。全体わずか二十字で、力感といい、強烈な印象といい、技巧といい、これだけのものが盛り込めるのであるから、大変なものである。

（石川忠久　『漢詩鑑賞事典』による）

（註）※鸛鵲楼…現在の山西省永済県に位置する三層の高殿（楼閣）。唐代には多くの詩人が訪れ、詩を残した　※王之渙…中国、唐の時代の詩人。
※滔々と…水が勢いよく、豊かに流れるさま。
※屈曲点…大きく流れを変える地点　※見はるかす…遠くまで見渡す

問1　上の詩の形式を漢字四字で答えよ。

問2　第一句、第二句のように、文法的働きが同じ語、あるいは、意味やリズムが対照的な語を同じ順序で配置した句を何というか。

問3　第二句の訓読文を参考に、（　a　）に書き下し文を入れよ。

問4　上の詩の構成を次の語句に続けて、漢字で答えよ。
起・承・（　①　）・（　②　）

問5　第三句の「目」にはどのような意味があるか。次から選び、記号で答えよ。
ア　視覚　イ　凝視　ウ　遠景　エ　眺望

問6　第四句は、雄大な景色の続きでなく、作者が更に上の階に登る様子が描かれている。その理由を次から選び、記号で答えよ。
ア　雄大な景色の先にある、更に高次元なものを求めているため。
イ　雄大な景色の先にある、故郷を思い出し懐かしんでいるため。
ウ　雄大な景色の先にある、あてもなく続く旅を憂いているため。
エ　雄大な景色の先にある、報われない人生を悲しんでいるため。

トイレに行ったり、しほりんの知らない北小時代の話を口にするたび、不安で不安で、泣きたくなる。あわててレイミーの知らない吹奏楽部の話題をもちだし、ウ挽回をはかってみたりもする。

レイミーもレイミーで、気のせいか、しほりんに対抗しているふしもある。

「ね、千鶴、生たまごの一気飲みってできる？　しほりんは？」

「千鶴、ネギ畑の妖精、見たことある？　しほりんは？」

「千鶴はあまいカレーライスと、からいチョコレートパフェと、どっちか絶対に完食しなきゃいけないって言われたら、どっち？　しほりんは？」

しほりんは？と言われるたびに、［A］ついでに聞かれている気がして、しほりんは内心むっとした。意味のわからない質問にもイラついて、つっけんどんな声を返してしまったりもする。［B］機嫌をそこねると、しほりんは修復に時間がかかる。空気をこわしているとわかっていても、思うようにスイッチを切りかえられない。

レイミーさえいなければ。

④気の安まらない毎日のなかで、いけないとは思いながらも、しほりんは心のどこかでいつも願っていた。

レイミーさえいなければ、嫉妬にも、自己嫌悪にも苦しまないですむのに。

千鶴とふたり、影のない光のなかだけにいられるのに。

⑤その思いが届いたかのように、レイミーの身にある事件がふりかかったのは、五月のある日のことだった。

（森絵都『クラスメイツ　前期』による）

問1　傍線部ア〜ウのカタカナは漢字に直し、漢字はひらがなに直せ。

問2　傍線部①とあるが、「しほりん」がそう思う理由となっている一文を十五字以内で抜き出して答えよ。

問3　傍線部②「氷の牢獄」とはどういう状況をたとえたものか。次から選び、記号で答えよ。

ア　周りの人間から距離を置かれ、孤立している状況。
イ　周りの人間と比較され、いやな思いをしている状況。
ウ　周りの人間と遊べずに、毎日を退屈に過ごしている状況。
エ　周りの人間から引き離され、閉じ込められている状況。

問4　傍線部③とあるが、そう思ったのはなぜか、説明せよ。

問5　文章中の［A］［B］に当てはまる言葉の組み合わせを次から選び、記号で答えよ。

ア（A全く　・Bとうとう）　イ（Aいかにも・Bいったん）
ウ（Aまるで・Bしだいに）　エ（Aあたかも・Bほぼ　）

問6　傍線部④とあるが、そう感じるのはなぜか。次の文の（　　）に当てはまる言葉を本文から探して答えよ。

レイミーと千鶴が北小時代の話をしていると、それに（　ア　）して吹奏楽部の話題をはじめたり、自分が空気をこわしているとわかっていても思うようにスイッチを切りかえられないという（　イ　）を感じる毎日だから。

問7　傍線部⑤とはどんな思いか。次から当てはまらないものを選び、記号で答えよ。

ア　レイミーさえいなければよかったのに、という思い。
イ　レイミーの意味の分からない質問にイラつく、という思い。
ウ　女子の仲良し三人組なんてろくなものじゃない、という思い。
エ　千鶴とふたりだけの友人関係でいたい、という思い。

2 次の文章を読んで、後の問いに答えなさい。

> 中学校に入学したばかりの「しほりん」は、新しくともだちとなった「千鶴」と一緒に吹奏楽部に入部した。そして、「レイミー」を加えた三人で行動することが多くなった。

①吹奏楽部へ入ってから、しほりんはますます学校が楽しくなった。

教室ではクラスのともだちが、放課後の音楽室では部活のみんなが、しほりん、しほりんとあたりまえみたいに声をかけてくれる。いつでも、だれかがそばにいる。

それだけで、中学校という場所はしほりんにとって、まぶしすぎるくらいきらきらしていた。

あたたかすぎるくらいほかほかしていた。でも――ふっとひとりになったアシュンカン、いまでも、急にこわくなる。

このまぶしさはいつまで続くんだろう。このぬくもりはいつまで続くんだろう。

千鶴とレイミーは、いつまであたしのそばにいてくれるんだろう?

本音を言えば、女子の仲よし三人組なんてろくなものじゃない、としほりんは思っていた。とにかく、奇数はいけない。これは鉄則だ。しかも、よりによってまた三人組だなんて、不運すぎる。

千鶴やレイミーといっしょにいると、しほりんはどうしても思いだしてしまう。忘れたい記憶。いまでも傷口はなまなましくて、かさぶたにすらなっていない。

小六の秋に、突然、親友の真衣《まい》と杏《あんず》から仲間はずれにされた。なにをするにも三人いっしょだったのに、しほりんが風邪で学校を休んでいるあいだに、ふたりは別人みたいに変わってしまった。自分のどこが悪いのか。どうあらためればいいのか。なにを聞いても答えてくれない。そのうえ、ふたりはあることないことしほりんの悪口を言いふらし、気がつくと、クラスの女子の半数は口をきいてくれなくなっていた。教室が②氷の牢獄《ろうごく》となった。

逃げたら、負け。学校を休んじゃいけない。がまんして、がまんして、やっとのことで小学校を卒業した。

気絶しそうなくらいイキンチョウした北見二中の入学式。小六のころに自分を無視していた女子が一年A組にひとりもいないのを知ったとき、だから、しほりんは涙が出るほどほっとしたのだった。

初日から、前の席の千鶴が積極的に話しかけてくれたのもラッキーだった。この子となら仲よくなれそう。不安でいっぱいの中学生活に光がさしこんだ。

ところが、安心したのもつかのま、③そこには不吉な影がまじった。北小出身者たちから「ふしぎちゃん」と言われているレイミーが、やたらと千鶴についてまわるようになったのだ。

もとクラスメイトのレイミーを、千鶴は自然にうけいれた。しほりんもろこつにいやな顔はできず、結局、絶対に避けたかった三人組として定着してしまった。

以来、しほりんはなにかにつけてレイミーを意識し、警戒してしまう。

自分のいないところで千鶴とレイミーが仲よくしすぎていないか?

しほりんってちょっとね、なんて悪口を言いだしていないか?

毎日、びくびくと神経をとがらせている。千鶴とレイミーがふたりで

「知る」でなく「わかる」という感覚を大事にすることは、専門外の人が専門的なことに近づく方法であると同時に、専門家が密画のみでなく略画も見る、つまり[C]を持つことにもなります。これは大切なことです。話をしていて、「その気持わかるよ」という時のわかるです。

（中村　桂子『科学者が人間であること』による）

※密画…哲学者、大森荘蔵による用語。可能な限り最小の単位まで還元し、分析的にものを見ていく見方。

※略画…哲学者、大森荘蔵による用語。自分の眼で物を見、手で触れ、舌で味わうという形で外界と接していくこと。

問1　傍線部ア〜ウのカタカナを漢字に直せ。

問2　[❶]〜[❸]にあてはまる語を、次のア〜オの中からそれぞれ選び、記号で答えよ。

ア　つまり　　イ　なぜなら　　ウ　けれども

エ　しかも　　オ　たとえば

問3　[a]にふさわしい擬態語をカタカナ三字で答えよ。

問4　この文章では、次の一文が抜けています。この一文が入る部分を（Ⅰ）〜（Ⅳ）から選び、記号で答えよ。

「だから研究するわけです。」

問5　[A]〜[C]にあてはまる語句を本文中から探し、それぞれ五字以内で抜き出して答えよ。

問6　傍線部①について、「知る」ということを、作者はこの箇所以外でも定義している。その箇所を十一字で抜き出して答えよ。

問7　傍線部②「これ」はどのようなことを言うのか。二十字以内で答えよ。

問8　本文の内容と合致するものを次から選び、記号で答えよ。

ア　iPS細胞について正確な知識を得ることで、すぐに感覚的に理解することができる。

イ　科学者をはじめとする専門家は密画を見ることが重要であり略画は必要としない。

ウ　様々な知識を体感的に理解できることが「わかる」であり、日常感覚として大切だ。

エ　科学者は数学や法則など知識を得ることで、誰でも必ず「わかる」時がやってくる。

令和二年度　鹿児島情報高校入試問題　国語

（解答…229P）

1　次の文章を読んで、後の問いに答えなさい。

「科学は難しい」と片付けるのではなく、社会の側にも科学を共有する姿勢がほしいと述べました。とはいえ、本来、生物学が専門でない人が、❶ iPS細胞について正確な「知識」を持とうとしたら、分子生物学の基本から勉強しなければなりません。それはとても時間のかかることですし、実際には独学では難しいでしょう。（ Ⅰ ）

それ以上に問題なのは、ア センタン研究に関する事実だけを伝えた場合、たとえそれを①知識として受けとること、すなわち「知る」ことはもしできたとしても、そこにいたるまでの過程、そこで研究者たちが考えたこと、時に悩んだこと、その結果、生命現象のある部分が見えてくるようになったことが「わかる」のはとても難しいということです。これは科学に限らず、専門的なことを外から知ろうとする時はつねにつきまとう問題です。イ カンジンなのは「事実を知らせる」ことより、そこで何が得られたかが「わかる」ことです。

ここで「知る」と「わかる」について、あらためて考えてみます。多くの研究者の体験には、研究の過程で論理的に考えていき答を知る時と、パッとひらめいてわかる時があると書かれています。この「ひらめく」時、❷ 「わかる」時は、部分ではなく全体が見えていることが多いと思うのです。

知るというのは筋道を立てた知識の獲得ですが、それだけでは本当に対象をわかることはできません。生命とはなにか、人間とはなにかという問いを立てて研究している場合でも、生命や人間について、多少「知る」ことはできたとしても、まだまったく「わかって」はいません。（ Ⅱ ）

いつかは②これに答があると信じている人、とくに科学者の中には、数学や法則で、また分子のはたらきについての知識をウ チクセキしていくことによって、生命とはなにかが解けると信じている人もいるのでしょうが、私は、それがすべて「解ききれた」となる時はないと思っています。（ Ⅲ ）

❸ 小さなことでも生きものの持つ特徴が見えてくるのが楽しいですし、自分の中で「生きている」ことの大切さや魅力を感じる日常感覚が、その小さな「知ること」によって刺激され豊かになっていくのが楽しいのです。それが「わかる」という気持、ああ生きものってそういうものなんだと思い、納得する感じにつながります。これは知識ではなく、心に a と落ち、自分が生きものであることと重なり合う感じです。

私の場合、DNAや細胞を通して「知った」ことは、まさにそのような「わかる」を常に刺激してくれます。これが生きもの研究の中にいる喜びであり、私が他の人に伝えたいことは、生物学の A ではなくこの B です。でもこれを伝えるのは難しい。まさに表現の工夫が必要になってきます。（ Ⅳ ）

iPS細胞のはたらきは私たちのコントロール下にあるのではなく、細胞がはたらいてくれているのだという感覚は、私たちが自分の手や足や臓器などの体に対して感じることと同じであり、この感覚は「知る」ではなく「わかる」です。実験室で得られた密画※が、誰もが日常感覚として持つ略画※と重なってこそ、専門家とそれ以外の人たちが感覚を共有できるのだと思います。

令和２年度　鹿児島情報高校入試問題　数　学

（解答…231Ｐ）

1　次の１～５の問いに答えなさい。

1　次の（1）～（6）の問いに答えよ。

（1）　$4+6\div2$　を計算せよ。

（2）　$\frac{7}{18}\div\frac{3}{8}-\frac{1}{27}$　を計算せよ。

（3）　$6a^4b^2\div2a^3\times b$　を計算せよ。

（4）　a^2+4a-5　を因数分解せよ。

（5）　$\frac{9}{\sqrt{3}}-\frac{\sqrt{6}}{2}\times\sqrt{2}$　を計算せよ。

（6）　2次方程式　$x^2+3x-1=0$　を解け。

2　yはxに反比例し，$x=2$のとき$y=8$である。yをxの式で表すと$y=$ □ である。

3　記号　「※」を，2つの数a, bについて

$$a※b=2ab+a+b$$

のように計算するものとすると

2※(−3)　の値は ア で，(1※1)※1　の値は イ である。

4　1から5までの数字をそれぞれ書いた5枚のカードがある。このカードの中から同時に2枚とるとき，その和が偶数になるのは □ 通りある。

5　△ABCの辺ABの中点Mと，辺CM上にCD：DM＝2：3となるような点Dをとる。ADの延長線と辺BCの交点をEとするとき，BE：ECを最も簡単な整数の比で表せ。

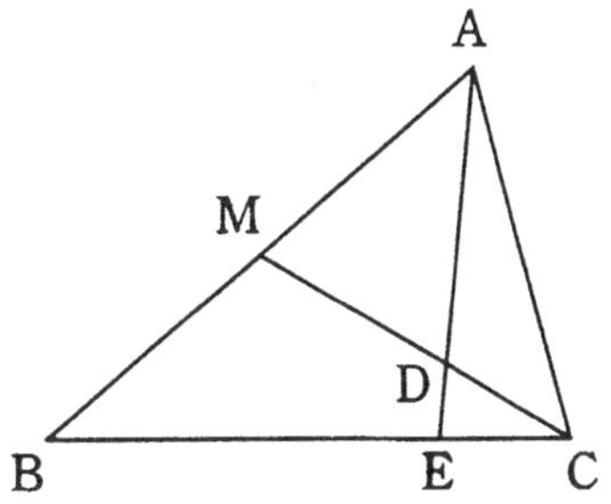

[2] 下の表は，Aさんが所属する部活動の生徒25人について，グランド1周のランニングのタイムを調べたものである。表１は生徒25人の記録であり，表２はその記録を度数分布表に表したものである。

次の１～３の問いに答えなさい。

表１　Aさんの所属する部活動の生徒25人の記録　(秒)

63	72	85	61	82
61	76	44	73	64
52	80	62	71	55
79	60	81	67	83
68	73	70	74	66

表２　表１の生徒25人の記録の度数分布表

階級（秒）	度数（人）
以上　　未満	
40 ～ 50	1
50 ～ 60	2
60 ～ 70	□
70 ～ 80	ア
80 ～ 90	5
合　計	25

1　表２のアに当てはまる数を求めよ。

2　表２において，中央値（メジアン）が含まれているのは何秒以上何秒未満の階級であるか。

3　70秒未満のタイムをもつ生徒の相対度数を求めよ。

3　4％の食塩水A，8％の食塩水Bがある。①，②のように混ぜて新しい食塩水をつくる。これについて，次の1～3の問いに答えなさい。

①　食塩水Aのxgと食塩水Bのygを混ぜる。

②　さらに食塩水Aの2倍の量の水を混ぜる。

その結果，5％の食塩水1kgができた。

1　①でできた食塩水に含まれている食塩の量をx，yを用いた式で表せ。

2　上の条件に当てはまるx，yを求めるために連立方程式をつくる。
このとき，次の（1），（2）の問いに答えよ。

（1）　食塩水の量から方程式を求めよ。

（2）　食塩水に含まれている食塩の量から方程式を求めよ。

3　連立方程式を解いて，x，yを求めよ。

$x=$ □　　$y=$ □

4 図1のように，関数 $y=ax^2$ $(a>0)$ のグラフ上に3点A，B，Cがあり，それぞれの x 座標は4，6，-4 である。また，この関数の $x=-4$ から6までの変化の割合が $\frac{1}{2}$ であるとき，次の１～４の問いに答えなさい。

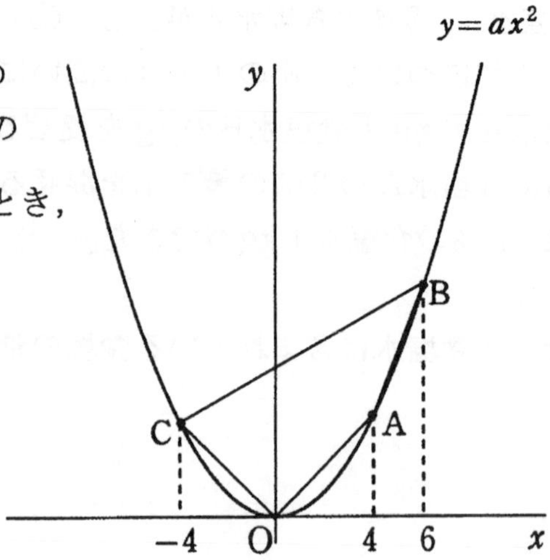

図 1

1　a の値を求めよ。

2　直線BCの式を求めよ。

3　四角形OABCの面積を求めよ。

4　さらに，図 2のように，x 軸上に点Pをとる。BP＋CPの長さが最短となるときの点Pの x 座標を求めよ。

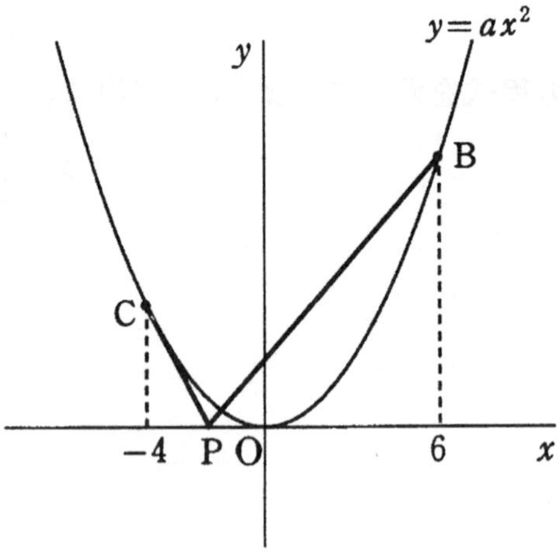

図 2

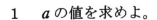

5　右の図のように，半径2 cmの円Oの周上に$\angle AOB=90°$となる点A，Bをとる。また，線分ABに対して中心Oと同じ側の弧AB上を動く点Pがある。ただし，点Pは点A，Bと重ならないものとする。
　このとき，次の１～４の問いに答えなさい。

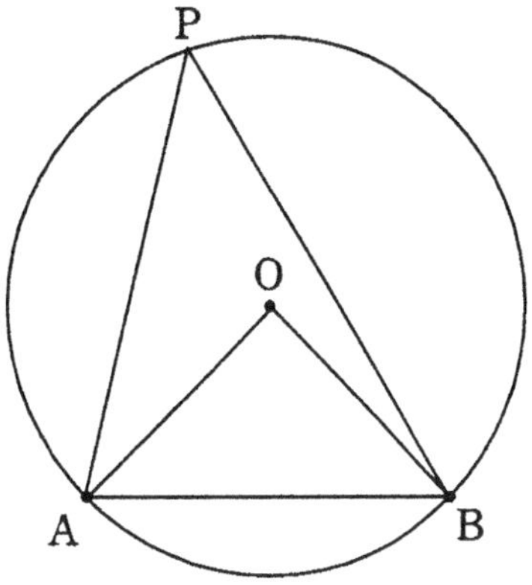

1　$\angle APB$の大きさを求めよ。

2　線分ABの長さを求めよ。

3　△APBの面積が最大になるように点Pを動かしたとき，△APBの面積を求めよ。

4　点Bから線分APに垂線を引き，線分APとの交点をQとする。ただし，点Qは点Aと重ならないものとする。
　このとき，次の（１），（２）の問いに答えよ。

（１）　３点A，B，Qを通る円の半径を求めよ。

（２）　（１）の円と円Oの重なった部分の面積を求めよ。ただし，円周率はπとする。

鹿児島情報高校

6　右の図のように，すべての辺の長さが8 cmの正四角すいA－BCDEがある。
次の1～3の問いに答えなさい。

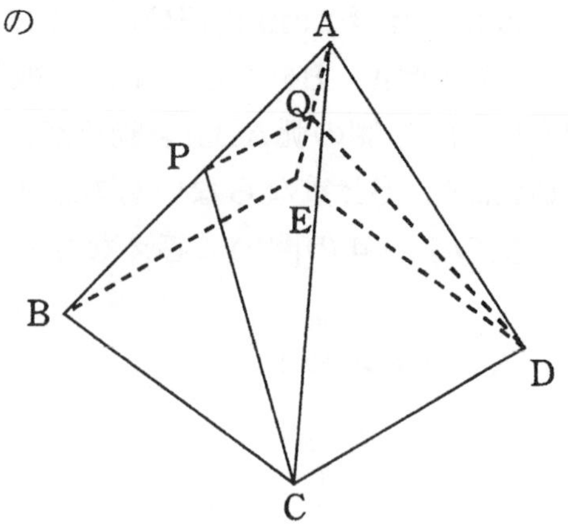

1　辺ABと辺CDの位置関係を何というか。

2　この正四角すいの体積を求めよ。

3　辺AB，辺AEのそれぞれの中点をP，Qとするとき，次の（1），（2）の問いに答えよ。

（1）四角形PCDQの面積を求めよ。

（2）四角形PCDQを辺CDを軸として回転させてできる立体の体積を求めよ。

鹿児島情報高校

令和２年度　鹿児島情報高校入試問題　英　語　（解答…232Ｐ）

1 【聞き取りテスト】放送による指示に従いなさい。英文は２回ずつ放送します。
メモをとっても構いません。

1　これから Miki と James の対話を放送します。対話のあとに，その内容について英語で二つの質問をします。絵を見ながら対話を聞き，英語の質問の答えとして最も適切なものを，ア～ウの中から一つ選び，その記号を書きなさい。但し，選択肢は印刷されていません。

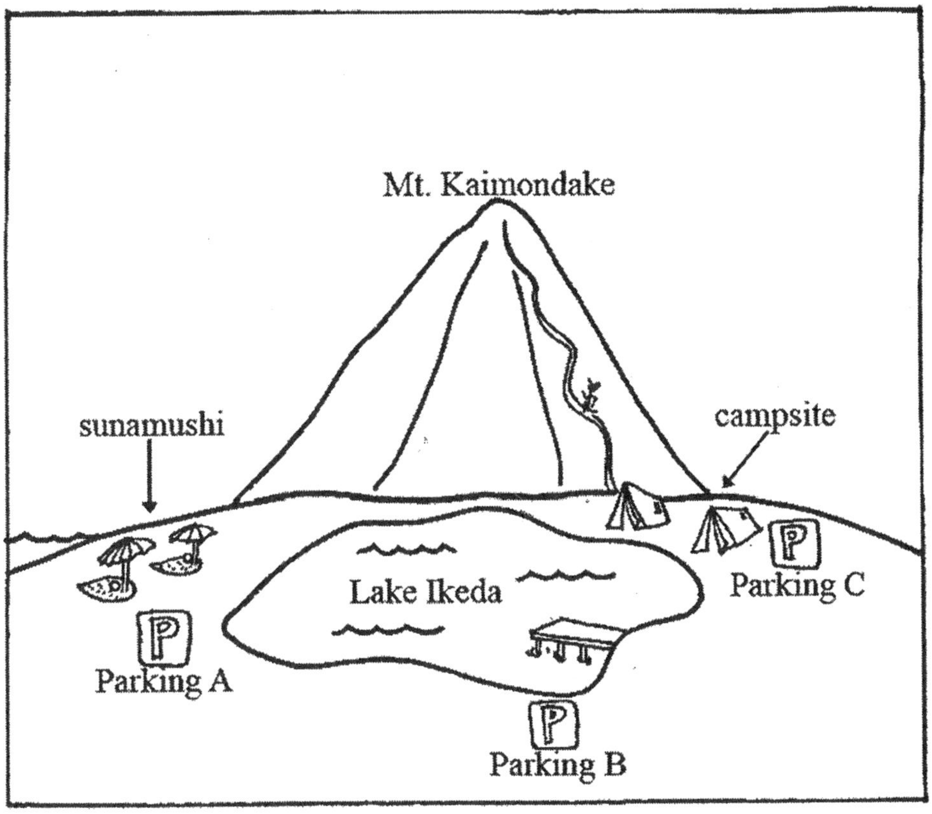

2　これから Miki と James の対話を放送します。対話のあとに，その内容について英語で質問をします。その質問に対する答えとして最も適切なものを，下のア～ウの中から一つ選び，その記号を書きなさい。

ア
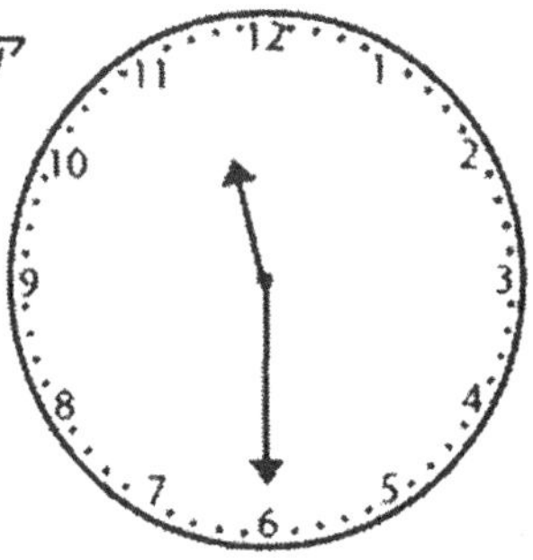

イ
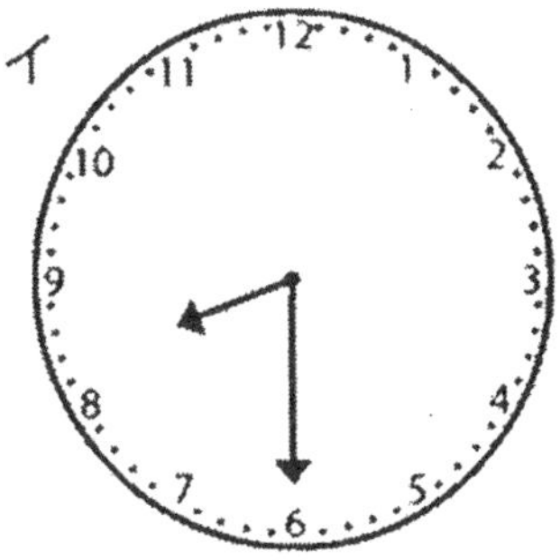

ウ
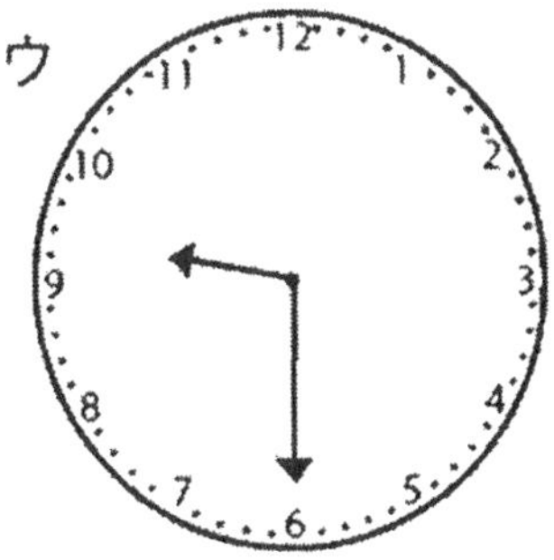

3　これから Miki と James の対話を放送します。対話のあとに，その内容について英語で質問をします。その質問に対する答えとして最も適切なものを，下の(1)(2)のそれぞれのア～ウの中から一つ選び，その記号を書きなさい。

(1)　ア You can have it next.
　イ Really? Don’t tell me the ending.
　ウ Black Monsters is my favorite game.

(2)　ア No, not at all.
　イ Maybe we should keep it.
　ウ Yes, please open it.

4　これからJamesが行ったプレゼンテーションでのスピーチを放送します。スピーチのあとに，その内容について英語で二つの質問をします。その質問に対する答えとして最も適切なものを，下のア～ウの中から一つ選び，その記号を書きなさい。

(1)　ア They are liked by everyone.
　　イ They are not good for meeting new people.
　　ウ They are good for your body.

(2)　ア Because people play alone.
　　イ Because people can move around.
　　ウ Because they are expensive.

5　これから流れる英語の質問に，あなたの考えを5語以上の英語で書きなさい。書く時間は３０秒間です。

2　SusieとMasashiの会話文を読み，１～３の問いに答えなさい。

Susie　: What are you watching, Masashi?

Masashi　: I'm watching Greta Thunberg's speech.

Susie　: What's it about?

Masashi　: About global warming. ①I'm so moved by her speech. She is the same age as us, but she is well known as an environmental activist.

Susie　: That's great. Masashi, do you do something good for the environment?

Masashi　: Well, I'm working on an environmental project in my class. For example, I pick up trash from around my school. Then, I research what kinds of trash there are around the school. There are so many empty bottles. We're planning to make a poster like this, and put it on the school information board.

Susie　: That's interesting. Can I join in the activity with you next time?

Masashi　: Of course. Don't forget to bring your gloves not to hurt your hands.

Susie　: Okay. I'll bring my gloves and some trash bags.

Masashi　: Thank you. I'm looking forward to doing the activity together!

1　下線部①を日本語に訳せ。

2　ポスターに書かれている "No Littering" の意味を本文の内容から推測して，日本語で書け。

3　本文の内容に関する次の質問の答えとして最も適切なものをア～ウの中からそれぞれ一つ選び，その記号を書け。

(1) What are Susie and Masashi mainly talking about?

　ア The girl who made a speech.　　イ His environmental project.　　ウ Empty bottles.

(2) What is true about Susie?

　ア She is the same age as Greta Thunberg.

　イ She is watching the speech.

　ウ She will bring gloves for Masashi.

3 次の１～３の問いに答えなさい。

1 次の(1)～(5)の文中の（　　）に入る最も適切なものを下のア～エの中からそれぞれ一つ選び，その記号を書け。

(1) A : What is she doing over there?

B : She is looking (　　) her cat. It hasn't come back since yesterday.

ア at　　イ on　　ウ for　　エ to

(2) Stars can (　　) at night.

ア see　　イ seen　　ウ be seen　　エ seeing

(3) A : Could you tell me where the City Hall is?

B : I'm sorry, I'm a (　　) here myself.

ア beginner　　イ loser　　ウ runner　　エ stranger

(4) A : May I (　　) your bathroom? I want to wash my hands.

B : Sure.

ア have　　イ use　　ウ lend　　エ go

(5) A : Would you like a cup of coffee?

B : If you have (　　).

ア enough　　イ trouble　　ウ money　　エ pain

2 次の(1)～(5)の日本文の意味を表すには，【　　】の中の a～c の語（句）をどのように並べたらよいか。正しい順序のものを下のア～エの中からそれぞれ一つ選び，その記号を書け。

(1) 何か冷たい飲み物をください。

Please give me【 a. something　b. to drink　c. cold 】.

ア a-b-c　　イ a-c-b　　ウ c-a-b　　エ c-b-a

(2) 私は郵便局に手紙を出しに行ってきたところです。

I have been【 a. a letter　b. to the post office　c. to send 】.

ア b-a-c　　イ b-c-a　　ウ c-a-b　　エ c-b-a

(3) 私たちは昨夜パーティーで楽しい時間を過ごしました。

We【 a. good time　b. a　c. had 】at a party last night.

ア a-b-c　　イ a-c-b　　ウ c-a-b　　エ c-b-a

(4) 日本にいらっしゃってどれくらいになりますか。

How long【 a. been　b. have you　c. in Japan 】?

ア b-a-c　　イ b-c-a　　ウ c-a-b　　エ c-b-a

(5) すみませんが，図書館への道のりを教えていただけませんか。

Excuse me, but could you tell me【 a. the library　b. to　c. the way 】?

ア a-b-c　　イ a-c-b　　ウ c-a-b　　エ c-b-a

3　次の(1)～(5)の会話について（　　）に入る最も適切なものを下のア～ウの中からそれぞれ一つ選び，その記号を書け。

(1)　A : Excuse me. Could you pass me the salt?

B : Of course. (　　　　　)

ア　Here I am.　　　イ　Here we are.　　　ウ　Here you are.

(2)　A : Sorry, I'm late. I hope you haven't been waiting long.

B : (　　　　　) I arrived a few minutes ago.

ア　Oh, yes.　　　イ　Don't worry.　　　ウ　You're welcome.

(3)　A : Excuse me. Do you have the time?

B : (　　　　　)

ア　Time is money.　　　イ　It's 10:30.　　　ウ　I was busy then.

(4)　A : What do you want to eat tonight?

B : (　　　　　)

A : Then let's try some local food.

ア　It's your choice.　　　イ　Sorry. I have an appointment with Mary.

ウ　I don't want to eat anything.

(5)　A : Did you have a nice weekend?

B : Yes. I made a short trip to the country. I really enjoyed it. (　　　　　)

A : I just stayed home all weekend. It was boring a little.

ア　How about you?　　　イ　Did you see that?　　　ウ　What are you doing next weekend?

4 次の英文を読み，１～８の問いに答えなさい。

Aika is a high school student in Kagoshima. She loves studying English and talking to people from foreign countries. Last summer, she had a chance to travel to Australia. ①It was the first time (to / to / a / her / foreign country / for / travel) alone. She was a little bit nervous, but at the same time, she was very excited. She stayed in Australia for two months. When she came back to Kagoshima, she talked about three unforgettable memories in class.

On her first day, she left Narita Airport at seven in the evening and arrived in Sydney the next morning. She was very *confident in her English. However, she made a big mistake. When she got off the airplane, she first saw two signs, "baggage claim" and "no baggage claim." She had no "claim" for her suitcase, so she went to the area for "no baggage claim." However, she saw many people going to the area for "baggage claim." She wondered why so many people had a "claim." After a while, ②she was already outside of the building, but she still didn't pick up her suitcase. That was the time she used her dictionary to find the meaning of "baggage claim." She panicked because it means people should pick up their suitcases. She told the airport staff about her *misunderstanding, and safely she got her suitcase. She thought "claim" means "to complain," but it actually means "to get bags back" in English.

Also, she wanted to go sightseeing by bus, so she was waiting for a bus at the bus stop. She checked which bus to take and she was there 10 minutes earlier than the bus schedule. However, the bus didn't come on time and she was getting worried. Finally, the bus came 15 minutes late. She was happy to see the bus and approached it with a smile. However, to her surprise, the bus didn't stop and just passed by. She didn't know what to do. Soon another bus came, and then she saw some other people at the bus stop raise their hands to stop the bus. So ③she did the same when the next bus she wanted to take came. This time, the bus stopped. At first, she was so *confused, but she was happy to find a big difference between Japan and Australia.

The last memory is that one day she walked around downtown. She enjoyed visiting tourist spots such as the Opera House, Harbor Bridge and so on. For lunch, she went to a food court. When she ordered a hamburger, the staff asked her something. She didn't understand well, but she said, "Yes." After a while, ④she was surprised to see the hamburger she ordered! That hamburger was the ⑤(big) one the store could make. It was 20 cm tall and had 6 meat *patties, 6 slices of pineapple, cheese, tomatoes, and lettuce. Aika couldn't eat it all, so she took half of it out for her dinner. From this experience, she learned she should ask if she doesn't understand what people are talking about in English.

After she came back to Japan, she joined a speech contest to talk about these experiences. ⑥It was another challenge for her. She couldn't come in first, but she enjoyed joining the contest. These experiences made her study English even more.

*confident 自信のある　misunderstanding 誤解　confused 困惑した　patties パテ

1　下線部①が正しい英文になるように(　　)内の語句を並べ替えよ。

2　下線部②とあるが，その理由はなぜか。下の文が答えとなるように(　　)に適切な日本語を入れよ。

Baggage claim の意味を(　　　　①　　　　)がある人が行く方向だと思い，

(　　　　②　　　　)しまったから。

3　次の英文は本文の内容についての質問である。質問に対して英語で答えよ。

How long did she wait for the first bus at the bus stop?

4　下線部③を the same の内容を具体的に示して日本語に訳せ。

5　下線部④を日本語に訳せ。

6　下線部⑤を適切な形に直せ。

7　下線部⑥が指す内容を日本語で書け。

8　本文の内容と一致するものを下のア～オの中から二つ選び，その記号を書け。

ア　Aika はオーストラリアに一人で行きたくなかった。

イ　Aika は空港スタッフに手伝ってもらって，荷物を受け取ることができた。

ウ　Aika はスピーチの題材を探すためにオーストラリアに行った。

エ　Aika は友人と会うためにバスに乗ろうとしていた。

オ　Aika はハンバーガーを食べきれなかったので，持ち帰った。

鹿児島情報高校

5 次の(1)～(3)の会話の①～⑤に入れるべき，最も適切な英文を下のそれぞれのア～エの中から一つ選び，その記号を書きなさい。

(1)

Ren : The year of Reiwa has begun.
Do you know a new coin will be made in 2021?

Yume : Really? What is the design for the new coin?

Ren : The new 10,000 yen gold coin has a Japanese *Phoenix on it.

Yume : (①)

*Phoenix 鳳凰

ア OK. Let's! イ Sorry, I'm busy.
ウ I didn't know that. エ Me, too.

(2)

Harry : What are you eating now?

Sakura : A *White Shrimp Beaver. It is popular this year.

Harry : Why is the White Shrimp Beaver so popular ?

Sakura : A famous *NBA player gave it to his teammates.
Can you guess what his name is?

Harry : (②) Oh! His name is Rui Hachimura!

Sakura : That's right. Anyway, do you want to try it?

Harry : Yes, I'll try it. (③)

*White Shrimp Beaver 白エビビーバー(お菓子)
*NBA ナショナル・バスケットボール・アソシエーション

ア Let me see. イ Good idea.
ウ No, thanks. エ It's good.

(3)

Ann : This is Ann. May I speak to Laura, please?

Lucas : Sure. (④)

Laura : Hello. How are you, Ann?

Ann : I'm fine. How about going with me to the new tapioca shop next Saturday?

Laura : (⑤) But my family is going on a trip to Okinawa, so I can't.

Ann : Oh, I see. Maybe next time. Well, have a nice trip! I'm looking forward to hearing about it when you get back.

ア Just a moment. イ That sounds good.
ウ It's 3,000yen. エ How was it?

令和２年度　鹿児島情報高校入試問題　社　会

（解答…235Ｐ）

1　次のⅠ・Ⅱの問いに答えなさい。答えを選ぶ問いについては一つ選び，その記号を書きなさい。

Ⅰ　下の地図を見て，あとの問いに答えなさい。

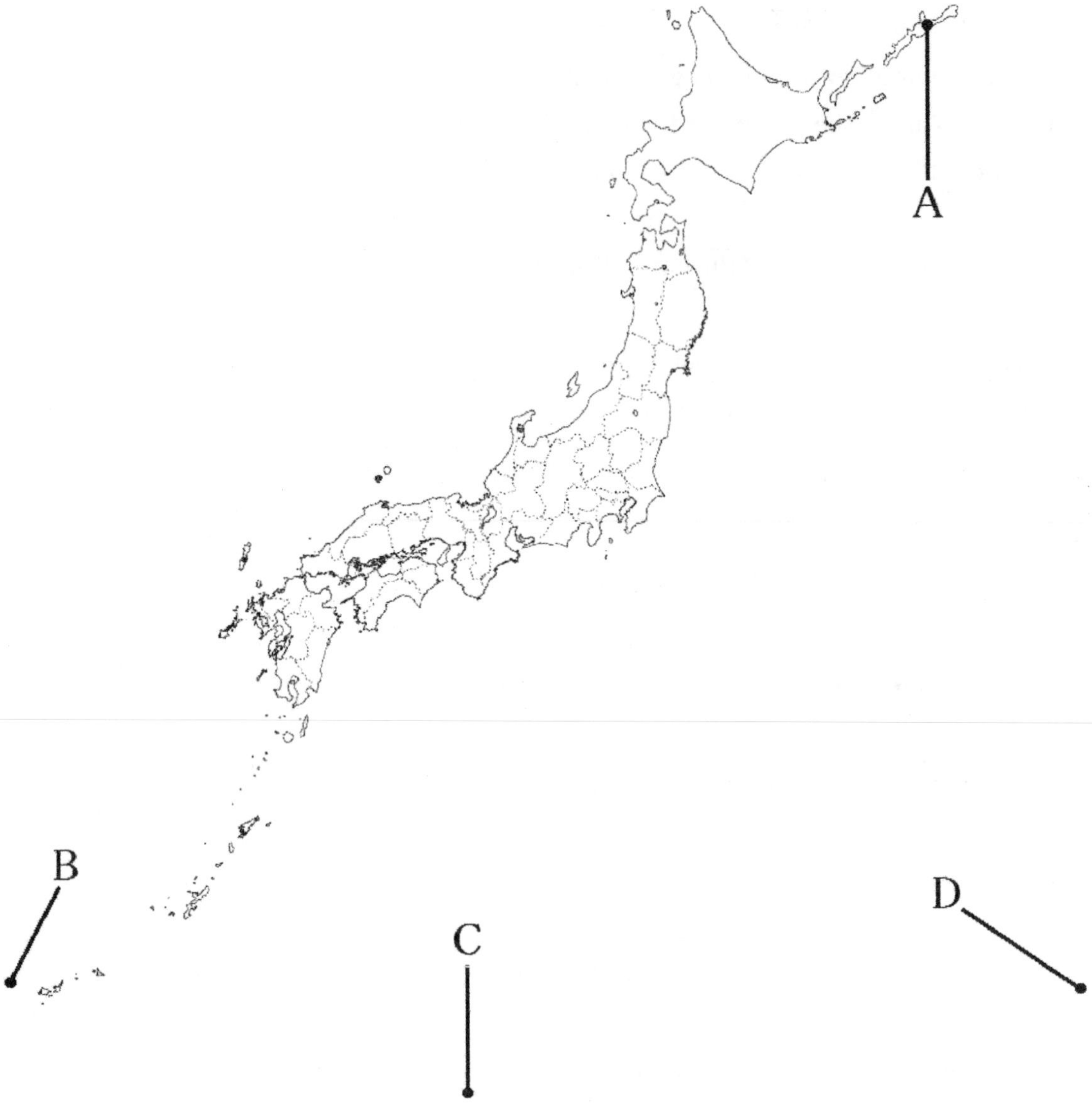

問１　日本の標準時子午線を解答欄の白地図に記せ。また，この子午線は東経何度の線か。

問２　日本が１月26日午前10時のとき，ニューヨークの日時を答えよ。なお，ニューヨークは西経75度の経線上の時刻を標準時とする。

問３　図中のA〜Dは日本の東西南北の端の島を示している。ア〜エの文で誤っているものを選べ。

　ア　現在A島に日本人は住んでいない。

　イ　B島は沖縄県に属している。

　ウ　C島は水没の危険があり護岸工事が行われた。

　エ　D島の名称は沖ノ鳥島である。

問４　B島の名称を漢字で答えよ。

問５　日本での領海は，干潮時の海岸線から何海里の範囲か。

問６　経済水域とはどのような水域のことか。「資源」という語句を使って20字程度で答えよ。

Ⅱ　次の東南アジアの地図を見て，あとの問いに答えなさい。

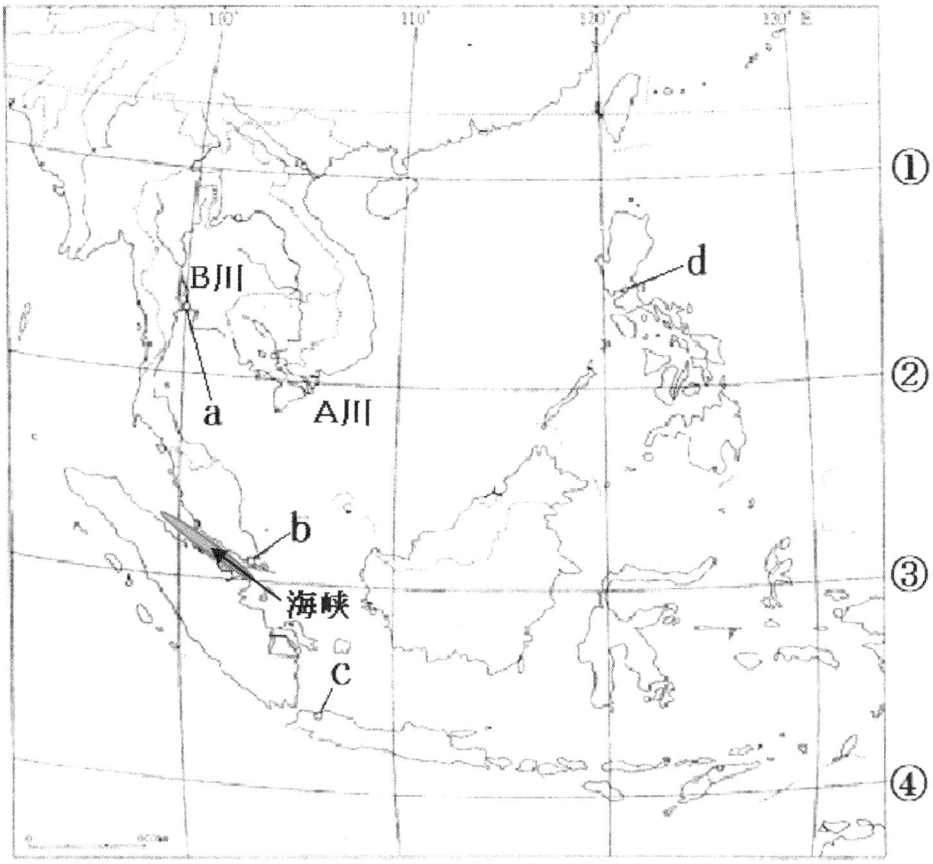

問１　図中の①～④で赤道はどれか。

問２　地図中のＡ・Ｂの河川名を答えよ。

問３　地図中のａ～ｄは各国の首都である。それぞれの首都名を答えよ。

問４　マレーシアは20世紀初頭世界有数のゴムの生産地となった。近年は合成ゴムとの競合やゴム樹の老木化などにより，写真１のような油やしの栽培が急速に広がった。油やしから取れる油を何と言うか。

問５　フィリピンでは，1960年代にアメリカ合衆国や日本の資本により広大な農園が開発された。そのほとんどが日本へ輸出されているが，その果物とは何か。

ア　リンゴ　　　　　イ　バナナ

ウ　マンゴー　　　　エ　パイナップル

問６　写真２は地図中の海峡である。500年前から東洋と西洋を結ぶ航路として知られ，日本の輸入原油の約９割がここを経由している。この海峡を答えよ。

写真１

写真２

2 次のⅠ・Ⅱの問いに答えなさい。答えを選ぶ問いについては一つ選び，その記号を書きなさい。

Ⅰ 次の表は，ある中学生がたてた家族旅行の予定表です。表を見て，あとの問いに答えなさい。

1日目		2日目		3日目	
8：00	自宅出発	8：00	下関市出発	8：00	佐賀市出発
12：00	水城跡	9：00	(d)八幡製鉄所	9：00	(f)大隈重信旧宅
13：00	(a)元寇防塁跡	12：00	福岡城	10：30	佐賀城跡
14：00	(b)志賀島	13：30	九州国立博物館	11：30	江田船山古墳
15：30	(c)関門海峡	14：30	太宰府跡	13：00	(g)田原坂
16：00	下関市着	15：30	(e)吉野ケ里遺跡	15：00	(h)熊本城
		17：00	佐賀市着	19：00	自宅着

問1 下線部(a)について，2度の襲来のうち1度目の1274年の襲来を何というか答えよ。

問2 右の写真は下線部(b)から発見されたものである。これには1世紀半ばごろに日本にあった国の名前が刻まれている。何という国か答えよ。

問3 下線部(c)について，源氏が平氏を滅ぼした戦いがあった場所である。何という戦いか答えよ。

問4 下線部(d)について，八幡製鉄所が建設された時期として正しいものを選べ。

ア 日中戦争後　イ 日清戦争後　ウ 日露戦争後　エ 韓国併合後

問5 下線部(e)について，右の写真は，この遺跡と関係の深いものである。この写真から当時どのような農業が行われていたと考えられるか答えよ。

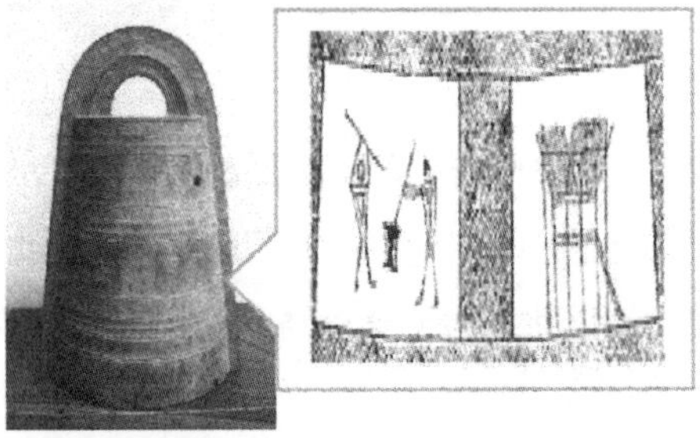

問6 下線部(f)について，大隈重信がつくった政党として正しいものを選べ。

ア 自由党　イ 立憲政友会

ウ 大政翼賛会　エ 立憲改進党

問7 下線部(g)は鹿児島の士族などが明治政府に対して起こした反乱の激戦地となった場所である。鹿児島の士族などが起こした戦いを何というか答えよ。

問8 下線部(h)を建てた加藤清正は，豊臣秀吉の命令を受けて朝鮮へと出兵した。これは，豊臣秀吉が中国の征服をめざす目的があったとされている。当時の中国は何という国であったか答えよ。

鹿児島情報高校

Ⅱ　次の文を読み，あとの問いに答えなさい。

人類の歴史上はじめて本格的に鉄器を製造したのは，紀元前 18 世紀ごろ小アジアに建国されたヒッタイトだといわれる。この国の鉄器の製造に必要な技術は，その後アッシリアに伝えられ，古代エジプトにも伝わり普及した。さらにこのような製鉄技術は(a)古代ギリシアにも伝わり，歴史上大きな影響を与えた。

古代中国での鉄製農具の使用は，牛耕の発達とともに農業生産力の増大をもたらした。戦国時代の各国は富国強兵につとめ，大量の鉄製の工具を使い，多くの治水灌漑事業を行った。中国を統一した(b)漢においても，鉄の生産はさかんで，鉄を売る商人は莫大な利益を得ることができた。その後，この製鉄技術は朝鮮半島にも伝えられた。(c)新羅が朝鮮半島を統一した背後には，鉄が関係しているといわれている。これを裏づけるように，この国の遺跡から多くの鉄の生産工場跡が発見されている。

鉄は鉄砲や大砲などの兵器の材料の一部として使われるようになった。ヨーロッパでは(d)1494 年にフランス王シャルル 8 世が大軍を率いてアルプスを越えイタリア各地に侵入する時に，大砲を戦争の主役として使っている。(e)17 世紀の戦争でも，鉄砲や大砲は重要な兵器の一つとして利用されている。

イギリスで(f)産業革命が始まると，鉄鉱石を原料に工業用の鉄鋼が大量生産されるようになった。そして，石炭の産地や原料となる鉄鉱石をめぐる領土争いも起こるようになった。ドイツとフランスの間で争われたアルザス・ロレーヌの問題はその一例である。この地方は(g)普仏戦争(プロイセン・フランス戦争)後にドイツ領となったが，第一次世界大戦後にはフランス領となるなどの変遷をたどった。また，(h)第一次世界大戦に使われた兵器の中にも，鉄鋼を材料の一部としたものがあった。人類の歴史をたどるといかに鉄が戦争と密接に関わってきたかがわかる。

問１　下線部(a)について述べた文として正しいものを選べ。

ア　貨幣制度や道路網を整え，現在のイギリスや黒海沿岸まで支配を広げた。

イ　キリスト教を国教(国の宗教)とした。

ウ　水道や浴場，闘技場などの公共施設をつくった。

エ　神殿と広場を中心とする都市国家をつくり，市民が自主的に防衛した。

問２　下線部(b)について，漢代に整備され栄えたシルクロードについて述べた次の文で**誤りを含むもの**を選べ。

ア　このルート上のオアシス都市には，敦煌・亀茲・于闐などがあった。

イ　このルート上を通って中国の馬が西方に運ばれた。

ウ　このルート上を通って中国へ仏教が伝来した。

エ　このルート上を通ってぶどう・くるみなどが中国に伝わった。

問３　下線部(c)について，統一の際，日本は百済を助けるために大軍を送ったが，新羅・唐の連合軍に敗れた。この戦いを何と呼ぶか。

問４　下線部(d)について，同じ 15 世紀末にコロンブスが大西洋横断に成功しているが，コロンブスの航海の本来の目的は何か。簡潔に述べよ。

問５　下線部(e)について，17 世紀の出来事に該当するものを選べ。

ア　応仁の乱　　　　　　イ　ポルトガル人が鉄砲を伝える

ウ　島原・天草一揆　　　エ　寛政の改革

問６　下線部(f)について，安価で良質な工業製品を大量に生産できるようになった 19 世紀のイギリスは何と呼ばれたか。

問7　下線部(g)について，右の絵は普仏戦争に勝ったプロイセン王のドイツ皇帝としての即位を描いたものである。矢印のドイツ帝国宰相はだれか。

問8　下線部(h)について述べた文として誤っているものを選べ。

　ア　戦車が初めて戦場に登場した。

　イ　原子爆弾が広島・長崎に投下された。

　ウ　飛行機が使われた。

　エ　毒ガスが実戦で使用された。

3　次の文章を読み，あとの問いに答えなさい。答えを選ぶ問いについては一つ選び，その記号を書きなさい。

1945年，日本は（　①　）宣言を受け入れ降伏し，日本は軍国主義を捨て民主的な政府を作ることとなった。政府は(a)GHQの作成した原案をもとに憲法改正草案を作成し帝国議会で審議され，一部修正のうえで可決された。(b)日本国憲法は，1946年11月3日に公布，1947年5月3日に施行された。日本国憲法は，国民主権・基本的人権の尊重・平和主義の三つの基本的な原理からなる。

国民主権では，主権者を国民とし，国民が政治の在り方を決定する力を持つことが明示されている。国民主権は，国民の意思を反映する(c)選挙を通じて実現される。(d)憲法改正など特に重要な審議の場合は，国民が直接投票に参加できる方法が採用されている。

基本的人権の保障に関しては，アメリカ独立宣言やフランス人権宣言にもみられ近代憲法で保障されるようになった。日本国憲法においても，国民は「（　②　）の努力によつて，これを保持していかねばならない」とされている。

平和主義は，前文で恒久平和主義を宣言している。第（　③　）条では戦争放棄・戦力の不保持・交戦権の否認の内容を明記し，徹底した平和主義を定めている。

問1　文中の空欄（　①　）～（　③　）に入る語句は何か。

問2　下線部(a)について，GHQと関係のないものは次のうちどれか。

　ア　マッカーサー　　イ　プレスコード　　ウ　権利章典　　エ　連合国軍総司令部

問3　下線部(b)について，次の設問①～④に答えよ。

① 日本国憲法の前憲法は明治憲法であるが，その中で人権は天皇の恩恵によって与えられたものとされていた。これを何というか。

② 明治憲法において天皇は国の元首とされていたが，日本国憲法では国民の何とされているか。

③ 天皇は政治についての決定権を持たず，憲法の定める国事行為のみを行う。天皇の行う国事行為として誤っているものは次のうちどれか。

　ア　最高裁判所長官の任命　　イ　国会の召集

　ウ　各国大使・行使の接受　　エ　内閣総理大臣の指名

④ 日本国憲法施行日である5月3日は国民の休日であるが，何の日か。

問4　下線部(c)について，次の設問①・②に答えよ。

①　現在，日本は普通選挙を実施しているが，この選挙ではいくつかの条件を満たしていなければならない。その中で，公平に一人一票が与えられている条件を何というか。

②　衆議院議員選挙と同時に行われる国民審査により，国民の投票により適任かどうかを審査されるのは次のうちどれか。

ア　最高裁判所長官　　イ　参議院議長　　ウ　衆議院議長　　エ　最高裁判所裁判官

問5　下線部(d)について，憲法改正を示した文章の空欄（　①　）・（　②　）を埋めよ。

「憲法改正案が発議され，衆参両院で総議員の（　①　）以上の完成で可決される。その後，改正の発議がされ国民投票を実施し，有効投票の（　②　）が賛成した場合は改正案が成立し，天皇が国民の名で公布する。」

問6　日本の防衛に関する次の設問①～④に答えよ。

①　日本が防衛のためアメリカと結んでいる条約は何か。

②　①の条約の中で，日本の領域内に米軍が駐留することが認められている。日本にある米軍施設の約70％が集中している都道府県はどこか。

③　右の写真は，墜落事故などが発生し，安全性への懸念が大きい垂直離着陸輸送機である。この航空機の名称をカタカナ5文字で答えよ。

④　防衛省予算に計上されているもので，在日米軍駐留経費負担の通称を何というか。解答欄にならって答えよ。

令和２年度　鹿児島情報高校入試問題　理　科

（解答…236Ｐ）

1　次の各問いに答えなさい。

(1)　次のア～キから菌類をすべて選び，記号で答えよ。

ア　乳酸菌　　イ　アオミドロ　　ウ　アオカビ　　エ　ミジンコ

オ　シイタケ　　カ　大腸菌　　キ　酵母菌

(2)　次のア～エを，ヒトの血液が肺から出た後に通過する順番に並べ，記号で答えよ。

ア　肺静脈　　イ　右心室　　ウ　大動脈　　エ　左心室

(3)　重さが 100 g で体積の違うもの A，B がある。A の密度は B の密度の何倍か。分数で答えよ。

A：1 辺が 3 cm の立方体　　B: 1 辺が 4 cm の立方体

(4)　次の元素の炎色反応を調べた。紫色を示すのはどれか。次のア～オの中から選び，記号で答えよ。

ア　H　　イ　Li　　ウ　Na　　エ　K　　オ　Cu

(5)　ビーカーに水を入れて下からガスバーナーで温めると，温められた水は上へ上がり，冷たい水は下に降りてくる。この状態を続けていくと，水全体の温度が次第に上昇していくことが分かる。このように，物質（水）が移動して全体に熱が伝わるような物理現象を何というか。

(6)　ギターの弦を弾いて音を出し，その音をマイクロホンを通してオシロスコープなどで調べると，高い音ほど弦の振動数が多いことが分かる。このとき，弦が 1 秒間に振動する回数のことを振動数というが，その単位は何を使うか。単位名を書け。

(7)　ある地震を観測したところ，初期微動継続時間から震源と観測地との距離が 150 km，震央と観測地との距離が 120 km であることがわかった。このとき，震源の深さは次のア～オのどれに近いか，記号で答えよ。

ア　50 km　　イ　70 km　　ウ　90 km　　エ　110 km　　オ　130 km

(8)　惑星のうち，水星，金星，地球，火星の表面は固体でできており，密度が大きい。これらの惑星は何と呼ばれているか。

(9)　右のメダカは左側面のスケッチ図である。

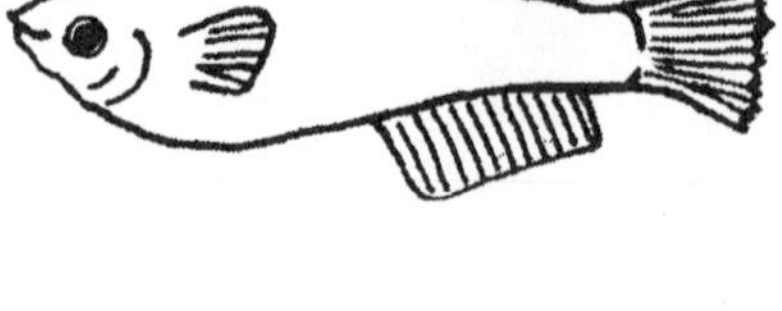

①このメダカはヒレが足りない状態にある。
ヒレを描きたして完成させよ。

②このメダカはオスかメスか。またその理由を簡潔に答えよ。

2 次のⅠ，Ⅱの各問いに答えなさい。

Ⅰ　右の図はツバキの葉のつくりを顕微鏡で観察したものを模式的に表したものである。これについて，次の問いに答えよ。

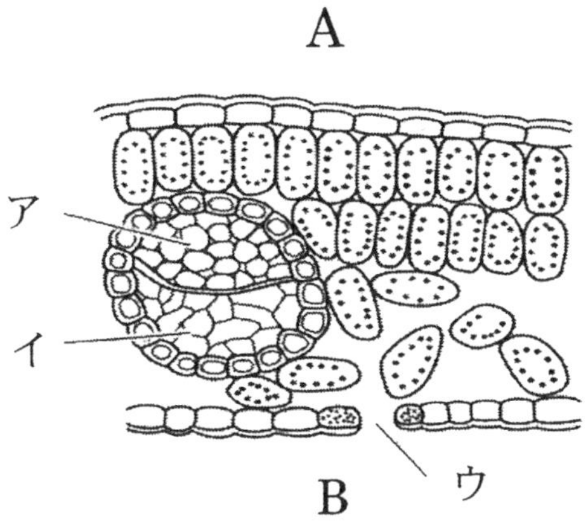

(1)　ツバキの葉と同じような葉脈をもつ植物を次のア～カの中から2つ選び，記号で答えよ。

ア　ユリ　　　イ　アサガオ
ウ　イチョウ　　エ　スギゴケ
オ　アブラナ　　カ　マツ

(2)　葉の裏側にあたる部分はA，Bのどちらか。

(3)　根で吸収した水や肥料分が通る管はア，イのどちらか。また，その管の名称を書け。

(4)　図のウの穴のようなつくりをつくっている，2つ向かい合わせに並んだ三日月形の細胞を何というか。

(5)　ウのようなつくりの穴から水蒸気が空気中に放出される現象を何というか。

Ⅱ　右の図はヒトの消化にかかわる器官のつくりを模式的に表したものである。これについて，次の問いに答えよ。

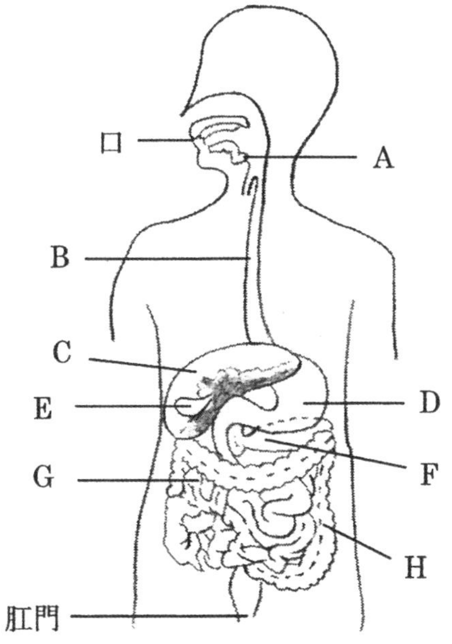

(1)　A～Hのうち消化管に該当するものを4つ選び，記号で答えよ。

(2)　デンプンはある消化酵素のはたらきにより麦芽糖などに分解される。このときはたらく消化酵素の名称を答えよ。

(3)　(2)で分解されてできた物質を水溶液にしてベネジクト液を加えて加熱した。このとき，何色の沈殿ができるか答えよ。

(4)　すい液に含まれている脂肪を分解する消化酵素の名称を答えよ。

(5)　消化酵素は含まれていないが，脂肪の分解を助けるはたらきをする物質の名称を答えよ。また，この物質はどこでつくられているか。

3　次のⅠ，Ⅱの各問いに答えなさい。

Ⅰ　ある濃さの水酸化ナトリウム水溶液（A液）25 cm³に，塩酸（B液）を表に示す量を加えて混ぜ合わせ，水溶液㋐～㋓を作った。緑色にしたBTB溶液を加えると，㋒の液だけが緑色になった。これについて，次の問いに答えよ。

水溶液	㋐	㋑	㋒	㋓
A液〔cm³〕	25	25	25	25
B液〔cm³〕	30	35	40	45

(1)　A液とB液を混ぜ合わせたときの化学反応式を書け。

(2)　BTB溶液を加えると，㋐の液は何色になるか。

(3)　アルミニウムを入れると，アルミニウムが溶けて気体が発生する水溶液はどれか。表中の㋐～㋓の中からすべて選び，記号で答えよ。また，発生した気体名を書け。

(4)　A液10 cm³を中性にするのに必要なB液は何cm³か。

(5)　水溶液を蒸発皿にとって水を蒸発させたとき，あとに残った固体に2種類のものが混ざっている水溶液はどれか。表中の㋐～㋓の中からすべて選び，記号で答えよ。

Ⅱ　ろうそくに火をつけて石灰水が入った集気びんの中に入れ，ふたをして火が消えるまで燃やした。これについて，次の問いに答えよ。

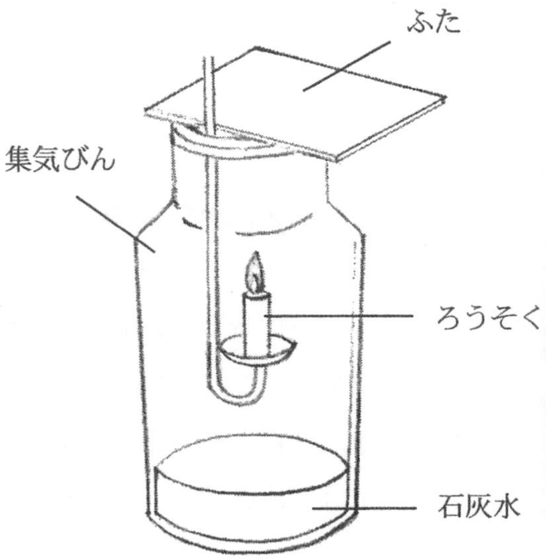

(1)　火が消えたとき，集気びんの内側が白くくもっていた。この白いくもりは何か。物質名を答えよ。

(2)　ろうそくの火が消えたあと石灰水が入った集気びんを軽くふった。

①　石灰水はどのようになるか。

②　①の反応を起こす気体が発生するものを，次のア～カの中からすべて選び，記号で答えよ。

ア　炭酸水素ナトリウムを加熱する
イ　鉄粉と硫黄の粉末をよく混ぜて熱する
ウ　マグネシウムを燃やす
エ　酸化銅と炭素粉末をよく混ぜて熱する
オ　炭酸水素ナトリウムに塩酸を加える
カ　硫酸に塩化バリウムを加える

(3)　(1)と(2)の①で確認できたものから，それぞれどんな元素が含まれていると考えられるか。次のア～オの中からそれぞれ1つ選び，記号で答えよ。

ア　水素　　イ　炭素　　ウ　窒素　　エ　ヘリウム　　オ　塩素

(4)　火が消えたとき，集気びんの中に最も多くある気体は何か。化学式で答えよ。

4　次のⅠ，Ⅱの各問いに答えなさい。

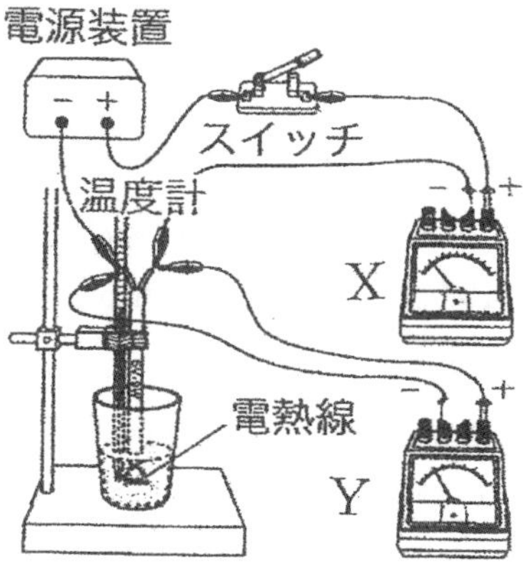

Ⅰ　発泡ポリスチレンのカップに室温の水 100 g（100 cm³）を入れ，図のような回路を作った。これについて，次の問いに答えよ。

(1)　電圧計は，X，Yのどちらか。

(2)　電圧計の値が 6.0 V になるように電源装置を調節したところ，電流計の値が 2.0 A を示した。電熱線の抵抗値はいくらか。単位を付けて答えよ。

(3)　(2) の電流と電圧を保った状態で，ガラス棒で水を静かにかき混ぜながら温度変化を 2 分間調べた。水の温度は何℃上昇するか。小数第 1 位まで答えよ。
　ただし，電熱線で発生した熱は，すべて水の温度上昇のみに使われ，水 1 g の温度を 1 ℃上げるのに必要な熱量は 4.2 J とする。

(4)　(2) の電熱線をAとして，この電熱線の 2 倍の長さの電熱線をB，3 倍の長さの電熱線をCとして，電圧を 6.0 V に保って同様の実験を行った場合，水の温度上昇はどのようになるか。次のア～エの中から 1 つ選び，記号で答えよ。

ア　Aの温度が一番高くなる　　　イ　Bの温度が一番高くなる

ウ　Cの温度が一番高くなる　　　エ　温度上昇は全て同じになる

(5)　(4) の電熱線A，Bを並列につないで 6.0 V の電圧をかけたとき，消費電力はいくらになるか。単位を付けて答えよ。

Ⅱ　図のように，水平面から 30° 傾いた斜面におもさ 500 g の台車を置き，斜面と平行な方向に手で引き上げる実験を行った。台車にはたらく重力を W，斜面が台車を斜面と垂直方向に押し上げる力を R，糸が台車を引く力を F で表している。これについて，次の問いに答えよ。ただし，糸のおもさや台車と斜面の間の摩擦は考えないものとし，100 g の物体にはたらく重力の大きさを 1 N とする。

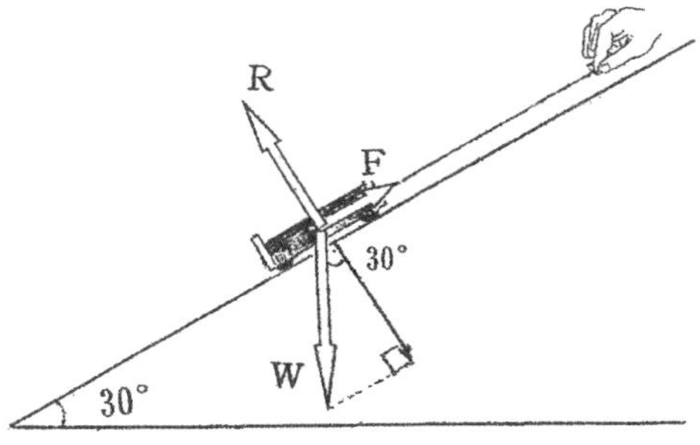

(1)　斜面が台車を斜面に対して垂直方向に押し上げる力Rを何というか。

(2)　台車が動かないとき，W，RおよびFの 3 つの力はつりあっていると考えられる。Fの力の大きさは何Nか。

(3)　手で糸を 2 秒間引いたところ，台車は斜面上を 2 m 動いた。このときの手がした仕事と仕事率を，単位を付けて答えよ。

(4)　斜面の傾きを次第に大きくしたとき，W，R，Fの値はどうなるか。次のア～エの中から正しいものを 1 つ選び，記号で答えよ。

ア　Rは大きくなり，Wは変わらない　　　イ　Rは大きくなり，Fは小さくなる

ウ　Rは大きくなり，Wは小さくなる　　　エ　Fは大きくなり，Rは小さくなる

(5)　斜面の角度を 90° にして台車を引いていた糸を手から離した。この後，台車はどのような運動をするか。その運動の名称を書け。

5　次のⅠ，Ⅱの各問いに答えなさい。

Ⅰ　右の図は，大気が3000mの山を越える様子を表している。ふもとA付近で25℃の空気が山を上がっていくと，800mのB付近で雲ができ，雨を降らせて山頂C付近で雲は消えた。この空気が山を下って反対側のふもとDに達した。これについて，次の問いに答えよ。ただし，気温は，雲がない場合は100mにつき1℃，雲がある場合は100mにつき，0.5℃変化するものとする。

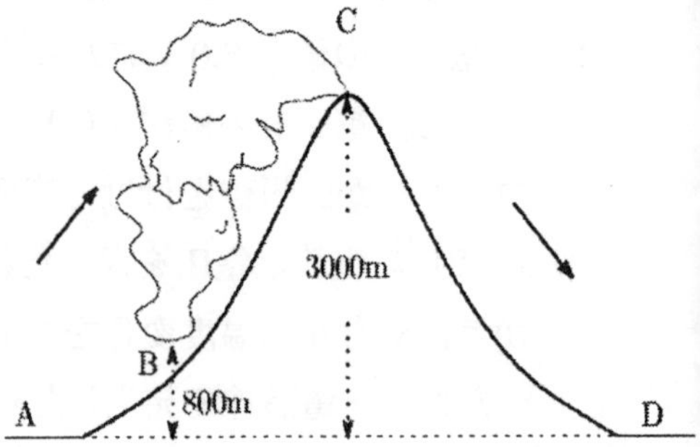

飽和水蒸気量

気温（℃）	g/m³	気温（℃）	g/m³
16	14.1	21	20.0
17	14.9	22	20.0
18	15.9	23	21.2
19	16.8	24	22.4
20	17.8	25	23.7

(1)　雲ができ始めたB付近の気温は何℃か。

(2)　(1)で雲ができた理由について，間違っているものを次のア～エの中から1つ選び，記号で答えよ。

ア　高度が上がり，気温が下がり湿度が100%になったため
イ　高度が上がり，空気中の水蒸気量が飽和状態になったため
ウ　高度が上がり，静電気が発生し，水分子を集めて水蒸気となるため
エ　高度が上がり，気温が下がり露点温度になったため

(3)　ふもとA付近の湿度は何%か。右の表を参考に，四捨五入して整数で答えよ。

(4)　山頂C付近での気温は何℃か。

(5)　ふもとD付近の気温は，ふもとAと比べてどうなるか。

Ⅱ　右図は，ある地域の地質構造を表したものである。ただし，⑤，⑥はマグマが冷えて固まった岩石を，⑦の斜線は断層を表す。これについて，次の問いに答えよ。

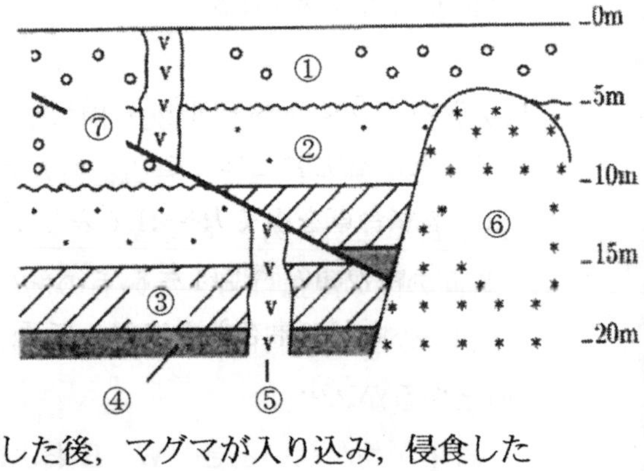

(1)　右図の地形ができた順に①～⑦を並びかえて答えよ。

(2)　①と②の地層の境目は，他の地層の重なりとは異なり，侵食《しんしょく》されてできた面が見られる。その原因として考えられるものを次のア～エの中から1つ選び，記号で答えよ。

ア ②が堆積した後，大きな地震が起こった　　イ ①が堆積した後，マグマが入り込み，侵食した
ウ ①の重みで②にくぼみができた　　エ ②が堆積した後，地層が隆起し，侵食を受けた

(3)　③からサンゴの化石が出てきた。このことからわかることは何か。簡潔に答えよ。

(4)　⑦のような断層が生じるのは，どのような力がはたらいたと考えられるか。次のア，イのうち1つ選び，記号で答えよ。ただし，矢印は力のはたらく向きとする。

ア

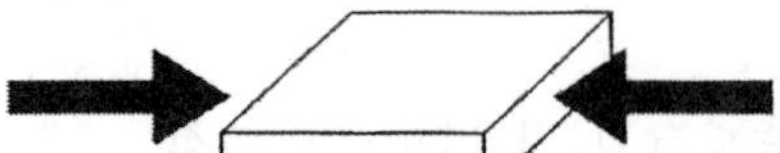

イ

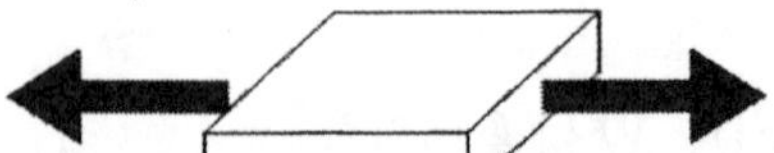

(5)　⑥の部分を観察すると，全体的に白っぽい色で，ルーペで見ると右図のようなつくりをしていた火成岩が見られた。次のア～エの中から考えられるものを1つ選び，記号で答えよ。

ア　流紋岩　　イ　花こう岩　　ウ　斑れい岩　　エ　玄武岩

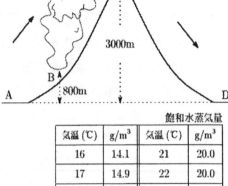

2021年受験用

鹿児島県高校入試問題集

私立編 I

正答例と解説

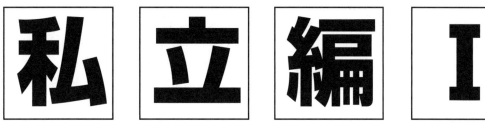

令和２年度　鹿児島高校入試問題　国　語

正答例

1　1　ア　費やす　　イ　感心　　ウ　摘
　　エ　立派　　オ　容易
　2　A　オ　　B　エ　　3　共生の姿
　4　栽培した花は人間が技術をもって改変したものだから。
　5　自然を巧み
　6　ア　×　　イ　○　　ウ　×　　エ　×

2　1　ア　興味　　イ　両利　　ウ　居座
　　エ　相当　　オ　余裕
　2　イ
　3　兄ちゃんが素敵な話を始めるのを期待する
　4　すべて順調で恵まれた
　5　兄ちゃんは面倒くさが　　6　エ　　7　ウ

3　1　イ　　2　偶然　　3　エ　　4　ウ
　5　c・e　　6　9
　7　16　　8　けものへん　　9　ウ

4　1　ア　のたまわく　　イ　いたまえり
　2　係り結び（の法則）
　3　①　翁　　⑤　孔子　　4　ウ　　5　エ
　6　晴に出でて離れんと走る
　7　Ⅰ　ただ然るべき居所占めて一生を送られん
　　Ⅱ　きはめてはかなき事

配点例

1	1　2点×5　　他　3点×6（6は完答）	計28点
2	1　2点×5　　他　3点×6	計28点
3	2点×9（5は完答）	計18点
4	1　1点×2　　他　3点×8	計26点

解　説

1　＜論説文＞

2A　空欄の前後で「虫に花粉を運んでもらう」ことのメリットを並べて述べているので，並立の接続詞が適当。

B　「大量の花がいっせいに開いた温室」には，本来ならいるはずの「チョウ」や「ハチ」がいなかったという予想外の結果が述べられているので，逆接の接続詞が適当。

3　「持ちつ持たれつ」とは，互いに依存し合い助け合うことによって両者とも存続する関係のこと。ここでは，「花」が「我が子孫を確実に増やすため」に「昆虫や鳥」を利用し，「昆虫や鳥」も蜜を得るために「花」を利用するという関係のことである。同じ意味で，「昆虫と花」の関係を述べている箇所を探すと，前に「共生の姿」とある。

4　「栽培した花を飾って豊かな気持ちになる」ことを「自然とは言え」ないと述べている。その理由は，順接の接続詞「ですから」の前にあるように，「栽培した花」が，人間が「技術をもって」「改変してきた」花だからである。

5　――線部③前の「これ」の指す内容が答えである。前を探すと「この両立をはかる」とあるが，より端的に述べている「自然を巧みに利用しつつ，自然を大事にする」が答えとなる。「この」もそこを指している。

6　「鳥」も花粉を運ぶのでアは不適。第十二段落の内容からイは一致する。第十六段落の内容からウは不適。技術をもって改変した花を飾って豊かな気持ちになるのは「自然とは言えません」とあるのでエも不適。

2　＜小説文＞

2　神様が「兄ちゃん」に投げてくる「ボール」は，今までは「直球」の「甘いボール」であり，「今まで目をつむってたってかっ飛ばしていた」のに最近は「悪送球」で「打たれへん，ボール」になったとある。このことから，ここでの「ボール」は神様から与えられた「運命」を意味していることが読み取れる。この意味で使われている「ボール」はaとcである。

3　直後に，「兄ちゃんの話」に「期待に胸をふくらませている」とある。つまり，「兄ちゃんの話」が「素敵な話」であることを期待したのである。

4　この場面では，「ボール」を「運命」にたとえて話している。「兄ちゃん」は，今までその「ボール」を「思い切り振りきってホームラン」にしていた。つまり，「兄ちゃん」の今までの人生は順調なものだったということがわかる。

5　「バッターボックスに立つのも怖がる」「自分の湖の奥深くに，度々潜る」とは，自分の世界に入り，他者を寄せつけないようになったということのたとえ。そのことを「面倒くさがりの世界に入」り，「ノックしても，出てこようとしなかった」と別の比喩表現で表している。

6　「僕」は，憧れていた「兄ちゃん」が挫折し，弱音を吐く姿を見ることを「辛いこと」だと感じている。そんな辛い状況にいる「僕」が，「ゲンカンを，今こそ心から求めていた」「今がそのときだ」と述べていることから，「ゲンカン」に「辛いこと」があったことを伝えたいと思っていることが読み取れる。

7　ウは本文の内容にあてはまる。アは「兄は家族の中で孤立しており」が，イは「父と母は話をそらすよう努力している」がそれぞれ誤り。また，「机の下にいるサクラだけが～と唸った」とあるので，エの「サクラが人間の苦しみを理解していない点」が誤り。

3　＜随筆文・雑問集合＞

1　単独では用いられず，常に他の語の上について，その語とともに一語を形成するものを接頭語という。主に語調を整えたり，意味をつけ加えたりするはたらきをもつ。

3　――線部③は「だけ」という限定の意味で用いられている。同じ意味であるのはエ。アは「～するとすぐ」（完了して間もない）の意味。イ，ウは程度を表す意味。

4　「本」が「別世界へと連れていってくれる」と，人でないものを人であるかのように表しているので**擬人法**。

5　aとb，dは「ない」を「ぬ」に置き換えられ，「ない」の前に文節わけの「ネ」を入れるとおかしくなるので，助動詞の「ない」である。cとeは，「ない」の前に文節わけの「ネ」を入れられるので，存在の否定を示す形容詞。

6　「それ／に／尽きる／と／私／は／思っ／て／いる」で９単語。

9　ア「主語・述語の関係」とは，文全体の中で，「何・誰(は)」を表す文節（「主語」）と,「どうする」「どんなだ」「何だ」を表す文節（「述語」）の関係のこと。イ「修飾・被修飾の関係」とは,他の文節の内容を詳しく説明する文節（「修飾語」)と修飾される文節(「被修飾語」)の関係のこと。ウ「並立の関係」とは，文節どうしが対等に並ぶ関係のこと。エ「補助の関係」とは，本来の意味が薄れ，前の文節に補助的な意味を添えるだけになった文節（「補助語」）とその直前の文節との関係のこと。

4　＜古文＞

（**口語訳**）弟子は不思議に思って,(翁から）聞いた通りのことを（孔子に）語った。孔子はこれを聞いて,「その人こそ賢人である。はやく呼び戻し申し上げよ。」(と弟子に指示すると）弟子は走って行き,今まさに舟を漕ぎ出そうとしている翁を呼び返した。①呼ばれて（翁は)戻って来た。孔子がアおっしゃることには,「②何をなさるお人か。」と。翁が言うことには,「たいした者ではございません。ただ舟に乗って，気晴らしのために，歩きまわる者です。貴方はどなたですか。」と。(孔子がおっしゃることには)「世の政治を正すために，歩きまわる者です。」と。翁が言うことには,「この上なくおろかな人よ。世間には影を嫌う者がいる。太陽の下に出て離れようと走っても,影が離れることはない。日陰にいて心穏やかにしていれば，影は離れていくのに，③そうはしないで，太陽の下に出て離れようとしたところで，力が尽きても，影は離れない。また犬の屍が水に流されて下っていく。これを取ろうと走る者は，水に溺れて死ぬ。④このように無駄なことをしているのである。ただ自分にふさわしい居場所を定めて一生を送ることこそが，この世の望みである。それをせずに，心を世間に合わせて騒ぐのは，この上なくおろかなことよ。」と言って，返答も聞かず（舟に）帰る。舟に乗って漕ぎ出した。孔子はその後ろを見て，二度拝み，棹の音が聞こえなくなるまで拝んでイいらっしゃった。そして音がしなくなると⑤車に乗って帰りなさったことを，弟子の一人が語ったのであった。

1　語頭以外のハ行はワ行に直し，ワ行の「ゐ・ゑ・を」は「い・え・お」に直す。

2　**係り結びの法則**＝係助詞「ぞ・なむ・か・や」がくると文末の動詞・助動詞が連体形になり，「こそ」がくると已然形になる。

3①　「舟漕ぎ出づる」ところを呼ばれたのは「翁」。

⑤　「帰り給ひにける」と敬語が使われていることに着目する。

4　孔子は翁のことを「賢き人にこそあるなれ」と考えている。「賢人」とは知識が豊かで徳のある人のこと。

5　「さはせずして」は「そうはしないで」という意味。「さ」が指す内容は直前の「陰にゐて～影離れぬべき」である。

6　「また犬の屍～」とあるので，その前にもう一つの「無益の事（無駄なこと)」が述べられている。

7 Ⅰ　空欄後に「その重要性を説いている」とあるので，翁が孔子に最も伝えたかったことが入る。「今生の望み」である「ただ然るべき～送られん」が適当。

Ⅱ　空欄前の「それをしないで～政治を行っていること」は，本文中の「この事をせずして～騒がるる事」と一致する。翁はそれを「きはめてはかなき事」と言っている。

令和２年度　鹿児島高校入試問題　数　学

正答例

1　(1)　-14　(2)　$\frac{1}{35}$　(3)　$5\sqrt{3}$
(4)　$2x^2+x-3$　(5)　$(x-10)(x+3)$
(6)　$x=\frac{-3\pm\sqrt{17}}{4}$　(7)　$x=3$，$y=-4$
(8)　127(度)　(9)　5 (個)　(10)　$\frac{7}{36}$

2　(1)①　$5+7$　②　$3+19$，$5+17$，$11+11$
(2)①　492(cm²)
②　1644(cm²)
(3)①　$\sqrt{34}$(cm)
②　$10-5\sqrt{3}$ (cm)
(4)①　30(度)
②　$32-8\sqrt{3}$ (cm²)
(5)　右図

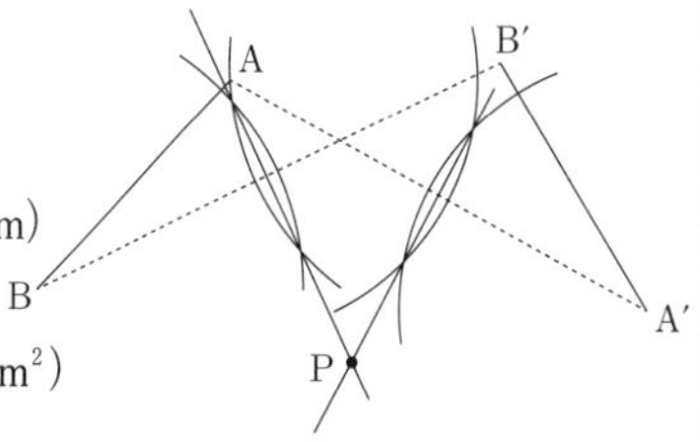

3　(1)　0.3　(2)　25(分)
(3)　2 (人)　(4)　②，⑤

4　(1)　$a=2$　(2)　$y=2x-8$
(3)　36　(4)　$(-\frac{7}{4},\ -\frac{5}{2})$

5　(1)　8 (cm)　(2)　$9\sqrt{3}$ (cm²)
(3)　$\frac{74\sqrt{2}}{3}$(cm³)　(4)　$14\sqrt{2}$ (cm³)

配点例

1	3点×10	計30点
2(5)	4点　他　3×8　(2(1)②は順不同，完答)	計28点
3(1)，(2)	3点×2　(3)，(4)　4点×2	計14点
4(1)，(2)	3点×2　(3)，(4)　4点×2	計14点
5(1)，(2)	3点×2　(3)，(4)　4点×2	計14点

解　説

1　＜小問集合＞

(1)　$10-6\times4=10-24=-14$

(2)　$-0.4+\frac{3}{7}=-\frac{2}{5}+\frac{3}{7}=-\frac{14}{35}+\frac{15}{35}=\frac{1}{35}$

(3)　$\sqrt{27}-\frac{\sqrt{72}}{\sqrt{6}}+\sqrt{48}=3\sqrt{3}-2\sqrt{3}+4\sqrt{3}=5\sqrt{3}$

(4)　$(2x+3)(x-1)=2x^2-2x+3x-3=2x^2+x-3$

(5)　和が-7，積が-30となる２数の組み合わせは-10と３
よって，$x^2-7x-30=(x-10)(x+3)$

(6)　**解の公式**より，
$x=\frac{-3\pm\sqrt{3^2-4\times2\times(-1)}}{2\times2}=\frac{-3\pm\sqrt{17}}{4}$

(7)　$2x-3y=18$…①，$x+2y=-5$…②
$2x-3y=18$　…①
$-)\ 2x+4y=-10$　…②×2
$-7y=28$
$y=-4$　…③
③を①に代入し，$2x-3\times(-4)=18$，$2x+12=18$，
$2x=6$，$x=3$

(8)　右図において，**平行線の錯角は等しい**ことより，
$\angle y=55^\circ$
また，**三角形の外角は，それと隣り合わない２つの内角の和と等しい**から，
$\angle x=72^\circ+\angle y=127^\circ$

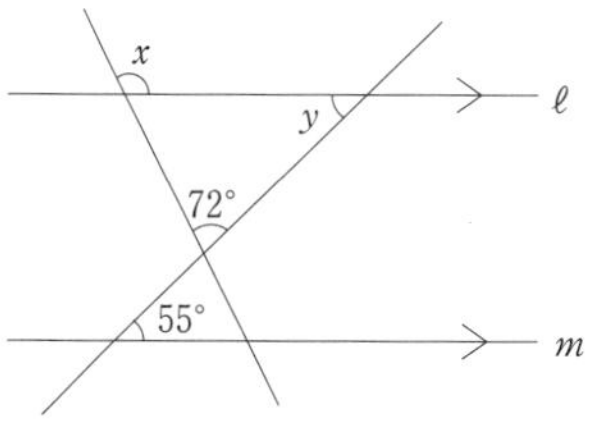

(9)　$100-n$が$3\times$(自然数の２乗)となるとき，
$\sqrt{3(100-n)}$は自然数となる。
$3\times1^2=3$となるとき，$100-n=3$，$n=97$
$3\times2^2=12$となるとき，$100-n=12$，$n=88$
$3\times3^2=27$となるとき，$100-n=27$，$n=73$
$3\times4^2=48$となるとき，$100-n=48$，$n=52$
$3\times5^2=75$となるとき，$100-n=75$，$n=25$
$3\times6^2=108$となるとき，$100-n=108$，$n=-8$となり，自然数ではなくなるので，条件にあうnの数は５個。

(10) 右図のようになる。
5の倍数となるのは，
○で囲んだ7通りだから，
求める確率は $\frac{7}{36}$

a＼b	1	2	3	4	5	6
1	3	4	⑤	6	7	8
2	⑤	6	7	8	9	⑩
3	7	8	9	⑩	11	12
4	9	⑩	11	12	13	14
5	11	12	13	14	⑮	16
6	13	14	⑮	16	17	18

2 ＜小問集合＞

(1)① 12より小さい素数は，
2，3，5，7，11
この中で2数の和が
12となるのは，5と7

② 22より小さい素数は，2，3，5，7，11，13，17，19
小さい方から順に1つ素数を選び，和が22となる数を求めていくと，3＋19，5＋17，11＋11のときに22となる。

(2)① 長方形の対角線の長さは，
$\sqrt{20^2+15^2}=\sqrt{625}=25$(cm)
これより，2番目の図形で重なる部分は，対角線の長さが15cmの，もとの図形と相似な長方形で，縦：横＝4：3より，縦の長さが12cm，横の長さが9cmである。この部分を2枚の図形の面積の和からひくと，$20\times15\times2-12\times9=492$(cm²)

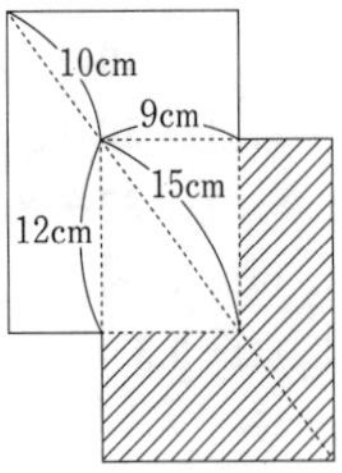

② 1番目の図形の面積は $20\times15=300$(cm²)で，2番目以降，192cm²ずつ増えていく。(上図斜線部)
よって，8番目では，$300+192\times(8-1)=1644$(cm²)

(3)① BE＝5－2＝3(cm)
三平方の定理より，$AE=\sqrt{AB^2+BE^2}=\sqrt{5^2+3^2}=\sqrt{34}$(cm)

② BE＝$x$cmとすると，EC＝$5-x$(cm)
△CFEは，∠ECF＝90°，CE＝CFの直角二等辺三角形だから，$EF=\sqrt{2}(5-x)$(cm)
△AEFは正三角形だから，
$AE=EF=\sqrt{2}(5-x)$(cm)
三平方の定理より，
$AB^2+BE^2=AE^2$，
$25+x^2=\{\sqrt{2}(5-x)\}^2$，
$25+x^2=50-20x+2x^2$，
$x^2-20x+25=0$
解の公式より，
$x=\frac{20\pm\sqrt{300}}{2}$，$x=10\pm5\sqrt{3}$
$0<x<5$ より，$x=10-5\sqrt{3}$
よって，BE＝$10-5\sqrt{3}$(cm)

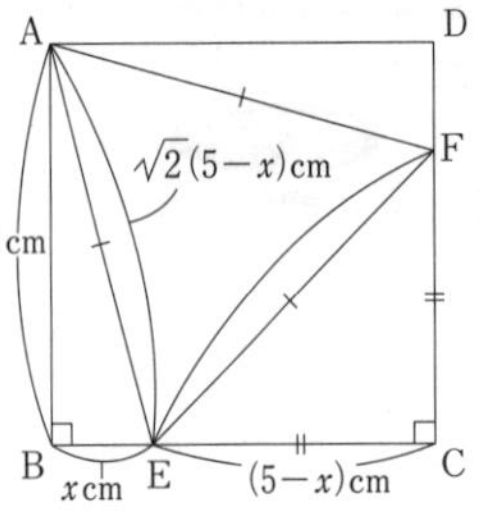

(4)① 下の図のように，正十二角形のすべての頂点は同一円周上にある。また，円の中心Oと，正十二角形のとなりあう頂点を結んでできる中心角はいずれも同じ大きさで，**円周角は同じ弧に対する中心角の $\frac{1}{2}$ の大きさ**だから，
$\angle ABD=\frac{1}{2}\angle AOD=60^\circ\times\frac{1}{2}=30^\circ$

② 円の中心と正十二角形の頂点を結んでできる合同な12個の三角形の面積の和から，2つの三角形△ABD，△BCDの面積をのぞいた部分が求める面積となる。合同な三角形は頂角30°，等しい辺が4cmの二等辺三角形で，その1つの面積は，下図から，$\frac{1}{2}\times2\times4=4$(cm²)
また，円周角の性質から，△ABDは30°，60°，90°の三角形，△BCDは直角二等辺三角形となるので，
$4\times12-\frac{1}{2}\times4\times4\sqrt{3}-\frac{1}{2}\times4\sqrt{2}\times4\sqrt{2}$
$=48-8\sqrt{3}-16$
$=32-8\sqrt{3}$(cm²)

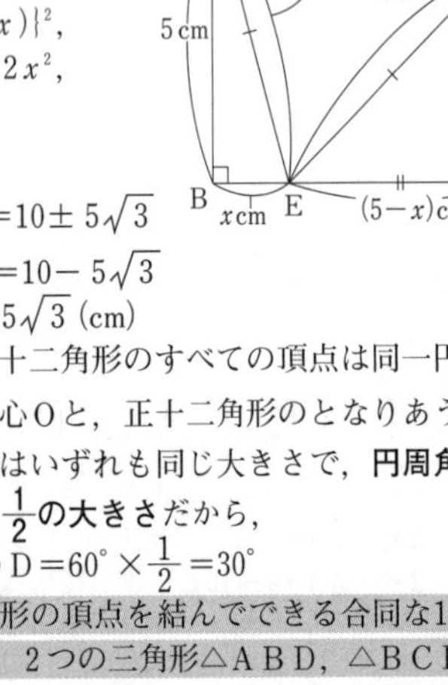

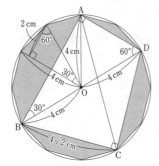

(5) 回転の中心から，もとの点と対応する点までの距離は等しいことから，点Pは，もとの点と対応する点を結ぶ線分の二等分線上にある。
つまり，線分AA′，BB′の垂直二等分線を作図し，その交点をPとすればよい。

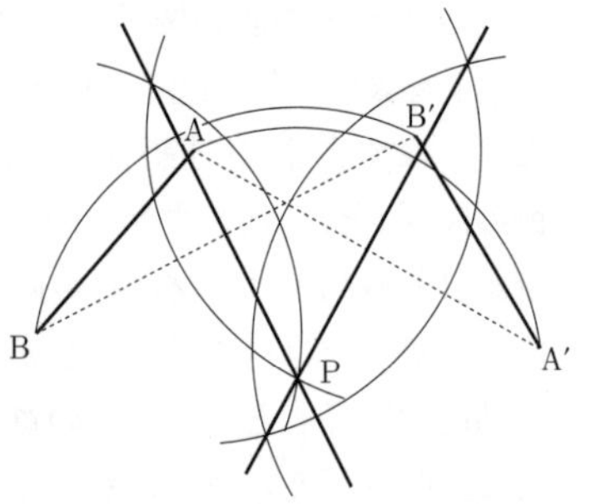

3 ＜資料の整理＞

(1) 度数が最も大きいのは10分以上20分未満の階級で，度数は6
ある階級の相対度数＝$\frac{\text{その階級の度数}}{\text{度数の合計}}$ より，$\frac{6}{20}=0.3$

(2) **中央値**…資料を値の順に並べたとき，真ん中の値。
総度数は20だから，値が小さい方から10人目と11人目が含まれる階級を調べる。10人目と11人目が含まれる階級は20分以上30分未満の階級で，その階級値は，$\frac{20+30}{2}=25$(分)

(3) 30分以上40分未満の階級の度数を x とすると，40分以上50分未満の階級の度数は，$20-(3+6+3+x+2+1)=(5-x)$ と表せる。
階級値を用いて平均値を求めると，
$\{5\times3+15\times6+25\times3+35x+45(5-x)+55\times2+65\times1\}\div20=28$
$\frac{15+90+75+35x+225-45x+110+65}{20}=28$
$\frac{580-10x}{20}=28$，$580-10x=560$，$10x=20$，$x=2$
よって，30分以上40分未満の度数は2人

(4) ① (2)より，中央値が含まれる階級は20分以上30分未満の階級なので，×
② $3+6+3=12$ より，○
③ (3)より，40分以上50分未満の度数は，$5-2=3$(人)
40分以上の度数の合計は $3+2+1=6$ より，×
④ 通学時間の最大値は65分で，最小値は最も小さい場合でも0だから，70分ではない(×)
⑤ $8\times41=328$(分) ②より，長い方から8人は30分以上の生徒で，ヒストグラムから求める通学時間の合計は(3)から，$70+135+110+65=380$ $328<380$ なので，○

4 ＜関数＞

(1) 関数①の式に点Pの座標を代入し，$2=a\times(-1)^2$，$a=2$

(2) (1)より，Qの y 座標は $4\times2=8$ Q(2，8)
直線PQと直線SRが平行であることから，2直線の変化の割合は同じである。直線PQの変化の割合は，$\frac{8-2}{2-(-1)}=2$
点Rの x 座標はQと同じで2だから，これを関数②の式に代入し，$y=-2^2=-4$ R(2，−4)
求める直線の式を $y=2x+b$ とおき，これに点Rの座標を代入すると，$-4=2\times2+b$，$b=-8$
よって，求める直線は，$y=2x-8$

(3) 点Sは関数②の式と(2)で求めた直線の交点だから，
$-x^2=2x-8$ が成り立つ。
これを解くと，$x^2+2x-8=0$
$(x+4)(x-2)=0$
$x=-4$，2
2は点Rの x 座標だから，点Sの x 座標は−4
ここで，2点P，Qを通る直線 $y=2x+4$ と y 軸との交点をUとすると，平行線と面積の関係から，△PSR＝△USRが成り立つ。(2)で求めた直線と y 軸との交点をVとすると，
△USR
＝△SUV＋△RUV
$=\frac{1}{2}\times12\times4$
$+\frac{1}{2}\times12\times2$
$=24+12$
$=36$

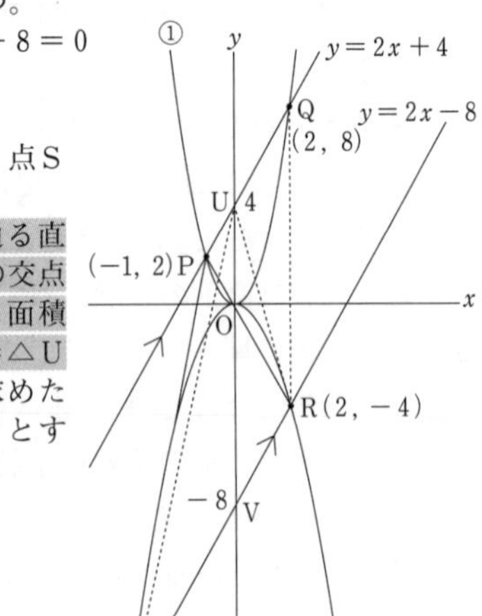

(4) △PRQ
$=\frac{1}{2}\times(8+4)\times(1+2)=18$
四角形PSRQ
＝△PSR＋△PRQ
＝36＋18＝54
$54\times\frac{1}{2}=27$
27－18＝9
よって，△RPTの面積が9となるとき，四角形PSRQの面積は直線RTによって二等分される。
△RPT：△RST
＝9：27＝1：3
△RPTと△RSTは頂点をRとするときの底辺が一直線上にあり，PT：TSがそのまま面積比となる。Tを通り直線PQ，RSと平行な直線について，(3)と同様に平行線と面積の考え方を活用すると，

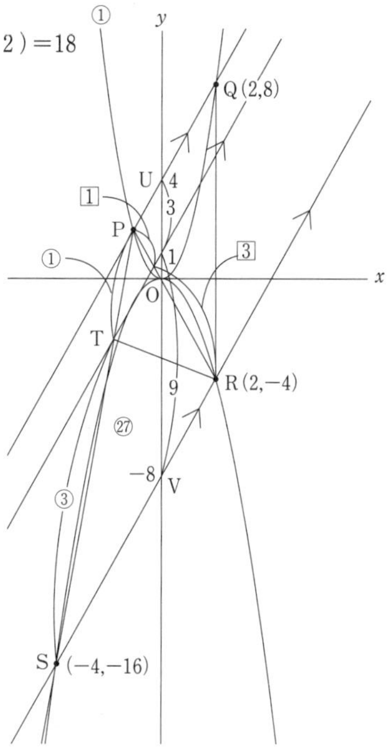

線分UVを1：3に分ける直線とy軸の交点の座標は(0，1)より，Tは，$y=2x+1$と2点P，Sを通る直線との交点。
2点P，Sを通る直線の式を求めると，$y=6x+8$
これと$y=2x+1$の交点は，
$6x+8=2x+1$，$4x=-7$，$x=-\frac{7}{4}$
$y=6\times(-\frac{7}{4})+8=-\frac{5}{2}$
よって，T $(-\frac{7}{4},\ -\frac{5}{2})$

5 ＜平面図形＞

(1) ∠ABC＝∠BCA＝∠CAB＝60°より，
△ABCは正三角形。また，AB＝6cmより，
DE＝EC＝EB＋BC＝2＋6＝8(cm)

(2) 頂点Aから辺BCにひいた垂線と辺BCとの交点をHとすると，
$AH=\frac{\sqrt{3}}{2}AB=3\sqrt{3}$(cm)
$\triangle ABC=\frac{1}{2}\times6\times3\sqrt{3}=9\sqrt{3}$(cm²)

(3) 箱を作ると頂点DとI，EとF，GとHはそれぞれ重なり，重なった頂点を結ぶ図形は1辺の長さが8cmの正三角形となることから，この箱は，右の図のような，正四面体を△ABCで2つに分けた部分の一方であることがわかる。
この正四面体の高さを$h$cmとすると，右図の色を付けた面の面積から，

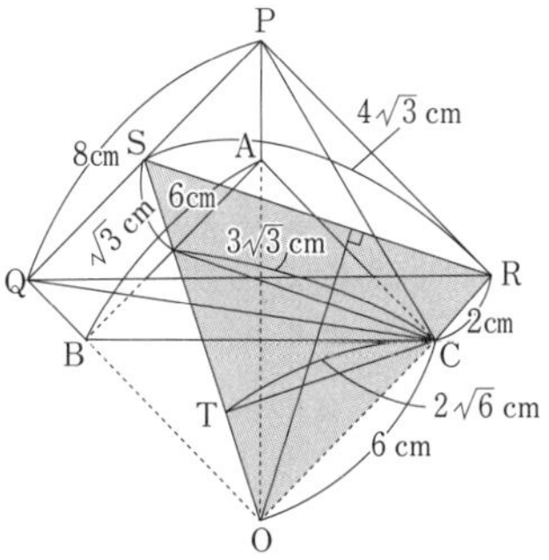

$\frac{1}{2}\times8\times4\sqrt{2}=16\sqrt{2}$(cm²)
$\frac{1}{2}\times4\sqrt{3}\times h=16\sqrt{2}$
$2\sqrt{3}h=16\sqrt{2}$
$h=\frac{8\sqrt{6}}{3}$(cm)

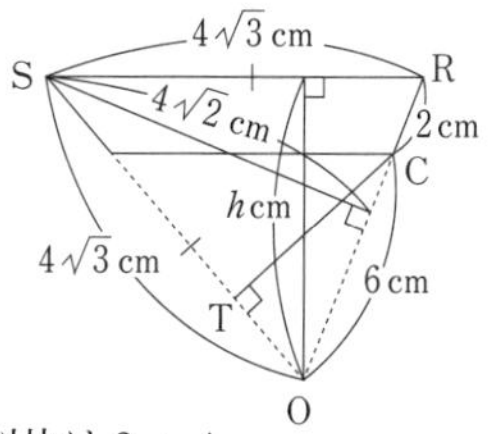

正四面体OPQRと正四面体OABCは相似で，
AB＝6cm，PQ＝8cmより，相似比は3：4
また，$\triangle PQR=\frac{1}{2}\times8\times4\sqrt{3}=16\sqrt{3}$(cm²)
箱の容積は，相似な図形の体積比より，
$\frac{1}{3}\times16\sqrt{3}\times\frac{8\sqrt{6}}{3}\times(\frac{4^3-3^3}{4^3})=\frac{128\sqrt{2}}{3}\times\frac{37}{64}=\frac{74\sqrt{2}}{3}$(cm³)

(4) (3)と同様に上の図で考えると，残った水の容積は，台形ABQPを底面とする，高さが$2\sqrt{6}$cm(上の図のCT)の四角すいの体積と等しい。
$\frac{1}{3}\times\frac{1}{2}\times(6+8)\times\sqrt{3}\times2\sqrt{6}=14\sqrt{2}$(cm³)

令和2年度　鹿児島高校入試問題　英　語

正答例

1　1 ウ　2 ア　3 エ　4 エ　5 イ
2　1 エ　2 ウ　3 ア　4 イ　5 エ
3　1 オ，ア　2 ウ，イ　3 イ，エ
　4 カ，オ　5 エ，カ　(各完答)
4　問1　It's your *job* to **decide** what to **discuss** !
　問2　別の種類の未知の生物
　問3　イ
　問4　ア　モンスターであると考え
　　　イ　モンスターのようにふるまう
　問5　ウ
　問6　A Ⓐ **talking**　Ⓑ **call**　Ⓒ **good**
　　　B　～ think that **I am not a monster**
5　問1　イ
　問2　(A) エ　(B) イ
　問3　店でケーキは買える
　問4　Grace **stopped visiting her grandmother's house.**
　問5　ウ
　問6　ア
　問7　イ，オ　(順不同)

配点例

1，2	2点×10	計20点
3	3点×5	計15点
4	問1，2，4，6B　4点×5　他　3点×5	計35点
5	問1，2，6　3点×4　問5　2点　他　4点×4	計30点

解　説

1 ＜適文選択＞

1　A：私はあなたのドレスが大好きです！　どこでそれを買ったのですか？
　B：**ありがとう。私はそれをイングランドで買いました。**
2　A：あなたは新しいレストランに行きましたか？
　B：**ええ，食べ物は本当においしかったです。**
3　A：あなたは放課後に何をしますか？
　B：**私はたいてい公園で友達に会います。**
4　A：スーパーマーケットへの行き方を教えてくれますか？
　B：**もちろんです。まっすぐ歩いて，右に曲がったら左手に見えますよ。**
5　A：パスポートを見せてください。
　B：**構いませんよ，はいどうぞ。**

2 ＜適語選択＞

1　トムとマリーは昨夜10時に一緒にテレビを見**ていました**。
2　彼は私の家の近くに住ん**でいたので**私は彼をよく知っています。
3　その屋根は雨**から**花を保護するために作られました。
4　友人**のかわりに**会合に出席するつもりです。
　in place of ～：～のかわりに
5　彼女はテストに合格するために**できる限り**熱心に毎日勉強する。
　as ～ as 人 can：人ができる限り～

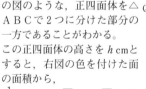

3 ＜並びかえ＞

1 How long have you played soccer ?

A：**あなたはどのくらいサッカーをしていますか。**

B：僕はそれを２年間しています。

2 I bought a book written by a famous writer.

A：あなたは昨日本屋で何を買いましたか？

B：私は**有名な作家によって書かれた一冊の本**を買いました。

3 The box is too heavy for me to carry.

A：この箱は**私にとってはあまりにも重すぎて運べません。**

B：ええと，手伝います。

4 It takes an hour on foot.

A：あなたの学校はここから遠いですか？

B：はい。**徒歩で１時間かかります。**

5 The baby you're looking at is my brother.

A：まあ，写真の中のこの小さな赤ちゃんはとてもかわいいですね！　これはあなたですか？

B：いいえ。**あなたが見ている**赤ちゃん**は私の弟です。**

4 ＜対話文読解＞

C：こんにちは，ブラッドリー，今日あなたに会えてうれしいわ。私に会いに来てくれてありがとう。

ブラッドリーはカーラを通り過ぎて丸テーブルについた。カーラはそのとき彼の向かいに座った。

C：話し合うべき話題のリストを作った？　B：いいえ，あなたがその先生でしょう。　C：それで？　B：だからあなたが，僕らが話し合うことを言わなければならない人です，僕ではなくて。①**それはあなたの仕事です！**　C：あなたがたくさんのおもしろい話題を提案するだろうと思ったの。さて，もしそうなら私たちは学校について話さないといけないわね。宿題から始めましょうか？　B：宇宙空間からのモンスター。　C：うーんと？　B：宇宙空間からのモンスター。あなたが話題を選べると言ったんです。僕は宇宙空間からのモンスターについて話したいです！　C：なんてすばらしい話題なの！　B：あなたは宇宙空間にモンスターがいると信じていますか？　C：いいえ。でも私は本当に，宇宙空間に生活している別の種類の未知の生物がいると信じているわ。私はただ，彼らがモンスターだとは思わないの。私は，地球は大きな宇宙の中のほんの小さな１つの惑星だと信じているわ。私は，数百万の別の惑星があって，それらに住んでいる数十億の別の種類の生物がいると思うの。恐竜より大きいものもいるし，アリより小さいものもいる。②**でも私はそこには一体のモンスターすらいないと思うわ。**　B：一体すらいないのですか？　C：③**そうよ。**みんながその人の心の中に「良心」を持っていると思うわ。みんなが幸せや悲しみ，そして孤独を感じることができるの。でも時々，人々は誰かの心の中に存在する「良心」を見ることができないから，その人をモンスターだと思うのよ。そうしたら④**恐ろしいこと**が起きるの。　B：彼らはその人を殺すのですか？　C：いいえ，もっと悪いわ。彼らは彼をモンスターと呼ぶから，他の人々も彼のことをそう呼んで，彼をモンスターのように扱い始めて，そしてしばらくすると，彼自身もそうだと信じ始めるの。自分のことをモンスターだと彼も思うのよ。だから彼はモンスターのようにふるまうの。でも彼はそれでもモンスターではないの。彼は心の奥深くに埋められたたくさんの良心をまだ持っているのよ。

するとブラッドリーは絵を描き始めた。彼はカーラの大きなクレヨンの箱から緑のクレヨンを取って，宇宙空間からの未知の生物を描こうとした。彼は顔を上げた。

B：カーラ？　あなたはモンスターの心の中が見えますか？　あなたは「良心」が見えますか？　C：それが私の見る全てよ。

彼は彼の絵にもどった。彼はそこにある全ての「良心」を示すために生物の胸の中に赤いハートを描いた。

B：ええと，どうやってモンスターはモンスターでいることをやめるのですか？　僕が言いたいのは，もしみんながモンスターだけを見て，彼をモンスターのように扱い続けるなら，どうやってモンスターはモンスターでいることをやめるのでしょうか？　C：それは簡単ではないわ。私は，まず，彼は自分のために，自分がモンスターではないと気がつかなければならないと思うわ。それはね，思うに，最初の一歩なの。彼が自分のことをモンスターでないと分かるまで，どうやって他の人がそれを知ることができるの？

ブラッドリーは絵を描き終えて，カーラに彼の絵を見せた。

B：あなたはこれが欲しいですか？　僕が言いたいのは，僕はどちらにしてもこれはいらないので，あなたが持っていられるということです。　C：ぜひそうしたいわ！　ありがとう。それどころか，私はこれをすぐに壁に貼るわ。

彼が授業に戻る時間だった。

C：来週あなたに会えるのを楽しみにしているわ。私たちが話すために別のすばらしい話題を持ってきてくれることを願っているわ。

*彼は歩み出したが，⑤**立ち止まって**振り返った。彼は手をおしりに置いて，彼女を見続けた。*

C：どうかしたの？　B：あなたは何か忘れていませんか？

彼は立って待っていた。彼女の目が突然輝いた。

C：あなたの訪問をとても楽しんだわ。私と一緒に時間を共有してくれてどうもありがとう。

彼は彼女の言葉を聞いたとき幸せそうに笑った。彼女のカウンセリング室から出るとき，彼女は彼にいつも同じことを言うのだ。

問１　本文訳波線部参照。ここから，That's your job の that が「話し合うことについて決めること」を指していると分かる。与えられた文字がそれぞれ d なので，「決める」の decide，「話し合う」の discuss をそれぞれ入れる。

問２　本文訳二重傍線部参照。

問３　否定形で質問されているので，肯定する場合は No で答える。

問４　本文訳点線部参照。

問５　ブラッドリーは**彼女に，彼のために何か言って**ほしかった。

ア　部屋にとどまって（いたかった）

イ　彼女をわくわくさせ（たかった）

エ　彼女に何か忘れて

問６　カーラへ

今日は僕とⒶ**話し**てくれてありがとうございました。実は，あなたの部屋を訪れる前，僕は親友と口げんかして，彼に悪いことを言ってしまったんです。そのとき，友人は僕のことをモンスターとⒷ**呼**ばなかったけれど，僕は自分のことをモンスターだと思い始めました。でもあなたは僕に大切なことを教えてくれました。僕の心の中にたくさんのⒸ**良心**があると知っているので，**僕はモンスターではない**と心の中で思うようにします。明日友人に謝るつもりです。

ブラッドリーより

5 ＜長文読解＞

グレースはいつも甘いものが大好きだった。彼女は小学生のとき，彼女の祖母の家を訪れて，家族のためにケーキとクッキーを一緒に作ったことを覚えている。彼女の祖母は一番すてきなケーキを作ったので，みんなそれらを①**食べてとても幸せ**だった。グレースの祖母は彼女に上手な料理の仕方を教え，グレースはそれを学ぶことが大好きだった。②**グレースのお気に入りのケーキはニンジンケーキだった**。子どものとき，グレースは野菜が好きではなかった。彼女の祖母は彼女に健康的な食べ物を食べてほしかったので，彼女はニンジンがどれほどおいしいかグレースに教えるためにこのケーキを作った。グレースはニンジンでできたケーキがA素朴だがとてもB甘いことに驚き，それが大好きだった。

グレースが中学校に入学したとき，祖母の家を訪れることをやめた。彼女は宿題や友人のことで忙しくなったので，訪問する時間がなかったのだ。彼女はまた，料理することもやめた。彼女の母がなぜやめたのかたずねたとき，グレースはいつも「ケーキは店で買えるわ」と返事をした。

こういうわけで，③**彼女の母は悲しんだ**。「あなたは家族と友達のために食事を作ることがいつも大好きだったわ。おばあちゃんは今あなたと時間を共有できないから悲しんでいると思うわ。あなたはもっと彼女を訪れるべきよ。」

しかしグレースは意志を変えなかった。彼女は祖母が大好きだったけれど，ケーキを作ることよりもっと大切なやるべきことがあったのだ。

そしてある日，彼女の家族はある重要な電話を受けた。彼女の母が受話器をとったとき，とてもおびえて見えた。彼女は電話を終えると，彼女の車の鍵をとって，グレースに靴を履いてコートを着るように言った。「あなたのおばあちゃんが雪のせいで転んで，病院にいるわ。お医者さんは彼女が脚を折ったって言ってる。私たちは今そこに行って彼女に会わなければいけないわ。」

彼らはただちに病院に行き，祖母の部屋を見つけた。グレースは祖母の脚が大きな包帯で包まれているのを見て，それがとてもひどい状態に違いないと思った。しかしながら，彼女が祖母の顔を見たとき，彼女は悲しそうに見えなかった。グレースは彼女が大きな笑みを浮かべているのを見て驚いた。

「グレース！　あなたはなんてきれいで背が高いの！　しばらく見ないうちにとっても成長したわね」と祖母はうれしそうに言った。

「大丈夫なの？　脚がとても悪そうに見えるわ」とグレースは返事をした。

「私の美しい孫娘に会えたから，今は大丈夫よ。学校について教えて。」

グレースは夕方まで祖母と一緒に病院にとどまった。祖母は夜も病院に滞在したので，グレースと母は「おやすみ」と言って一緒に家に帰った。

グレースは祖母がどれだけ幸せだったかについて考えていた。祖母はとても気分が悪かったが，グレースがそこにいたからそれを忘れることができたのだ。グレースは④**祖母の家に行くことをやめた**ので，とても後悔して申し訳なく思った。

「明日またおばあちゃんのところに行ける？　彼女にプレゼントをあげたいの」とグレースは母に言った。

その夜，グレースはキッチンに行って再び料理をした。祖母が彼女に教えたことの全てを思い出そうとして，彼女は何か美しいものを作るために何時間も料理をした。

次の日，グレースは祖母の病室に大きな箱を持ってきた。「あなたに⑤**プレゼント**があるの」とグレースは笑顔で言った。

彼女が箱を開けたとき，彼女の祖母は小さなニンジン型のチョコレートで覆われた大きな白いケーキを見た。彼女はグレースに大きく笑ってみせた。

「ケーキを作ったのね！」

「あなたのために作ったのよ。あなたが私に作り方を教えてくれたケーキにこれらのチョコレートを加えたの。私のケーキはあなたのほど美しくはなくて，ごめんなさい。でも，味がいいことを願うわ。」

「⑥**いいえ，あなたは間違っているわ**。それは私が見た中で世界で一番美しいケーキよ」

その日の後，グレースは毎週祖母の家を訪れた。彼女はまた料理を始め，たくさんのケーキを食べた！

問2　本文訳波線部参照。

問3　本文訳二重傍線部参照。

問5　本文訳点線部参照。

問6　**イ**　いいえ，特別じゃないわ。

　ウ　ええ，あなたは美しいわ。

　エ　ええ，私はとても悲しいわ。

問7　**ア**　グレースの母はケーキを作るかわりに熱心に勉強するよう言った。

　イ　**グレースの祖母は雪が降っていたときにけがをした。**

　ウ　グレースの母は翌朝まで病院に滞在した。

　エ　グレースは祖母が病院で不幸せそうに見えることに気がついた。

　オ　**グレースは病院で祖母に彼女の学校生活について話すよう頼まれた。**

　カ　グレースは祖母と一緒に料理することが好きではなかった。

令和２年度　鹿児島高校入試問題　社　会

正答例

1 Ⅰ １(1)①　**（東経・西経）180 度**
②　**西経 90 度**
(2)　**ウ・エ**（順不同・完答）
２Ｘ　**フィヨルド**　　Ｙ　**地中海**
３　**ＩＣＴ**　　４　**ドイツ**
５　**温暖な気候を利用して，米を（同じ農地から）年二回収穫する。**
６　**イスラム教 / イスラーム**
７　**ア**　　８　**ウ**
Ⅱ１　**化石燃料を輸入に頼っているため，臨海部に立地する。**
２　**カ**　　３　**イ**　　４　**イ**
５(1)　**都市鉱山**　　(2)　**ア**　　(3)　**南（南東）**

2 Ⅰ１　**オ**　　２　**エ**　　３　**万葉集**　　４　**ウ**
５　**イ**　　６Ｘ　**悪く（落と）**　　Ｙ　**上昇**
７　**一揆の中心人物がわからないようにするため。**（21 字）
Ⅱ１　**イ**　　２　**ア**　　３　**ア**　　４　**エ**
５　**ポーランド**
６　**満 20 歳以上の男女に選挙権が与えられたから。**（22 字）
７　**ウ**　　８　**湾岸戦争**

3 Ⅰ１　**公職選挙法**　　２　**ウ**　　３　**エ**
４　**ア**　　５　**逆進性**　　６　**ウ**
７　**第 25 条　生存権**（完答）　　８　**三重県**
９　**少子高齢社会が進行し，年金受給者が増加するため，現役世代の負担が大きくなる。**（38 字）
Ⅱ１　**内閣総理大臣**　　２　**ア**
３　**地方分権一括法**
４Ｘ　**民営化**　　Ｙ　**1 府 12 省庁**

配点例

1	Ⅱ１　3点	他　2点×17	計37点
2	Ⅰ７　Ⅱ６　3点×2	他　2点×14	計34点
3	Ⅰ９　3点	他　2点×13	計29点

解　説

1 **＜地理総合＞**

Ⅰ１(1)　**資料１**は，北極点を中心として，地球を上から見た図である。経度は，イギリスのロンドンを通る**本初子午線**を０度として，地球を東西 180 度に分けたものなので，①は東経 180 度もしくは西経 180 度となる。また，本初子午線より東は東経，西は西経なので，②は本初子午線の西に位置し，180 度の半分なので西経 90 度。

(2)　アフリカ大陸西部のアルジェリアやガーナなどを本初子午線が通っているので，アフリカ大陸は**資料１**中の**ウ**と**エ**にまたがっていると考えられる。

２Ｘ　スカンディナビア半島上で見られる。

Ｙ　地中海沿岸は，夏は高温で乾燥し，冬は温暖で雨が多い**地中海性気候**であり，オリーブやオレンジなど乾燥に強い作物が栽培されている。

３　情報通信技術のこと。近年では，いつでもどこでも誰とでも，ネットワーク通信によって知識や情報を共有し，コミュニケーションがとれる社会を実現する技術という意味で使われることもある。

４　Ａ－ドイツ，Ｂ－ルーマニア，Ｃ－コートジボワール，Ｄ－タイ，Ｅ－韓国。
まず，**資料２**の一人あたりの国民総所得に着目すると，日本と近い位置にある**ア**と**イ**は先進工業国であるドイツか韓国，**ウ**～**オ**は第一次産業の人口割合が高く，発展途上国が含まれるルーマニア，コートジボワール，タイのいずれかである。GNI が韓国より高いことから**ア**はドイツ，**イ**－韓国，**ウ**－ルーマニア，**エ**－タイ，**オ**－コートジボワール。

５　中国の南部や東南アジアなどでは，季節風の影響を受けて降水量が多いため，大きな川の流域などで稲作が盛んであり，年に２回米を作る二期作ができる地域もある。

６　**写真３**の部屋の入口に三日月と星がみられ，祈祷する方位が定められていることなどからイスラム教。

７　ムンバイは熱帯のサバナ気候に属し，雨季と乾季の降水量の差が激しいので**ア**。リヤドは乾燥帯の砂漠気候に属し，きわめて降水量が少ないので**イ**。クアラルンプールは熱帯の熱帯雨林気候に属し，年間を通して降水量が多いので**ウ**。マドリードは温帯の地中海性気候であり，年間を通してそれほど降水量が多くないので**エ**。

８　キャッサバは熱帯で栽培される作物であり，熱帯に属しているのはナイジェリア。アルジェリアとチュニジアは地中海沿岸に面しているので，温帯の地中海性気候に属している。

Ⅱ２　②は少子高齢化が進んでおり，若い人が都市部へ流出して**過疎**が進んでいる島根県，③は 20 歳以上 65 歳未満の割合が高く，都市部への流入で人口が集中して**過密**となっている東京都，①は出生率が高いことから沖縄県。

３　**資料１**中の不忍池の中の人工島である弁天島の位置に着目する。

４　①は高度専門職，経営・管理，留学の三つの項目で最も人数が多く，大学数や企業の数も多い東京都，②は技能実習の人数が最も多く，自動車生産が盛んである中京工業地帯がある愛知県，③は大阪府。

５(2)　プラスチックごみは発展途上国でも排出されており，発展途上国では適切に処理されず，環境汚染などの原因にもなっている。

(3)　日本列島には，夏には太平洋上から暖かく湿った南東の季節風が吹き，冬にはユーラシア大陸から冷たい北西の季節風が吹く。

2 **＜歴史総合＞**

Ⅰ 1① 中大兄皇子と中臣鎌足が蘇我氏を倒して，新しい支配の仕組みを作る改革を行った。この改革を**大化の改新**という。

② 律令の律は刑罰の決まり，令は政治を行ううえでのさまざまな決まりで，律令に基づいて政治を行う国家を**律令国家**という。

2 **エ**－5本の弦を付けた琵琶，**ア**－東大寺南大門の**金剛力士像**であり鎌倉文化，**イ**－**雪舟**がえがいた水墨画であり室町時代の東山文化，**ウ**－平安時代に**浄土信仰（浄土の教え）**による極楽浄土への強いあこがれからつくられた阿弥陀如来像。

4③ **北条時宗**は，元と高麗の連合軍が二度にわたって日本に攻めてきた**元寇**がおこったときの鎌倉幕府の執権。

④ 公事方御定書は裁判の基準になる法律で，江戸時代に**徳川吉宗**が行った**享保の改革**の一つ。

5 応仁の乱は，1467年から11年続いた戦乱。**イ**－1492年。**ア**－1368年，**ウ**－1543年，**エ**－1640年。

7 18世紀になると，農村では多くの村が団結して，百姓一揆をおこし，都市では，米の買い占めをした商人に対する**打ちこわし**がおこった。

Ⅱ 1 ロシア革命が1917年におこり，史上初の社会主義の革命政府ができた。翌年，日本や欧米各国が干渉戦争をおこし，**シベリア出兵**を行ったが，革命政府はこの戦争に勝利し，1922年に**ソビエト社会主義共和国連邦（ソ連）**が成立した。日本では，シベリア出兵を見こした商人の米の買いしめによって米の値段が上がり，米の安売りを求める**米騒動**がおこった。

2 **イ**－山東半島，**ウ**－上海，**エ**－雷州半島。日清戦争後の講和条約である下関条約によって，清は，①朝鮮の独立を認め，②遼東半島，台湾，澎湖諸島を日本に譲り渡し，③賠償金2億両を支払うことが決められていた。

3 明治時代には，人間のありのままの姿に迫ろうとする近代的な文学観がおこり，**イ**－「病床六尺」，**ウ**－「一握の砂」，**エ**－「たけくらべ」などが代表的な文学作品である。

5 第二次世界大戦では，日本はドイツ・イタリアと軍事同盟（**日独伊三国同盟**）を結び，これらの国々（**枢軸国**）に対抗するアメリカやイギリスなどの連合国の陣営が形成されることになった。

6 それまで選挙権は満25歳以上の男子のみに与えられていた。1946年4月の衆議院議員総選挙では，GHQの民主化政策の下，初めて女性に選挙権が与えられ，39人の女性の国会議員が誕生した。

7 **ア**－1962年のキューバ危機の際にアメリカの要望を受け入れミサイルの撤去を発表した，**イ**－独裁政権を人々に強いながらも，「**五か年計画**」と呼ばれる計画経済を行い，恐慌下でも成長を続け，工業国へと成長させた，**エ**－**国際連盟**を発足させるための提案をしたアメリカの大統領。

8 湾岸戦争がおこった後，2001年には，アメリカ同時多発テロがおこり，多くの犠牲者が出た。

3 ＜公民総合＞

Ⅰ 1 現在の選挙は，**普通選挙**のほか，一人一票の**平等選挙**，代表を直接選出する**直接選挙**，どの政党や候補者に投票したのかを他人に知られないようにする**秘密選挙**の4原則の下で行われている。

2Z 裁判員制度について，裁判員が参加するのは**刑事裁判**の第一審のみで，第二審からは参加しない。

3 **エ**－少なくとも週1回の休日を与えなければならないとされている。

4 納税者と担税者が一致する税金は**直接税**。直接税には，所得税・法人税・相続税など，間接税には，酒税，揮発油税，関税などがある。

5 直接税である所得税や相続税には，所得が多くなればなるほど高い税率を適用する**累進課税**の方法が採られている。

6X **情報公開制度**は，新しい人権である「**知る権利**」をもとに，国や地方で設けられている。

Y **ノーマライゼーション**は，障がいの有無にかかわらず，全ての人が社会の中で普通の生活を送るという考え方。

7 環境権に関して，大規模な開発事業を行う前に環境への影響を調査する**環境アセスメント**も義務付けられている。

8 四大公害は，四日市ぜんそく（三重県），新潟水俣病（新潟県），イタイイタイ病（富山県），水俣病（熊本県・鹿児島県）。

9 少子化により，現役世代の人口が減り，税収と保険料収入は減少していくという課題も出てくる。

Ⅱ 1 日本は国を防衛するために**自衛隊**を持っており，自衛隊と憲法第9条の関係について，政府は，憲法で「自衛のための必要最小限度の実力」を持つことは禁止していないと説明している。

2 自衛隊は近年，日本の防衛だけでなく，国際貢献としてさまざまな活動を行っており，ＰＫＯへの参加以外にも，イラク戦争のときの復興支援やソマリア沖での船舶の護衛なども行ってきた。

3 現在でも，仕事や財源を国から地方に移す**地方分権**が進んでいる。地方財政には，地方公共団体が集める地方税と，それでまかなえない分を補う国からの依存財源があり，地方公共団体間の財政格差を抑える**地方交付税交付金**，特定の費用の一部として負担される**国庫支出金**，地方公共団体の借金である地方債などがある。

4 日本では，簡素で効率的な行政を目指す行政改革が行われ，例えば，公務員の数を減らしたり，自由な経済活動をうながす**規制緩和**などの取り組みが行われている。

令和２年度　鹿児島高校入試問題　理　科

正答例

1　Ⅰ１①　**多細胞生物**　②　**単細胞生物**
　２　エ　３　デオキシリボ核酸　４　ア
　５(1)　**減数分裂**
　(2)(ⅰ)　エ　(ⅱ)　4(通り)
　(ⅲ)　16(通り)

2　Ⅰ１　かぎ層　２　**火山噴出物**　３　イ
　４　ア　５①　**弱い**　②　**強い**(完答)
Ⅱ１　右図

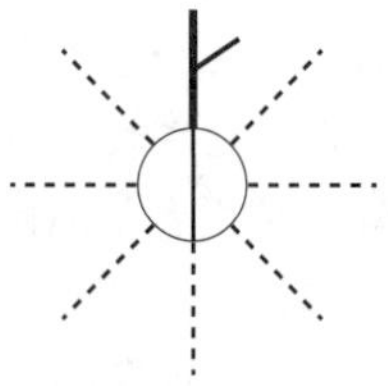

　２　ア
　３(1)　15(℃)
　(2)　10(℃)
　(3)①　**飽和水蒸気量**
　②　**気温**　③　**教室**

3　Ⅰ１　ア　２　エ　３　0.4(g)
　４　DとE(完答)　５　66.7(cm^3)
Ⅱ１　**発熱反応**
　２　食塩　3(g)　水　57(g)(完答)
　３ａ　**酸化**　ｂ　**酸素**

4　Ⅰ１　7.4　２　0.8　３　0.8(cm)
　４　右(向きに)0.6(N)
Ⅱ１①　**光**　②　**電気**　③　**位置**
　２　0.63(倍)　３(1)　0.03(J)　(2)　8.3(%)

配点例

1	３，５(1)	２点×２	他３点×７	計25点
2	Ⅱ１	３点	他２点×11	計25点
3	Ⅱ３	２点×２	他３点×７	計25点
4	Ⅰ１，２，Ⅱ１	２点×５	他３点×５	計25点

解　説

1　**＜生命の連続性＞**

２　生物の種類によって染色体の数は決まっている。

４　ＤＮＡは細胞ごとにふくまれているがニワトリの卵は１つの細胞なので，同じ体積の材料から取り出す場合，ＤＮＡの量が少なくなる。よってＤＮＡを取り出す実験には適さないと考えられる。

５(2)(ⅰ)，(ⅱ)　減数分裂によってできる生殖細胞の染色体の数は，減数分裂前の半分になる。また，このとき対になっている染色体は分かれて別の生殖細胞に入る。その組み合わせは，AB，Ab，aB，abの４通りになる。

(ⅲ)　精子と卵にふくまれる染色体の組み合わせはそれぞれ４通りで，それぞれ異なる染色体なので，受精卵の染色体の組み合わせは４×４＝16通り

2　**＜大地の変化・天気とその変化＞**

Ⅰ１　火山灰は，広い範囲にほぼ同時に降り積もり，噴火ごとに少しずつ性質が異なることがあるため，地層の年代を調べる手がかりになりやすい。

２　火山噴出物には火山灰の他に，火山弾，火山ガス，溶岩などがあり，どれもマグマが元になってできたものである。

３　火山灰をガラス棒で洗うと，ガラス棒が割れる恐れがあるので，指で軽く押しながら洗うのがよい。

４　石英：無色か白色で，不規則に割れる。黒雲母：黒色で，決まった方向にうすくはがれる。角閃石：暗褐色または緑黒色で，長い柱状。

５　地層は下から上へと順に積み重なることから，下から上へ順につなげて考えることで，その場所の古い時代から新しい時代への環境の変化を知ることができる。

Ⅱ２　冬の時期には，ユーラシア大陸が冷やされ，大陸上でシベリア高気圧が成長する。また，日本列島列島の東の海上に低気圧があることが多く，天気図上では，南北方向の等圧線が狭い間隔で並ぶ「西高東低の気圧配置」が見られる。**イ**は，太平洋高気圧が発達していることが読み取れるので夏の天気図。日本列島が高気圧におおわれることが多いため，晴れの天気が続くことが多い。**ウ**は停滞前線が日本列島の上にあるため梅雨の天気図。梅雨の時期に日本列島付近にできる停滞前線を梅雨前線といい，この時期には，太平洋からユーラシア大陸に向かってふく季節風により海から大量の水蒸気をふくんだ空気が運ばれ，停滞前線付近で上昇して日本列島に大量の雨を降らせる。**エ**は，高気圧と低気圧が交互に並んでいることが読み取れるので春の天気図。このときの高気圧を移動性高気圧といい，西から東へ動いていくため天気も西から東へ変わり同じ天気が続かない。

３(2)　湿度は，乾湿計の乾球と湿球の示度の差から湿度表を使って求めることができる。**図３**と**表２**より，乾球の示度が15℃のときに湿度が48％になるのは，乾球と湿球の示度の差が5.0℃のとき。湿球の示度は乾球の示度以下になるので，

15－5.0＝10.0〔℃〕

３(3)　**湿度〔％〕＝$\dfrac{1\,\mathrm{m}^3\text{の空気にふくまれる水蒸気の質量〔g/m}^3\text{〕}}{\text{その空気と同じ気温での飽和水蒸気量〔g/m}^3\text{〕}}$×100**

飽和水蒸気量は気温が高いほど多くなるので，湿度が同じであれば，気温が高い方が１m^3の空気にふくまれる水蒸気の質量が多い。

3　**＜化学変化と原子・分子＞**

Ⅰ１　ＢＴＢ溶液は，酸性の水溶液では黄色に，中性の水溶液では緑色に，アルカリ性の水溶液では青色に変化する。

石灰石に塩酸を加えると二酸化炭素が発生する。二酸化炭素は水にとけると酸性を示すので，ＢＴＢ溶液を加えると黄色に変化すると考えられる。

２　**ア**：水素が発生する。**イ**：塩素が発生する。**ウ**：酸素が発生する。

３　気体が発生する前後の質量を比べると，

(55.0＋1.0)－55.6＝0.4〔g〕

4　ビーカーDとビーカーEでは，加えた石灰石の量は増加しているが，発生した気体の質量はビーカーCと同じなので，石灰石の一部がとけ残っていると考えられる。

5　ビーカーCで塩酸と石灰石がちょうど反応している。石灰石5.0 gをすべてとかすために必要な塩酸の体積をx cm^{3}とすると，反応する塩酸と石灰石の比は20：1.5＝x：5.0

x＝66.66…　およそ66.7 cm^3

Ⅱ2　質量パーセント濃度〔%〕＝$\frac{溶質の質量〔g〕}{溶液の質量〔g〕}$×100

5%の食塩水60 gにふくまれる食塩の質量をx gとすると，$\frac{x}{60}\times 100 = 5$　$x = 3$　よって3 g

また，水の質量は60－3＝57〔g〕

[4]　＜身のまわりの現象・運動とエネルギー＞

Ⅰ1　**表1**から，0.2 Nの力が加わると0.8 cmばねがのびることが読みとれるので，0.6 Nでは2.4 cmのびて7.4 cmになる。

2，3　ばねに0.4 Nの力が加わると，ばねは1.6 cmのびる。**表2**より，物体が1.0 cmしずむとばねののびは0.2 cmずつ縮むことがわかる。また，浮力は物体の水の中の体積によって決まるので，物体が4.0 cmしずんですべて水の中に入ると，5.0 cmしずんでもばねののびは変わらない。また，物体が完全にしずんだときのばねののびが0.8 cmなので0.2 Nの浮力がはたらいている。よって，**図3**では0.4 Nの物体に0.2 Nの浮力がはたらいているので，ばねには下向きに0.2 Nの力が加わる。ばねは0.8 cm縮む。

4　ばねなどの物体は，引っ張られたりおし縮められたりして変形すると，元に戻る向きに弾性力を生じる。左側のばねは，左方向に1.2 cm縮められているので，物体に対して右方向に0.3 Nの弾性力がはたらいていると考えることができる。右側のばねは，左方向に1.2 cmのばされているので，物体に対して右方向に0.3 Nの弾性力がはたらいていると考えることができる。よって物体に加わっている力は

0.3＋0.3＝0.6〔N〕

Ⅱ2　**電力〔W〕＝電圧〔V〕×電流〔A〕**

表3より，光源装置までの距離が5 cmのときの消費電力は5.0×0.2＝1.0〔W〕　10cmのときの消費電力は3.5×0.18＝0.63〔W〕　なので，10cmのときの消費電力は5 cmのときの0.63÷1.0＝0.63〔倍〕

3　**仕事〔J〕＝物体に加えた力〔N〕×力の向きに移動させた距離〔m〕**

仕事率〔W〕＝$\frac{仕事〔J〕}{時間〔s〕}$

質量30 gのおもりが2秒間で5×2＝10cm引き上げられるので，モーターがおもりにした仕事は

0.3×0.1＝0.03〔J〕　このときの仕事率は

$\frac{0.03}{2}$＝0.015〔W〕　モーターで消費される電力は

1.5×0.12＝0.18〔W〕なので，このときの仕事率は，モーターで消費される電力の

$\frac{0.015}{0.18}\times 100 = 8.33\cdots$　およそ8.3%

令和2年度　鹿児島純心女子高校入試問題　国語

正答例

[1]　1　(1) **臨**　(2) **威圧**　(3) **仲裁**
(4) **はけん**　(5) **かきとめ**　(6) **う**
2　**六（画）**

[2]　1　**ア**
2　Ⅰ　**すばやく決断を下す**
Ⅱ　**慎重に判断する**
Ⅲ　**皆をなごませよい雰囲気を作る**
3　**エ**
4　**どんなことについても一方的に物事を判断するのではなく，相手や自分の短所について別の角度から見ることで，長所として捉えていくこと。**
5　**ウ**

[3]　1　**おしえける**　2　**ウ**
3　③　**ア**　④　**ア**　4　**藤のこぶ**
5　Ⅰ　**山寺の僧**
Ⅱ　**病気の時にどんな薬を飲めばよいのか聞く**
Ⅲ　**エ**

[4]　1　**イ**　2　**ウ**
3　Ⅰ　**尊敬**　Ⅱ　**見どころがある**
Ⅲ　**祖父には気づかれたくないという**
4　**源二の考える「なにかを成し遂げる」人間とはどのようなものか理解できないことが，自分の限界を示しているようで自信を失っている気持ち。**
5　**エ**

[5]　**省略**

配点例

[1]　1　2点×6　2　3点　計15点
[2]　1　2点　2Ⅲ　4点　4　8点　5　5点
他　3点×3　計28点
[3]　1，3，5Ⅰ　2点×4　他　3点×4　計20点
[4]　1，2　3点×2　3Ⅲ　4点　4　8点
5　5点　他　2点×2　計27点
[5]　10点

解説

[2]　＜論説文＞

1　アのみ連体詞，ほかは副詞である。

2　「短気な人」「優柔不断な人」「鈍感な人」の長所をそれぞれ挙げればよい。問題文にⅠ，Ⅱは「本文の言葉を用いて」とあり，Ⅲは「言葉を考えて答えること」とあるのに着目する。

ⅠⅡ　第三段落に「短気な人は決断が早かったりもします」「優柔不断な人は裏返せば慎重」とある。

Ⅲ　「みんながイライラしてい」る雰囲気に気づかないことでどのような効果が生まれるかを考えて書く。

3a　空欄前に「数字などのデータ」とある。

b　空欄後に「意識」とあるので，「競争」があてはまると考えられる。また，前の段落に「熾烈な競争が繰り広げられ，皆疲れてしまう」とあるので，「競争」

により「余裕のない空気」が生まれると考えられる。

c　「生産性という点ではいまひとつパッとしない社員」がいることで，どんな気持ちを一部の人々に与えるかを考える。「優越感」とは，自分が他人よりすぐれているという感情。

d　「社員を評価する基準は生産性といった数字」であるが，その基準だと「仕事ぶりはいまひとつでも皆をなごませ，職場にいい空気をつくるような社員」は評価されないことを筆者は問題視している。そのような社員が評価されるためには，「生産性といった数字」以外の評価の基準が必要だと述べている。

4　「仕事に限らず，どんな人間関係においても，そのような複眼でとらえる」ことが「仕事や生き方を豊かにしてくれる」とある。「そのような複眼」とは何かを考えると，直前に「短所の裏側にある～眺めてみる。」とあるので，その内容をまとめる。

5　**ア**，**イ**は，会社組織の評価の在り方について述べている第十二～第十七段落から読み取れる。また，筆者は人の長所や短所について「短所の裏側にある長所にも目を向け」，「短所の置き場所を少し変えて眺めてみる」ことが大切だと述べているので，**エ**もあてはまる。**ウ**の「すべての人が様々な問題に率先して取り組むべき」という姿勢は本文中からは読み取れない。

3　＜古文＞

（口語訳） ある在家人が，山寺の僧を信じて，世間や仏教のことを深く頼りにして，病気にかかれば薬のことまで聞いていた。この僧は，医学の知識がなかったので，どんな病気について聞かれても，「藤のこぶを煎じて飲みなさい」と①答えていた。（在家人は）これを信じてそのとおりにすると，②すべての病が治った。

ある時，（在家人が）馬を③失って，「どうしたらよいでしょう」と聞くと，（僧は）いつものように「藤のこぶを煎じて飲みなさい」と言う。（在家人は）④納得しにくかったけれども，理由があるのだろうと（僧の言葉を）信じて，（藤のこぶを探したが）あまりに取り尽くして近くにはなかったので，⑤山の麓まで探し求めるうちに，谷の辺りで，いなくなった馬を見つけた。これも（在家人が僧の言うことを）信じ続けたからである。

1　ワ行の「ゐ・ゑ・を」は「い・え・お」に直し，語頭以外のハ行はワ行に直す。

2　単語分解すると，「万／の／病／癒え／ざる／無し」。よって「すべて／の／病が／癒え／ない／ということがなかった」となる。否定の言葉を二度重ねると，強い肯定の意味になるので，**ウ**が適当。

3　主語の判別は，登場人物と話のおおまかな内容の整理が必要である。第一段落では，在家人が山寺の僧の言うことを信用し，何でも聞いているということが述べられている。第二段落では，馬を失ったことを「いかが仕るべき」と聞いているので，馬を失ったのは在家人。それに対していつものように「藤のこぶを煎じて召せ」と言ったのは山寺の僧。馬を失ったと相談したのに，そのように言われたことが納得できなかったが，「やうぞあるらんと信じ」たのは在家人。よって，どちらも主語は在家人となる。

4　――線部⑤の直前に「あまりに取り尽くして近々には無かりければ」と山の麓にまで行った理由が書かれていることから，「取り尽くし」たものと山の麓で探していたものが同じであることがわかる。「藤のこぶ」を山の麓まで探し求めた結果，「失せたる馬」を見つけたのである。

5 Ⅰ　本文一文目に「ある在家人，山寺の僧を信じて」とあるので「山寺の僧」が適当。

Ⅱ　「病む事もあれば薬までも問ひけり」とある。「世間や仏教のこと」だけでなく，医者ではない山寺の僧に，薬のことまで聞いていたことから，在家人が僧を非常に信頼していたことがわかる。

Ⅲ　**鰯《いわし》の頭も信心から**＝鰯の頭のようにとるにたらないものでも，信じる気持ちがあれば尊いものに見えること。

苦しい時の神頼み＝ふだんは信仰心を持たない人が，病気や災難で困ったときだけ神仏に祈って助けを求めようとすること。

馬の耳に念仏＝いくら意見をしても全く効き目のないことのたとえ。

仏の顔も三度＝どんなに慈悲深い人でも，無法なことをたびたびされると怒ること。

4　＜小説文＞

1　**c**のように，自分を「わかる人間」と考えていることから，自分の見る目に自信があると読み取れる。

2　「言葉を濁す」とは「はっきり言わないで，あいまいに言うこと」。光博に遊びに誘われて，はっきり返事をせずに「言葉を濁」していることから考える。

3 Ⅰ　光博が祖父をどう思っているのかを，二字で探す。

Ⅱ　光博がその言葉を聞いて「複雑な思い（＝嫉妬）」を感じていることから，祖父が聖太郎を高く評価している言葉があてはまる。

Ⅲ　光博は，聖太郎が祖父から高い評価を受けていることに複雑な思いを抱いているにもかかわらず，その「感情を押し殺すように」聖太郎のすごいところを訊ねた理由を考える。

4　――線部③「そのこと」とは，「聖太郎の持つ素質」を，祖父は「見極めることができる」が，自分にはできないこと。そして自分は聖太郎と祖父とはちがうのだと思い知らされて，自信を失っているのである。

5　「源二が祖父として，光博を可愛がってくれていることに疑いようはなかった」とあるように，光博は祖父からの愛情を感じてはいるが，「確固たる自分を持っている」祖父に比べ，「自分はちがう」と劣等感を感じている。よって**エ**が適当。**ア**の「自分の経験を折に触れて伝える」，**イ**の「光博に大きな期待を寄せる」「自立心を弱める」といった内容は本文からは読み取れない。また，「光博が抱いている不安に気づ」かず，逆に劣等感を強めているので**ウ**も不適。

令和２年度　鹿児島純心女子高校入試問題　数　学

正答例

1 (1) -3　(2) $-24b$
(3) $\dfrac{x-y}{8}$　(4) $31a-28$　(5) $3\sqrt{6}$

2 (1) $(x+2)(x-3)$　(2) $x=-1\pm\sqrt{5}$
(3) $c=\dfrac{3m-a-b}{2}$
(4) ②，③(完答)　(5) $y=3x-5$
(6) 58(度)　(7)① ア　② ウ
(8)① $1.2x$　② $0.8y$　③ $620-x$
④ $0.2x$　⑤ 0.2　(完答)
今年の大人の来場者数　402　人
こどもの来場者数　228　人(完答)

3 Ⅰ① 0.05　② ○
③ 16m　④ 16.4m
Ⅱ(1) 6(通り)　(2) $\dfrac{1}{9}$

4 (1) $a=\dfrac{1}{3}$
(2) 3点が一直線上にある
(3) $x=0$，3

5 (1)① A
② D
③ A
(2) 右図
(3) ＰＱ　5(cm)
ＡＱ＋ＱＲ＋ＲＤ　$\dfrac{46}{3}$(cm)

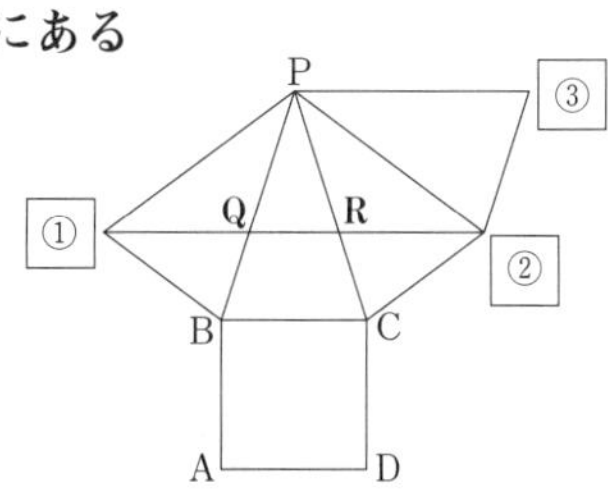

配点例

1	4点×5	計20点
2	(7)　2点×2　他　4点×8	計36点
3	Ⅰ　2点×4　Ⅱ　4点×2	計16点
4	4点×3	計12点
5	4点×4	計16点

解　説

1 ＜計算問題＞

(1) $-7-(-8)\div2=-7+4=-3$

(2) 与式$=6ab^2\times\dfrac{2}{a^2b}\times(-2a)=\dfrac{-24a^2b^2}{a^2b}=-24b$

(3) $\dfrac{3x+y}{4}-\dfrac{5x+3y}{8}=\dfrac{2(3x+y)-(5x+3y)}{8}$
$=\dfrac{6x+2y-5x-3y}{8}=\dfrac{x-y}{8}$

(4) $(4a-1)(a+3)-(2a-5)^2$
$=4a^2+12a-a-3-(4a^2-20a+25)$
$=4a^2+12a-a-3-4a^2+20a-25$
$=31a-28$

(5) $\dfrac{4\sqrt{6}}{3}-\sqrt{\dfrac{2}{3}}+\sqrt{24}=\dfrac{4\sqrt{6}}{3}-\dfrac{\sqrt{2}\times\sqrt{3}}{\sqrt{3}\times\sqrt{3}}+\sqrt{2^2\times6}$
$=\dfrac{4\sqrt{6}}{3}-\dfrac{\sqrt{6}}{3}+2\sqrt{6}=\sqrt{6}+2\sqrt{6}=3\sqrt{6}$

2 ＜小問集合＞

(1) $(x-1)^2+(x-1)-6$
$=x^2-2x+1+x-1-6$
$=x^2-x-6=(x+2)(x-3)$
※$x-1=$AとおきかえてA^2+A-6を因数分解してもよい。

(2) $(x+1)^2-5=0$，$(x+1)^2=5$
$x+1=\pm\sqrt{5}$，$x=-1\pm\sqrt{5}$

(3) $m=\dfrac{a+b+2c}{3}$　両辺を3倍し，$3m=a+b+2c$
$2c=3m-a-b$，$c=\dfrac{3m-a-b}{2}$

(4) ②は，$y=\dfrac{5000}{x}$
③は右図から，
$y=\dfrac{1}{2}\times x\times\dfrac{\sqrt{3}}{2}x=\dfrac{\sqrt{3}}{4}x^2$
yをxの式で表すことができるから，
②と③は関数。

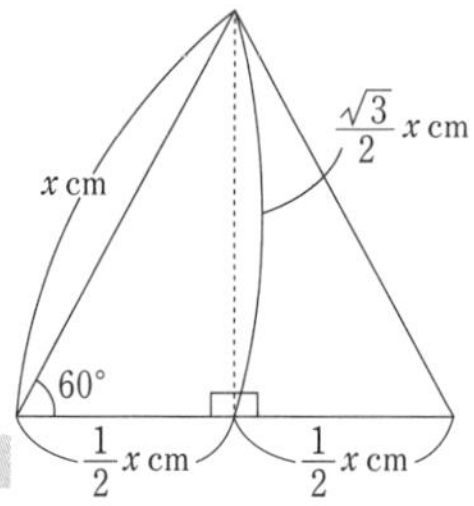

(5) $y=3x-1$と平行であることから，
求める直線の式は$y=3x+b$と表すことができる。これに(1，-2)の座標を代入すると，$-2=3+b$，$b=-5$
よって，求める直線の式は，$y=3x-5$

(6) **平行線の錯角は等しい**から，
$\angle x=\angle y+\angle z$が成り立つ。
$\angle y=180^\circ-144^\circ=36^\circ$
$\angle z=180^\circ-158^\circ=22^\circ$
$\angle x=36^\circ+22^\circ=58^\circ$

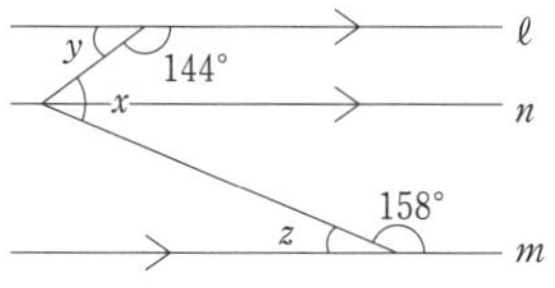

(7) それぞれの条件に基づいた図をかいてみる。

①
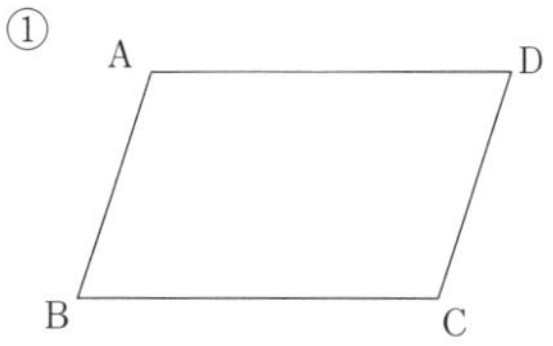

②
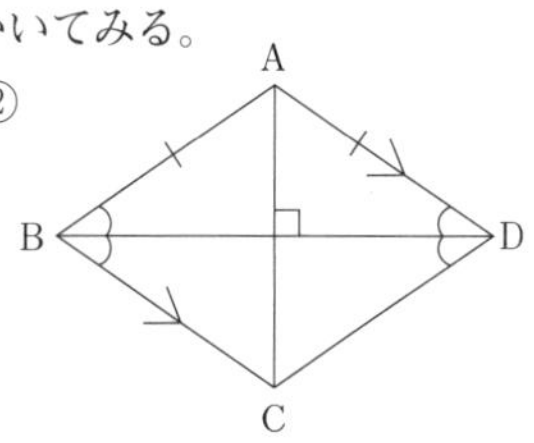

① 2組の対辺の長さが等しいことを表しているので(ア)
② 対角線が直交し，向かい合う角が等しくなるので(ウ)

(8) ③ 昨年のこどもの来場者数は，
$x+y=620$，$y=620-x$(人)
④ 大人の増加数の割合は20%だから，$0.2x$(人)
⑤ こどもの減少数の割合は20%だから，$0.2y$(人)

3 ＜資料の整理・確率＞

Ⅰ① **ある階級の相対度数$=\dfrac{\text{その階級の度数}}{\text{度数の合計}}$**，$\dfrac{1}{20}=0.05$より×

② ヒストグラムにおける最頻値は，最も度数が多い階級の階級値。度数が最も多いのは15m以上17m未満の階級だから，
最頻値は，$\dfrac{15+17}{2}=\dfrac{32}{2}=16$(m)より○

③ 中央値は記録の小さい方から10番目と11番目の記録の平均値で，いずれも15m以上17m未満の階級に含まれるから×

④ ヒストグラムの階級値を用いて平均値を求めると，
$\dfrac{12\times1+14\times5+16\times7+18\times4+20\times2+22\times1}{20}$
$=\dfrac{328}{20}=16.4$(m)より×

Ⅱ(1) 右図のようになる。6の倍数となるのは○で囲んだ6通り。

(2) 分子を$a+3b$で割り切れるとき，つまり，$a+3b$が12の約数となるとき。12の約数は，1，2，3，4，6，12
あてはまるのは下線をひいた4通りだから，確率は$\dfrac{4}{36}=\dfrac{1}{9}$

a ＼ b	1	2	3	4	5	6
1	4	7	10	13	16	19
2	5	8	11	14	17	20
3	⑥	9	⑫	15	⑱	21
4	7	10	13	16	19	22
5	8	11	14	17	20	23
6	9	⑫	15	⑱	21	㉔

4 ＜関数＞

(1) $y=ax^2$に(-3，3)の座標を代入すると，
$3=a\times(-3)^2$，$3=9a$，$a=\dfrac{1}{3}$

(2) 線分ＡＢの延長線上に点Ｐがあるとき，3点は一直線に並ぶので，三角形にはならない。

(3) 点Ａ，Ｂの座標から，△ＯＡＢは直角二等辺三角形だから，

点Oと点Pが重なるとき，△PABは二等辺三角形となる。
また，線分ABを底辺とするとき，ABの中点と原点Oを通る直線が，線分ABの垂直二等分線となり，この直線と関数①のグラフとの交点と点Pが重なるとき，△PABは二等辺三角形となる。A，Bの中点は，$\left(\frac{1}{2}, \frac{1}{2}\right)$，原点Oを通る直線を$y=ax$とし，中点の座標を代入すると，
$\frac{1}{2}=\frac{1}{2}a$，$a=1$　$y=x$
これと関数①のグラフの式より，$\frac{1}{3}x^2=x$が成り立つから，これを解いて，$x^2-3x=0$，$x(x-3)=0$，$x=0$，3
よって，点Pのx座標は0と3

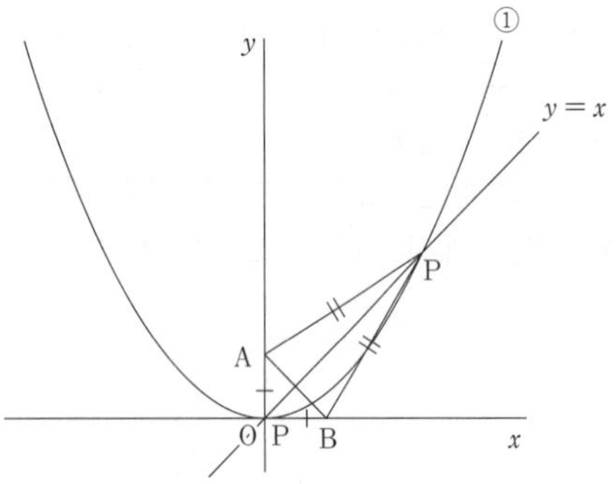

5 ＜空間図形＞

(2) AQ＋QR＋RDが最小となるのは，点A，Q，R，Dが展開図上で一直線上にあるときだから，①と②を結ぶ線分とPBとの交点をQ，PCとの交点をRとして図示する。

(3) (2)と図形の対称性(側面となる三角形はいずれも合同な二等辺三角形である)から，下の図は，頂点Pと線分BCの中点Hを通る直線を対称の軸とする線対称な図形と考えることができる。このとき，点AとD，点QとRは対応する点となる。また，線分AD，線分BCともに対称の軸と垂直に交わるので，AD//BCが成り立つ。
△ABQと△PABにおいて，
△PABは二等辺三角形だから，∠ABQ＝∠PAB……①
対頂角は等しいから，∠BQA＝∠PQR……②
AD//BCより，同位角は等しいから，
∠PQR＝∠PBC……③
△PBCと△PABは合同な三角形だから，
∠PBC＝∠ABP……④
②，③，④より，∠BQA＝∠ABP……⑤
①，⑤より，2組の角がそれぞれ等しいから，
△ABQ∽△PAB
AB：PA＝BQ：AB
6：9＝BQ：6
9BQ＝36
BQ＝4(cm)
PQ＝PB－BQ
＝9－4
＝5(cm)

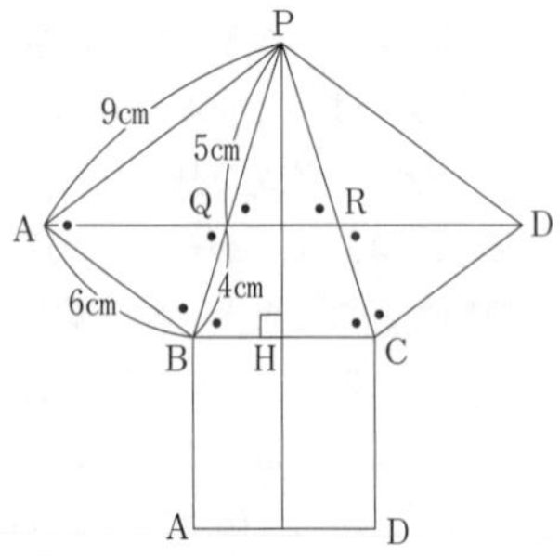

また，△ABQは二等辺三角形で，AQ＝6cm
同様に△DCRも二等辺三角形で，DR＝6cm
△PQR∽△PBC，相似比は5：9より，
QR：BC＝5：9，9QR＝5×6，
QR＝$\frac{10}{3}$(cm)
AQ＋QR＋RD＝$6+\frac{10}{3}+6=\frac{46}{3}$(cm)

令和2年度　鹿児島純心女子高校入試問題　英　語

正答例

1
1 ウ　2 イ
3 ① January　② ten　③ clothes
4 (1) イ　(2) ウ
(2) They sent a letter (to the teachers).
5 (例) Because I played games for a long time.

2
1 ① ウ　② ア
2 ① foreign　② interested　③ long
④ (例) How about trying it ?
3 (例) Could you show me how to use the washing machine ?
4 (例) I think summer is the best season. There are many Japanese festivals. She can wear a *yukata* and enjoy dancing. She will be able to see a lot of fireworks.

3
Ⅰ ① ウ　② ア　③ エ
Ⅱ 1 ウ
2 to get a qualification as a clinical psychologist
Ⅲ 1(1) Because she learned that many birds, fish and other sea animals are dying because of plastic waste.
(2) It wants them to stop giving away free plastic bags.
2 ア

4
1 イ　2 エ
3 (例) I have just arrived at the hair salon.
4 筆者が初めて一人でバスに乗って美容室に行ったこと。
5 イ　6 エ，オ　(順不同)
7 (例) I want to go to America to see my aunt.

配点例

1　5　4点　他　3点×8　計28点
2　1，2　2点×5　4　8点　他　3点×2　計24点
3　Ⅰ　2点×3　Ⅱ2，Ⅲ　3点×3　他　4点×2　計23点
4　1，2，5　2点×3　3，4　4点×2
6　3点×2　他　5点　計25点

解　説

1 ＜聞き取りテスト＞

1 You go there to eat something with your family or friends.

2 *Mr. Brown :* Excuse me. I want to go to this hotel. I don't know which way to go. *Man :* Oh, which hotel ? *Mr. Brown :* This one. Kagoshima Hotel. *Man :* Oh, I see. You are here at Chuo Station now. The hotel is this way. Go down this street for about 5 minutes, then you will see it on your right. *Mr. Brown :* Thank you.

3 *Koki :* Look at this poster. This volunteer event looks interesting. We can help people by using English. Why don't we try it ? *Reita :* When will it be held ? *Koki :* On January 26th, from 8:00 a.m. to 4:00 p.m. But we must be there by 7:50 a.m. *Reita :* Oh, I see. What should we bring ? *Koki :* We should

bring warm clothes, an electronic dictionary and lunch. *Reita :* It sounds fun. Let's join it.

4　On July 13th last year we had a chance to learn about the big earthquake and tsunami in Tohoku. Two English teachers from Fukushima came to our school and talked about the earthquake. Eight years have passed since it happened on March 11th in 2011. It was one of the most powerful earthquakes to hit Japan. We don't know much about that earthquake because we were too young at that time. So it was a good chance to learn about it. They told us many things. At that time some students and teachers couldn't go home because it was too dangerous. A lot of people who lived near the school came to the school gym because there was a tsunami. The students and teachers took care of the people staying at the gym. We were sad to hear that many people in Tohoku died or have not been found yet. People in Fukushima have started a new project. They feel it is important to share this experience with many people around the world. In 2014 some students went to Paris, France to say "thank you" to the people who supported them. Some also made sweets, candles and so on in the shops in Fukushima and sold them in Tokyo in 2018. We were moved to hear that. We will never forget the things they told us. We sent a letter to the teachers after they went back to Fukushima.

Question (1) : How many teachers from Fukushima came to Makoto's school ?

Question (2) : Where did some students go in 2014 ?

Question (3) : What did Makoto and his friends do after the teachers went back to Fukushima ?

5　*Shota :* Good morning, Mr. Williams. *Mr. Williams :* Good morning, Shota. You look worried. What's the matter ? *Shota :* I'm sorry, but I haven't finished my homework yet. *Mr. Williams :* Why not ? *Shota :* (　　　　　　　)

2 ＜英文読解＞

1　M：お父さん，いくつか宿題があるの。②**私を手伝ってくれる？**　F：もちろん。それはどんな種類の宿題なんだ？　M：オリンピックについて書かなければならないの。例えば，オリンピックの歴史や，有名なアスリートなどよ。でも何について書くか決められないの。　F：日本が前に何度オリンピックを開催したか知ってるかい？　M：ええ，たぶん３回よ。東京，札幌，長野でよね？　それらは全部，私が生まれる前に開催されたわ。　F：その通り。ところで，2004年に君が生まれたとき，オリンピックもまた開催されたんだ。　M：本当に？　①**そのオリンピックはどこであったの？**　F：それらはアテネで開催されたよ。それらは21世紀最初のオリンピックだったんだ。　M：それはおもしろいわね。それについて書きたいわ。

2　A：このポスターを見て，リンダ。　L：まあ！　彼らは，サンフランシスコに行きたい鹿児島市在住の学生を探しているのね。　A：私は鹿児島市に住んでいるわ。　L：あなたは外国に行ったことがあるの？　A：いいえ，私は①**外国**に行ったことが一度もないの。　L：それならこれはあなたが他の文化について学ぶいい機会になるわね。　A：その通りよ。私は，英語と国際交流にとても②**興味がある**の。　L：いいわね！　その旅行は③**どのくらいの期間**なの？　A：約10日間だけど，20人の生徒だけが選ばれるの。だから私は英語のテストが心配だわ。　L：心配しないで！　あなたが英語を熱心に勉強しているのを知っているわ。④**それに挑戦するのはどう？**　A：分かった，やるわ。まず放課後に山田先生のところに行ってそれについてたずねてくるわ。　L：すばらしいわ！　もしあなたとアメリカで会えたらすてきでしょうね。

3 ＜英文読解＞

Ⅰ　M：こんにちは，ホワイト先生。あなたは何をしているのですか？　W：日本の鯉や錦鯉についてのウェブサイトを見ているの。　M：①**なぜあなたはそれらを見ているのですか？**　W：日本の鯉や錦鯉を何匹か買って家の小さな池で飼おうと思っているからよ。　M：②**彼らのどんなところが好きですか？**　W：彼らはとても美しい色をしているわ。そして今世界中でとても人気があるの。美しく色のついた日本の鯉はとても高価よ。だから私は，小さくて安価なものを何匹か買うつもりなの。　M：なるほど。彼らが高価だとは知りませんでした。③**日本の鯉や錦鯉は外国で何と呼ばれているのですか？**　W：彼らは「koi」と呼ばれているわ。　M：すてき！　じゃあ「koi」はちょうどアニメや津波のように世界中で使われる単語になっているのですね？　W：その通りよ，真希。

Ⅱ　みなさん，こんにちは。今日は私の母について話します。彼女は45歳ですが，今は学生です。事実，彼女は臨床心理士の資格を取るために大学で勉強しています。臨床心理士はたくさんの種類の心の問題を抱える人々を助けるために働きます。資格を取るために，彼女は国家試験に合格しなければならないので，夜，家事を終えた後で熱心に勉強しています。ある日，私は母に「なぜあなたは臨床心理士になりたいの？」と言いました。彼女は，私の兄が中学生のときに友人といくらか問題を抱えていたと教えてくれました。その後，彼はしばらくの間学校に行くことができませんでした。その時，兄だけでなく母もたくさん苦しんだのです。この経験を通して，母はそのような問題を抱えている人々を助けることを決意しました。

毎日彼女は勉強と家事で忙しいので，兄と父，私はしばしば彼女を手伝っています。家族全員が母にいつか**彼女の夢**を叶えてほしいと思っています。

1　ア　真里の母は，若いときに大学に行かなかったので，今大学生です。

イ　真里の母は熱心に勉強していますが，夜は勉強していません。

ウ　真里の母は彼女の経験から臨床心理士になることを決意しました。

エ　真里の家族はあまり母を手伝っていません。

2　本文訳波線部参照。

Ⅲ　私は中学一年生のとき，プラスチックゴミについてそんなに心配していなかった。だからスーパーマーケットで買い物をしたとき，もらったプラスチックの袋を使った。しかし昨年，海中のプラスチックゴミについてのテレビ番組を見た。それはたくさんの鳥や魚，その他の海の生き物たちがプラスチックゴミのせいで死んでいると言っていた。私はそれについて学んでショックを受けた。

そのテレビ番組は，海中に浮かんでいるプラスチックゴミは2010年には約1275万トンで，その量は増えていると言った。私は，私たちはなぜプラスチックゴミが動物にとってよくないのか知らなければならないと思う。プラスチックゴミのかけらは海中でより小さくなる。魚はこれらのかけらを食べ，そして海鳥が魚を飲み込むのだ。だからプラスチックはこれら全ての動物に悪影響がある。

世界中の国々が，今，この問題について考えている。中国とインドネシアでは，政府は人々にプラスチックを再生利用するよう求めた。カナダは使い捨てのプラスチックの袋を使うことをやめるための計画がある。そして日本では，政府はスーパーマーケットが無料のプラスチックの袋をあげるのをやめることを望んでいる。

私もまた，全員がプラスチックを使うことをやめるために何かをすべきだと思う。あなたは何かいい考えがあるだろうか？

1(1)　聡子はテレビ番組を見たとき，なぜとてもショックを受けたのか？

(正答例の訳) **彼女は，たくさんの鳥や魚，海の生き物たちがプラスチックゴミのせいで死んでいると知ったから。**

(2)　日本政府はスーパーマーケットがどうすることを望んでいるか？

(正答例の訳) **それは，彼らが無料のプラスチックの袋をあげるのをやめることを望んでいる。**

2　ア　**海中のプラスチックゴミ**

イ　再生利用に使われたプラスチックゴミ

ウ　中国のプラスチックゴミ

エ　山のプラスチックゴミ

4　＜長文読解＞

この前の夏，私は娘の早紀と一緒に母のもとを訪れた。母と私はキッチンのテーブルにつき，私が子どものときに起きた出来事について話した。

すると早紀が部屋に入ってきて「お母さん，髪を結んでくれる？」と頼んだ。「もちろん。後でやるわ」と私は答えた。母は笑って「あなたが初めて一人で美容室に行ったときのことを決して忘れないないわ」と私に言った。

そのとき，私はその日のことを思い出した。私は10歳だった。私は美容室で4時30分に予約をしており，私の母は5時まで働いていたので私をそこに連れていくことができなかった。私は①怖かった。「もしバスに乗り遅れたらどうしたらいいの？」それは母なしでバスに乗る初めての機会だった。母は「きっと大丈夫よ」と私に言った。そして彼女は私にバスの運賃を渡して，仕事に行った。

最後の授業中，私は何度も時計を見た。放課後，私は校門の前のバス停に歩いて行った。何人かの高校生と一人の女性がバス停に立っていた。私は時刻表を見て，私が乗る2番線のバスを確認した。私は心配だったので，その女性に「2番線のバスは南通りに行きますか？」とたずねた。その女性は「ええ」と言った。私は気分が楽になった。

私はバスに乗って，私が降りるバス停を探すために窓のそばに座った。バスがもう少しでそこに着くとき，前に私が話しかけた女性が私に「あなたが降りるバス停は次よ」と言った。私は彼女にお礼を言って，ボタンを押した。私がバスを降りたとき，4時25分だった。私はにぎやかな通りを歩いて渡って，美容室に着いた。美容室の中に入ったとき，美容室の電話から母に電話をかけた。私は彼女に「②**美容室にちょうど着いたわ**」と言った。私は一人でそこに行けてうれしかった。

私が③**私の昔話**を終えると，母は笑った。彼女に「何がそんなにおもしろいの？」とたずねた。彼女は「その日，私もとても心配だったの。仕事をしているとき,時計を見続けたわ。私はずっとあなたのことを考えていたの。実際，その日3時30分に職場を出てあなたの学校に行ったわ。あなたがバスに乗るのを見るために，車の中で待ったの。私はバスについて行って，あなたが正しいバス停で降りるのを見たわ。私はその日，美容室に入っていくあなたを見てとてもうれしかった」と答えた。「でもお母さん，もしそこにいたなら④**なぜ私を助けなかったの？**」と私はたずねた。母は「私も怖かったのよ。でも，人生で不安を克服する方法をあなたに教えないことのほうがもっと怖かった。私の母であるあなたのおばあちゃんは，中国で生まれて，彼女一人で日本に来たの。彼女は私に，人生とは，不安なしでは生きられないものだと教えてくれた。母の人生の教訓をあなたに伝えたかったの」と答えた。

現在私は，母が人生においてとても大切なことを教えてくれたと知った。私は娘の早紀に，母が私にしたように，その教訓を伝えたいと思っている。

1　ア　5段落1行目から

ウ　6段落4・5行目から

エ　5段落3～5行目から

4　本文訳波線部参照。筆者がした初めての体験は二つあるので，その部分をまとめる。

5　ア　あなたは何をしたの？

ウ　あなたはいつ来たの？

エ　あなたはなぜ私を助けたの？

6　ア　ある親切な男性が，筆者がバスを降りるべきときに教えた。

イ　筆者の母は，筆者が一人で美容室に行ったとき仕事をしていた。

ウ　筆者の母は，人々は不安なしで生きるべきだと考えている。

エ　筆者の祖母は中国で生まれた。

オ　筆者は彼女の娘に筆者の母の教訓を伝えたい。

7　E：あなたの夏はどうだった？　S：よかったわ。おばちゃんのところに行って，お母さんが小さな女の子だったときの話を聞いたの。彼女が一人で美容室に行った初めての経験についてよ。恵美，あなたは一人で何をしたい？　E：**私はおばさんに会いにアメリカに行きたいな。**

令和２年度　鹿児島純心女子高校入試問題　社　会

正答例

1 Ⅰ１（番号）②　（気候名）西岸海洋性気候（完答）
２⑴　ア⇒ウ⇒イ
⑵　自動車の利用を減らし，地球温暖化による海面上昇を抑えるため。
３ア　フランス　　イ　核兵器
４⑴　③
⑵　沿岸地域に比べ，内陸地域の方が人件費が安く，生産コストを抑えることができるから。
５⑴　ヒスパニック　　⑵　スラム
Ⅱ１ア　札幌　　イ　アイヌ
２⑴　政令指定都市
⑵　生産年齢人口が減少し，労働力が不足する。
３⑴　イ　　⑵　再生可能エネルギー
４⑴　ウ
⑵　（人物）エ　（国名）イギリス　（完答）
Ⅲ１（記号）Ｂ
（理由）賃金がほとんど上昇していないから。
（完答）
２　自分にとって都合の良い時間に働きたいから。

2 Ⅰ１①　源頼朝　　②　建武
２　ウ　　３　エ　　４　イ
５　後醍醐天皇が武家政治を否定し，公家重視の政策をとったから。
６う　生類憐みの令　　え　ア
７　Ａ⇒Ｂ⇒Ｄ⇒Ｃ⇒Ｅ
Ⅱ１　大隈重信
２⑴　ウ
⑵　日本はまだ近代的な法制度が整っていなかったから。
３　エ　　４　ア⇒ウ⇒エ　　５　エ
Ⅲ１　昭和から平成
２　（投機によって）株式と土地の価格が異常に高くなる不健全な好景気。

3 Ⅰ１　抵抗　　２　イ
３　自由・平等の実現には法律で保障するだけでなく，国が積極的に関わる必要があるため。
４　主権者である国民によって直接議員が選ばれているから。
５　インフォームド・コンセント
Ⅱ１　製造物責任法／ＰＬ法
２　生活に必要な品目の税率を据え置くことで，消費者の負担を軽くするため。
３　ウ　　４　茶・かぼちゃ・黒牛　など

配点例

1　Ⅰ２⑵，４⑵　Ⅱ２⑵　Ⅲ２　３点×４
他　２点×15　　計42点
2　Ⅰ５　Ⅱ２⑵，４　Ⅲ２　３点×４
他　２点×13　　計38点
3　Ⅰ３　Ⅱ２　３点×２　他　２点×７　　計20点

解　説

1 ＜地理総合＞

Ⅰ１　アムステルダムは②の西岸海洋性気候であり，暖流とその上を吹く偏西風の影響で，冬は緯度が高いわりに暖かく，１年を通じて雨が降る。①は年間平均気温が高いことからサバナ気候のパペーテ，③は温暖湿潤気候のニューヨーク。

２⑴　ＥＵは，1990年代から2000年代にかけては，西ヨーロッパだけでなく，北ヨーロッパや東ヨーロッパへも加盟国が拡大した。

３　カナダの公用語は英語とフランス語。

４⑴　③－アメリカ，日本，ドイツなどの先進工業国が含まれていることから自動車，①－東アジアなどで先端技術産業が急成長していることから携帯電話，②－ブラジル，カナダは世界有数の森林面積をほこり，木材が豊富であることからパルプ，④－中国，インド，パキスタンは綿花の生産量が世界の上位にあることから綿織物。

⑵　中国の沿岸部の都市では，経済特区を設けるなどして工業化を進めてきたが，内陸部では工業化が後れており，沿岸部と内陸部の格差の拡大が大きな社会問題になっている。

Ⅱ３⑴　表に群馬県・千葉県・茨城県などが含まれており，大都市郊外で都市向けに野菜などを栽培する近郊農業が盛ん。アー北海道が全国の生産量の50％以上を占める，ウー宮崎県・高知県などで行われている促成栽培での生産が盛ん，エー山梨県・福島県・長野県などで生産が盛ん。

４⑴　ウー老人ホーム（）は地形図②中には見られない。

⑵　メイ首相は，2019年６月28日，29日に大阪市で行われたＧ20首脳会議の約１か月後の７月24日に首相を退任している。

2 ＜歴史総合＞

Ⅰ１①　征夷大将軍に任命された。この時代には将軍と御家人が主従関係で結ばれ，将軍は御家人に対して以前からの領地を保護したり，新しい土地を与えたりした（御恩）。御家人は幕府を警備し，戦いがおこったら，命を懸けて軍役を果たした（奉公）。

２　アー聖徳太子，イー中大兄皇子（後の天智天皇），エー聖武天皇が行ったこと。

３　管領は室町幕府に置かれた役職で，将軍の補佐役。武家諸法度は江戸時代に定められた法律で，諸大名を統制するためのもの。

４　イー豊臣秀吉が行った朝鮮出兵。

６え　この頃，長崎の出島のみが海外貿易の窓口となっていた。

７　Ａ－奈良時代⇒Ｂ－鎌倉時代⇒Ｄ－鎌倉時代末期～南北朝時代⇒Ｃ－安土桃山時代⇒Ｅ－江戸時代。

Ⅱ２⑴　アー大西洋ではなく太平洋，イー岩倉使節団はスペインを訪問していない，エー岩倉使節団は全工程を約１年９か月で終了している。

(2)　幕末に結ばれた不平等条約は，日本で罪を犯した外国人をその国の領事が裁く**領事裁判権**を認めたことと，輸入品の関税を自由に決めることができる**関税自主権**がなかったこと。

３　アー「**学問のすゝめ**」を著した，イールソーの思想を紹介し，「東洋のルソー」と呼ばれた，ウー富岡製糸場の建設をはじめ，多くの企業を設立した人物。

４　アー1861年⇒ウー1900年⇒エー1919年であり，ワイマール憲法。イー1804年。

５　エー黒田清輝の「湖畔」，アー喜多川歌麿の「ポッピンを吹く女」，イー狩野芳崖の「悲母観音像」，ウー横山大観の「無我」。アは江戸時代，イ～エは明治時代のもの。

Ⅲ２　バブル経済は1991年に崩壊し，その後の長期にわたる平成不況の下で，企業の倒産が増え，失業者が多くなった。

[3]　＜公民総合＞

Ⅰ２　イー人権には，他人の人権を侵害してはならないという限界があり，また，人々が同じ社会の中で生活していく必要から制限されることがある。このような人権の限界や制限のことを**公共の福祉**という。

３　19世紀には，経済活動の自由が強調され，その結果，貧富の差が拡大した。そこで，人々に人間らしい豊かな生活を保障する社会権の考え方が生まれた。

４　国会は**唯一の立法機関**でもあり，国会以外のどの機関も法律を制定すること（立法）はできない。また，日本の国の政治は**三権分立**（権力分立）を採っており，立法権を持つ国会，行政権を持つ内閣，司法権を持つ裁判所の三つの機関に分け，国の権力が一つの機関に集中するのを防いでいる。

５　**自己決定権**とは，個人が自分の生き方や生活の仕方について自由に決定する権利であり，新しい人権の一つである。

Ⅱ１　消費者問題に対する仕組みや法律として，以下のようなものもある。

・**クーリング・オフ制度**…訪問販売や電話勧誘などで商品を購入した場合に，購入後８日以内であれば消費者側から無条件で契約を取り消せる。

・**消費者契約法**…契約上のトラブルから消費者を保護する法律。

２　消費税などの間接税は，その人の所得に関係なく，同じ金額の税金を負担しなければならないので，所得の低い人ほど所得に占める税負担の割合が高くなる傾向（逆進性）がある。

３　アー同じグループ店同士なら競合せず，むしろそのグループの利益が増えることが考えられる，イー学生や社会人など夜間に利用する人も多い，エー全国的な電力不足ということは今のところない。

令和２年度　鹿児島純心女子高校入試問題　理科

正答例

[1]　Ⅰ　１　**葉緑体**　　２　**イ**

３①　**ア**

②　**種子は呼吸することで，酸素を吸収し二酸化炭素を排出するが，二酸化炭素は石灰水にとけ，結果として三角フラスコ内の気体の量は減少するから。**

４　ヨウ素反応　**ＡとＣを選び，Ａは変化なし，Ｃは青紫色に変化すればよい。**

ベネジクト反応　**ＢとＤを選び，Ｂは赤褐色の沈殿，Ｄは変化なしであればよい。**

Ⅱ　１　**イ**

２①　**殻**　　②　**水中**　　③　**乾燥**

３①　**ウ**　　②　**イ，カ**(完答)

[2]　Ⅰ　１　Ａ　　２Ａ　**イ**　　Ｂ　**エ**

３①　**化合**　　②　**硫化鉄**

③　$Fe + S \rightarrow FeS$　　４　**6.3**(ｇ)

Ⅱ　１　青(色)　　２　**硫酸バリウム**

３　**エ**　　４　**400**(ｇ)

５　**硫酸を加えると溶液中で中和反応が起こるためイオンの数が減っていくが，完全に反応を終えた後は，硫酸を加えるたびにイオンの数が増えていくから。**

[3]　Ⅰ　１　**0.1**(秒)　　２　**75.6**(cm/s)

３①　**ウ**　　②　**イ**　　③　**ア**

４　**台車の動きが速いほど間隔は広くなる。**

５　**台車の動きを遅くすればよいので，斜面の傾きをゆるやかにする。**

Ⅱ　１　**エ**

２①　**ア**　　②　**ａとｂ**(完答)

③　**ｃ→ｂ→ａ→ｄ**　　④　**1600**(ｇ)

[4]　Ⅰ　１　**Ｆ**　　２　**ウ**　　３　**エ**　　４　**断層**

５　**エ**

Ⅱ　１　右図　　２　**夜**

３　**偏西風**

４　**69.2**(％)

５　**168**(ｇ)

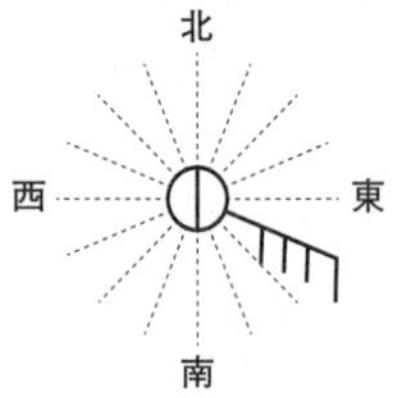

[5]　１①　**エ**

②　コケ植物：シダ植物：裸子植物：被子植物＝**３：４：３：10**

２①　**24**(Ｗ)　　②　**16**(Ｖ)

３　**金属部分**がさびるなどして，**酸化物**になってしまったから。

４　**燃焼**

５　記号　**エ**

化学反応式　$2Cu + O_2 \rightarrow 2CuO$

６①　**浅く**　　②　**深く**

7　**震度は，地震によるゆれの大きさを表し，マグニチュードは，地震の規模を表している。**

配点例

1	Ⅰ1，Ⅱ2	1点×4	他2点×8	計20点
2	Ⅰ1，3，Ⅱ1	1点×4	他2点×8	計20点
3	Ⅰ3，Ⅱ1	1点×4	他2点×8	計20点
4	2点×10			計20点
5	1②，2②，7　3点×3	4～6　1点×5	他2点×3	計20点

解　説

1　**＜植物の世界・動物の生活と生物の変遷＞**

Ⅰ2　根から吸い上げられた水や肥料分は，ウの道管を通り，光合成によってつくられた養分はイの師管を通って運ばれる。

Ⅱ3②　図2と表より，「横に細長い長方形が水平方向に」「縦に細長い長方形が垂直方向に」運動したときに向き直りの頻度が高いことがわかる。

2　**＜化学変化と原子・分子・化学変化とイオン＞**

Ⅰ2　ア：二酸化炭素，イ：水素，ウ：アンモニア，オ：酸素

4　表より，硫黄1gに鉄が1.75g化合していることが読みとれるので，硫黄：鉄：硫化鉄＝1：1.75：2.75　硫化鉄が9.90g生じたときの鉄粉の質量をxgとすると，1.75：2.75＝x：9.90

x＝1.75×9.90÷2.75＝6.3　よって6.3g

Ⅱ3　硫酸バリウムは，硫酸イオンとバリウムイオンが結びついたものである。水溶液中の硫酸イオンの数は，硫酸を加えるほど増えていくが，水酸化バリウムの量は変わらないのでバリウムイオンが不足する。

4　**質量パーセント濃度〔%〕＝$\dfrac{\text{溶質の質量〔g〕}}{\text{溶液の質量〔g〕}}$×100**

水酸化バリウム水溶液にふくまれる水酸化バリウムの質量は100×0.1＝10〔g〕　質量パーセント濃度が2％のときの溶液の質量をxgとすると，

$x=\dfrac{10}{2}\times 100=500$　よって，加える水の質量は

500－100＝400g

3　**＜運動とエネルギー・身のまわりの現象＞**

Ⅰ2　**速さ〔cm/s〕＝距離〔cm〕÷時間〔s〕**

この記録タイマーは6打点で0.1秒なので，20打点では$\dfrac{20}{60}$秒となる。よって速さは

$25.2\div\dfrac{20}{60}=75.6$〔cm/s〕

Ⅱ2④　aとeを比べると，AB間の長さが2倍のとき，おもりの質量を4倍にすると同じ音になっている。aとfを比べると，AB間の長さが3倍のとき，おもりの質量を9倍にすると同じ音になっている。以上のことから，AB間の長さが2倍，3倍となるとき，おもりの質量を2^2倍，3^2倍していくと同じ音の高さになることが読みとれる。よって，AB間の長さを160cmにしたとき，aと同じ音の高さにするには，おもりの質量を

$(160\div 40)^2=4^2$〔倍〕すればよいので，おもりの質量は　100×16＝1600〔g〕

4　**＜大地の変化・天気とその変化＞**

Ⅰ2　海水面が上昇すると海岸から遠くなり，海水面が下降すると海岸に近くなる。流れる水のはたらきで運ばれるものの大きさは，海岸に近いほど大きく，海岸から遠くなるほど小さくなっていく。C～Eの地層では，地層が新しくなるほど堆積するものが大きくなっているので，海岸に近くなっていると考えられる。

Ⅱ2　陸があたたまる昼には，陸の上で上昇気流が生じるため海から陸に向けて風がふき，陸が冷える夜には，海の上で上昇気流が生じるため陸から海にむけて風がふく。

4　**湿度〔%〕＝$\dfrac{\text{1}\,\mathrm{m^3}\text{の空気にふくまれる水蒸気の質量〔g/}\mathrm{m^3}\text{〕}}{\text{その空気と同じ気温での飽和水蒸気量〔g/}\mathrm{m^3}\text{〕}}$×100**

Aのとき，飽和水蒸気量は13g/m^3なので，湿度は$\dfrac{9}{13}\times 100=69.23\cdots$　およそ69.2％

5　部屋の気温が5度のとき，飽和水蒸気量は7g/m^3なので，9－7＝2〔g/m^3〕分の水蒸気が凝結すると考えられる。部屋の大きさは4×7×3＝84〔m^3〕

よって2×84＝168〔g〕

5　**＜4分野総合＞**

1②　4種類の植物のうち，コケ植物は維管束をもたないので，コケ植物の割合は100－85＝15〔%〕，胞子をつくって仲間をふやす植物は，シダ植物とコケ植物なので，シダ植物の割合は35－15＝20〔%〕，胚珠がむき出しになっているのは裸子植物だけなので，裸子植物の割合は15％。種子をつくる植物は被子植物と裸子植物なので，被子植物の割合は65－15＝50〔%〕よって，コケ植物：シダ植物：裸子植物：被子植物＝15：20：15：50＝3：4：3：10

2　**電圧〔V〕＝電流〔A〕×抵抗〔Ω〕**

電力〔W〕＝電圧〔V〕×電流〔A〕

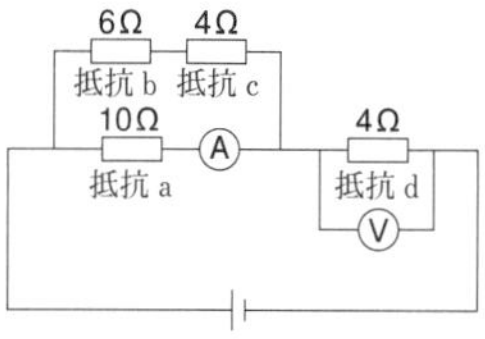

右図のように，それぞれの抵抗を抵抗a～dとする。電流計が2Aを示しているので，10Ωの抵抗aに加わる電圧は10×2＝20〔V〕　抵抗bと抵抗cの抵抗の合計は6＋4＝10〔Ω〕　抵抗bと抵抗cは抵抗aと並列につながれているので，20Vの電圧が加わっていると考えられる。よって流れる電流の大きさは20÷10＝2〔A〕なので，抵抗bに加わる電圧の大きさは6×2＝12〔V〕　消費電力は12×2＝24〔W〕

抵抗a，抵抗b，抵抗cに流れる電流の合計は

2＋2＝4〔A〕　直列につながっているので抵抗dには4Aの電流が流れる。よって抵抗dに加わる電圧は4×4＝16〔V〕

3　金属は導体なので電気を通すが，酸素などと化合すると別の物質になってしまうため，金属の性質を失ってしまう。

5　アは中和反応，イ，ウは熱分解である。

令和２年度　鹿児島実業高校入試問題　国　語

正答例

[1]　1　a　**蓄積**　b　**もうら**　c　**断言**
d　**ほどこ**　e　**鷲**
2　A　**ウ**　B　**ア**　3　**[8]**
4　**ア・エ**　5　**ア**　6　**イ**　7　**イ**

[2]　1　**手**　2　**イ**　3　**イ**　4　**ア**
5　Ⅰ　**音階を組み立てる**　Ⅱ　**音を合わせる**
6　**エ**　7　**ウ**　8　**B**

[3]　1　A　**うちいたりける**　B　**とりもあえず**
2　**ア**　3　**ウ**
4　**これ以上越前房の悪口を言わせまいと本人が背後にいることを孝道入道に知らせるため。**
5　Ⅰ　**エ**　Ⅱ　**ア**

[4]　問一　**音便**　問二　**二**（画目）
問三　**分かって**　問四　**イ**　問五　**ア**
問六　**イ**　問七　**エ**　問八　**ア**

配点例

[1]　1，2　2点×7　7　4点
他　3点×4（4は完答）　計30点
[2]　1～5　3点×6　他　4点×3　計30点
[3]　1　2点×2　4　4点　他　3点×4　計20点
[4]　問一～問四　2点×4　他　3点×4　計20点

解　説

[1]　**<論説文>**

3　「しかし」は，前の事柄から予想される結果とは逆の結果になることを示す逆接の接続詞。よって，「段取りや型というものを～その組織は生きていく」という結果と逆の事柄である，[8]段落の「その人が辞めたときに（仕事の段取りが）全部消えてしまうことになります」の後に入る。

4　筆者はこの授業で，正しい「段取り」の数を伝え，「マニュアル化」させることで，まず「段取りをメモする」ようになり，「見過ごしてしまっている工程は，段取りとして認識できてい」ないことに気づかせている。つまり，[6]段落にあるように「どんな仕事も段取りでできてい」ることに気づかせるのである。よってエが適当。また，[13]段落に「マニュアル化」させることで「いかにきちんと見ずに，大事なところを見過ごしていたかということが分か」るとあるので，アも適当。

5　「そういう仕事上の意識」とは，「柳家小三治さん」の意識のこと。「小三治さん」は師匠「小さんさん」の「芸は盗むものだ～憶えたら聞いてやる」という教えのため，「マニュアル」なしに，主体的に技術や知識を自分のものにしなければいけなかったのである。ウは「機器に頼」るかどうかはインターネットの例があるように関係ないので不適。

6　「上手い人をまねしてやろう，貪欲に知識や技術を摂取しよう」という状態を「空腹」にたとえている。

7　イは本文の構成と一致する。アは「専門的なテーマ」は提示されていないので誤り。ウは[12]段落でマニュアル作りの「最良の方策」は挙げられているが，「[15]段落でその取り組み方について詳しく説明」されているわけではないので誤り。エは現代社会の「問題の解決策が明示」されてはいないので誤り。

[2]　**<小説文>**

3　空欄Aには，板鳥さんとどのくらい「会えなかった」のかを表す言葉が入るのでイ，ウ，エに絞られる。「板鳥さんは僕を～声をかけてくれることがあった」とあり，まったく会っていないわけではないのでウは不適。空欄Bは，後に「僕の顔を眺めた」とあるので，板鳥さんがどのように僕の顔を見たのかを表す言葉が入る。「しげしげ」とは物をよく見るさま。「まざまざ」はまるで目の前にあるかのようにはっきりとしていたり，思い浮かべたりする様子を表す言葉なので，ここでは不適。よって正しい語の組み合わせはイである。

4　学習環境や課題の厳しさについては「工房の倉庫～毎晩遅くまで取り組んだ」とある。「目の前は暗い」で「希望が絶たれるなどしてどうしてよいかわからなくなる」ことを意味するので，調律師という夢に対して不安を抱いている僕の心情が読み取れる。イ～エは直後に「それでも不思議と嫌になることはなかった」とあるので「嫌気がさしている」「不満に思っている」「夢を諦めようとしている」が不適。

5Ⅰ　調律師の専門学校の過程を終え，「音階を組み立てることができるようにな」ったとある。
Ⅱ　「音を合わせる以上のこと」が求められるのに，できるはずである「音を合わせる」ことができないと苦しんでいる。

6　板鳥さんの「こつこつ，こつこつです」という言葉に対し，「こつこつ，どうすればいいんでしょう」とさらに助言を求めている。アは「的外れな助言」が，イは「直接技術的な指導をしてほしいと思っている」がそれぞれ誤り。また，「調律の練習の時間が取れ」ないことに悩んでいるのではないのでウも誤り。

7　直前の「『ホームランを～とだけは思った」からウが適当。ア，イは全体的に誤り。エは「理解できたことだけを守」るが誤り。

8　消去法で考える。Aは「調律師としての成功が収められる」が誤り。「一見正しそうで実は間違いだ」という内容は本文では述べられていないのでCも誤り。Dは本文中で「正しいという言葉には気をつけたほうがいい」と板鳥さんが言っているので，「本当に正しいものが見極められる」が誤り。

[3]　**<古文>**

（口語訳）孝道入道が，仁和寺の家である人と双六をうっていたところ，隣に住んでいる越前房という僧がやってきて（双六の勝負を）観戦すると言って，いろいろな口出しをしたのを，（孝道入道は）①にくたらしいと思っていたのだが，何も言わずに（双六を）aうっていたところ，この僧は，口出しを途中でやめて立った。「帰った」と思って，亭主（孝道入道）が，②「この越前房は身勝手な者だな」と言ったのだが，例の僧はまだ帰っておらず，亭主の後ろに立っていた。ある人は，また悪口を言わせまいと思って，③亭主のひざをつついたところ，（亭主が）後ろを振り返って見てみると，この僧がまだいたのであった。この時b ただちに，「越前房は背が高くもなければ，低くもない。ちょうどよい人だな」と言い直した，その機転の早さがとてもおもしろかった。

1　ワ行の「ゐ・ゑ・を」は「い・え・お」に直し，語頭以外のハ行はワ行に直す。

2　主語の判別は，登場人物と話のおおまかな内容の整理が必要。双六をしていたのは「孝道入道」と「或る人」，その試合に口出しをしたのは「越前房」，それに対してにくたらしいと思っていたのは「孝道入道」。その気持ちがあったので「孝道入道」は「越前房」の悪口を言ったのである。

3　双六の試合に口出しをしたうえ，途中でやめて帰った「越前房」に対する言葉であることから考える。

4　「かたき（＝或る人）」はまだ「越前房」が帰っていないことを知っていたので，「また物いはせじとて（また悪口を言わせまいと思って）」「亭主（＝孝道入道）」のひざをつついて合図をしたのである。

5 Ⅰ　本人に悪口が聞かれていたと気づいた後に言い直した言葉なので「越前房」をほめている「ちょうどよいもの」が適当。

Ⅱ　「孝道入道」は同じ言葉を，初めは悪口の意味で使い，後では「ちょうどよい人だな」という意味のほめ言葉として使っている。つまり，同じ言葉を使ってはぐらかした「孝道入道」の機転の利いた対応を「いとをかしかりけり」と評価しているのである。

4　<言語事項>

問一　動詞の音便があるのは五段活用動詞の連用形のみである。

イ音便＝「て（で）」「た（だ）」の前の音が「～い」の音。（例）「急いで」「聞いた」

促音便＝「て（で）」「た（だ）」の前の音が「～っ」の音。（例）「言って」「行った」

撥音便＝「て（で）」「た（だ）」の前の音が「～ん」の音。（例）「読んで」「飛んだ」

問三　「自然と」は副詞なので用言である「分かって」にかかる。

問四　「項目」における「目」は「分類したもの」という意味。「科目」は学校で教科を分野別に分類したもの。

問五　Ａさんの提案に対して，Ｂさんが「一人ずつ紹介するのではなく」と言っているので，Ａさんの提案は「クラス全員を紹介する」であったと考えられる。

問六　アンケートⅠは個人についての項目のみだが，Ⅱは個人についての項目とクラスの紹介項目があることに着目する。

問七　Ｅさんの「読む人を意識した紙面」という発言に着目するとエが適当である。アは「留学生」については言及されていないので不適。

問八　（　　　）には，問六にあったようにクラスの紹介項目が入るので，アが適当。イはクラスの紹介にはなっていないので不適。

令和２年度　鹿児島実業高校入試問題　数　学

正答例

1　(1)　**17**　(2)　$\frac{7}{12}$　(3)　$\frac{8x-11y}{6}$

(4)　**11**　(5)　$11a^2-7ab+5b^2$

2　(1)　$x=\frac{1\pm\sqrt{3}}{2}$

(2)　$a=1$，　$b=-4$

(3)　$a=-2$，　$b=-1$

(4)　$x=72^\circ$

(5)　$a=8$

(6)　**ひし形**　(7)

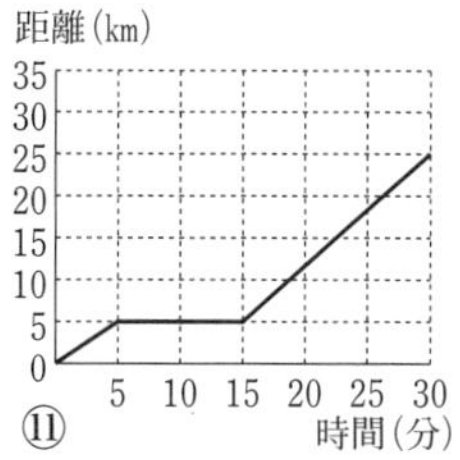

3　(1)ア　**36**　イ　⑦　ウ　⑪

エ　**6**　オ　$\frac{1}{6}$（イ，ウは順不同，完答）

(2)　$\frac{1}{3}$

4　(1)　$a=\frac{1}{4}$　(2)　**6**

(3)　20π

5　(1)　右図　(2)　$3\sqrt{2}$ (cm)

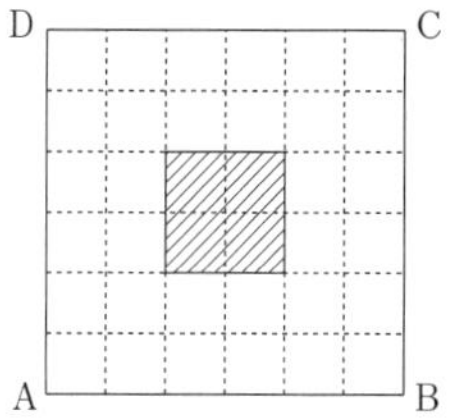

(3)　$\frac{20\sqrt{2}}{3}$ (cm^3)

6　(1)　60°　(2)　$\frac{9}{8}$ (cm)

(3)　$\frac{15\sqrt{3}}{4}$ (cm^2)

配点例

3(1)　3点×4　　他　4点×22　　計100点

解　説

1　<計算問題>

(1)　$3+2\times7=3+14=17$

(2)　$\frac{5}{6}-\frac{1}{4}=\frac{10}{12}-\frac{3}{12}=\frac{7}{12}$

(3)　$\frac{4x-3y}{2}-\frac{2x+y}{3}$

$=\frac{3(4x-3y)-2(2x+y)}{6}$

$=\frac{12x-9y-4x-2y}{6}=\frac{8x-11y}{6}$

(4)　$\frac{12}{\sqrt{2}}+(\sqrt{2}-3)^2$

$=\frac{12\times\sqrt{2}}{\sqrt{2}\times\sqrt{2}}+2-6\sqrt{2}+9$

$=6\sqrt{2}+2-6\sqrt{2}+9=11$

(5)　$(a-2b)(2a-3b)-(b-3a)(b+3a)$

$=2a^2-3ab-4ab+6b^2-b^2+9a^2$

$=11a^2-7ab+5b^2$

2　<小問集合>

(1)　$(2x-1)^2-3=0$，$(2x-1)^2=3$，

$2x-1=\pm\sqrt{3}$，$2x=1\pm\sqrt{3}$，$x=\frac{1\pm\sqrt{3}}{2}$

(2)　$2a+3b=-10$…①，$8a-3b=20$…②

①＋②より，$10a=10$，$a=1$，$a=1$を①に代入し，

$2+3b=-10$，$3b=-12$，$b=-4$

(3)　$a<0$より，１次関数の変化の割合は負，つまり，$x=-1$のときyは最大値b，$x=4$のときyは最小値-11となる。

$y=ax-3$に$x=4$，$y=-11$を代入し，$-11=4a-3$

$-8=4a$，$a=-2$

$y=-2x-3$に$x=-1$，$y=b$を代入すると，

$b=2-3$，$b=-1$

(4)　正五角形の１つの内角は，

$\frac{180\times(5-2)}{5}=108$(度)

また，△ＡＢＥ，△ＢＣＡ，△ＣＤＢ，△ＤＥＣ，△ＥＡＤは合同な二等辺三角形で，

底角は，$(180-108)\div2=36$(度)

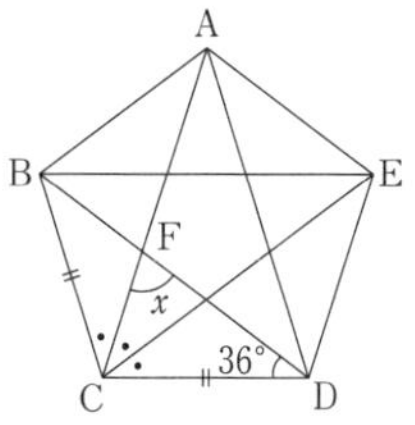

△ＤＣＦにおいて，∠ＣＤＦ＝36°，∠ＤＣＦ＝72°より，

$\angle x=180-72-36=72^\circ$

(5)　**平均値＝$\frac{\text{得点の総和}}{\text{人数}}$**より，$\frac{48+a}{8}=7$，$48+a=56$，$a=8$

(6)　「対角線が垂直に交わる」はひし形の性質の１つ。

(7)　家からX駅までは，$\frac{5}{60}$時間＝5分
X駅からY駅までは，$\frac{20}{80}=\frac{15}{60}$時間＝15分
途中10分の待ち時間(その間距離は一定)があるから（0，0）と(5，5)，(5，5)と(15，5)，(15，5)と(30，25)をそれぞれ結ぶグラフを作成する。

3　**<確率>**

(1)　正六角形は6つの正三角形からできているから，1辺の長さが1cmの正六角形の対角線は2cmである。つまり，2つの石がある頂点を結ぶ線分が正六角形の対角線となる場合を考えればよい。サイコロをそれぞれ1回投げたときの組み合わせは全部で36通り(ア)で，頂点を結ぶ線分が対角線となるのは，AとDの他に，BとE(イ)，CとF(ウ)の3通りが考えられる。サイコロを投げたとき，2点を結ぶ線分がAD，BE，CFとなるのは上の表の下線の6通り(エ)。

T / K	1 / F	2 / C	3 / D	4 / E	5 / B	6 / A
1 / F	F	CF	DF	EF	BF	AF
2 / C	CF	C	CD	CE	BC	AC
3 / D	DF	CD	D	DE	BD	AD
4 / E	EF	CE	DE	E	BE	AE
5 / B	BF	BC	BD	BE	B	AB
6 / A	AF	AC	AD	AE	AB	A

よって確率は，$\frac{6}{36}=\frac{1}{6}$(オ)

(2)　右図より，2点を結ぶ線分がAC，BD，CE，DF，AE，BFのいずれかとなるとき，距離は$\sqrt{3}$cmとなる。上の表より，全部で12通りあるから，$\frac{12}{36}=\frac{1}{3}$

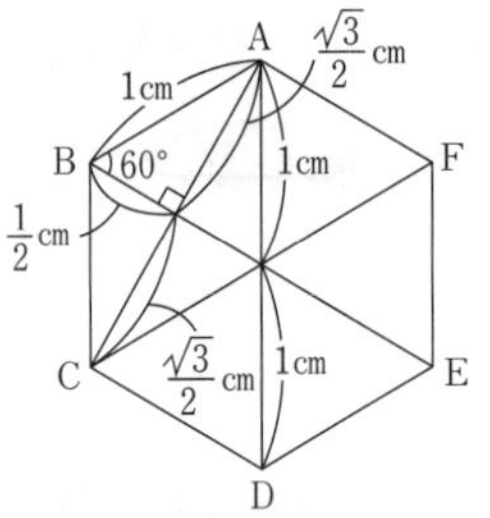

4　**<関数>**

(1)　$y=-\frac{1}{2}x+2$に$x=2$を代入し，
$y=-1+2=1$　B(2，1)
Bの座標を$y=ax^2$に代入し，$1=4a$，$a=\frac{1}{4}$

(2)　$y=\frac{1}{4}x^2$に$x=-4$を代入し，$y=4$　A(−4，4)
直線mとy軸との交点をCとすると，
△OAB＝△OAC＋△OBC
$=\frac{1}{2}\times 2\times 4+\frac{1}{2}\times 2\times 2=4+2=6$

(3)　直線mとx軸との交点をDとすると，Dのy座標は0だから，
$0=-\frac{1}{2}x+2$，$\frac{1}{2}x=2$，$x=4$　D(4，0)
また，点A，Bからx軸に垂線をひき，交点をそれぞれE，Fとすると，求めるのは，△DAEをx軸を軸として1回転してできる立体から，それぞれ△OAE，△BOF，△BDFをx軸を軸として1回転してできる立体をのぞいた部分の体積。
下の図より，
$\frac{1}{3}\times 4^2\pi\times 8-\frac{1}{3}\times 4^2\pi\times 4-\frac{1}{3}\times 1^2\pi\times 2-\frac{1}{3}\times 1^2\pi\times 2$
$=\frac{128}{3}\pi-\frac{64}{3}\pi-\frac{2}{3}\pi-\frac{2}{3}\pi$
$=\frac{60}{3}\pi=20\pi$

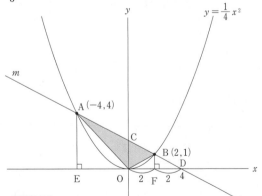

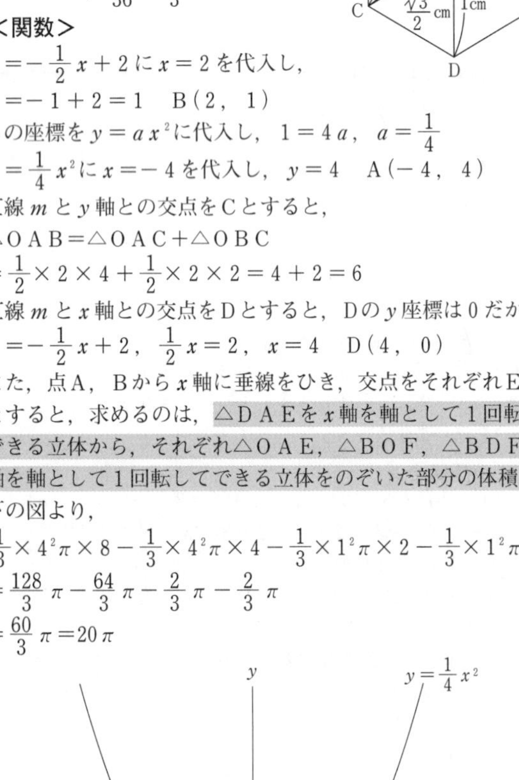

5　**<空間図形>**

(1)　OE＝OA－AE＝6－4＝2(cm)，四角形EFGHと四角形IJKLは合同で，△OEFは△OABと相似な正三角形であることから，四角形IJKLは，1辺が2cmの正方形である。

(2)　AC＝$6\sqrt{2}$cm，OA＝OC＝6cm
三平方の定理より，△OACは直角二等辺三角形。右の図より，OPは直角二等辺三角形の頂角から底辺におろした垂線だから，△PCOも直角二等辺三角形。
OC＝6cmより，
OP＝$\frac{1}{\sqrt{2}}$OC＝$3\sqrt{2}$(cm)

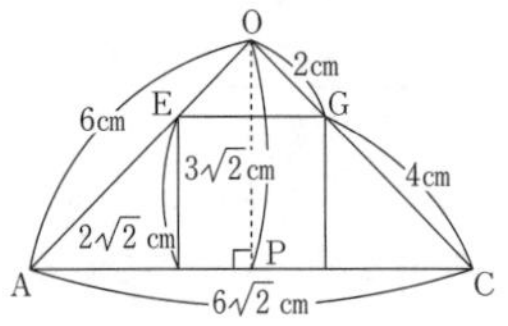

(3)　右図より，
正四角錐O－ABCDから正四角錐O－EFGHと直方体EFGH－IJKLをのぞくと，4つの合同な立体ができる。求めるのは，そのうちの1つの体積。

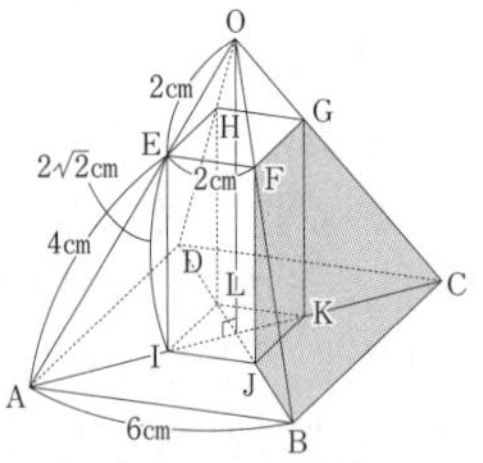

正四角錐O－ABCDの体積は，(2)より，
$\frac{1}{3}\times 6^2\times 3\sqrt{2}=36\sqrt{2}$(cm^3)
△OEG∽△OAC，相似比が2：6＝1：3より，
正四角錐O－EFGHの高さは，$\frac{1}{3}\times 3\sqrt{2}=\sqrt{2}$(cm)
体積は，$\frac{1}{3}\times 2^2\times\sqrt{2}=\frac{4\sqrt{2}}{3}$(cm^3)
直方体EFGH－IJKLの高さは，$2\sqrt{2}$cm
体積は，$2^2\times 2\sqrt{2}=8\sqrt{2}$(cm^3)
$(36\sqrt{2}-\frac{4\sqrt{2}}{3}-8\sqrt{2})\div 4=\frac{80\sqrt{2}}{3}\div 4=\frac{20\sqrt{2}}{3}$(cm^3)

6　**<平面図形>**

(1)　△ABCは正三角形で，**同じ弧に対する円周角の性質**より，
∠ADB＝∠ACB＝60°

(2)　△ACDと△BCFにおいて，
CD＝CF＝5cm…①
AC＝BC＝7cm…②
円周角の性質より，
∠CDB＝∠CAB
＝60°…③
①と③から，
△CDFは正三角形
∠ACD＝∠BCF
＝60°－∠FCE…④

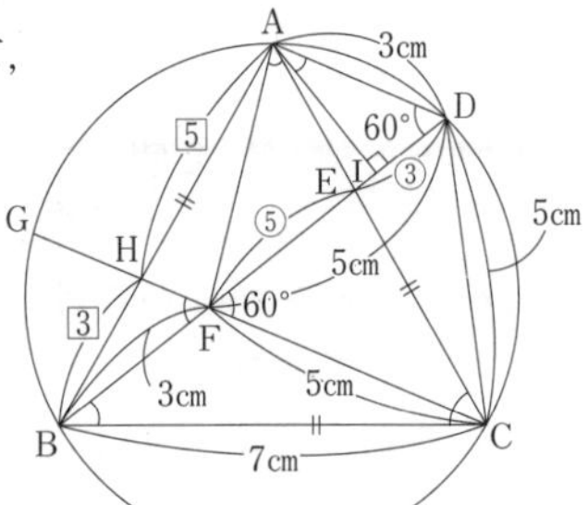

①，②，④より，2組の辺とその間の角がそれぞれ等しいから，
△ACD≡△BCF
これより，BF＝AD＝3(cm)，BD＝BF＋FD＝8(cm)
ここで，△BFHと△BDAにおいて，
∠HBF＝∠ABD…①
∠BFH＝∠BDA＝60°…②
2組の角の大きさがそれぞれ等しいから，
△BFH∽△BDA
BF＝3cm，BD＝8cmより，HF：AD＝3：8
HF：3＝3：8，8HF＝9，HF＝$\frac{9}{8}$(cm)

(3)　点AからBDに垂線をひき，その交点をIとすると，**△AIDは90°，60°，30°の三角形**となり，AI＝$\frac{3\sqrt{3}}{2}$cm
△ABD＝$\frac{1}{2}\times 8\times\frac{3\sqrt{3}}{2}=6\sqrt{3}$(cm^2)
四角形AHFE＝△AHF＋△AFE
△AHF＝$\frac{5}{8}$△ABF＝$\frac{5}{8}\times\frac{3}{8}$△ABD
$=\frac{15}{64}\times 6\sqrt{3}=\frac{45\sqrt{3}}{32}$(cm^2)
△AED∽△CEF，AD：CF＝3：5より，
ED：FE＝3：5
△AFE＝$\frac{5}{8}$△AFD＝$\frac{5}{8}\times\frac{5}{8}$△ABD
$=\frac{25}{64}\times 6\sqrt{3}=\frac{75\sqrt{3}}{32}$(cm^2)
四角形AHFE＝$\frac{45\sqrt{3}}{32}+\frac{75\sqrt{3}}{32}=\frac{120\sqrt{3}}{32}=\frac{15\sqrt{3}}{4}$(cm^2)

令和2年度　鹿児島実業高校入試問題　英　語

正答例

[1]　1　ア　　2　エ
　3(1)　nine　　(2)　north
　4(1)　ウ　　(2)　イ
　5　(例1) Spring is (the) best because they can enjoy beautiful flowers.
　　(例2) Summer is (the) best because they can enjoy summer festivals.

[2]　1　エ　2　イ　3　ウ　4　イ　5　ア

[3]　1　イ，オ　　2　オ，イ
　3　ウ，エ　　4　カ，ア　　(各完答)

[4]　①　ウ　　②　ア

[5]　1①　イ　　②　ウ　　③　ア
　2(1)　ウ，オ (完答)　　(2)　12：30　　(3)　12：00
　(4)　2時30分にはマリンライフパークを出る予定だから。

[6]　1　ウ　→　イ　→　ア　　(完答)
　2　父親が自分の試合を観戦しに来てくれたから。
　3　ウ
　4　(例1) Go to the hospital soon.
　　(例2) Stay with your father at the hospital.
　5　イ　　6　イ

配点例

[1]　5　4点　他　3点×6		計22点
[2], [3], [4]　3点×11		計33点
[5]　2(1), (4)　4点×2	他　3点×5	計23点
[6]　2, 4, 5, 6　4点×4	他　3点×2	計22点

解　説

[1]　<聞き取りテスト>

1　*Yuta :* Look at this graph, Wendy. It shows what sport our classmates like the best. *Wendy :* I like basketball. Three students like it. *Yuta :* I like baseball better than soccer, but soccer is the most popular in our class. *Wendy :* Yes, it is. Twelve students like it the best.

2　*Mother :* Hi, Bob. I'll be back late today. Can you make dinner with Emily ? *Bob :* Well...Mom, Emily has club activities today. I don't think she'll have time to make it, so I'll do it by myself. *Mother:* Thanks. What are you going to cook ? *Bob :* I'd like to try something I've never cooked. Let's see...How about hamburgers ? *Mother :* Well, I'm afraid it may be difficult for you to cook them well. Why don't you make curry and rice ? We all like it. *Bob :*All right. I'll try hamburgers with Emily next time. Now I'll go and buy things to make curry and rice. *Mother :* Thank you, Bob. You help me a lot ! I'll buy some salad on my way home.

3　*Anne :* We've arrived too early, Riku. The zoo will open at 10:00 a.m. We have to wait for an hour until then. *Riku :* You're right. Here is the zoo map, Anne ! This zoo has four areas. I'd like to see African animals in the east area. How about you ? *Anne :* Well, I'd like ...Oh, there are koalas in the south area. I love them ! *Riku :* There is a cafeteria in the west area. We can eat lunch there. *Anne :* Good. In the north area, we can touch and hold rabbits ! *Riku :* There's also a gift shop there. I'd like to buy some souvenirs. *Anne :* How about going to the east area first ? *Riku :* Great.

4　Hello, everyone. I'm Hiro. I'm going to talk about my dreams. What is your dream ? When my father asked me this question, I couldn't answer it and I felt sad.

My cousin Yuka left her job to become a farmer. I asked her a question, "Did you have a dream of becoming a farmer when you were a student ?"

Yuka said, "No. I never thought I would be a farmer then." She studied Chinese at college, and then she got a job at a department store. When she was planning a food festival there, she had a chance to talk with farmers and got interested in growing vegetables. She started to help them with their work on weekends. A year later, she decided to leave her job and become a farmer. She said, "After trying different things, I've found growing vegetables is really interesting to me."

I wanted some advice from her, so I said, "I'm interested in a lot of things, and I can't choose one thing. I can't decide what to do in the future. What should I do ?"

Yuka said, "You are interested in a lot of things. It means you have a lot of dreams. Just try anything you like, and someday you'll know what you really want to do." I was happy to hear that.

If my father asks me the same question again, I will say, "I have a lot of dreams !"

Question (1) : When did Yuka get interested in growing vegetables ?

Question (2) : What did Yuka advise Hiro to do ?

5　*David :*My parents in Canada are planning to come to Kagoshima next year. That will be their first visit to Japan. *Kana :*That's good, David ! When are they going to come here ? *David :*Well, they are thinking about it. Which season is the best in Kagoshima, and why ? *Kana :* (　　　　　　)

[3]　<並べかえ>

1　There were **a lot** of people in front of **our school** yesterday.

2　My brother cannot play **the guitar** as well as **you**.
※ as well as ～：～と同じくらい上手に

3　Do you know the woman **who** is talking with **my**

mother ?

4　The picture painted **by** the famous painter is **wonderful**.

4　＜適文選択＞

Y：どうぞリビングに入ってください。　J：ありがとう。まあ，とても美しい花！　どこでそれらを買ったのですか？　Y：買っていませんよ。②**それらは私の庭からのものです**。もしあなたが気に入ったならいくつか花をあげられますよ。　J：まあ，ええ，ください。それはすばらしいでしょうね。　Y：あなたのために後でいくつか花をつみますよ。でも今は，もう一杯お茶を飲みましょう。　J：ええと，家族がいつも6時に夕食をとるので，私は帰らなければいけないのです。①**ごめんなさい，もうすぐ出ないといけません**。次のバスは何時ですか？　Y：心配しないでください。私の車で家まで送って行きますよ。　J：どうもありがとうございます。

5　＜英文読解＞

1　2019年5月1日，徳仁皇太子が即位し，①**令和という新しい時代が始まった**。その元号は日本の古典文学である万葉集からきている。それは「文化をつくるために人々が心を一つにする」ということを意味している。

元号制は古代の中国で始まった。日本の最初の元号は大化だった。大化時代は孝徳天皇の統治時代である645年に始まった。明治時代の始まりまで②**元号は多くの理由でしばしば変わった**。それらは地震や疫病のような悪い出来事の後に変わった。それらはまた良い出来事の後にも変わった。例えば，704年に慶雲という元号が，ある縁起のいい雲が現れたときに定められた。令和は248番目の元号である。

令和では③**東京オリンピックや大阪・関西万博のような**大きなイベントがやってくる。あなたは令和では何のイベントを楽しみにしているだろうか？

2　K：僕たちは次の日曜日にマリンライフパークに行くつもりだね。この予定表を見て。僕らが楽しめるたくさんのおもしろいショーと体験活動があるよ。　S：わくわくするわ！　私たちはそこにどのくらい滞在できるの？　K：僕らは9時30分ごろにそこに着くよ。そして4時前に家に帰ってくるために2時30分に出発するよ。だから僕たちはそこに5時間滞在する予定だよ。　S：分かったわ。全部のショーを見て，全部の体験活動を試すのはどう？　K：いいよ。まず，9時45分にアシカを見て，その後に彼らと一緒に写真を撮ろう。　S：海の動物へのえさやりが12時30分に始まるわ。私たちはそれを一日に一回だけ見ることができるのよ。だから，10時30分にシャチを見て，その後に彼らからキスをもらいましょう。　K：それを終えたら，僕たちは10分間自由だね。11時20分にイルカを見て，①**彼らと遊ん**だほうがいいね。　S：それなら，私たちは海の動物たちへのえさやりが始まる前に昼食をとる時間がいくらかあるわね。　K：じゃあ，1時にペンギンを見ることと，その後彼らと歩くことができるね。　S：その通りね。それなら2時に映画を見ることができるわ。　K：いいね！　それはいい計画だ！　その日のために計画した全てのことができるよ。

(1)　本文訳破線部参照。

(2)　本文訳二重傍線部参照。

(3)　下線部①のactivityとは，イルカと遊ぶ体験活動のことである。ショーと体験活動はそれぞれ20分間なので，イルカのショーは11時20分から11時40分まで，体験活動は11時40分から12時までだということが分かる。

(4)　本文訳点線部参照。

6　＜長文読解＞

デイヴィッドという少年と彼の父親は，ある小さな町に住んでいた。彼らはとても仲が良く，いろいろなことについて話した。デイヴィッドの父は，若いとき，いいラグビー選手だった。それゆえに，彼はデイヴィッドもラグビーを楽しむだろうと期待していた。①デイヴィッドは彼のラグビーの試合での父の存在に**感謝していた**，なぜならばどの試合も観戦に来ない親もいたからだ。彼の父は頻繁に観覧席に行って彼にアドバイスをした。デイヴィッドはラグビーを愛し，どの練習でも彼の全力を尽くそうと努力した。彼の中学校生活の全てを通して，彼は一つの練習や一つの試合も休まなかった。彼のチームは毎年決勝まで進んだが，彼らはトーナメントで優勝することができなかった。

デイヴィッドが高校に進学したとき，彼は再びラグビー部に入った。彼はいつも努力し続け，一度も練習を休まなかった。彼の1年目と2年目，彼のチームは熱心に努力したが②**ちょうど中学校にいたときのようだった**。

デイヴィッドが3年生のとき，彼のチームは再び決勝まで進んだ。誰もが今年は優勝したかった。決勝は週末に行われる予定だった。金曜日，デイヴィッドは練習しているときに職員室に呼ばれた。病院から彼に電話があったのだ。彼は電話を切った後，コーチのもとに行き，「父が心臓発作で，病院に運ばれました。誰も彼を目覚めさせることができません。もし僕が今日の練習を休んでも大丈夫ですか？」と言った。コーチは彼の腕をデイヴィッドの肩にまわして「もちろんだ。③**病院にすぐ行きなさい**。明日の決勝に戻ってこようとするな。君はお父さんの世話をしなさい」と言った。

翌日，試合はうまくいっていなかった。デイヴィッドのチームは前半で10点負けていた。ハーフタイムの休憩中に，デイヴィッドが彼のユニフォームを着て突然更衣室に入ってきた。全員，彼が戻ってきたのを見てとても驚いた。「コーチ，後半で僕を使ってください。僕は今日試合をしなければならないのです」とデイヴィッドは言った。「君のお父さんの調子はどうなんだ？」とコーチはたずねた。しかし彼は父のことについて何も言わなかった。「お願いします，コーチ，お願いします…」デイヴィッドは試合で彼を使うようにコーチに何度も頼んだ。最終的にコーチは認めて「分かった。後半で試合に出てもいいぞ」と言った。

デイヴィッドは全てを完璧にこなしていた。彼は走り，パスを出し，タックルした。彼のチームはよりよくプレイし始めた。ゲームの終わりに，彼はパスを受け，決勝点を決めるためにゴールラインまでずっと横切って走った。全ての人がとても興奮した。彼のチームは肩に彼をかついだ。

試合の後，コーチが彼のもとに来て「デイヴィッド，君はすばらしかった！　どうやってやったんだ？」と言った。デイヴィッドは彼を見て「ええと，父は今もまだ④昏睡状態です。でも今朝，着替えるために家に帰ったとき，父の机の上で手紙を見つけたんです。その手紙で，父が彼の健康状態について心配していたと僕に教えてくれました。彼は近いうちに病院に行くだろうけれど，たとえ彼に何か悪いことが起きたとしても，僕がラグビーの試合に出て全力を尽くすことを本当に望んでいると言いました。もし僕がうまく試合をしたら，そのことが彼を元気づけるだろうと言ったのです。だから僕はラグビー場にかけつけました，コーチ」と言った。そのときデイヴィッドの携帯電話が鳴った。彼はそれに出た。数秒後，デイヴィッドは「コーチ，奇跡が起きました！　父がちょうど目覚めたのです。彼は大丈夫になるでしょう！」と言った。デイヴィッドは病院に向かって急いで戻り始めた。

1　ア　5段落中の試合の様子から。
　イ　6段落目の3～4行目。
　ウ　3段落目の3～4行目。

2　本文訳波線部参照。この部分から，友人の親は観戦に来ないが，デイヴィッドの父は来ることが分かる。それをまとめるとよい。

3　ア　彼のチームは決勝で勝った。
　イ　彼のチームは一つの練習も欠かさなかった。
　ウ　彼のチームは優勝者になれなかった。
　エ　彼のチームは決勝で勝つために彼らの全力を尽くさなかった。

4　問題の直前で，デイヴィッドが病院に行く許可を得るためにコーチに話しかけ，コーチは「もちろんだ」と言っている。その後に続く言葉として，病院に行くことや父のもとに行くことを勧めるものを入れる。

5　in a coma：昏睡状態。6段落目の2～4行目から，まだデイヴィッドの父が病院にいることが分かり，8～9行目から，彼が目覚めたことが奇跡だったことが分かる。そのため，文中のin a comaは，目が覚めず病状が深刻な状態だと考えることができる。

6　ア　デイヴィッドは彼の父にラグビーの試合に来てほしくなかった。
　イ　デイヴィッドの父はしばしばデイヴィッドのラグビーの試合を見に来た。
　ウ　デイヴィッドの父は決勝中に病院から電話を受けた。
　エ　デイヴィッドは試合の後に彼の父についてチームメイトに話した。

令和2年度　鹿児島実業高校入試問題　社　会

正答例

1　問1　④　問2　B→A→C
　問3　イ　問4　サヘル　問5　**混合農業**
　問6　オ　問7　パイプライン
　問8　GNI　問9　イ

2　問1　ア　問2　ウ　問3　ウ　問4　エ
　問5　a　**加工貿易**　b　**産業の空洞化**
　問6　④　問7　**大陸棚**

3　問1①　**卑弥呼**　②　**平城京**
　③　**白河上皇**　④　**王政復古**
　問2　**唐や新羅からの攻撃**
　問3⑤　**蝦夷**　⑥　**征夷大将軍**
　問4　イ　問5　ウ
　問6⑦　**島原・天草一揆**　⑧　オランダ

4　問1　エ　問2　イタリア　問3　**中華民国**
　問4　オ　問5　ア　問6　ウ

5　問1　**製造物責任法**　問2　ウ　問3　ア
　問4　エ　問5(1)　d　(2)　PKO
　問6　パリ**協定**　問7　イ
　問8　E　ア　F　キ　(完答)　問9　イ
　問10　ア　問11　BRICs　問12　エ
　問13　**持たず　つくらず　持ち込ませず**
　問14　**介護保険制度**　問15　ア
　問16　第9条

配点例

2　問5　1点×2　他　2点×49　計100点

解　説

1　＜世界地理＞

A－ローマ，B－東京，C－ニューヨーク，P－フランス，Q－秋田県大潟村。

問1　ある地点と正反対にある地点の求め方について，
緯度：数値はそのままで，北緯と南緯を入れ替える。
経度：数値を180度から引き，東経と西経を入れ替える。
問題では地点Qが北緯40度，東経140度なので，反対側の地点は，南緯40度，西経40度の位置にある④が答えとなる。

問2　日付変更線の西側は，東側よりも日付が1日進んでいるので，日付変更線の西側で，日付変更線に最も近いBの東京が一番早く1月1日をむかえる。

問3　アー冷帯ではなく寒帯のツンドラ気候であり，ユーラシア大陸と北アメリカ大陸の北部，ウーステップ気候であり，モンゴルなどの中央アジア，エー砂漠気候であり，アフリカ大陸北部や中東アジアに主に分布している。

問4　サヘルでは砂漠化が問題になっており，降水量の減少と，薪の取りすぎや放牧のしすぎなどが原因と考えられている。

問5　ヨーロッパの農業に関して，地中海沿岸では，夏の乾燥に強いぶどう，オリーブ，オレンジ類や，冬の降水を利用する小麦などを栽培する**地中海式農業**が行われている。また，ヨーロッパ北部やアルプス山脈の周辺では**酪農**が中心。

問6　**Z**－夏に乾燥し，冬の降水が見られる**地中海性気候**であり，**A**のローマ。**X**－**B**の東京であり，太平洋側の気候で，夏の降水が多い，**Y**－**C**のニューヨークであり,冬が長く,春と秋が短い。東京とニューヨークは温暖湿潤気候に属している。

問7　石油や天然ガスの他に，ロシアで産出された豊富な木材資源や鉱産資源もＥＵ諸国へ輸出されており，近年，ＥＵ諸国とロシアは結びつきを強めている。

問8　ＥＵ加盟国間の経済格差が問題となり，所得水準の低い東ヨーロッパから，西ヨーロッパに移住したり，出かせぎに行ったりする人が増えている。

問9　**イ**－出稼ぎの人々の移動と中国国内の工業生産の増加は直接的には結びつかない。中国の沿岸部の都市では，**経済特区**を設けるなどして，工業化を進めてきたが，内陸部では工業化が後れており，沿岸部と内陸部の格差拡大が大きな社会問題になっている。

2　＜日本地理＞

問1　東京，大阪，名古屋の三大都市圏では，高度経済成長期に人口や企業の集中が進んだが，これに対して，交通渋滞や住宅不足，大気汚染，ごみ問題などの**過密問題**が生まれてきた。

問2　**ア**－山から海までの距離は短い，**イ**－日本列島を流れる川は緩流ではなく急流，**エ**－三角州ではなく扇状地。三角州は河口部に土砂がたまってできる。

問3　**ウ**－人口に関する項目が二番目に高いので，東北地方の中心で，政令指定都市の仙台市がある宮城県，**ア**－工業生産額や農業産出額，人口に関する項目も一番多いことから，東京都に近く，近郊農業による野菜の生産が盛んであり，京葉工業地域の一部である千葉県，**イ**－工業生産額が二番目に多く，瀬戸内工業地域の一部である愛媛県，**エ**－人口に関する項目が一番低く，工業生産額の少ない島根県。

問4　**ア**－遠洋漁業ではなく沖合漁業であるが，近年では沖合漁業も減少してきており，代わりに輸入が増加し，養殖漁業や栽培漁業なども行われている，**イ**－農業総産出額では米ではなく畜産が占める割合が最も多い，**ウ**－海外からの木材輸入が増えたことで国内生産は減っていった。

問5　世界各地に工場を作り，国境を越えて活動している企業を**多国籍企業**という。

問6　山口県の瀬戸内海に面した地域に●が集中していることから原料を海沿いで輸入している④のセメント。

問7　大陸棚に対して，東日本の太平洋沖から伊豆諸島，小笠原諸島の東側に沿って，深さ8000 mをこえる世界有数の**海溝**があり，日本海溝と呼ばれる。

3　＜歴史総合＞

問1①　邪馬台国の女王であり，使いを魏の都に送り，「親魏倭王」という称号と金印を授けられた。

②　唐の都の**長安**にならった平城京は，広い道路によって碁盤の目のように区切られ，東西に置かれた市では，**和同開珎**などの貨幣が使われた。

③　**院政**とは，天皇が位をゆずって上皇になった後も政治を行うこと。

④　大政奉還によって，政権が幕府から朝廷に返されたので，**王政復古の大号令**によって，天皇中心の政治に戻すことが宣言された。

問2　**B**の白村江の戦いは，663年に日本が百済の復興を助けるために大軍を送ったが，唐と新羅の連合軍に敗れた戦い。

問3　**D**の桓武天皇が即位すると，794年に都を現在の京都市に移した。この都を**平安京**という。

問4　**イ**－東国ではなく西国。承久の乱は，1221年に後鳥羽上皇が幕府を倒そうと兵をあげたが，幕府が大軍を送ってこれを破った戦い。この後，京都に**六波羅探題**を置いて朝廷を監視した。

問5　応仁の乱がおこったのは1467年。**ウ**－1206年，**ア**－1522年，**イ**－1549年，**エ**－1517年。

問6⑦　キリスト教迫害や，重い年貢の取り立てに苦しんだ人々が天草四郎を大将におこした一揆。

⑧　オランダ商館が出島に移された後も，オランダや中国と長崎で貿易を行った。

4　＜歴史総合＞

問1　**ア**，**ウ**－地動説を唱えた，**イ**－ダビデ像を造った。

問3　ＡＢＣＤ包囲陣のＡはアメリカ（America），Ｂはイギリス（Britain），Ｃは中華民国（China），Ｄはオランダ（Dutch）。

問4　1939年→1940年→1941年。ドイツはソ連と独ソ不可侵条約を結んだうえで，ポーランドに進行し，第二次世界大戦が始まった。日本は1940年に日独伊三国同盟を結び，さらに1941年に日ソ中立条約を結んで，日本の北方の安全を確保した上で，インドシナの南部へ軍を進めた。

問5　1962年のキューバ危機の際に，ソ連のフルシチョフ首相がアメリカの要望を受け入れ，ミサイルの撤去を発表し，この危機は回避された。

問6　アメリカを中心とする資本主義の西側は1949年に北大西洋条約機構（ＮＡＴＯ）を，ソ連が率いる共産主義の東側は1955年にワルシャワ条約機構を発足させ，両陣営の対立は**冷たい戦争**（**冷戦**）と呼ばれた。キューバ危機が解決されると，冷戦の緊張緩和が本格化し，1967年にヨーロッパ共同体（ＥＣ）が発足した。

5　＜公民総合＞

問1　ＰＬ法とも呼ばれ，欠陥商品によって消費者が被害を受けた場合は，消費者が企業側の過失（不注意による失敗）を証明できなくても，損害賠償を求められるようになった。

問２　ウ－満18歳以上ではなく満20歳以上。

問３　ア－常会は毎年１回，１月中に召集される。

問４　ア～ウ－国会に関することであり，国会での審議は，衆議院と参議院に分かれて行われ，各院の議員全員で構成される**本会議**と，議員が少人数に分かれて所属する常任委員会などの**委員会**で行われる。必要な場合には，専門家や関係者の意見を聞く**公聴会**が開かれる。

問５　ａの安全保障理事会は，アメリカ，イギリス，中国，フランス，ロシアの５か国の常任理事国と，任期２年で毎年半数ずつが改選される10か国の非常任理事国から構成されている。重要な議題では，常任理事国のうち１か国でも反対すると決定できないことになっていて，常任理事国が持つこの権利を**拒否権**という。

問７　ア－Ｂ。ウ－減少ではなく増加。商品の需要が供給を上回り，企業の生産が少しずつ増加するのは好況のとき。エ－増加ではなく減少。商品の供給が需要を上回り，企業の生産が少しずつ減少するのは不況のとき。好景気の時は，需要量が供給量を上回ると，物価が上がり続ける**インフレーション**がおこる。不景気の時は，需要量が供給量を下回り，物価が下がり続ける**デフレーション**がおこることもある。

問８　日本銀行は発券銀行の他に，政府の資金を預金として預かり，その出し入れを行い（**政府の銀行**），一般の銀行に対しては，資金の貸し出しや預金の受け入れを行う（**銀行の銀行**）役割を持っている。

問９　被選挙権は，ア－30歳以上，ウ，エ－25歳以上。

問10　ア－内閣が行う。天皇は主権者ではなく，日本国と日本国民統合の象徴である。天皇が国事行為を行うときは，内閣による助言と承認が必要となる。

問11　新興国について，他に，1960年代以降に急速に工業化が進んだ韓国，台湾，ホンコン，シンガポールなどは**新興工業経済地域（ＮＩＥＳ）**と呼ばれる。

問12　株式会社のように，利潤を目的とする民間企業を**私企業**，利潤目的ではなく公共の目的のために活動する企業を**公企業**という。

問13　平和主義は憲法第９条に定められ，戦争を放棄し，戦力を持たず，交戦権を認めないとしている。

問14　40歳以上の人が加入し，介護が必要になったときに介護サービスを受けられる制度。

問15　ア－消費税は間接税であり，納税者と担税者が一致しない。納税者と担税者が一致する税金は**直接税**。直接税には，所得税・法人税・相続税など，間接税には，酒税，揮発油税，関税などがある。

問16　憲法では，「自衛のための必要最小限度の実力」を持つことは禁止していないと説明している。

令和２年度　鹿児島実業高校入試問題　理　科

正答例

1　問１　**火山噴出物**　　問２ア　**石英**
問３　①　**葉緑体**　　②　**師管**
問４　ふえ方　**無性生殖（栄養生殖）**
特徴　**親と同じ形質をもつ。**
問５　操作　**蒸留**　　違い　**ウ**
問６　①　**ｂ＝ｄ**　　②　**Ｘ＜Ｙ**

2　問１　右図

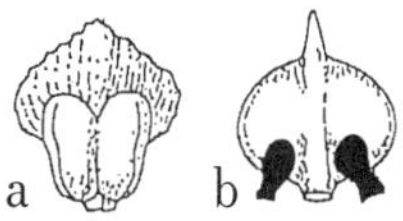

問２　**イ，エ**（順不同・完答）
問３　**ひげ根**
問４　**水を効率的に吸収する根と水を通す道管がない。**
問５　小さな袋　**肺胞**
利点　**表面積が大きくなり，気体の交換を効率よく行える。**（完答）
問６　**Ｙ**　　問７　**Ｑ**
問８　**細胞で，酸素を使って養分からエネルギーをとり出すこと。**

3　問１　**22.0**（℃）
問２　天気　**快晴**　　風向　**北西**（完答）
問３　**ａ**
問４　**気温が下がり，飽和水蒸気量が小さくなったため。**
問５　**火山活動**　　問６　**風化**　　問７　**イ**
問８　**エ**

4　問１　**イ**
問２　**化学変化により熱が発生し，その熱により反応が続くから。**
問３　**$Fe + S \rightarrow FeS$**
問４　**加熱前は引き寄せられるが，加熱後は引き寄せられない。**
問５　**キ**　　問６　**2.2**（ｇ）　　問７　**オ**
問８　**H^+**

5　問１　**2.0**（秒後）　　問２　**2.9**（秒後）
問３　**0.9**（秒）
問４　①　**エ**　　②　**イ**（完答）　　問５　**10**（Ｖ）
問６　**20**（Ｗ）　　問７　**980**（Ｗ）　　問８　**ウ**

配点例

1	２点×10			計20点
2	問１，問３，問６，問７	２点×４	他３点×４	計20点
3	問１，問３，問５，問６	２点×４	他３点×４	計20点
4	問１，問３，問４，問８	２点×４	他３点×４	計20点
5	問２，問３，問５，問８	２点×４	他３点×４	計20点

解　説

1　<４分野総合>

問２　黒雲母や角閃石などの黒っぽい鉱物を有色鉱物，石英や長石などの白っぽい鉱物を無色鉱物という。

問６　物体にはたらく浮力と，重力がつりあっているとき，その物体は水にうく。また，同じ質量のＸとＹのうち，Ｘの方だけが水にしずんだのは，Ｘの密度が水よりも大きいからだと考えられる。質量が同じであれば，物体の体積が大きいほど物体の密度は小さくなるので，ＸよりもＹの方が堆積が大きいと考えられる。

2 ＜植物の世界・動物の生活と生物の変遷＞

問１　ａは雄花のりん片，ｂは雌花のりん片である。

問２　ア，ウは離弁花類，オは単子葉類に分類される。

問３　双子葉類の根は主根と側根からなる。

問４　コケ植物には根，茎，葉の区別がなく，維管束もないので，からだの表面全体から水分を吸収する。

問７　呼吸では，空気中の酸素を消費して二酸化炭素を排出するので，呼気の酸素の割合は減少し，二酸化炭素の割合は増加する。

問８　細胞が，酸素を使って養分からエネルギーをとり出すとき，二酸化炭素と水ができる。

3 ＜天気とその変化・大地の変化＞

問２　天気や風力を示す記号は下表のようになる。

天気	快晴	晴れ	くもり	雨	雪
記号	○	⦶	◎	●	⊗
雲量	0～1	2～8	9～10		

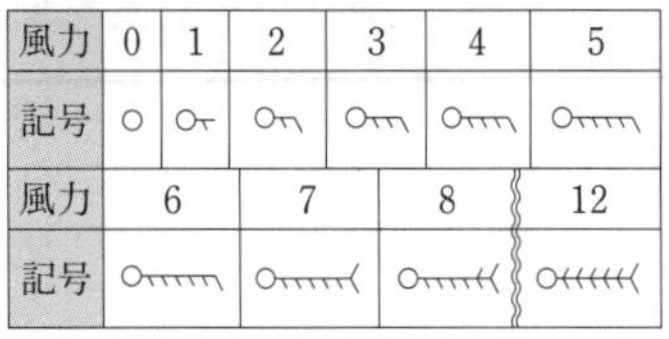

また，風向は羽ののびた方角になる。

問３　**図６**より，時刻**Ｐ**の数時間前から気温が急激に下がっていることが読み取れる。寒冷前線は，通過後に気温が急激に下がるので，時刻**Ｐ**には**ａ**の位置にいたと考えられる。

問４　$$\textbf{湿度〔\%〕}=\frac{\textbf{1 m}^3\textbf{の空気にふくまれる水蒸気の質量〔g/m}^3\textbf{〕}}{\textbf{その空気と同じ気温での飽和水蒸気量〔g/m}^3\textbf{〕}}\times 100$$

湿度は高くなっているが，$1\,m^3$の空気にふくまれる水蒸気の質量は変化していないので，飽和水蒸気量が小さくなったと考えられる。飽和水蒸気量はその空気の温度が高くなると大きくなり，低くなると小さくなる。

問５　火山灰は，広い範囲にほぼ同時に降りつもる。また，噴火ごとに少しずつ性質が異なることがあるため，離れた場所にある２つの地層でも，その地層の中の火山灰の層をくわしく調べると，同じ噴火でできたかどうかを知る手がかりになる。このような地層をかぎ層という。

問７　石灰岩とチャートは，どちらもサンゴやプランクトンなどの生物の骨格や殻が集まってできている。石灰岩は，化石をふくむことが多く，うすい塩酸をかけるととけて二酸化炭素が発生する。チャートは，鉄のハンマーでたたくと鉄がけずれて火花が出るほどかたく，うすい塩酸をかけてもとけない。また，チャートは砂や泥をほとんどふくまずに大陸から遠く離れた海で，石灰岩は大洋のあたたかい浅い海で堆積した堆積物からできている。

問８　**Ａ**地点と**Ｂ**地点の柱状図から，この地域の地層は南北には傾いていないことが読みとれる。**Ｃ**地点の柱状図より，れき岩の層は地表から50ｍ掘った標高530ｍの地点から現れることがわかるので，**Ｄ**地点では地表から560－530＝30〔ｍ〕掘ればれき岩層に達すると考えられる。

4 ＜化学変化と原子・分子・化学変化とイオン＞

問１　１種類の原子からできている物質を単体，２種類以上の原子でできている物質を化合物という。

問５　加熱前の筒にうすい塩酸を加えると，鉄と反応して水素が発生する。加熱後の筒にうすい塩酸を加えると，硫化鉄と反応して硫化水素が発生する。硫化水素は特有の腐卵臭のある有毒な気体なので，においをかぐときは直接かがずに手であおいで少量かぐようにする。

問６　鉄粉3.5ｇと硫黄の粉末2.0ｇが過不足なく反応しているので，鉄と反応する硫黄の質量と生じる硫化鉄の質量の比は７：４：11である。硫黄が鉄粉1.4ｇと反応して生じる硫化鉄の質量をxｇとおくと，７：11＝1.4：x　x＝2.2　よって2.2ｇ

問７，８　電解質をしみこませたろ紙に電圧を加えると，陽イオンは陰極側に，陰イオンは陽極側に移動する。リトマス紙は酸性を示すH^+に反応して青色から赤色に，アルカリ性を示すOH^-に反応して赤色から青色に変化するが，塩化ナトリウムが電離して生じるNa^+とCl^-は，どちらもリトマス紙の色を変化させない。実験では，陰極側のリトマス紙の色が変化しているので，糸にしみこませた水溶液には陽イオンであるH^+がふくまれていることがわかる。よって，糸にしみこませた水溶液は塩酸，リトマス紙の色は青色から赤色に変化したと考えられる。

5 ＜身のまわりの現象・電気の世界＞

問１　点**Ｐ**で発せられた音は，680ｍを340ｍ/ｓで進むので，点**Ｏ**では680÷340＝2.0〔秒後〕に聞こえる。

問２　音源は観測者の方向に34ｍ/ｓで動くので，点**Ｑ**から点**Ｏ**までの距離は680－34＝646〔ｍ〕よって，音が点**Ｏ**に届くまでに646÷340＝1.9〔秒〕かかる。点**Ｑ**で音を発するのは点**Ｐ**を移動し始めてから１秒後なので，点**Ｑ**で発した音が観測者に届くのは点**Ｐ**を移動し始めてから１＋1.9＝2.9〔秒後〕

問３　2.9－2.0＝0.9〔秒〕

問５　**電圧〔Ｖ〕＝電流〔Ａ〕×抵抗〔Ω〕**

2.0×５＝10〔Ｖ〕

問６　**電力〔Ｗ〕＝電圧〔Ｖ〕×電流〔Ａ〕**

10×2.0＝20〔Ｗ〕

問７　発電所から送られた1000Ｗの電力は送電線を通るときに20Ｗ失われるので，家庭には

1000－20＝980〔Ｗ〕の電力が届く。

令和２年度　樟南高校入試問題　国　語

正答例

一　問一　a　**掲**　　b　**格差**
　　c　**典型**　　d　**特訓**

問二　Ⅰ　**エ**　　Ⅱ　**ウ**　　Ⅲ　**オ**　　Ⅳ　**ア**

問三　**「社会の中でよりよく生きていけるようにする」**

問四　**「自律」できないまま大人になり，何か壁にぶつかると誰かのせいにしてしまう。**

問五　**「何のために」という目的もよく考えられないまま，多くの教員が続けていること。**

問六　**彼は画期的な解き方で数学の問題の答えを出した。**

問七　**D**

二　問一　a　**だま**　　b　**わ**　　c　**こ**

問二　A　**ウ**　　B　**ア**　　C　**エ**

問三　**降っているのか，いないのか，見分けにくいほど細かな霧雨**

問四　**こんなまじめな，こんな悲しそうな顔をしている東京の街を見たのは，これがはじめてだったから。**

問五　**ウ**　　問六　**ウ**　　問七　**ア**

三　問一　**くいける**

問二　**ふたふた（とねぶりける）**

問三　**ウ**　　問四　**僧正（実賢）**

問五　A　**居眠りをしている（うなずいている）**
　　B　**早く食べろということ**

問六　**ア**

四　問一　**A**　　問二　**エ・キ**

問三　Ⅰ　**イ**　　Ⅱ　**ア**　　Ⅳ　**ウ**

問四　**たら**　　問五　**a**

問六　⑴　**ウ**　　⑵　**二（画目）**

配点例

一	問三～問五，問七　3点×4	他　2点×9	計30点
二	問一～問三　2点×7	他　4点×4	計30点
三	問一　2点	他　3点×6	計20点
四	2点×10		計20点

解　説

一　＜論説文＞

問二Ⅰ　空欄前で「私もかつてはこういうこと（「学習指導要領に～『和』を重んじた学級経営）を目指してい」たと述べており，空欄後では，それが「本当に意味があるのだろうかと考えるようになった」と，前の内容を否定しているので，逆接の接続詞「しかし」が適当。

Ⅱ　「手厚く育てられた子どもたちは」「『自律』できないまま，大人になってい」くという内容に，「大人になってから」の内容を加えて述べているので，添加の接続詞「そして」が適当。

Ⅲ　空欄後に「そのようになってしまうのでしょうか」と問うているので，理由・原因などを問うのに用いる「なぜ」が適当。

Ⅳ　空欄後に「言われるとは思ってもいなかったのか」とあるので，打消しの推量を強める「まさか」が適当。

問三　第十三段落に，同じく「本来の目的」という言葉が出てくる。

問四　――部②直後にその理由が述べられている。どのような「大人になって」しまうかと，「大人になってから」どのような問題を抱えているかをまとめる。

問五　筆者は，本来は「手段」にすぎない「服装指導」が「『何のために』という～多くの教員が続けている」ことを問題視している。

問六　**画期的**＝今までになかったことをして，その分野で新しい時代を開くさま。

問七　**D**は本文の第二十二段落の内容と，そのあとの男子生徒の例から一致する。また，学校の「本来の目的」は生徒が「社会の中でよりよく生きていけるように」導くことなので，**A**，**B**の「生徒の考えていることを最優先」「生徒の判断を優先」するがそれぞれ誤り。**C**は「プロになるための練習だけ」が誤り。

二　＜小説文＞

問二A　空欄後に「続いて流れてゆ」く，「繰り出して来」るとあるので，ある事柄が次々と続いて起こる様子を表す「あとからあとから」が入る。

B　空欄前に「もの憂そうに（＝やる気や意欲が感じられないさま）」とあるのに着目する。

C　どのくらい「濡れて」いるかを表す言葉が入る。

問三　直後に「相変わらず静かに降りつづけていました」とあるので，その前から「霧雨」が降っていることがわかる。前から「霧雨」について説明している箇所を探すと，「降っているのか～細かな霧雨」とある。雨粒の細かさを「粉」にたとえているのである。

問四　コペル君は「まじめ」で「悲しそうな顔をしている東京の街」から「目が離せなくなっ」ている。その理由は，そんな「東京の街を見たのは，これがはじめて」だったからである。

問五　コペル君は，最初「東京の街」が「冬の海」に見えてきて「この海の下に人間が生きている」と考えるようになり，叔父さんとの会話を通して「この下には，疑いもなく～さしたり引いたりしている」ことに気がついたのである。これが，コペル君にとっての「変化」である。**ア**は「世界の中での自分の位置をもとにして自分を中心とした世界像を実感した」が，**エ**は「みんな世の中の波に動かされて生きていると感じた」が，**オ**は「明るい未来を感じた」がそれぞれ誤り。**イ**は「変化」が起こるきっかけにすぎないので誤り。

問六　コペル君は「東京の人口」を「ここから見えるところ」で計算しようとしているが，実際は「面積の割合」では計算できず，「昼と夜」でも人数がちがうことを叔父さんは知っていたので，単純な考えしかもっていないコペル君を笑ったのである。

問七　消去法で考える。**イ**は「反感」が，**ウ**は「痛いところを突かれた」が，**エ**は「自分を弁護する言葉を探していた」がそれぞれ誤り。**オ**は後に「コペル君は，なるほどと思いました」とあるので誤り。

三　＜古文＞

（口語訳） 醍醐の大僧正実賢が，餅を焼いて①食べ（ようとし）たときに，たちどころに居眠りを始めてしまう人だったので，餅を持ったまま，うとうとと居眠りをしたところ，（僧正の）前に江次郎という名の格勤者がいたのだが，僧正が眠って②うなずいたのを，わたしにこの餅を食べろという③様子であると思い込み，走りよって（僧正が）④手に持っている餅をとって食べてしまった。僧正が目を覚ましてから，「この手に持っていた餅は（どうしたのか）」と尋ねられたので，江次郎は，「その餅は，早く食べよということでしたので，⑤食べてしまいました」と答えた。僧正は，⑥おもしろいことだといって，多くの人に話して笑ったということだ。

問一　語頭以外のハ行はワ行に直す。

問二　僧正が「ふたふたとねぶりける」様子を，江次郎はうなずいてる様子だと思い込んだのである。

問四　「醍醐の大僧正実賢，餅をやきてくひける」とあるように，餅を手に持っていたのは「僧正（実賢）」である。

問五　江次郎が餅をとって食べたのは，「僧正のねぶりてうなづく」さまを見たためである。僧正が餅を持ちながらうなずいている様子を「餅を食べてよい」と自分に言っているのだと勘違いしてしまったのである。

問六　直後に，この話を「諸人に語りてわらひける」とあるので，「おもしろい」と思ったのである。

四　＜雑問集合＞

問一　Aのみ連体詞，ほかは副詞である。

問二　――部①は「学校に通う」となり，下の漢字が上の漢字の目的や対象を表すもの。**エ**は「山に登る」，**キ**は「学校に入る」となるので，同じ組み立て（構成）である。ほかには，意味が似た漢字を組み合わせたもの（**ク**），意味が対になる漢字を組み合わせたもの（**ア・イ**），上の漢字が下の漢字を修飾するもの（**ウ・カ**），上の漢字が主語，下の漢字が述語の関係にあるもの（**オ**）がある。

問三　**丁寧語**＝話し手が聞き手に対し敬意を表して，丁寧にいう言い方。現代語では「ます」「です」などの助動詞をつけていう。

尊敬語＝話し手が聞き手や話題の主の動作や状態などを高めて言い表すもの。

謙譲語＝話し手が自分または自分の側にあると判断されるものに関して，へりくだった表現をすることにより，相手や話中の人に対して敬意を表すもの。

問四　前に「もし」とあるので，「ば」「たら」「なら」などが続くと考えられる。問題文に「助動詞一語」とあるので，「たら」が適当。

問五　活用形は，あとに続く語が何かで判断する。b～eのように「たい」「て」「ます」が続くのは連用形。aは「と」という付属語が続くので終止形。

問六(2)　丶→ソ→义→义→必。

令和２年度　樟南高校入試問題　数　学

正答例

1　(1) **13**　(2) **3**　(3) $\frac{7}{12}$　(4) **27.9**
(5) $\frac{5x-17y}{12}$　(6) $3x^2+3x+1$
(7) $3ab$　(8) **1**

2　(1) $x=3$　(2) $(x+3y)(x-2y)$
(3) $x=4$，$y=-3$　(4) $x=1\pm\sqrt{2}$
(5) **12**（cm）　(6) **6**（cm）　(7) $-\frac{4}{3}$
(8) **15**（個）　(9) **エ**

3　(1) $\frac{1}{2}a^2$　(2) $-\frac{1}{4}a^2$
(3) $a=-2+2\sqrt{7}$　(4) 8π

4　(1) **辺BC，辺EF**　(2) **10**（cm）
(3) $10\sqrt{2}$（cm）　(4) $x=3$，5

5　(1) **3**（通り）　(2) **7**（通り）　(3) **36**（通り）

配点例

1	4点×8	計32点	2	3点×9	計27点
3	4点×4	計16点	4	4点×4	計16点
5	3点×3	計9点			

解　説

1　＜計算問題＞

(1)　$5+19-11=24-11=13$

(2)　$6\times7\div14=42\div14=3$

(3)　$\frac{2}{5}\div\frac{8}{5}+\frac{1}{3}=\frac{2}{5}\times\frac{5}{8}+\frac{1}{3}=\frac{1}{4}+\frac{1}{3}=\frac{3}{12}+\frac{4}{12}=\frac{7}{12}$

(4)　$4.2\times8-5.7=33.6-5.7=27.9$

(5)　$\frac{2x-5y}{3}-\frac{x-y}{4}=\frac{4(2x-5y)-3(x-y)}{12}$
$=\frac{8x-20y-3x+3y}{12}=\frac{5x-17y}{12}$

(6)　$x(4x+3)-(x+1)(x-1)$
$=4x^2+3x-x^2+1=3x^2+3x+1$

(7)　$(-3ab)^2\times2b^2\div6ab^3=\frac{18a^2b^4}{6ab^3}=3ab$

(8)　$(\sqrt{2}-1)^2+\frac{4}{\sqrt{2}}-\sqrt{(-2)^2}$
$=2-2\sqrt{2}+1+\frac{4\times\sqrt{2}}{\sqrt{2}\times\sqrt{2}}-\sqrt{4}$
$=2-2\sqrt{2}+1+2\sqrt{2}-2=1$

2　＜小問集合＞

(1)　$2x-10=2(7-3x)$，$2x-10=14-6x$，
$8x=24$，$x=3$

(2)　和が1，積が-6となる2数は3と-2
よって，$x^2+xy-6y^2=(x+3y)(x-2y)$

(3)　$3x+y=9$…①，$x-2y=10$…②
①×2＋②より，$7x=28$，$x=4$…③
③を①に代入し，$12+y=9$，$y=-3$

(4)　$(x-1)^2=2$，$x-1=\pm\sqrt{2}$，$x=1\pm\sqrt{2}$

(5)　**平行線の同位角は等しい**ことを利用すると，
△CHG∽△CDF，**△ADF∽△ABC**がそれぞれ成り立つ。DF：HG＝2：1より，DF＝4cm
BC：DF＝3：1より，BC＝12cm

(6)　右図のように点Dをとると，**円周角の定理**から，2組の角が等しいことがいえるので，**△APC∽△BPA**が成り立つ。AP＝$x$cmとすると，
AP：BP＝CP：AP
$x:4=9:x$，$x^2=36$，
$x>0$より，$x=6$
よって，PA＝6cm

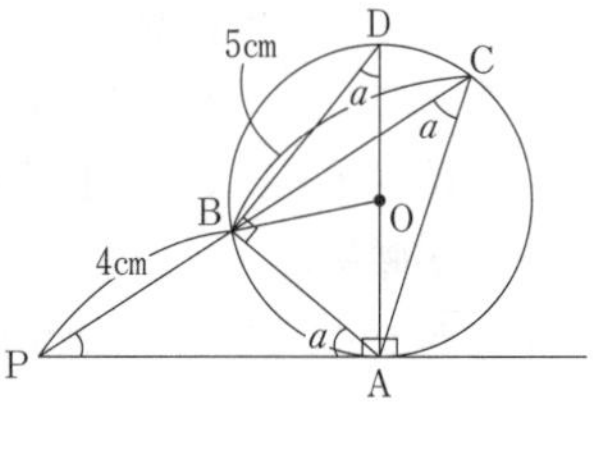

(7) $x=1$ のとき $y=4$，$x=3$ のとき $y=\frac{4}{3}$
x の増加量は，$3-1=2$
y の増加量は，$\frac{4}{3}-4=-\frac{8}{3}$
よって，変化の割合は，$-\frac{8}{3}\div 2=-\frac{4}{3}$

(8) $5=\sqrt{25}$，$6.3=\sqrt{39.69}$ より，$\sqrt{25}\leqq\sqrt{n}\leqq\sqrt{39.69}$
よって，これを満たす自然数 n は25～39までの15個ある。

(9) もととなる各中学校の生徒数がわからないので，**ア**，**イ**，**ウ**は不適。**エ**は，45分以上の人数の割合より30分以上45分未満の人数の割合が，それぞれの中学校のグラフについて多いので，正しい。

3 ＜関数＞

(1) 点Aと点Cの x 座標は等しいから，$y=\frac{1}{2}x^2$ に $x=a$ を代入し，$y=\frac{1}{2}a^2$

(2) 点Aと点Bの y 座標は等しいから，$y=-2x$ に $y=\frac{1}{2}a^2$ を代入し，$\frac{1}{2}a^2=-2x$，$x=-\frac{1}{4}a^2$

(3) (1)，(2)より，$a-(-\frac{1}{4}a^2)=6$，$a+\frac{1}{4}a^2=6$
$a^2+4a-24=0$
解の公式より，$a=\frac{-4\pm\sqrt{4^2-4\times(-24)}}{2}$
$a=\frac{-4\pm\sqrt{112}}{2}$，$a=-2\pm2\sqrt{7}$
$x>0$ より，$a>0$，よって，$a=-2+2\sqrt{7}$

(4) (1)より，$y=\frac{1}{2}\times2^2=2$　A(2，2)　点Bから x 軸に垂線をおろし，x 軸との交点をDとすると，(2)より，
$x=-\frac{1}{4}\times2^2=-1$　B(−1，2)，D(−1，0)
求めるのは，四角形BDCAを x 軸を軸として1回転してできる立体から，△OBD，△OACを x 軸を軸として1回転してできる立体の体積をのぞいてできる立体の体積。

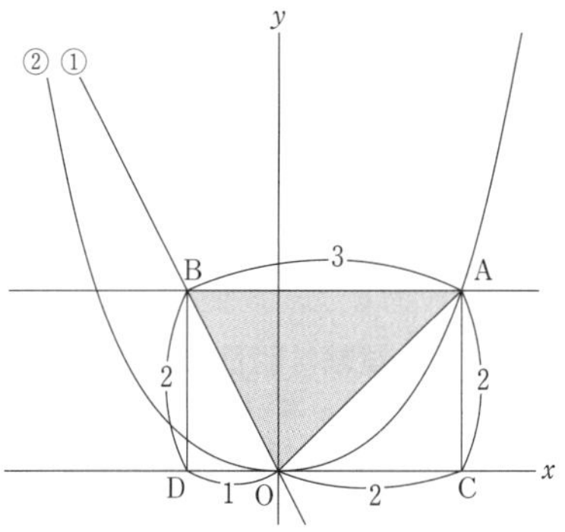

AB＝2−(−1)
　＝3
BD＝2より，
$2^2\pi\times3-\frac{1}{3}\times2^2\pi\times1-\frac{1}{3}\times2^2\pi\times2$
$=12\pi-\frac{4}{3}\pi-\frac{8}{3}\pi=8\pi$

4 ＜空間図形＞

(1) 同じ空間内で平行でなく，かつ，交わることのない2直線の関係を，ねじれの位置にあるという。
辺ADとねじれの位置にあるのは辺BC，辺EFの2本。

(2) **三平方の定理**より，
$EF=BC=\sqrt{AB^2+AC^2}=\sqrt{64+36}=\sqrt{100}=10$ (cm)

(3) 四角形ADFC，CFEBと点Rの位置関係は右の図のようになる。BR＋RDの長さが最短となるのは，図において，点Rが線分BD上にあるとき。

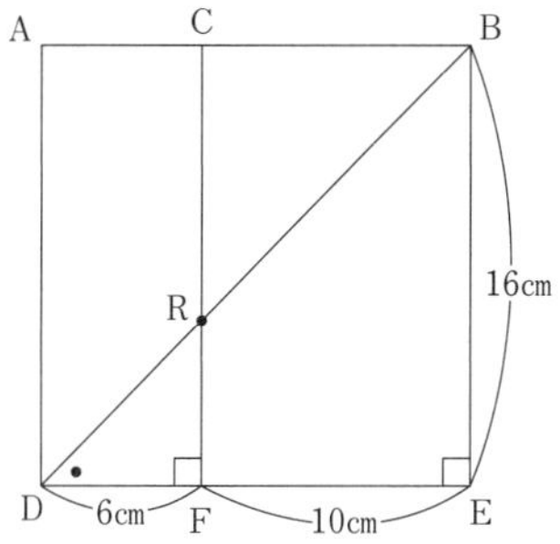

このとき，**△DRF∽△DBE**が成り立ち，(2)から，相似比はDF：DE＝6：16＝3：8
また，DE＝BE＝16cm，∠DEB＝90°より，
△EBDは直角二等辺三角形だから，BD＝$16\sqrt{2}$ cm
$BR=\frac{5}{8}BD=\frac{5}{8}\times16\sqrt{2}=10\sqrt{2}$ (cm)

(4) ∠BAC＝90°より，四面体APQRは，△AQPを底面とする，高さが6cm(ACの長さより)の三角すいと考えることができる。
右図より，
△APQ
＝四角形ADEB
　−△ADQ
　−△BAP
　−△EQP
$=8\times16$
　$-\frac{1}{2}\times(8-x)\times16$
　$-\frac{1}{2}\times8\times2x$
　$-\frac{1}{2}\times x\times(16-2x)$

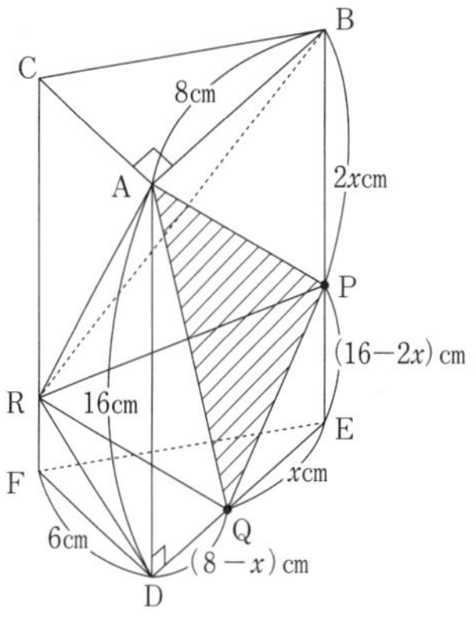

$=128-64+8x-8x-8x+x^2$
$=x^2-8x+64$
$\frac{1}{3}\times6(x^2-8x+64)=2x^2-16x+128$ (cm^3)
これが98cm^{3}になるときだから，
$2x^2-16x+128=98$，$2x^2-16x+30=0$
$x^2-8x+15=0$，$(x-3)(x-5)=0$
$x=3$，5　$0\leqq x\leqq8$ より，$x=3$，5

5 ＜確率＞

(1) 2回のさいころの出た目の数の和が10となる場合を求める。
(1回目，2回目)とすると，和が10となるのは(4，6)(5，5)(6，4)の3通り。

(2) (1回目，2回目，3回目)とすると，1回目は5と決まっているから，(5，1，4)(5，2，3)(5，3，2)(5，4，1)(5，6，1)(5，6，3)(5，6，5)の7通り。

(3) 3回投げてゴールするパターンは，
①3回の目の数の和が10になる場合
②2回までの目の数の和が11，12で，3回目に奇数の目が出た場合
の2パターンが考えられる。
(1回目，2回目，3回目)とすると，
①のパターンでゴールできるのは，
(1，3，6)(1，4，5)(1，5，4)(1，6，3)
(2，2，6)(2，3，5)(2，4，4)(2，5，3)
(2，6，2)(3，1，6)(3，2，5)(3，3，4)
(3，4，3)(3，5，2)(3，6，1)(4，1，5)
(4，2，4)(4，3，3)(4，4，2)(4，5，1)
(5，1，4)(5，2，3)(5，3，2)(5，4，1)
(6，1，3)(6，2，2)(6，3，1)の27通り。
②のパターンでゴールできるのは，2回目までの和が11，12となる，(5，6)(6，5)(6，6)の3通りについて，3回目が1，3，5のいずれかのときにゴールできるから，9通りある。
よって，全部で27＋9＝36通りある。

令和２年度　樟南高校入試問題　英　語

正答例

1　1 エ　2 ウ　3 カ　4 キ　5 ア

2　1 エ　2 ウ　3 イ　4 ア　5 ウ

3　1 イ　2 エ　3 オ　4 ウ　5 ア

4　1 good at　2 teaches us　3 If, don't
　4 Was, caught　5 have been　（各完答）

5　問1 エ　問2 mine

6　1 イ　2 ア　3 エ
　4（例）She said that her mother was sick.

7　問1 イ　問2 ウ
　問3 I want you to see the beautiful flowers along the path.
　問4 ア　問5 ウ　問6 エ
　問7 ウ，オ（順不同）　問8 エ

8　問1 (1) members of the Taliban
　　(2) girls and women in Mingora
　問2 ～there was no way for sick women to be treated.
　問3 good Muslims would never allow girls to go to school
　問4 学べなくなる／読む本がなくなる
　問5 ① イ　② エ　③ ウ

配点例

1～5　2点×22		計44点
6　問4　4点	他　2点×3	計10点
7　問3，7，8　3点×4	他　2点×5	計22点
8　3点×8		計24点

解　説

3 ＜適文選択＞

1　**私たちにとって英語を勉強することは大切です。**
　It is ～ for 人 to ….：人にとって…することは～だ。

2　**彼女は車を運転するには若すぎます。**
　too ～ to …：…するには～すぎる

3　**私はコンピューターの使い方を学びたいです。**
　how to ～：～する方法

4　**急ぎなさい，そうすればあなたはバスの時間に間に合います。**
　命令文の後にand＋文を続けると，「～しなさい，そうすれば…」という意味になる。

5　**私は彼が帰ってくるまでここで待たなければなりません。**
　until：「～までずっと」という継続のイメージで使う。

4 ＜適語補充＞

1　・私の父は上手に歌います。
　・私の父は**歌うことが得意**です。
　be good at～：～をするのが得意である

2　・ジェーンは私たちの理科の先生です。
　・ジェーンは**私たちに**理科を**教えます**。
　teach 人～：人に～を教える

3　・私はあなたの助けなしではこの仕事ができません。
　・**もし**あなたが私を**助けなければ**，私はこの仕事ができません。
　ifを使った仮定法。

4　・マイクはこの魚を捕まえましたか？
　・この魚はマイクによって**捕まえられましたか**？
　魚を主語に置いて，受け身の形にする。

5　・私は昨日とても忙しくて，今もまだとても忙しいです。
　・私は昨日から**ずっと**，とても忙しい**です**。
　have been：現在完了（継続）。過去から今までずっと忙しいという意味になる。

5 ＜英文読解＞

ハンクは小さな町に住んでいたが，その後彼は都会で仕事に就き，彼の妻と二人の子どもたちとそこに引っ越した。

彼らの新しい家での初めての土曜日，隣人が立ち寄ったときにハンクは彼の新しい赤い車をガレージの外に出して，洗っていた。その隣人はハンクの新しい車を見たとき，立ち止まって少しの間それをじっと見た。それからハンクは振り返って彼を見た。

その隣人は「それは素敵な車ですね。それはあなたのものですか？」と言った。

「時々ね」とハンクは答えた。

その隣人は**驚い**$_{A}$た。「時々？」と彼は言った。「どういう意味ですか？」

「ええと」とハンクはゆっくりと答えた。「町でパーティーがあるとき，それは私の娘のジェーンのものになります。どこかでサッカーの試合があるときは，私の息子のジョーのものになる。私がそれを洗って，それが本当に素敵できれいに見えるときは，私の妻のものになるのです。**そしてそれがガソリンを必要としているとき，それは私のものになるのですよ。**」

6 ＜対話文表現＞

1　J：私たちは部活動の会合を開くための新しい場所を見つけなければならないわ。　T：なぜ僕たちはユースセンターでそれらをできないの？　J：それは月末は閉まっているのよ。　T：**それは残念だ**。

2　E：君のお姉さんは今どこにいるの？　K：彼女はニューヨークで英語を勉強しているよ。　E：それはすごいね！　彼女はそこにどのくらいいるの？　K：**4月からだよ**。

3　A：今日の試験のために鉛筆を借りていいかい？　R：いいわよ，でもあなたはそれを必要じゃないでしょうね。　A：なぜ？　ペンを使って大丈夫なの？　R：**いいえ，試験は明日よ**。

4　*John*：ジェニーの誕生日パーティーまで待ちきれないよ！　*Jecica*：聞かなかった？　パーティーは中止されたのよ。　*John*：おお，そんな！　それはどうしてだい？　*Jecica*：**彼女は，彼女のお母さんが病気なのだと言っていたわ**。

7 ＜長文読解＞

インドのある水運び人は二つの大きなつぼを持っていた。それぞれのつぼは，彼の肩に渡して運ぶ棒の端に吊られていた。つぼのうちの一つは，一つのひびや穴もなく完全だった。もう一方のつぼはその内部にひびがあったので，水運び人が彼の主人の家に到着したときには，水は一杯の半分しかなかった。

この状況は二年間毎日続いた。水運び人は彼の主人の家にちょうどつぼ一杯と半分の水を運んだ。もちろん，完全なつぼは，それが$_{(1)}$**とてもいい仕事**をしていたと誇らしかった。しかしひびのあるかわいそうなつぼは，それがやらなければならない仕事の半分しか終えることができない，その弱さを悲しんだ。

二年間のこの仕事の後，ひびのあるつぼは，ある日，川のそばで水運び人に話しかけた。「私は自分に満足していませんし，あなたに謝りたいのです。」「どうして？」と水運び人はたずねた。「何が不満なのだ？」「私が，この過ぎた二年間，やらなければならない仕事の半分しかできなかったのは，あなたの主人の家に戻る道中ずっと，水が

樟南高校

私の側面のひびからポタポタ落ちたからです。私が完全ではないから，あなたは努力に対して十分な成果を得ることなくこの仕事の全てをやらなければならないのです」とつぼは言った。

水運び人は(2)**ひびのある古いつぼがこのように感じた**ことに驚き，「私たちが主人の家に戻るときに，(3)**私はおまえに小道に沿った美しい花々を見てほしい**」と言った。

そのため，彼らが丘に登ったとき，ひびのある古いつぼは，太陽が小道のそばの美しい野生の花々を暖めているのを見て，これが(4)**それ**をわずかに幸せにした。しかし旅の終わりに，その水の半分がポタポタと落ちたのでそれはまだ(5)**申し訳なく**思い，つぼはその弱さを水運び人に再び謝った。

水運び人はつぼに「おまえの側の小道にだけ花が咲いていて，もう一方のつぼの側にはなかったのを見なかったのかい？　そういうわけで，私はおまえの側面のひびをいつも分かっていて，それを利用したのだよ。私はおまえの側の小道に花を植えて，私が川から歩いて帰る毎日，おまえは彼らに水をあげていたんだ。二年間私はこれらの美しい花々を見ることを楽しんだよ。私はまた，主人のテーブルに置くためにそれらをつんだよ」と言った。

今では，彼らの小道に沿った毎日の旅で，ひびのあるつぼは，その側面のひびから水がポタポタ落ちていることを誇りに思っている。

問4　本文訳波線部参照。

問7　ア　水運び人は二つのつぼのうちの一つを壊した。

イ　水運び人はひびのあるつぼがその仕事をしていなかったので怒った。

ウ　**小道に沿った花は，それらがひびのあるつぼから水をもらっていたので育つことができた。**

エ　主人は小道に沿った花々を見て喜んだ。

オ　**水運び人は水を運ぶときにいつも同じ方法でひびのあるつぼを運んだ。**

カ　ひびのあるつぼは水運び人が言っていたことが全く分からなかった。

問8　ア　もしあなたが他人を助けても，いいことはあなたに起こらない。

イ　もしあなたが何度も何度も間違えたら人々は悲しむ。

ウ　もしあなたがいつも同じことをするならば，あなたは決してうまくできない。

エ　**私たちはそれぞれ違っているので役に立つ。**

8　**＜長文読解＞**

たくさんの観光客が彼女の故郷であるミンゴラ州スワート渓谷を訪れた。たいてい，彼らはそこの人々のようには服を着ていなかったが，マララは世界の異なる地域にいる女性や少女は違った慣習に従っていると知っていた。

マララはまた，彼女の故郷はパキスタンのいくつかの場所ほど近代的ではないことも知っていた。イスラマバードの大都市にはヨーロッパやアメリカの女性のように服を着る女性がいた。ミンゴラ州のほとんどの女性や少女は，そうしたやり方で服を着なかった。彼女たちは外出するときはスカーフや衣服で体を覆った。彼女たちは頭用のスカーフもつけた。

2007年，マララが10歳のとき，タリバンのメンバーがスワート渓谷を占領していた。(1)**彼ら**は全ての女性から自由を取り上げたがった。ラジオ放送では，あるタリバンの男性がひどいことを叫んでいた。彼は，ミンゴラ州の少女や女性はブルカを着ることなしで外出すべきではないと言った。(2)**彼女たち**はもはや一人で市場に行くことすらできなかった。彼女たちは男性の家族と一緒のときだけ外出することができた。これらの規則に従わない女性は罰せられた。女性は投票することができなかった。彼女たちは職につくことができなった。女性の医者はもはやおらず，女性は男性の医者に行くことも許されなかった。彼女たちは病院に行くことができなかった。(3)**それは，病気の女性が治療される道はないということを意味した**。音楽や踊ることは禁止された。全てのテレビやＣＤ，コンピューターが燃やされた。宗教の本だけが読まれた。女子校は閉校されなければ破壊された。女子に教えることを続けた教師は罰せられた。

その男性は，よきイスラム教徒は女子が学校に行くことを決して許さないだろうと言っていた。マララは(4)**それ**は真実ではないと知っていた。彼女の家族や友人は，みなよきイスラム教徒だった。彼らは信心深かった。彼らは毎日祈った。彼らはまた，全ての子どもは学校で学ぶべきだと信じていた。彼女の宗教系の学校で，マララは，イスラム教徒が平和と他者への親切心を信仰すると学んだ。

タリバンの一員である，銃を持った男性たちは，いたる所にいた。人々は外出することを怖がった。2007年の終わりに，パキスタン軍はタリバンを止めるために到着した。ミンゴラ州は戦場になった。夜も日中も爆撃があった。ほとんどの人々は彼らの家にとどまった。しかし何人かの子どもたちは学校に行き続けた。マララは彼らのうちの一人だった。

何か月もの戦いの後，パキスタン軍が勝っているかのように思えた。全ての人が，タリバンが永遠に去ることを期待した。生活はすぐに普通に戻るはずだと。パキスタン軍はスワート渓谷を出て行った。

しかし，タリバンは去らなかった。ラジオのおどしが再び始まった。命令に従わない人々は罰せられた。2008年の終わりまでに，ミンゴラ州の150校以上の女子校が破壊された。

マララは彼女の学校が危機にさらされていると気がついた。彼女はまた，彼女が幸運だと知った。もし彼女の学校が閉校したら，彼女の父が彼女に教え続けただろう。彼は，彼女が読むための数学と理科の本を見つけただろう。しかしミンゴラ州のほとんどの少女たちは彼女ほど幸運ではなかった。(5)**彼女たちには何が起きるのだろうか**？

問2　there was no way：方法がなかった

to be treated：治療されるための

問3　本文訳波線部参照。

問4　本文中のthemは，一文前に出てくる，ミンゴラ州のほとんどの少女たちを指す。彼女たちがどうなるのかを書けばよい。

問5　①　スワート渓谷の女性は，**彼女たちの体を覆うためにスカーフや衣服を着た**。

ア　アメリカの人々のように服を着ることを好んだ

ウ　都会の女性のように生活した

エ　他国を訪れることを楽しんだ

②　2007年，ミンゴラ州ではタリバンの一員が**たくさんの女子校を破壊した**。

ア　女性が彼女たちの家族と市場に行くことができないという規則を作った

イ　全ての女子に英語を勉強するように伝えた

ウ　男性と女性の両方ともに投票することを許可した

③　その物語は，**タリバンがスワート渓谷の人々の生活を壊した**と述べている。

ア　マララは学校に行かなくてもよい

イ　パキスタン軍は最終的にタリバンを止めた

エ　タリバンの男性は数学と理科の本を読むことを好んだ

令和２年度　樟南高校入試問題　社　会

正答例

1　問１　う　　問２　え
問３　水道管の熱により永久凍土がとけ，水道管の破損を防ぐため。
問４　あ　　問５　え
問６Y　レアメタル　　（略地図）④
問７　カカオ

2　問１X　大陸棚　　Y　産業の空洞化
問２　い　　問３　い
問４（記号）え　（理由）水が湧き出てくるため。
問５　あ　　問６　え　　問７　か

3　問１X　北条泰時　　Y　豊臣秀吉
Z　池田勇人
問２　か　　問３　い　　問４　う　　問５　あ
問６(1)　え
(2)A　ユダヤ　　B　中東　　C　石油

4　問１(1)　え　　(2)い　　問２　い　　問３　う
問４　伊能忠敬　　問５　か

5　問１　1　司法　　2　議院内閣　　問２　う
問３　え　　問４　え　　問５　い　　問６　う
問７　国民投票

6　問１　1　株主総会　　2　多国籍　　問２　い
問３　価格競争が弱まり，消費者が不当に高い価格を支払わされることになりかねない。
問４　う　　問５X　年金保険　　Y　公的扶助
問６　い

配点例

1～6　２点×50　　計100点

解　説

1 ＜世界地理＞

A－ドイツ，B－サウジアラビア，C－オーストラリア，D－ブラジル。

問１　ある地点と正反対にある地点の求め方について，
緯度：数値はそのままで，北緯と南緯を入れ替える。
経度：数値を180度から引き，東経と西経を入れ替える。
問題では鹿児島市が北緯31度34分，東経130度34分なので，反対側の地点は，南緯31度34分，西経49度26分の位置にある**う**が答えとなる。

問２　**a**は，北半球と違って，季節が逆になっているので，南半球に位置するブエノスアイレス。**c**は最低気温が０度を下回っていることから，冷帯に属しているイルクーツク。**b**は鹿児島。

問３　**X**はヤクーツク。ヤクーツクを含むシベリアには，**永久凍土**という凍った土が広がっており，この地域の建物の多くは，建物から出る熱が永久凍土をとかし，建物が傾くのを防ぐために高床になっている。

問４　キリスト教の分布は大きく三つに分かれ，Ⅰのヨーロッパの南部ではカトリック，Ⅱの北西部ではプロテスタント，Ⅲの東部では正教会が主に信仰されている。

問５　**え**－A国のドイツであり，地中海沿岸国はトルコや旧ユーゴスラビアの国々など東ヨーロッパの国々。**あ**－原油が豊富であり，ＯＰＥＣにも属していることからB国のサウジアラビア，**い**－かつて白豪主義がとられていたC国のオーストラリア，**う**－世界最大の流域面積であるアマゾン川のあるD国のブラジル。

問６　アパルトヘイト（人種隔離政策）が採られていたのは④の南アフリカ共和国。その後，アパルトヘイト体制はくずされ，1994年にはマンデラがアフリカ系として初めて大統領になった。①－エジプト。②－ナイジェリア，③－コンゴ民主共和国であり，ナイジェリアでは石油が輸出品の約７割を，コンゴ民主共和国では銅が輸出品の約５割を占めていることから，両国とも限られた作物や資源の生産と輸出によって成り立つ**モノカルチャー経済**となっている。

問７　カカオは熱帯で栽培される作物で，植民地時代のアフリカでは，**プランテーション**農業が行われ，特定の作物だけを栽培してヨーロッパに輸出していた。

2 ＜日本地理＞

問１X　大陸棚は，日本海の南部から東シナ海にかけて特に広範囲に広がっており，ここには天然ガスなどの天然資源があると考えられている。

問２　**い**－三重県の県庁所在地，**あ**－栃木県の県庁所在地であり78Ｆ４，**う**－愛媛県の県庁所在地あり78Ｃ６，**え**－山梨県の県庁所在地であり78Ｅ５。

問３　中部地方は東海，北陸，中央高地を含む９県からなる。**あ**－福井県が含まれていない，**う**－近畿地方に属している三重県が含まれている，**え**－新潟県が含まれていない。

問４　扇状地の中央部は，水が地下にしみこみやすいため，果樹園に利用されている。扇状地の末端では，地下を通ってきた水が湧き出てくるため，昔から集落がつくられてきた。

問５　**あ**－人口が１億人を超えており，老年人口の割合が高いことから，少子高齢化の進み方が特に早くなっている日本，**い**－人口が日本よりも多いことからアメリカ，**う**－イギリス，**え**－スウェーデンであり，老年人口が高めだが，手厚い社会保障で知られる。

問６　①－愛知県，②－静岡県，③－神奈川県，④－群馬県，⑤－広島県であり，１位が自動車生産の盛んな中京工業地帯の中心である愛知県なので**え**。

問７　Ｂ－サウジアラビアやアラブ首長国連邦など中東アジアの国々が上位であることから石油，Ｃ－オーストラリアとブラジルが上位であることから鉄鉱石，Ａ－液化天然ガス。

3 ＜歴史総合＞

問１X　**御成敗式目**は，公正な裁判を行うための武士独自の法で，その後の武家政治の基準となった。

Y　豊臣秀吉は，百姓が一揆をおこさないように武器を持つことを禁止する**刀狩**と，田畑の広さや収穫高を調べ，**石高**という単位を使って**太閤検地**を行った。これらを行うことによって，武士と百姓の身分の区別をする**兵農分離**を進めた。

問３　ⓐ－福岡県の志賀島で，「漢委奴国王」と刻まれた金印が江戸時代に発見された。

問４　**う**－672年におこった**壬申の乱**で，大海人皇子が勝って即位して天武天皇となった。**あ**－保元の乱（1156年）と平治の乱（1159年），**い**－645年におき，中大兄皇子と中臣鎌足などが蘇我蝦夷・入鹿の親子をたおし，**大化の改新**と呼ばれる新しい支配の仕組みを作る改革を始めた，**え**－**応仁の乱**であり，1467年から11年も続いた。

問５　水野忠邦は，1841年に**天保の改革**を行い，物価の上昇をおさえるため，営業を独占している株仲間に解散を命じ，江戸に出稼ぎに来ている農民を故郷の村に帰らせた。

問６(1)　1956年→1964年→1972年。日本は高度経済成長をむかえ，1968年，日本の国民総生産（ＧＮＰ）は，資本主義国の中でアメリカに次ぐ第２位になったが，さまざまな社会問題もおこり，大気汚染や水質汚濁などの**公害問題**も深刻化した。

(2)　石油危機によって先進工業国の経済は不況になった。写真のように，石油やそれを原料とするトイレットペーパーなどの製品が値上がりし，それをみこした買いだめも行われた。

4　＜歴史総合＞

問１(1)　**え**－守り神をまつる神殿であるウルのジッグラト，**あ**－エジプト文明の象形（神聖）文字，**い**－ローマ帝国によって造られた闘技場であるコロッセオ，**う**－インダス文明のインダス文字。

(2)　Ｂ－黄河の中・下流域では稲ではなくあわやきびを，長江下流域ではあわやきびではなく稲を栽培する農耕文明が生まれた。

問２　**い**－イスラムとは，唯一の神（アラー）に絶対帰依することを意味する。絶対神ヴィシュヌの意思に従うのはヒンドゥー教。

問３　**あ**－弘安の役ではなく文永の役。このとき高句麗ではなく高麗の軍勢を引き連れて日本に攻めてきた，**い**－チンギス・ハンの孫がフビライ・ハン，**え**－文禄の役ではなく文永の役。文禄の役は豊臣秀吉が行った一回目の朝鮮出兵のこと。また，唐ではなく高麗。

問４　伊能忠敬は，19世紀の初め，幕府の命により，全国の沿岸を歩いて，写真の機器を使って測量し，日本地図を作った。

問５　Ａ－ウィルソンであり，ウィルソンの提案を基に1920年に国際連盟が発足した，Ｂ－リンカン（リンカーン）であり，1861年に南北戦争で，北部はリンカンの指導の下に勝利を収めた。ロのニューディール政策を行ったのはルーズベルト。

5　＜公民（政治）＞

問１１　裁判が公正に行われるように，裁判所は，国会や内閣，その他どのような権力からも圧力や干渉を受けない（**司法権の独立**）。

問２　衆議院は参議院に比べて任期が短く，解散もあり，国民の意思をより反映させられると考えられている。

問３　**え**－憲法改正の発議に先議権はなく，予算について衆議院に先議権が認められている。

問４　**あ**－国会に関する内容，**い**－もし内閣の仕事が信頼できなければ，衆議院は**内閣不信任の決議**を行い，内閣不信任決議が可決されると，内閣は，10日以内に**衆議院の解散**をするか，総辞職しなければならない。**う**－内閣総理大臣は国務大臣の過半数を国会議員の中から指名する。

問５　薬局開設の距離制限に合理的根拠がなく，違憲判決となり，職業選択の自由が保たれた。

問６　権力が一か所に集中すると，人々の自由をおびやかすおそれがあるので，権力を分割し，互いに抑制し，均衡をとる工夫がされている（**権力分立**）。

問７　国民が直接決定に参加する権利として，最高裁判所の裁判官の任命が適切かどうかを判断する**国民審査**もある。

6　＜公民（経済）＞

問１１　株主が受け取る配当の金額や議決権は，持っている株式の数に応じて決まる。

２　多国籍企業の海外展開によって，企業や工場などの生産拠点を海外に移し，国内産業が衰退する**産業の空洞化**が進んでいる。

問２　**あ**－株式会社が倒産した場合，株主は出資した金額以上の負担は負わない（有限責任），**う**－利ざやは証券取引で，売値と買値の差額によって生じる利益金であり，その獲得は禁止されていない，**え**－配当は株主のみ受け取ることができる。

問３　グラフのように，ある商品を供給する企業が少数の状態を**寡占**という。この場合，少数の企業が足並みをそろえて，価格や生産量を決めることになりがちであり，そのような価格を**独占価格**という。

問４　年功序列賃金に代わり，能力主義や成果主義を導入する企業が増えてきた。

問５　社会保障では，少子高齢化が進むと，年金などの社会保障の給付は増えるのに，現役世代の人口が減り，税収と保険料収入は減少するという問題がある。

問６　スウェーデンなどでは，社会保障が手厚い代わりに，税金などの国民負担を大きくするという高福祉高負担を採用しており，Ｄがあてはまる。アメリカなどでは，社会保障は手薄な代わりに国民負担を軽くするという低福祉低負担を採用しており，Ａがあてはまる。Ｂ－日本，Ｃ－ドイツ。

令和２年度　樟南高校入試問題　　理　科

正答例

1 ⑴　部位　A　　名称　**網膜**(完答)　　⑵　オ
⑶　ウ　　⑷　イ　　⑸　**0.20**(秒)　　⑹　エ

2 ⑴　ア，エ(完答)　　⑵　ア　　⑶　**分解者**
⑷　**対照**(実験)(漢字２字)　　⑸　イ　　⑹　ウ
⑺　**空気中の微生物が溶液中に入るのを防ぐため。**

3 ⑴　オ　　⑵　**北**　　⑶　ア　　⑷　**58**(度)
⑸①　**６時20分**　　②　**18時30分**
③　**12時25分**

4 ⑴　G　　⑵　ウ　　⑶　ア　　⑷　ア
⑸　**古生**(代)(漢字２字)

5 ⑴①　**沸点**(漢字２字)　　②　**融点**(漢字２字)
⑵③　エ　　④　イ
⑶　エ　⑷　密度　イ　　理由　ケ
⑸①　イ　　②　ア　　③　エ　　④　オ
⑹　$2NaHCO_3 \rightarrow Na_2CO_3 + H_2O + CO_2$

6 ⑴　$2Cu + O_2 \rightarrow 2CuO$
⑵　右図

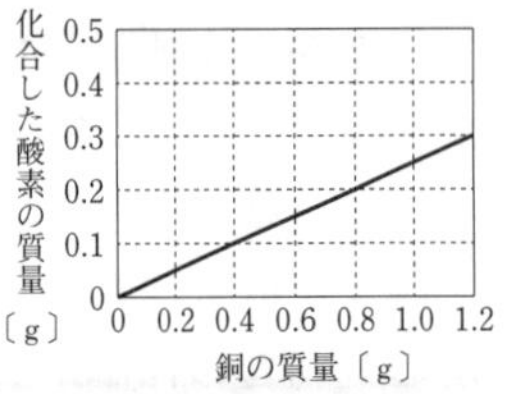

⑶　銅：酸素＝４：１
⑷　**4.8**(g)

7 ⑴　**60**(度)　　⑵　イ
⑶　エ
⑷　**全反射**　　⑸　カ　　⑹　**虚像**(漢字指定)
⑺

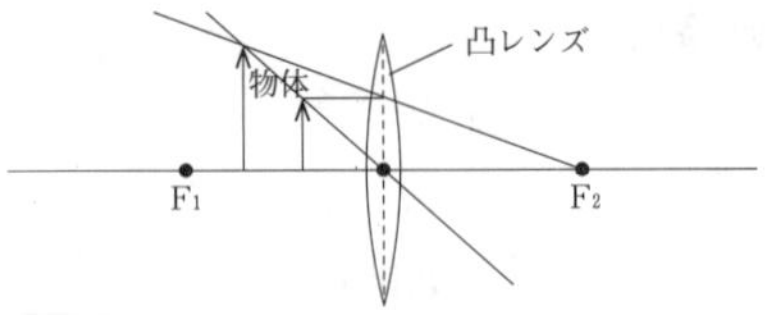

8 ⑴　**400**(Ω)　　⑵　**N**(極)　　⑶　イ
⑷　**誘導電流**(漢字指定)
⑸　**磁石を近づける速さを速くする。**　　⑹　エ

配点例

1	⑵　１点	他　２点×５	計11点
2	⑷　１点　　⑺　３点	他　２点×５	計14点
3	２点×７		計14点
4	⑸　３点	他　２点×４	計11点
5	⑵，⑷，⑹　２点×５	他　１点×７	計17点
6	２点×４		計８点
7	⑷　１点	他　２点×６	計13点
8	２点×６		計12点

解　説

1　<動物の生活と生物の変遷>

⑴　Bは感覚神経，Cはこうさい，Dは水晶体である。

⑵　音の振動は，鼓膜を振動させ，耳小骨でその振動をうずまき管へと伝える。うずまき管は振動の刺激を信号に変えて感覚神経を通して脳に送る。そして，脳で「聞こえる」という聴覚が生じる。

⑶　脳やせきずいなどの判断や命令を行う役割を担う場所を中枢神経といい，中枢神経から枝分かれして全身に広がる神経を末しょう神経という。末しょう神経は，感覚器官から中枢神経へ信号を伝える感覚神経と，中枢神経から運動器官へ信号を伝える運動神経などに分けられる。これらの器官をまとめて神経系という。

⑸⑹　ものさしをつかんだ位置の平均を求めると，
(18.6＋17.8＋19.4＋20.3＋18.9)÷５＝19.0〔cm〕
図３より，ものさしが19.0cm落ちるのに必要な時間は0.20秒。また，平均で19.0cm落ちるので，ものさしを15cmのものに変えるとつかめずに落ちると考えられる。

2　<自然の中の生物>

⑵　イ：大腸菌は細菌類に分類される。ウ：胞子でふえるのは菌類であり，細菌類は分裂によってふえる。エ：細菌類は非常に小さな単細胞の生物である。

⑶　生態系の中で，光のエネルギーを使って，無機物から有機物をつくり出す植物などを生産者。生産者である植物を食べる草食動物や，その草食動物を食べる肉食動物を消費者。植物や動物がしんだり，分解できなかった有機物を完全に無機物に分解するミミズなどの土壌動物や菌類，細菌類などの微生物を分解者という。

⑸　ペットボトルAには微生物と有機物が存在していて，ペットボトルBには有機物のみ存在している。微生物は土の中の有機物を無機物に分解するので，ペットボトルAのデンプンは無くなり，二酸化炭素は増加する。

⑹　実験で森林の土と，森林の土を十分に焼いたもので結果に違いが表れたのは，土を焼いたことで，土の中にいた微生物がいなくなったことが原因と考えられる。また，運動場の土には，森林の土よりも微生物がふくまれていないので，二酸化炭素の割合もAとBの間の値になる。

3　<地球と宇宙>

⑵　北半球は，太陽は東の空から昇って，南の空を通過し，西の空にしずむ。よってBは北である。

⑶　春分や秋分には，太陽は真東から出て真西にしずむ。太陽が昇ってしずむ位置は，夏至には北寄りに，冬至には南寄りになる。

⑷　**図**より，この日は春分か秋分と考えられる。この日の南中高度は90〔°〕－32〔°〕＝58〔°〕

⑸　１時間ごとの点の間隔はすべて等しく，弧PQは3.0cmなので，太陽は20分で1.0cm分動くことがわかる。弧APは5.0cmなので，20×5＝100分＝１時間40分　よって，この日の日の出の時刻は
８時の１時間40分前で６時20分　同様に，弧XCは7.5cmなので，20×7.5＝150分＝２時間30分　よって，この日の日の入りの時刻は
16時の２時間30分後で18時30分　また，この日の昼間の時間は６時20分から18時30分までの12時間10分　太陽が南中するのは，昼間の時間のちょうど真ん中なので，日の出から６時間５分経過したときに南中したと考えられる。よって，この日の南中時刻は６時20分の６時間５分後で12時25分

4　<大地の変化>

(2)　河口から遠い順に泥，砂，れきが堆積していく。

(5)　フズリナなどの，限られた期間に広い範囲で生息していた生物の化石からは，その地層の地質年代を推定することができ，このような化石を示準化石という。おもな示準化石と地質年代は表のようになっている。

古生代	中生代	新生代		
		古第三紀	新第三紀	第四紀
フズリナ	アンモナイト	貨幣石	ビカリア	ナウマンゾウ
サンヨウチュウ	ティラノサウルス			

5　**＜身のまわりの物質＞**

(2)　物質の状態が固体から液体，液体から気体へと変化しているとき，すべての物質の状態が変化するまでは温度が変化しない。

(3)　物質が状態変化するときは，粒子と粒子の間の距離が変化するため，体積は変化するが，粒子の数や質量は変化しない。

(4)　一般に，物質が固体から液体，気体へと状態変化するとき，体積は増加する。しかし，水の場合は固体の方が液体よりも体積が大きくなる。

密度〔g/cm³〕＝$\dfrac{\text{物質の質量〔g〕}}{\text{物質の体積〔cm}^3\text{〕}}$ なので，体積が大きくなると密度は小さくなる。

6　**＜化学変化と原子・分子＞**

(4)　マグネシウムと反応する酸素の質量の比は3：2なので，マグネシウムと酸化マグネシウムの質量の比は3：5となる。酸化マグネシウムが8.0 gできるときのマグネシウムの質量をx gとおくと，

3：5＝x：8　x＝4.8　よって4.8 g

7　**＜身のまわりの現象＞**

(1)　境界の面に垂直な線と入射した光がつくる角を入射角という。基準線から30°の方向から入射しているので，入射角は90－30＝60〔°〕

(2)　半円形のレンズでは，円の中心を通る光は，曲面側では曲がらずにまっすぐに進む。

8　**＜電気の世界＞**

(1)　**抵抗〔Ω〕＝電圧〔V〕÷電流〔A〕**

60÷0.15＝400〔Ω〕

(3)　並列回路の各抵抗に加わる電圧の大きさは，全体に加わる電圧に等しいので，電熱線A，Bに流れる電流の大きさは150 mA，並列回路では，各抵抗に流れる電流の大きさの和が全体に流れる電流の大きさに等しいので150＋150＝300〔mA〕　流れる電流の大きさが大きいほど，銅線にはたらく力は大きくなる。

(5)　磁石を近づける速さを速くする以外にも，コイルの巻き数を増やしたり，実験に用いる磁石を強くすることで，検流計の針の振れ幅を大きくすることができる。

(6)　**実験1**では，磁石のN極をコイルに近づけたときに検流計の針が左にふれた。コイルに磁石を近づけるときと離すときでは，流れる電流の向きは逆になるので，**実験2**のようにN極が一度近づいて離れていくと，検流計の針は左にふれた後に右にふれると考えられる。

令和2年度　鹿児島情報高校入試問題　国　語

正答例

1　問1　ア　**先端**　　イ　**肝心**　　ウ　**蓄積**

問2　❶　**オ**　　❷　**ア**　　❸　**ウ**

問3　**ストン**　　問4　**Ⅱ**

問5　A　**知識**　　B　**感覚**　　C　**日常感覚**

問6　**筋道を立てた知識の獲得**

問7　**生命とはなにか，人間とはなにかという問い**

問8　**ウ**

2　問1　ア　**瞬間**　　イ　**緊張**　　ウ　**ばんかい**

問2　**いつでも，だれかがそばにいる。**

問3　**ア**

問4　**千鶴との二人組にレイミーが入ってきたことで三人組になり，小学校で味わった苦い思い出がよみがえってきたから。**

問5　**イ**

問6　ア　**嫉妬（対抗）**　　イ　**自己嫌悪**

問7　**イ**

3　問1　**五言絶句**　　問2　**対句**

問3　**黄河海に入りて流る**

問4　①　**転**　　②　**結**

問5　**エ**　　問6　**ア**

4　問1　**ふしづくり**　　問2　**力**　　問3　**ウ**

問4　**原因**　　問5　**快**

問6　1　**下一段活用**　　2　**連用形**

問7　**イ**

配　点

1　問2　1点×3　　問5～問7　3点×5
他　2点×6　　計30点

2　問1　2点×3　　問4　5点
問5　4点　　他　3点×5　　計30点

3　問5，問6　4点×2
他　3点×4（問4は完答）　　計20点

4　問2，問5，問6　3点×4　　他　2点×4　　計20点

解　説

1　**＜論説文＞**

問2❶　「生物学」の例として「iPS細胞」が挙げられているので，例示の接続詞「たとえば」が適当。

❷　空欄後の「『わかる』時」は，空欄前の「『ひらめく』時」の言い換えであるので，言い換えの接続詞「つまり」が適当。

❸　空欄前後に着目する。筆者は「生命とはなにか」という問いが「『解ききれた』とな」らなくても「楽しい」と述べているので，逆接の接続詞「けれども」が適当。

問3　［ a ］を含む一文は，その前の「それが『わかる』という気持～納得する感じにつながります」を補足する内容なので，前の「納得する感じ」と「心に［ a ］と落ち」が同じ意味になるような擬態語を書けばよい。［ a ］の後に「と」とあるのにも着目する。

問４　「だから」は，前の事柄が原因・理由となり，あとの事柄が結果・結論となることを示す順接の接続詞。よって，「研究する」という結果に至る原因・理由となる事柄が述べられている内容の直後に入る。探すと，（　Ⅱ　）の前に「生命とはなにか，人間とはなにか」ということを研究していても「まだまったく『わかって』はいません」と，「研究する」理由が述べられているので，この直後に入る。

問５ＡＢ　筆者は空欄前で生物学において「知った」ことが「わかる」を刺激することが喜びであり，それが「他の人に伝えたいこと」だと述べている。つまり，「知る」ことよりも「わかる」ことが大切だと考えている。本文では知識を得ることを「知る」，感覚的に理解することを「わかる」と表現しているので，Ａには「知識」，Ｂには「感覚」が入る。

Ｃ　「つまり」は言い換えの接続詞。よって，直前の「専門家が密画のみでなく略画も見る」ことと同じ内容があてはまる。前の段落に「誰もが日常感覚として持つ略画」とあるので，専門家が「略画を見る」ということは，専門家が「日常感覚を持つ」ことである。

問６　「知る」ということはどういうことかが端的に述べられている箇所を，字数をヒントに探す。

問７　「これに答がある」とあるので，「これ」は何らかの「問い」を指すと考えられる。指示語は前に書かれていることが多いので，前の部分から「問い」という言葉をヒントに探すと，「生命とはなにか，人間とはなにかという問い」とある。

問８　ウは第六～第八段落の内容と一致する。筆者は「正確な『知識』」を持つことはできても，「『わかる』のはとても難しい」と述べているのでアは不適。「専門家が密画のみでなく略画も見る」ことは「大切なことです」と述べているのでイも不適。また「誰でも必ず『わかる』時がやってくる」とは述べていないのでエも不適。

2　＜小説文＞

問２　傍線部①の後にその理由が書かれている。問題文に「一文を十五字以内で」とあるので，「いつでも，だれかがそばにいる。」が適当である。

問３　傍線部②の前の「クラスの女子の半数は口をきいてくれなくなっていた」状況をたとえたものであることから，アが適当。

問４　「しほりん」は小学六年生の秋に「突然，親友の真衣と杏から仲間はずれにされ」，その上「クラスの女子の半数」が口をきいてくれなくなったことがある。その思い出が，「レイミーが，やたらと千鶴についてまわ」り，「絶対に避けたかった三人組」になってしまったことで思い出されたので，「不吉の影がまじった」と表現しているのである。

問６　「気の安まらない毎日」とは，傍線部④の後にあるように，「嫉妬」や「自己嫌悪」に苦しんでいる毎日のことである。

問７　「その思い」とは，前の「レイミーさえいなければ～影のない光のなかだけにいられるのに」。これはア，ウ，エに当てはまる。レイミーの「意味のわからない質問にもイラついて」はいるが，ここでは関係ないのでイが当てはまらない。

3　＜漢詩＞

（口語訳）輝く太陽が山に寄り添って沈んでいき，黄河は海に向かって流れている。（この雄大な景色を）千里先まで見渡したいと思い，更に一つ上の階へと（楼閣を）上った。

問１　**五言絶句**＝一句（一行）が五言（五字）からなり，四句（四行）の漢詩。
七言絶句＝一句（一行）が七言（七字）からなり，四句（四行）の漢詩。
五言律詩＝一句（一行）が五言（五字）からなり，八句（八行）の漢詩。
七言律詩＝一句（一行）が七言（七字）からなり，八句（八行）の漢詩。

問３　「入」と「海」の間に，下の字から一字返って読む「レ点」があるので，「黄河入海流」を「①②④③⑤」の順番に読む。

問４　漢詩，特に絶句の構成法として「起承転結」がある。第一句の起句で詩意を言い起こし，第二句の承句でそれを受け，第三句の転句で素材を転じて発展させ，第四句の結句で全体を結ぶのが普通である。

問５　第三句は，鑑賞文にあるように「さらに大きな景色を，千里も見はるかす（遠くまで見渡す）眺めを」見たいという内容である。よって「目」とは「遠くまで見渡す」という意味の「眺望」が適当。

問６　その理由は第三句に述べられている。「さらに大きな景色を，千里も見はるかす（遠くまで見渡す）眺めを」見たいという思いから，作者は更に上の階に上ったのである。

4　＜国語事項＞

問１　「即」「却」「卯」なども「ふしづくり」が部首。

問２　「調子がいい時ばかりではな」くても，「練習やレースの最後はいつも『渾身のラストスパート』」をすると述べている。つまり，常に「力」を出し切っているということである。

問６　活用の種類は「ない」をつけて（未然形の形で）判断する。活用形は，あとに続く語が何かで判断する。「て」や「た」が続くのは「連用形」である。

問７　本文の内容をおさえる。「グランドチャンピオンシップ」の出場権を獲得したという快挙は「全国での活躍を目指して仲間とともに努力を続けてきた」という積み重ねの結果であると述べられているので，「積み重ねの先に」が適当。

令和２年度　鹿児島情報高校入試問題　数　学

正答例

1　1(1)　**7**　(2)　**1**　(3)　$\mathbf{3ab^3}$
(4)　$\mathbf{(a-1)(a+5)}$　(5)　$\mathbf{2\sqrt{3}}$
(6)　$\mathbf{\dfrac{-3\pm\sqrt{13}}{2}}$
2　$\mathbf{\dfrac{16}{x}}$　3　ア　**−13**　イ　**13**
4　**4**　5　**3：1**

2　1　**8**　2　**70以上～80未満**　3　**0.48**

3　1　$\mathbf{\dfrac{1}{25}x+\dfrac{2}{25}y}$（g）
2(1)　$\mathbf{3x+y=1000}$　(2)　$\mathbf{\dfrac{1}{25}x+\dfrac{2}{25}y=50}$
3　$\mathbf{x=150}$　$\mathbf{y=550}$

4　1　$a=\dfrac{1}{4}$　2　$\mathbf{y=\dfrac{1}{2}x+6}$
3　**36**　4　$\mathbf{-\dfrac{12}{13}}$

5　1　**45**（度）　2　$\mathbf{2\sqrt{2}}$（cm）
3　$\mathbf{2+2\sqrt{2}}$（cm^2）
4(1)　$\mathbf{\sqrt{2}}$（cm）　(2)　$\mathbf{2\pi-2}$（cm^2）

6　1　**ねじれの位置**　2　$\mathbf{\dfrac{256\sqrt{2}}{3}}$（$cm^3$）
3(1)　$\mathbf{12\sqrt{11}}$（cm^2）　(2)　$\mathbf{\dfrac{704}{3}\pi}$（$cm^3$）

配　点

1	1　3点×6　3　3点×2　他　4点×3	計36点
2	3点×3	計９点
3	1　4点　2，3　3点×4	計16点
4	3点×4	計12点
5	3点×5　計15点　6　3点×4	計12点

解　説

1　**＜計算問題・小問集合＞**

1(1)　$4+6\div2=4+3=7$

(2)　$\dfrac{7}{18}\div\dfrac{3}{8}-\dfrac{1}{27}=\dfrac{7}{18}\times\dfrac{8}{3}-\dfrac{1}{27}=\dfrac{28}{27}-\dfrac{1}{27}=\dfrac{27}{27}=1$

(3)　$6a^4b^2\div2a^3\times b=\dfrac{6a^4b^3}{2a^3}=3ab^3$

(4)　和が４，積が－５となる２数の組は－１と５
よって，$a^2+4a-5=(a-1)(a+5)$

(5)　$\dfrac{9}{\sqrt{3}}-\dfrac{\sqrt{6}}{2}\times\sqrt{2}=\dfrac{9\times\sqrt{3}}{\sqrt{3}\times\sqrt{3}}-\dfrac{\sqrt{12}}{2}=\dfrac{9\sqrt{3}}{3}-\dfrac{2\sqrt{3}}{2}$
$=3\sqrt{3}-\sqrt{3}=2\sqrt{3}$

(6)　**解の公式**より，$x=\dfrac{-3\pm\sqrt{3^2-4\times(-1)}}{2}=\dfrac{-3\pm\sqrt{13}}{2}$

2　**反比例だから，xy＝一定**が成り立つ。
よって，$xy=2\times8$，$xy=16$，$y=\dfrac{16}{x}$

3　ア　$2※(-3)=2\times2\times(-3)+2+(-3)$
$=-12+2-3=-13$
イ　$(1※1)$から先に計算すると，
$(1※1)=2\times1\times1+1+1=4$
$(1※1)※1=4※1$となり，これを計算すると，
$4※1=2\times4\times1+4+1=13$

4　すべての場合は，１と２，１と３，１と４，１と５，２と３，２と４，２と５，３と４，３と５，４と５の10通りで，和が偶数となるのは下線をひいた４通り。

5　点Ｍを通り線分ＡＥと平行な直線と辺ＢＣの交点をＮとすると，**平行線と線分の比**から，
ＣＥ：ＥＮ＝ＣＤ：ＤＭ＝２：３
ＢＮ：ＮＥ＝ＢＭ：ＭＡ＝１：１
これより，
ＢＮ：ＮＥ：ＥＣ＝３：３：２
ＢＥ：ＥＣ＝６：２＝３：１

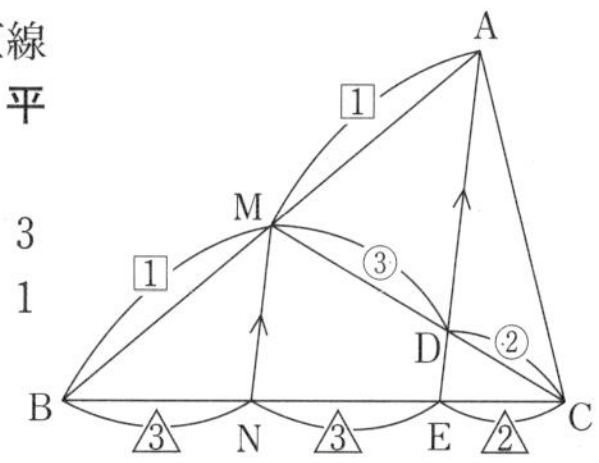

2　**＜資料の整理＞**

1　「70秒以上」は70秒を含み，「80秒未満」に80秒は含まれないことに注意する。

2　度数分布表は右のようになる。
総度数は25だから，中央値は記録の小さい方から13番目の生徒。
階級の小さい方から度数を足していくと，
$1+2+9=12$，$12+8=20$
より，13番目の生徒は70秒以上80秒未満の階級に含まれる。

階級（秒）	度数（人）
以上　未満	
40　～　50	1
50　～　60	2
60　～　70	9
70　～　80	8
80　～　90	5
合　計	25

3　度数分布表より，70秒未満の生徒は$1+2+9=12$（名）
ある階級の相対度数＝$\dfrac{\text{その階級の度数}}{\text{度数の合計}}$より，$\dfrac{12}{25}=0.48$

3　**＜連立方程式＞**

1　食塩水Ａに含まれる食塩は，$\dfrac{4}{100}x=\dfrac{1}{25}x$（g）
食塩水Ｂに含まれる食塩は，$\dfrac{8}{100}y=\dfrac{2}{25}y$（g）
よって，①に含まれている食塩の量は，$\dfrac{1}{25}x+\dfrac{2}{25}y$（g）

2(1)　食塩水の量は，①…$x+y$（g）　②…$2x$（g）
①，②の和が１kg（1000g）であることから立式する。

(2)　(1)でできた食塩水の濃度は５％だから，そこに含まれている食塩の量は，$1000\times\dfrac{5}{100}=50$（g）
これが，１で求めた式と等しいから，$\dfrac{1}{25}x+\dfrac{2}{25}y=50$

3　$3x+y=1000$…①　$\dfrac{1}{25}x+\dfrac{2}{25}y=50$…②
②×75より，$3x+6y=3750$…③
③－①より，$5y=2750$，$y=550$　①に$y=550$を代入し，
$3x+550=1000$，$3x=450$，$x=150$

4　**＜関数＞**

1　$x=-4$，６のときのy座標を求めると，
$y=a\times(-4)^2=16a$，$y=a\times6^2=36a$
変化の割合から，$\dfrac{36a-16a}{6-(-4)}=\dfrac{20a}{10}=2a$
これが$\dfrac{1}{2}$だから，$2a=\dfrac{1}{2}$，$a=\dfrac{1}{4}$

2　１より，$x=-4$，６のときのy座標はそれぞれ，
$16\times\dfrac{1}{4}=4$，$36\times\dfrac{1}{4}=9$より，Ｃ（－４，４），Ｂ（６，９）
この２点を通る直線の式を$y=mx+n$として，２点の座標を代入し，$4=-4m+n$…①，$9=6m+n$…②
②－①より，$5=10m$，$m=\dfrac{1}{2}$
$m=\dfrac{1}{2}$を①に代入し，
$4=-4\times\dfrac{1}{2}+n$，$4=-2+n$，$n=6$
よって，求める直線の式は，$y=\dfrac{1}{2}x+6$

3　$y=\dfrac{1}{4}x^2$に$x=4$を代入し，$y=4$　Ａ（４，４）
直線ＢＣとy軸との交点をＤ，点Ａ，Ｂからx軸におろした垂線とx軸との交点をそれぞれＥ，Ｆとすると，
四角形ＯＡＢＣ
＝△ＯＡＣ＋△ＡＢＣ
△ＯＡＣ＝$\dfrac{1}{2}\times8\times4=16$
△ＡＢＣ
$=\dfrac{1}{2}\times8\times(9-4)$
$=20$
よって，
四角形ＯＡＢＣ＝16＋20＝36

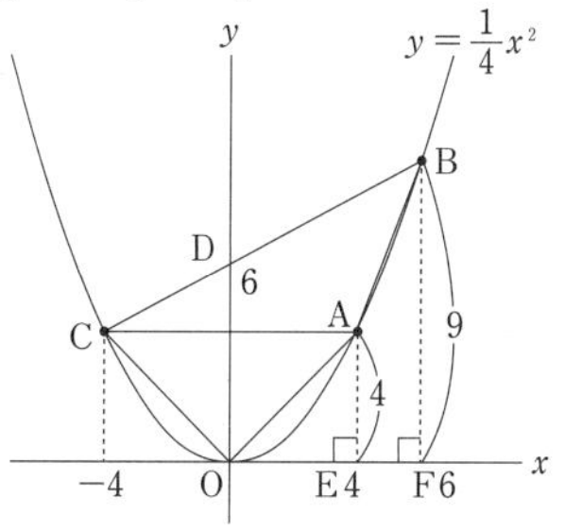

4　x軸を対称の軸として点Ｃと対称な点をＣ′とすると，
ＢＰ＋ＣＰ＝ＢＰ＋Ｃ′Ｐが成り立ち，点Ｐが線分ＢＣ′上にあるとき長さが最短となる。
よって，直線ＢＣ′とx軸との交点を点Ｐとすればよい。
点Ｃ′の座標は（－４，－４）
直線ＢＣ′の式を$y=mx+m$とおき，点Ｂ，Ｃ′の座標を代入し，
$9=6m+n$…①，
$-4=-4m+n$…②

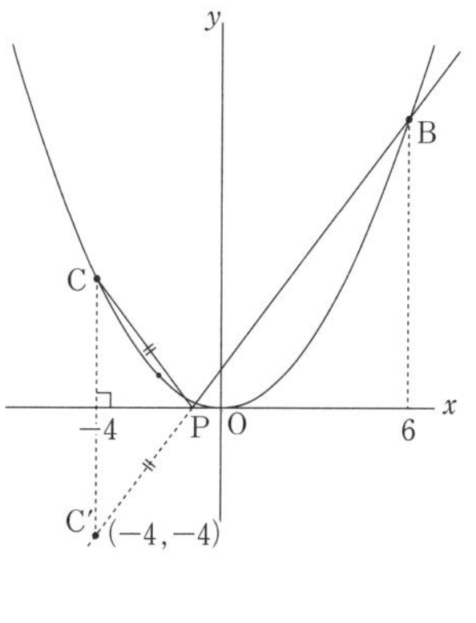

①－②より，$13=10m$，$m=\dfrac{13}{10}$

$m=\dfrac{13}{10}$ を①に代入し，$9=\dfrac{39}{5}+n$，$n=\dfrac{6}{5}$

$y=\dfrac{13}{10}x+\dfrac{6}{5}$　点Pの y 座標は0だから，

$0=\dfrac{13}{10}x+\dfrac{6}{5}$，$\dfrac{13}{10}x=-\dfrac{6}{5}$，$x=-\dfrac{12}{13}$

5　**＜平面図形＞**

1　**同じ弧に対する円周角は中心角の $\dfrac{1}{2}$ の大きさ**だから，
$\angle APB=\dfrac{1}{2}\angle AOB=45°$

2　**△OABはOA＝OB＝2cmの直角二等辺三角形**だから，
$AB=\sqrt{2}\,OA=2\sqrt{2}$ (cm)

3　ABを底辺とするとき，点Pを通るABに対する垂線が△APBの高さとなる。点Pを通る垂線が点Oを通るとき最も長くなり，その長さは半径POと直角二等辺三角形の線分ABを底辺とするときの高さとの和だから，
$\sqrt{2}+2$ (cm)

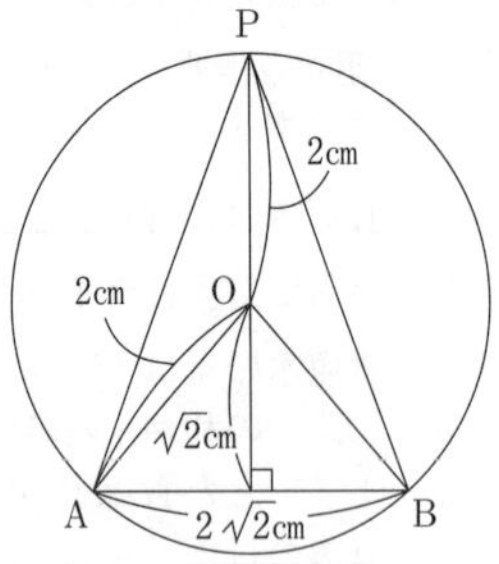

よって面積は，$\dfrac{1}{2}\times2\sqrt{2}\times(\sqrt{2}+2)=2+2\sqrt{2}$ (cm²)

4(1)　**半円の弧に対する円周角の性質**より，
$\angle AQB=90°$ だから，ABは3点A，B，Qを通る円の直径。
2より，このときの円の半径は，$\dfrac{1}{2}AB=\sqrt{2}$ (cm)

(2)　右図より，(1)の半円と，おうぎ形OABから△OABをのぞいた部分との和。

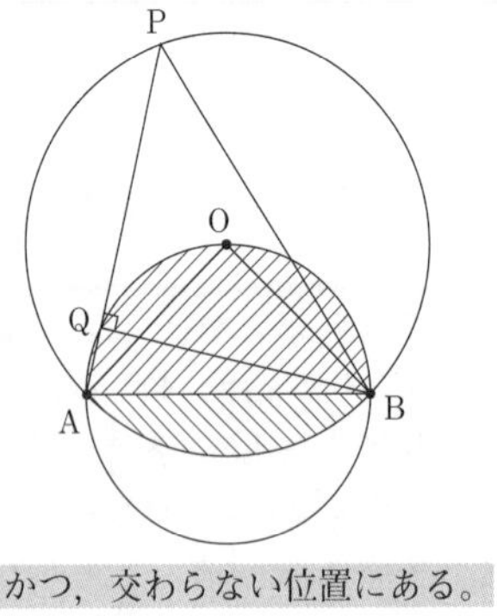

$(\sqrt{2})^2\pi\times\dfrac{1}{2}$

$+2^2\pi\times\dfrac{90}{360}$

$-\dfrac{1}{2}\times2\times2$

$=\pi+\pi-2$

$=2\pi-2$ (cm²)

6　**＜空間図形＞**

1　辺ABと辺CDは平行でなく，かつ，交わらない位置にある。

2　この正四角すいの高さは，△ABDにおいて，頂点Aから辺BDに下した垂線と重なる。
AB＝AD＝8cm
$BD=8\sqrt{2}$ cmより，△ABDの垂線AHの長さは $4\sqrt{2}$ cm

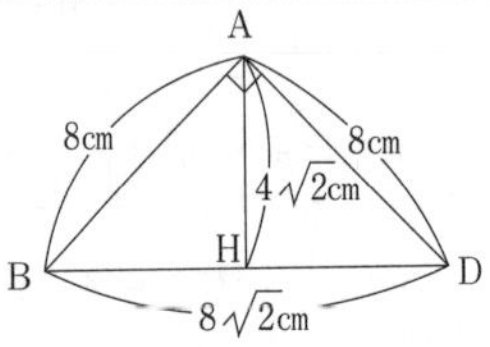

$\dfrac{1}{3}\times8\times8\times4\sqrt{2}=\dfrac{256\sqrt{2}}{3}$ (cm³)

3(1)　線分PC，QDは，いずれも辺の長さが8cmの正三角形の辺AB，AEに対する垂線だから，
$PC=QD=4\sqrt{3}$ (cm)
また，**中点連結定理**より，
$PQ=\dfrac{1}{2}CD=4$ (cm)
よって，四角形PCDQは右の図のような台形となるから，**三平方の定理**より，

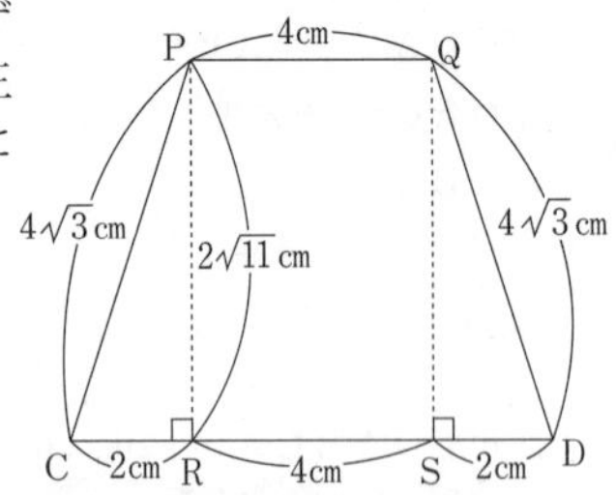

$PR=\sqrt{(4\sqrt{3})^2-2^2}=\sqrt{44}=2\sqrt{11}$ (cm)

面積は，$\dfrac{1}{2}\times(4+8)\times2\sqrt{11}=12\sqrt{11}$ (cm²)

(2)　上図より，求めるのは△CRP，△DSQ，四角形PRSQを，それぞれ直線CDを軸として1回転してできる立体の体積の和。**△CRP≡△DSQ**だから，2つの三角形をそれぞれ回転させてできる立体の体積は等しい。

$\left\{\dfrac{1}{3}\times(2\sqrt{11})^2\pi\times2\right\}\times2+(2\sqrt{11})^2\pi\times4$

$=\dfrac{176}{3}\pi+\dfrac{528}{3}\pi=\dfrac{704}{3}\pi$ (cm³)

令和2年度　鹿児島情報高校入試問題　英　語

正答例

1　1　(1)　**ウ**　(2)　**ア**

2　**イ**

3　(1)　**イ**　(2)　**ア**

4　(1)　**ウ**　(2)　**ア**

5　(例)　**I want to be a teacher.**

2　1　(例)　**私は彼女のスピーチに感動しました。**
／私は彼女のスピーチに心を動かされました。

2　(例)　**ポイ捨て禁止／ゴミを捨てるな**

3　(1)　**イ**　(2)　**ア**

3　1　(1)　**ウ**　(2)　**ウ**　(3)　**エ**
(4)　**イ**　(5)　**ア**

2　(1)　**イ**　(2)　**イ**　(3)　**エ**
(4)　**ア**　(5)　**エ**

3　(1)　**ウ**　(2)　**イ**　(3)　**イ**
(4)　**ア**　(5)　**ア**

4　1　It was the first time **for her to travel to a foreign country** alone.

2　①　**荷物にクレーム**　②　**通り過ぎて**

3　**She waited for 25 minutes.**

4　**彼女が乗りたい次のバスが来たときに，バスを止めるために手を挙げた。**

5　**注文したハンバーガーを見て驚いた。**

6　**biggest**

7　**スピーチコンテストに出ること。**

8　**イ，オ**（順不同）

5　(1)　①　**ウ**　(2)　②　**ア**　③　**エ**
(3)　④　**ア**　⑤　**イ**

配　点

1	4，5　3点×3　他　2点×5	計19点
2	1，2　3点×2　3　2点×2	計10点
3	2点×15	計30点
4	2　2点×2　4　5点　5　4点 他　3点×6	計31点
5	2点×5	計10点

解　説

1　＜聞き取りテスト＞

(放送した英文)

1　J : Miki, after we park the car at the campsite, let's climb Mt. Kaimondake.　M : That is a great idea, James.　We can have lunch at the top.　I am sure the view is wonderful from the top of the mountain.　J : When we go back to the campsite, I want to enjoy a hot spring.　M : Actually, let's go to a sand bath.　It's called sunamushi and it is very relaxing.　J : Great !　M : If you want, after we go to the sunamushi, let's go to Lake Ikeda.　The water is clean and there are many beautiful flowers all around.　J : I have an idea, let's go to the lake first, then we can relax and get clean at the sunamushi.　M : Perfect !

J：美紀，キャンプ場に車を停めた後，開聞岳に登ろうよ。M：それは素晴らしい考えね，ジェームス。私たちは頂上で昼食をとれるわ。私は山頂からの眺めは素晴らしいと確信しているわ。J：キャンプ場に戻ったら，温泉を楽しみたいな。　M：ねえ，砂風呂に行こうよ。それは砂蒸しと呼ばれていてとてもリラック

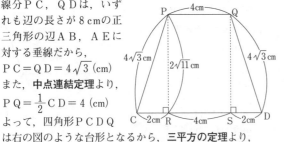

スできるのよ。　J：素晴らしいね！　M：もしあなたが望むなら，砂蒸しに行った後で，池田湖に行きましょう。水はきれいで辺り一面にたくさんの美しい花が咲いているのよ。　J：考えがあるんだ，最初に湖に行こうよ，そしたら僕たちは砂蒸しでリラックスしてきれいになれるよ。　M：完璧だわ！

Question1 : Where will they park the car ?

（彼らはどこに車を停めますか？）

ア　Parking A　　イ　Parking B　　ウ　Parking C

（ア　駐車場A　　イ　駐車場B　　ウ　**駐車場C**）

Question2 : Where will they visit last ?

（彼らは最後にどこを訪れますか？）

ア　sunamushi　　イ　Lake Ikeda　　ウ　Mt. Kaimondake

（ア　**砂蒸し**　　イ　池田湖　　ウ　開聞岳）

2　M : James, we have to arrive at the campsite at 10 o'clock tomorrow. We will meet Aiko at that time. J : How long does it take to get there, Miki ? M : First, it takes an hour from my house to Ibusuki City. Then, it is about 30 minutes to get to Kaimondake Campsite. J : That's a long way to go ! I guess we need to leave an hour and a half before we meet Aiko, right ? M : Yes, I think you are right.

Question : What time should they leave Miki's house to get to the campsite on time ?

M：ジェームス，私たちは明日の10時にキャンプ場に着かないといけないわ。私たちはその時間に愛子に会うのよ。　J：そこに到着するのにどれくらいかかるの，美紀？　M：まず，私の家から指宿市まで1時間かかるわ。そして，開聞岳キャンプ場に着くまで約30分よ。　J：それは長い道のりだね！　僕たちは愛子に会う1時間半前に出発する必要があるんだよね？　M：ええ，あなたは正しいと思うわ。

質問：彼らはキャンプ場に時間通りに着くためには美紀の家を何時に出発するべきですか？

3

No.1　M : Hi, James. What book are you reading ? J : It's a new horror book by Steven King. M : Oh, is it called Black Monsters ? I have already read it.

Question : What will James say next ?

M：こんにちは，ジェームス。あなたは何の本を読んでいるの？　J：これはスティーブン・キングの新しいホラーだよ。M：まあ，それは「ブラック・モンスターズ」と呼ばれている本かしら？　私はもうそれを読んだわ。

質問：ジェームスは次に何を言いますか？

ア　君は次にそれを読めるよ。

イ　本当かい？　結末を僕に教えないで。

ウ　ブラックモンスターズは僕のお気に入りのゲームだよ。

No.2　M : It's cold in this room. J : Yeah, it is also a little windy. M : Do you mind if I close the window ?

Question : What will James say next ?

M：この部屋は寒いわ。　J：ああ，そして少し風が吹いているよ。　M：私が窓を閉じたら気になる？

質問：ジェームスは次に何を言いますか？

ア　いいえ，全く。

イ　おそらく僕たちはそれをそのままにするべきだよ。

ウ　うん，それを開けて。

4　Hello. My presentation is about video games. Recently, people often say that video games are not good. They usually have two reasons. First, they say people cannot exercise when they play video games. That is not true. For example, in a popular tennis game, players have to stand up and swing their controllers like rackets. After playing, people may feel tired !

Next, people say that video games are played alone. That is also not true. Many video games can be played with friends and family at home. You can even play online with people from all over the world.

Yes, it is true that young people sometimes play too many video games. But, if we use games the right way, they can be used for exercise and for making friends with people from different countries. Thank you for listening.

こんにちは。私のプレゼンテーションはビデオゲームについてです。最近，人々はよく，ビデオゲームは良くないと言います。彼らはたいてい2つの理由を持っています。まず，彼らは人々がテレビゲームをしている時，運動ができないと言います。それは事実ではありません。例えば，人気のあるテニスのゲームでは，プレイヤーは立って彼らのコントローラーをラケットのように振らなくてはいけません。プレイした後，人々はきっと疲れを感じるでしょう！

次に，人々は，テレビゲームは一人でプレイされると言います。それもまた事実ではありません。多くのテレビゲームは家で友達や家族と一緒にプレイできます。あなたは世界中の人とオンライン上でプレイすることもできるのです。

ええ，若い人が時にテレビゲームをしすぎるのは事実です。ですが，もし私たちがゲームを正しい方法で使えば，それらは運動や，異なる国の人たちと友達になるために使えるのです。お聞きいただいてありがとうございます。

(1)　What does James say about video games ?

（ジェームスはテレビゲームについて何と言っていますか？）

ア　それらは皆に好かれています。

イ　それらは新しい人に会うためにはよくありません。

ウ　それらは体に良いものです。

(2)　Why do some people say video games are bad ?

（なぜいくらかの人々はテレビゲームを悪いものだと言うのですか？）

ア　なぜなら人々は一人でプレイするからです。

イ　なぜなら人々が動き回ることができるからです。

ウ　なぜならそれらは高価だからです。

5　What do you want to be in the future ?

（あなたは将来何になりたいですか？）

（正答例の訳）　**私は教師になりたいです。**

2　＜対話文読解＞

S：あなたは何を観ているの，正志？　M：僕はグレタ・トゥーンベリのスピーチを観ているんだよ。　S：それは何についてなの？　M：地球温暖化についてだよ。①僕は彼女のスピーチにとても感動したよ。彼女は僕たちと同じ歳だけど，環境活動家としてよく知られているんだ。　S：それは素晴らしいわね。正志，あなたは環境のために何か良いことをしているの？　M：ええと，僕はクラスの環境プロジェクトで活動しているよ。例えば，僕は学校の周りからごみを拾っているよ。そして，僕は学校の周りにはどんな種類のごみがあるのか調査しているよ。空き瓶がとても多くあるよ。僕たちはこのようなポスターを作って，これを学校の掲示板に貼る予定だよ。

S：それは面白いわね。次はあなたと一緒に活動に参加してもいい？
M：もちろんだよ。手を傷つけないように手袋を持ってくるのを忘れないでね。　S：分かったわ。手袋とごみ袋を何枚か持ってくるわ。
M：ありがとう。僕は一緒に活動をするのを楽しみにしているよ！

[3] ＜語い・文法＞

1 (1) A：彼女はあちらで何をしているのですか？　B：彼女は彼女のネコを**探して**います。そのネコは昨日から帰っていないのです。

(2) 星は夜中に**見られ**ます。

(3) A：市民会館がどこにあるか教えていただけますか？
B：申し訳ありません，私はここは**初めて**なのです。

(4) A：トイレを**使っても**よろしいですか？　私は手を洗いたいのです。　B：いいですよ。

(5) A：コーヒーを一杯いかがですか？　B：もし**十分に**あるのならば。

2 (1) Please give me **something cold to drink**.

(2) I have been **to the postoffice to send a letter**.

(3) We **had a good time** at a party last night.

(4) How long **have you been in Japan** ?

(5) Excuse me, but could you tell me **the way to the library** ?

3 (1) A：すみません。塩を取ってもらえますか？
B：もちろんです。**はいどうぞ**。

(2) A：すみません，遅れました。あなたが長く待っていないことを願います。　B：**心配しないでください**。私は数分前に着いたところです。

(3) A：すみません。今何時ですか？　B：**10時30分です**。

(4) A：あなたは今晩何を食べたいですか？　B：**あなた次第です**。　A：それなら，何か郷土料理にしてみましょう。

(5) A：あなたは良い週末を過ごしましたか？　B：ええ。私は田舎への小旅行に行きました。私はそれをとても楽しみました。**あなたはどうですか？**　A：私は週末の間中家にいただけでした。それは少し退屈でした。

[4] ＜長文読解＞

愛佳は鹿児島の高校生だ。彼女は英語を勉強したり外国から来た人に話しかけたりするのが大好きだ。昨年の夏に，彼女はオーストラリアに行く機会があった。①**彼女が外国に一人で旅行に行くのはそれが初めてだった**。彼女は少しだけ緊張していたが，同時に，とてもわくわくしていた。彼女は2か月間オーストラリアに滞在した。彼女は鹿児島に帰って来た時，3つの忘れがたい思い出について授業で話した。

初日に，彼女は成田空港を夜7時に出発して，翌朝シドニーに着いた。彼女は英語にはとても自信があった。だが，彼女は大きな失敗をした。彼女が飛行機を降りたとき，最初に「baggage claim」と「no baggage claim」という2つの標識を最初に見かけた。彼女は彼女の旅行かばんについてはなにも「苦情」はなかったので，「no baggage claim」の場所に行った。だが，彼女は多くの人が「baggage claim」の場所に行っているのを見た。彼女はなぜとても多くの人が「苦情」があるのか不思議に思った。しばらくして，②**彼女はすでに建物の外にいたが，まだ彼女の旅行かばんを受け取っていなかった**。彼女が「baggage claim」の意味を発見するために辞書を使ったのはその時だった。それは人々がその旅行かばんを受け取るべき場所を意味していたので，彼女はパニックになった。彼女は空港の職員に彼女の誤解について伝えて，無事旅行かばんを受け取った。彼女は「claim」が「苦情を言う」という意味だと思っていたが，実際は英語で「かばんを取り戻す」という意味だった。

また，彼女はバスで観光に行きたかったので，バス停でバスを待っていた。彼女はどのバスに乗るべきかを確認して，バスが来る予定の時刻より10分早くそこに来ていた。だが，バスは時間通りには来ずに彼女は心配になっていた。最終的に，バスは15分遅れで来た。彼女はバスを見て嬉しくなり，笑顔でそれに近づいて行った。だが，驚いたことに，バスは停車せずにただ通り過ぎて行った。彼女はどうすればいいのか分からなかった。すぐに別のバスが来て，そのとき彼女はバス停にいる他の何人かの人が，バスを停めるために手を挙げているのを見た。だから③**彼女が乗りたい次のバスが来たとき，彼女は同じようにした**。今度は，バスは停まった。最初は，彼女は困惑したが，日本とオーストラリアの間の大きな違いを見つけられて嬉しかった。

最後の思い出は繁華街を歩き回ったある日のことだ。彼女はオペラハウスやハーバー・ブリッジなどのような観光スポットを訪れるのを楽しんだ。昼食に，彼女はフードコートに行った。彼女がハンバーガーを注文するときに，店員が彼女に何かをたずねた。彼女はよく理解できなかったが，「はい」と言った。しばらくして，④**彼女は自分の注文したハンバーガーを見て驚いた！**　そのハンバーガーはその店が作ることができる⑤**一番大きい**ものだった。それは高さ20センチで，6枚のパテと6枚の輪切りのパイナップル，チーズ，トマト，そしてレタスが挟まっていた。愛佳は全部を食べきれず，そのため半分を夕食のために持ち帰った。この体験から，彼女はもし人々が英語で何について話しているのかが分からなければ相手にたずねるべきだということを学んだ。

日本に戻った後，彼女はこれらの体験について話すためにスピーチコンテストに参加した。⑥**それ**は彼女にとってもう一つの挑戦だった。彼女は一位にはなれなかったが，コンテストに参加することを楽しんだ。これらの体験はまたさらに彼女に英語を勉強させた。

2　本文訳波線部参照。
4　本文訳二重傍線部参照。
7　本文訳点線部参照。

[5] ＜空欄補充＞

(1) R：令和の時代が始まったね。君は2021年に新しい硬貨が作られることを知っているかい？　Y：本当に？　新しい硬貨のデザインは何？　R：新しい1万円金貨には鳳凰が載っているんだ。　Y：①**私はそれを知らなかったわ**。

(2) H：君は今何を食べているの？　S：白エビビーバーよ。それは今年人気なのよ。　H：なぜ白エビビーバーはそんなに人気なんだい？　S：有名なNBAの選手が彼のチームメイトにそれをあげたのよ。彼の名前が何か当てられる？　H：②**ええと**。ああ！彼の名前は八村塁だね！　S：その通り。とにかく，あなたは食べてみたい？　H：うん，僕は食べてみるよ。③**これは美味しいね**。

(3) A：こちらはアンです。ローラとお話しできますか？　Lu：はい。④**少々お待ちください**。　La：もしもし。ごきげんいかが，アン？　A：私は元気よ。今度の土曜日に新しいタピオカ屋さんに行かない？　La：⑤**それは良さそうね**。でも私の家族は沖縄旅行に行くから，行けないわ。　A：まあ，分かったわ。きっと今度ね。ええと，良い旅を！　あなたが戻ったときにそれについて聞くのを私は楽しみにしているわ。

令和２年度　鹿児島情報高校入試問題　社　会

正答例

1 Ｉ問１　右図
東経 **135** 度

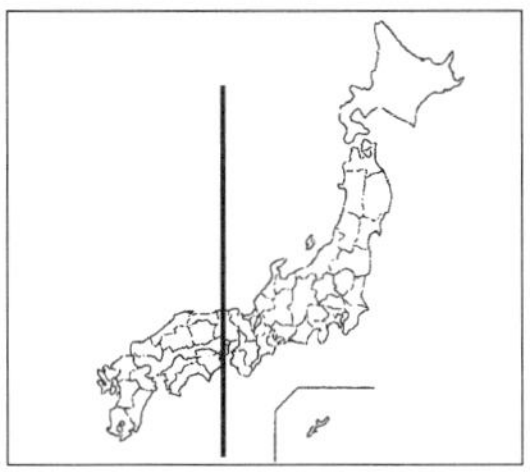

問２　**1** 月 **25** 日
午後 8（20）時

問３　**エ**

問４　**与那国島**

問５　**12 海里**

問６　**沿岸国が水産資源や鉱産資源の所有権を持つ水域。**

Ⅱ問１　**③**

問２　Ａ　**メコン川**　　Ｂ　**チャオプラヤ川**

問３　ａ　**バンコク**　　ｂ　**シンガポール**
ｃ　**ジャカルタ**　　ｄ　**マニラ**

問４　**パーム油**　　問５　**イ**

問６　**マラッカ海峡**

2 Ｉ問１　**文永の役**　　問２　**奴国**

問３　**壇ノ浦の戦い**　　問４　**イ**

問５　**稲作が行われていた。**　　問６　**エ**

問７　**西南戦争**　　問８　**明**

Ⅱ問１　**エ**　　問２　**イ**　　問３　**白村江の戦い**

問４　**ポルトガルに対抗して，大西洋を西回りでアジアに行く航路を開くため。**

問５　**ウ**　　問６　**世界の工場**

問７　**ビスマルク**　　問８　**イ**

3 問１　①　**ポツダム**　　②　**不断**　　③　**9**

問２　**ウ**

問３　①　**臣民の権利**　　②　**象徴**
③　**エ**　　④　**憲法記念日**

問４　①　**平等選挙**　　②　**エ**

問５　①　**3 分の 2**　　②　**過半数**

問６　①　**日米安全保障条約**　　②　**沖縄県**
③　**オスプレイ**　　④　**思いやり予算**

配　点

1 Ｉ問６	3 点	他　2 点×16	計35点
2 Ⅱ問４	3 点	他　2 点×15	計33点
3 2 点×16			計32点

解　説

1　＜地理総合＞

Ｉ問１　日本の標準時子午線である東経 135 度の線は，兵庫県の明石市を通る。

問２　日本の標準時子午線は東経 135 度であるので，東京とニューヨークの経度差は 135 度＋ 75 度＝ 210 度。経度 15 度ごとに 1 時間の時差が生じるので，東京とニューヨークの時差は 210 ÷ 15 ＝ 14 時間。14 時間の時差が生じるので，日本が 1 月 26 日午前 10 時のとき，ニューヨークは 1 月 25 日午後 8 時。

問３　エ－図中のＤ島は，日本の東の端の島なので，沖ノ鳥島ではなく南鳥島。Ａ－日本の北の端の択捉島であり，北方領土の一つ，Ｂ－西の端の与那国島，Ｃ－南の端の沖ノ鳥島。

問５　国の領域は，領土，領海，領空から成り，領土と領海の上空が領空となる。

問６　沿岸から 200 海里のうち，領海の外側にある水域を**排他的経済水域**といい，そこにある水産資源や鉱産資源は沿岸国が管理することができる。

Ⅱ問１　赤道は 0 度の緯線であり，シンガポールの近くやエクアドルなどを通る。①－北緯 20 度，②－北緯 10 度，④－南緯 10 度。

問２　東南アジアは，**季節風**の影響で降水量が多いため，メコン川やチャオプラヤ川など大きな川の流域などで稲作が盛んであり，年に 2 回米を作る**二期作**ができる地域もある。

問３　ａ－タイ，ｂ－シンガポール，ｃ－インドネシア，ｄ－フィリピンの首都。

問４　マレーシアやインドネシアなどでは，植民地の時代に天然ゴムやコーヒーなどを大規模に栽培するために**プランテーション**が造られた。

問５　イ，ウ，エ－熱帯の地域で主に生産される。

問６　日本の海上輸送（輸入）では，石油の他に液化ガス，石炭，鉄鉱石などの原料の割合が多い。

2　＜歴史総合＞

Ｉ問１　2 度目の襲来は 1281 年の**弘安の役**。弘安の役の時には，幕府が海岸に築いた石の防壁や，御家人の活躍もあり，元軍は上陸できなかった。

問２　「後漢書」には，1 世紀の半ばに現在の福岡平野にあった倭の奴国の王が，後漢に使いを送り，皇帝から金印を授けられたと書かれている。

問３　壇ノ浦は現在の山口県に位置している。

問４　イの日清戦争は 1894 年におきた。八幡製鉄所は，日清戦争で得た賠償金を基に建設され，1901 年に操業を開始した。アの日中戦争は 1937 年，ウの日露戦争は 1904 年におきた。エの韓国併合は 1910 年。

問５　吉野ヶ里遺跡（佐賀県）は弥生時代の代表的なむらの遺跡の一つであり，写真は農業のようすが描かれた銅鐸。

問６　ア－板垣退助，イ－伊藤博文が中心となって結成した政党。ウ－**日中戦争**が長期化し，**戦時体制**を整えていく中で，1940 年に近衛文麿らが新体制運動推進のために結成した。全政党が解散し，これに加わった。

問７　1877 年に**西郷隆盛**を中心におこった反乱であり，士族の反乱の中で最も大規模なものだった。

問８　朝鮮出兵は，1592 年（文禄の役）と 1597 年（慶長の役）の二度に渡って行われた。

Ⅱ問１　エ－ギリシャ人は，アテネやスパルタのような都市国家（**ポリス**）を地中海各地に建設した。ア

〜ウは全てローマ帝国に関すること。

問２　イーシルクロードによって，西方の馬が中国に運ばれた。

問４　15 世紀後半に大航海時代が始まり，バスコ・ダ・ガマの船隊はアフリカ大陸南端の喜望峰を通って，インドに到達し，ヨーロッパとインドを初めて海路でつないだ。16 世紀には，マゼランの船隊が初めて世界一周を成し遂げた。

問５　ウ－ 1637 〜 38 年。ア－ 1467 〜 77 年，イ－ 1543 年，エ－ 1787 年。

問６　18 世紀後半に，イギリスで蒸気機関で動く機械が使われ始めて，綿織物が安く大量に生産された。

問８　イ－ 1945 年であり，太平洋戦争の末期。

3　<公民総合>

問１①　日本はポツダム宣言を受け入れ，8 月 15 日には，昭和天皇がラジオ放送（玉音放送）で国民に知らせた。

③　日本は国を防衛するために**自衛隊**を持っており，自衛隊と憲法第９条の関係について，政府は，憲法で「自衛のための必要最小限度の実力」を持つことは禁止していないと説明している。

問２　ウ－ 1688 〜 89 年の名誉革命によって議会を尊重する国王が新たに選ばれ,「権利章典」が定められた。アーＧＨＱの最高司令官，イーＧＨＱが新聞・出版活動を規制するために発した規則。

問３①　明治憲法とは**大日本帝国憲法**のことであり，国民は主権者である天皇から与えられる「臣民の権利」を持つと定められ，その権利は法律によって制限されるものだった。

③　天皇が国事行為を行うときは，内閣による助言と承認が必要で，その責任は内閣が負う。エー国会が行う。

④　日本国憲法公布日である 11 月３日も国民の休日であり，文化の日である。

問４①　現在の選挙は，**普通選挙**のほか，一人一票の**平等選挙**，代表を直接選出する**直接選挙**，どの政党や候補者に投票したのかを他人に知られないようにする**秘密選挙**の４原則の下で行われている。

②　アー内閣によって指名される。

問５　憲法改正において国民投票が採られているのは，憲法が国の政治権力を制限し，国民の人権を保障するという重要な法なので，**国民主権**の原理をより強く反映させるべきだと考えられているからである。

問６①　1951 年に**サンフランシスコ平和条約**と同時にアメリカと結んだ条約。

②　沖縄は戦後，アメリカの統治の下に置かれ，1972 年に沖縄県として復帰した後も，基地をはじめとするアメリカ軍施設が残り続けた。

④　在日米軍駐留経費のうち，人件費や訓練移転費などの一部を日本が負担している。

令和２年度　鹿児島情報高校入試問題　理　科

正答例

1　(1)　**ウ，オ，キ**(完答)　(2)　**ア→エ→ウ→イ**
(3)　$\frac{64}{27}$(倍)　(4)　**エ**　(5)　**対流**
(6)　**ヘルツ(Hz)**　(7)　**ウ**
(8)　**地球型惑星**
(9)①　右図

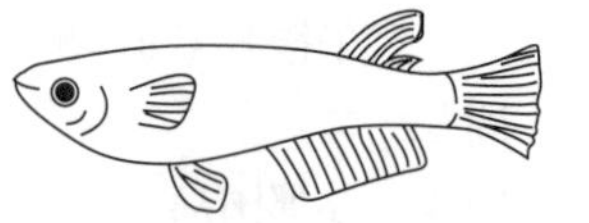

②性別　**オス**
理由　**背びれに切れこみがある。**(完答)
(尻びれが平行四辺形である。)

2　Ⅰ　(1)　**イ，オ**　(2)　**B**
(3)　管　**ア**　名称　**道管**(完答)
(4)　**孔辺細胞**　(5)　**蒸散**
Ⅱ　(1)　**B，D，G，H**　(2)　**アミラーゼ**
(3)　**赤褐色**　(4)　**リパーゼ**
(5)　名称　**胆汁**
つくられるところ　**肝臓**(完答)

3　Ⅰ　(1)　$NaOH + HCl \rightarrow NaCl + H_2O$
(2)　**青**(色)
(3)　水溶液　㋐，㋑，㋓　気体　**水素**(完答)
(4)　**16**(cm^3)　(5)　㋐，㋑(順不同・完答)
Ⅱ　(1)　**水**
(2)①　**白くにごる**　②　**ア，エ，オ**
(3)(1)　**ア**　(2)　**イ**(完答)　(4)　N_2

4　Ⅰ　(1)　**Y**　(2)　**3Ω**　(3)　**3.4**(℃)
(4)　**ア**　(5)　**18W**
Ⅱ　(1)　**垂直抗力**　(2)　**2.5**(N)
(3)　仕事　**5.0 J**　仕事率　**2.5W**(完答)
(4)　**エ**
(5)　**自由落下運動**または**等加速度直線運動**

5　Ⅰ　(1)　**17**(℃)　(2)　**ウ**　(3)　**63**(%)
(4)　**6**(℃)　(5)　**高くなる**
Ⅱ　(1)　④→③→②→①→⑤→⑦→⑥　(2)　**エ**
(3)　**この地域はあたたかく，浅い海であったと考えられる。**
(4)　**ア**　(5)　**ア**

配点例

２点×50　計100点

解　説

1　<小問集合>

(1)　乳酸菌と大腸菌は細菌類に分類される。アオミドロとミジンコは菌類でも細菌類でもない。

(3)　**物質の密度〔g/cm³〕＝ $\frac{\text{物質の質量〔g〕}}{\text{物質の体積〔cm}^3\text{〕}}$**
それぞれの密度を求めると，A：$\frac{100}{27}$〔g/cm^3〕
B：$\frac{100}{64}$〔g/cm^3〕　A÷B＝$\frac{64}{27}$　よって$\frac{64}{27}$倍

(7)　観測地と震源と震央との位置関係は右図のようになる。三平方の定理より，観測地から震源までの距離の２乗

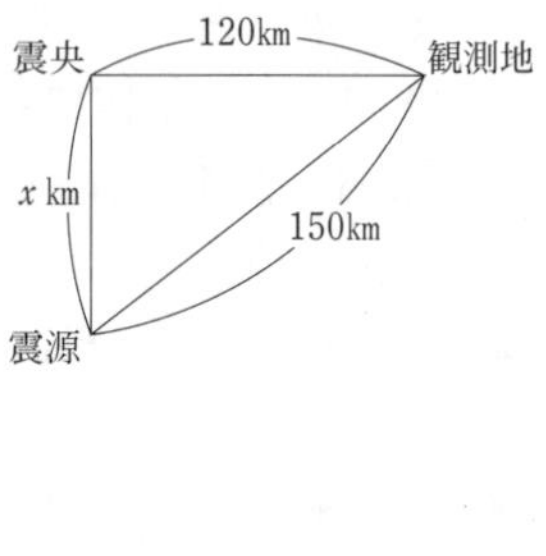

は観測地から震央までの距離の２乗と震源の深さの２乗の和に等しくなる。震源の深さを x kmとすると，

$x^2=150^2-120^2=8100=90^2$

$x=90$　よって震源の深さに近いのは90km

(8)　木星，土星はおもに多量の気体から，天王星，海王星は気体と大量の氷からできており大型で密度が小さいので木星型惑星と呼ばれる。

(9)　メダカのメスのからだには「背びれに切れこみがない」，「尻びれの後ろが短い」，「腹がふくれている」などの特徴がある。

2　＜植物の世界・動物の生活と生物の変遷＞

Ⅰ(1)　ツバキは被子植物の双子葉類に分類される。ユリは単子葉類，イチョウとマツは裸子植物，スギゴケはコケ植物である。

(2)　植物の細胞は，表側の方がそろって並んでいてすき間が小さい。それに対して裏側の細胞の並びは隙間が大きい。

Ⅱ　A：だ液せん，B：食道，C：肝臓，D：胃，E：胆のう，F：すい臓，G：小腸，H：大腸

(1)　消化管は，いくつもの器官が連続した１本の長い管で，口から始まり，食道，胃，小腸，大腸などを経て，肛門で終わる。

3　＜化学変化とイオン・身のまわりの物質＞

Ⅰ(3)　アルミニウムは，酸性の水溶液にもアルカリ性の水溶液にも反応して気体の水素を発生する。

(4)　25 cm^3 のA液と40 cm^3 のB液を混ぜ合わせたときに中性になったので，10 cm^3 のA液を中和するために必要なB液を x cm^3 とおくと，25：40＝10：x

$x=16$　よって16 cm^3

(5)　水酸化ナトリウム水溶液と塩酸の中和によって生成する塩化ナトリウムは，水を蒸発させると固体が残る。また，水酸化ナトリウム水溶液の水を蒸発させても固体が残る。塩酸は気体の塩化水素が水にとけた水溶液なので，水を蒸発させても何も残らない。㋐と㋑では中和反応が起きているが，未反応の水酸化ナトリウムもふくまれているため，２種類の固体が残る。㋒，㋓ではすべての水酸化ナトリウムが中和に使われているので１種類の固体しか残らない。

Ⅱ(2)②　イ：硫化鉄ができて，気体は発生しない。ウ：酸化マグネシウムができて，気体は発生しない。カ：中和反応が起こり硫酸バリウムと水が発生するが，気体は発生しない。

(4)　空気中には窒素がおよそ78％，酸素がおよそ21％，二酸化炭素がおよそ0.04％ふくまれている。ろうそくが燃えると，空気中の酸素が使われて二酸化炭素が発生するが，窒素の量は変化しない。

4　＜電気の世界・運動とエネルギー＞

Ⅰ(1)　電流計は，電流の大きさを測定したいところに直列に接続する。電圧計は，電圧を測定したい部分に並列に接続する。

(2)　**抵抗〔Ω〕＝電圧〔V〕÷電流〔A〕**

6.0 ÷ 2.0 ＝3〔Ω〕

(3)　**電力〔W〕＝電圧〔V〕×〔電流〕**

熱量〔J〕＝電力〔W〕×時間〔s〕

電熱線の消費電力は6.0 × 2.0 ＝12〔W〕なので，２分間に発生した熱量は，12×60×２＝1440〔J〕

２分間に上昇した温度を x ℃とすると，

4.2× 100 × x ＝1440　x ＝3.42…　およそ3.4

(4)　抵抗の大きさは，同じ材質であれば，物質の形が長くなるほど大きくなり，断面積が大きくなるほど小さくなる。それぞれの抵抗の大きさは，抵抗Bは抵抗Aの２倍，抵抗Cは抵抗Aの３倍になると考えられる。抵抗が大きくなるほど電流は小さくなり，発生する熱量は電流の大きさに比例するので，上昇温度は電熱線Aが最も高くなる。

(5)　電熱線Bの抵抗の大きさは３×２＝６〔Ω〕並列回路では，それぞれの抵抗に加わる電圧は全体に加わる電圧の大きさに等しいので，電熱線Aに流れる電流の大きさは6.0 ÷ 3 ＝ 2.0〔A〕，電熱線Bに流れる電流の大きさは6.0 ÷ 6 ＝ 1.0〔A〕　並列回路では，それぞれの抵抗に流れる電流の和が全体の電流と等しくなるので回路全体を流れる電流の大きさは

2.0 ＋ 1.0 ＝ 3.0〔A〕

消費電力は6.0 × 3.0 ＝18〔W〕

Ⅱ(2)　糸が台車を引く力Fは，重力の分力のうち，斜面に平行な向きの力とつりあっている。斜面の傾きが30°のとき，重力の斜面に平行な向きの分力は重力の$\frac{1}{2}$なので，５÷２＝2.5〔N〕

(3)　**仕事〔J〕＝物体に加えた力の大きさ〔N〕×力の向きに移動させた距離〔m〕**

仕事率〔W〕＝$\frac{\text{仕事〔J〕}}{\text{時間〔s〕}}$

2.5 Nの力を加えて２ m動かしているので，仕事の大きさは，2.5 × 2 ＝ 5.0〔J〕　力を２秒間加えているので，仕事率は5.0 ÷ 2 ＝ 2.5〔W〕

5　＜天気とその変化・大地の変化＞

Ⅰ(1)　雲がない場合，気温は100 mにつき１℃下がるので，B付近の気温は25－８＝17〔℃〕

(3)　**湿度〔％〕＝$\frac{\text{1 m}^3\text{の空気にふくまれる水蒸気の質量〔g/m}^3\text{〕}}{\text{その空気と同じ気温での飽和水蒸気量〔g/m}^3\text{〕}}$×100**

B付近で雲ができたことから，この空気は17℃で露点に達したと考えられる。よって，この空気１ m^3 の水蒸気量は14.9 g /cm^3，25℃のときの飽和水蒸気量は23.7 g /cm^3 なので，ふもとA付近の湿度は

$\frac{14.9}{23.7}$× 100 ＝62.8…　およそ63％

(4)　(1)より，B付近の温度は17℃，Bから山頂C付近にかけては雲があるので，頂点C付近の気温は，

17－(3000－ 800)÷ 100 × 0.5 ＝６〔℃〕

Ⅱ(2)　地層は下から順に古く，⑤は④～①の層にまたがっているので，①が堆積してからできたと考えられる。また，⑦の断層は⑤にまたがっているが，⑥にはまたがっていないので，⑤ができて⑥ができるまでの間に生じたと考えられる。

統一模試 県内最大規模の公開模試

高校受験の道標!!

のべ※43,000人近くの中学生が挑戦

※2019年度

統一模試は，県下400の会場で300を超える学習塾が参加する県内最大規模の公開模試です。鹿児島県の公立高校入試問題にもっとも近い内容と形式で出題していますので，本番の入試実践練習にピッタリの模試です。また，カラーの個人成績票やデジタル採点による個人学力分析表などの情報と，長年の蓄積された豊富なデータで志望校選択に必ずお役に立ちます。

〈個人成績票〉

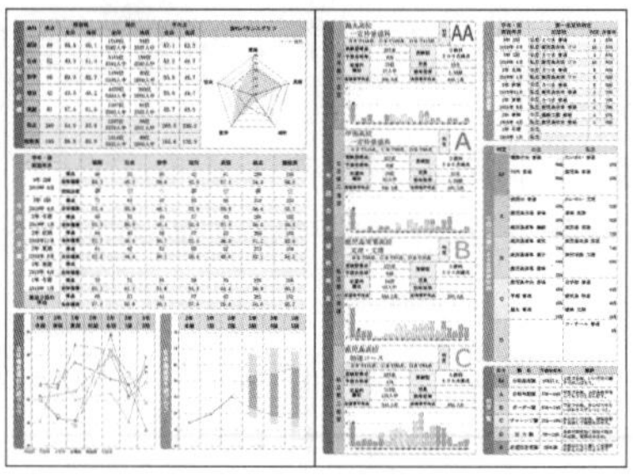

〈個人学力分析表〉

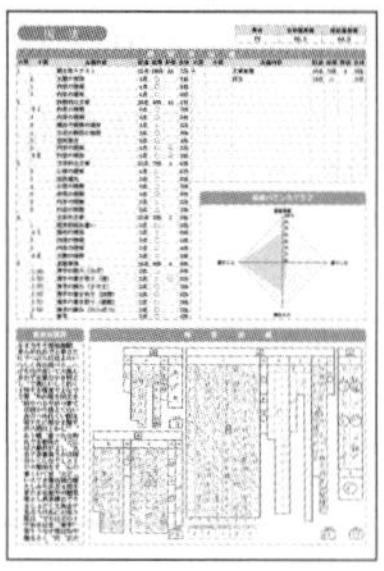

令和２年度年間計画

学年	回	テスト名	統一実施日
中学3年	1	中学３年　第１回	7月4日
	2	中学３年　第２回	8月20日
	3	中学３年　第３回	10月３日
	4	中学３年　第４回	11月７日
	5	中学３年　第５回	12月５日
	6	中学３年　第６回	1月６日
	7	入試プレテスト	2月６日
中学2年	1	中学２年夏期テスト	8月19日～20日
	2	中学２年冬期テスト	12月４日～５日
	3	新中学３年春期テスト	3月12日～13日
中学1年	1	中学１年夏期テスト	8月19日～20日
	2	中学１年冬期テスト	12月４日～５日
	3	新中学２年春期テスト	3月12日～13日
新中1		新中学１年春期テスト	3月12日～13日

★県内最大規模の受験者数
★公立高校入試に最も近い内容と形式
★豊富なデータに基づく信頼性の高い合格可能性判定

統一模試申し込み方法

①学習塾での受験
最寄りの統一模試ポスターのある学習塾へ受験料を添えて申し込んでください。

②当社指定の受験会場
電話かインターネットで申し込んでください。
◎３年生の各回で私立高校や鹿児島大学など様々な特設会場で会場テストを行います。
※受験会場は、回によって異なります。詳しくはホームページをご覧ください。

③自宅受験（受験料は4,200円になります）
お近くに会場がない場合のみ自宅受験ができます。当社まで電話かインターネットで申し込んでください。

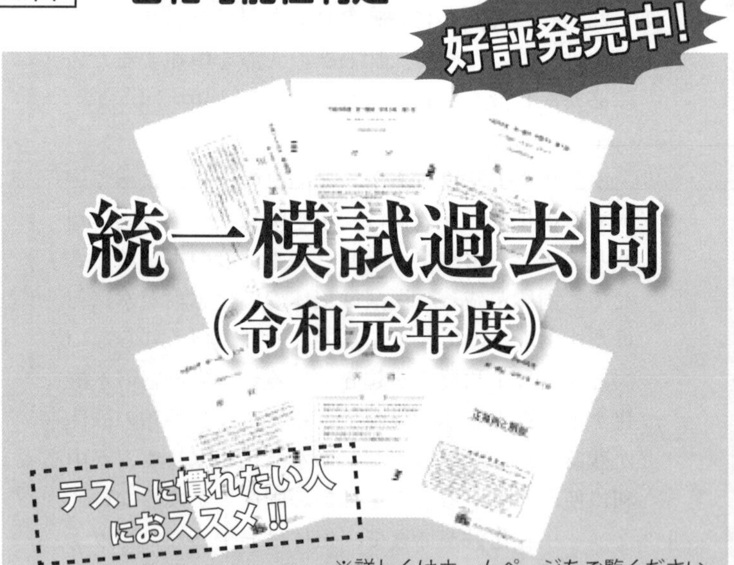

※詳しくはホームページをご覧ください。

小学生模試は「小学生学力コンクール」!

小学５・６年生向けに実施されるテストです。
小学６年生は第１回～第５回（4月・7月・8月・12月・1月），小学５年生は第１回～第３回（4月・8月・1月）の日程で実施されます。なお，小学６年生の第２・４回は，「発展編」として，中学受験を予定する児童向けで，他の回より少しレベルの高い模試となります。また、小学６年生の第１・３・５回と小学５年生の「通常回」は英語を含めた５教科となります。（小学５年第１回を除く）。
【受験料／「通常回」(小学５年第１回を除く)は3,200円，「発展編」および小学５年第１回は3,000円(税込)】

統一模試過去問の特徴

- ●形式・出題数・出題傾向とも、鹿児島県の高校入試に沿って編集。
- ●出題範囲は段階的になっているため、学校の進度に合わせてご利用いただけます。
- ●各教科の平均点・正答率の一覧や過去の追跡調査などをもとに出した精度の高い合格判定も掲載。（公立高校Ａ判定のみ）

主催／㈱鹿児島県教育振興会
後援／南日本新聞社
会場／特設会場および各学習塾の指定会場
受験料／ 3,500円(税込)

■内容を詳しく知りたい方は…
鹿児島県統一模試　検索

ホームページ
www.kakyoushin.co.jp
Facebookも要チェック!

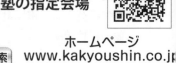